《广州大典研究》编委会

卷首语

本辑共收录文章17篇，分为“地方社会与文化”“中外交流”“民国专题”“人物研究”“文献研究”“文献发现”六个栏目。

“地方社会与文化”栏目下有3篇文章。《坐拥书城：晚清广东省城经史类书籍的流通与阅读》一文，从流通与阅读的角度探讨晚清广东省城成为经史类书籍出版重镇和藏书汇聚之地的原因。该文还以非本地籍贯的文廷式和本地籍贯的康有为为例，来窥探晚清广东省城的士子如何从经史类书籍的流通中受益。近代以来，华侨是华南侨乡早期现代化建设的主导力量之一。《投资与慈善：华侨与近代中山侨乡的早期现代化》一文，以中山为个案，从投资、慈善两个视角对华侨参与中山侨乡建设进行深入研究。该文的一大亮点是深入细致地剖析了华侨参与慈善公益事业与中山侨乡早期现代化的关系。《广州大典·曲类》自2019年出版以来，颇受学界关注，相关研究成果相继出现。《粤曲粤剧文献中的广告研究——以〈广州大典·曲类〉为中心》一文，通过对《广州大典·曲类》所收录粤曲粤剧文献中的广告进行梳理，认为晚清民国广东社会经济的发展和广告业的繁荣互为因果。

“中外交流”栏目下有文章3篇。《西人笔下晚清广州的医疗卫生社会图景》一文，从公共卫生环境、日常医疗文化、医疗服务等方面考察晚清西方人笔记中的广州社会医疗卫生状况，认为这些西方人的笔记丰富了有关晚清广州社会医疗卫生领域的记载，同时亦存在从西方人单一视角出发而导致的认知片面问题，提醒研究者在使用这些西方人笔记时应结合相关中文史料。《清末广东丝织技术的发展与海外丝织贸易的困境》一文，通过考察鸦片战争后广东丝织技术的发展及生丝与丝织品出口贸易情况，剖析了清末广东丝织业徘徊不前的原因。2024年是中法建交60周年，广州与法国第二大经济中心里昂已有着36年的国际友好城市关系，广州大典研究中心向里昂新中法大学捐赠的《广州大典·曲类》更是两座中法文化名城的友谊见证。《民国时期粤籍赴法留学潮成因考述》一文，利用中外史料钩沉民国时期粤籍学生赴法留学潮的形成原因，将其总结为两个“传统”和一个“机遇”。

鉴于《广州大典》（民国编）各专辑陆续整理出版，本刊特设“民国专题”栏目，此次收录2篇文章。《军律治民：“陈炯明枪杀陈听香案”新探》一文，通过对广东报界名人陈听香被陈炯明用军律审判枪杀一案的深入研究，指出该案的纷争集中在“军律治民”的问题上，反映出民初地方社会法治的紊乱及“武人政治”的崛起。广东是大革命时期国民革命的中心地，亦是马克思主义在中国传播的重要阵地。《大革命时期马克思主义在广东的传播研究》一文，对大革命时期马克思主义在广东传播的条件、方式等进行深入研究，认为相比其他地方，马克思主义在广东的传播具有传播方式的多样性、传播主体的多元性、传播内容的全面性、传播范围的广泛性等显著特征。

“人物研究”专栏收录的2篇文章均为明代广府人物研究。《〈牡丹亭〉男主角柳梦梅原型祁衍曾事迹考述》一文，结合新材料考述明代东莞人祁衍曾的交游、世系等情况，分析其被汤显祖塑造为柳梦梅原型的原因。另一东莞人林光是陈献章的著名弟子之一，是明代心学发展过程中的重要人物。《林光哲学思想刍议——以〈南川冰蘖全集〉中的八篇记文为中心》一文，以《南川冰蘖全集》中八篇有代表性的记文为中心，对林光的哲学思想进行研究，指出林光承袭了陈献章的哲学思想，并对岭南的风俗教化起到重要的作用。

“文献研究”栏目下有5篇文章，主要是对《广州大典》所收录的文献进行研究。《王隼〈诗经正讹〉成书考》一文，对王隼《诗经正讹》的成书时间、撰写原因、版本等进行考证，以最大程度地还原该书的成书过程。《侯康〈春秋古经说〉的学术风格与价值》一文，将《春秋古经说》的学术风格概括为尊崇《左传》、以汉学为宗、客观评论杜注三点，指出该书完善了《春秋》学的学术体系，得到清代及后世学者较高评价。《〈四库全书总目〉对明清岭南文学的评价》一文，通过对《四库全书总目》中有关明清岭南文学的评价进行系统梳理，认为政治因素、学术因素是导致相关评价过于简单的两个主要因素。《〈广州都统任内汉奏折册　广州将军任内汉奏折底册〉文献内容与价值研究》一文，针对这两种现存奏折册的底本与流传、文献价值及所涉中下层人物等情况展开研究，指出下令抄写奏折册者很可能是曾任广州副都统和广州将军的宗室奕湘。《孔氏岳雪楼藏书所见题跋辑释》一文，辑出并释读孔氏岳雪楼藏书题跋八则，在一定程度上丰富了孔广陶的藏书与交游细节，以及岳雪楼藏书的后世流散情况，可补岳雪楼藏书目未载藏书题跋之憾。

“文献发现”是本刊常设栏目，有助于《广州大典》的补遗工作。本辑栏目下收录2篇文章。《海外未刊清代广佛通书概述》一文，从馆藏分布、出版时间、文献来源、书坊信息等方面，对海外图书馆藏清代广佛通书情况进行系统梳理与研究，指出这些通书是了解清代广佛地区商业出版的重要一手资料，值得研究者注意。《〈广州大典〉未收录的何崇礼编译数学教科书研究》一文，对南海人何崇礼译编的数学教科书及其特点进行系统研究，指出何崇礼是清末民初数学教科书译编的突出代表，其翻译的行列式等数学术语沿用至今，是中国数学教育近代化的助推者之一。

“春水满四泽，夏云多奇峰。”随着丰沛雨季的过去，湛蓝的天与大朵的云成为今年广州盛夏的一道独特风景线。在此时节，本辑组稿终于得以结束，我们心中既有诸多感谢，也有若干遗憾。本辑组稿过程中，我们曾得到多方帮助，在此特别感谢华南师范大学王三三副教授帮忙约稿，重庆大学朱学博副教授帮忙审阅经学、心学类稿件。广东党史老专家曾庆榴教授也应邀拨冗撰稿，我们因曾教授给予的大力支持备受鼓舞，对因出版周期所限而最终未能如愿采用该稿的状况深表遗憾！同时感谢各位作者对集刊的信赖与厚爱，感谢编辑部各位同仁的耐心审读，感谢国家图书馆出版社的编校整理。未来本刊将继续关注岭南文献，更努力地搭建这一“广州学”研究平台。在此我们期望更多的学人能够参与进来，丰富这一领域的研究成果。

陈子

2024年7月

目　录

CONTENTS

地方社会与文化

中外交流

民国专题

人物研究

文献研究

文献发现

地方社会与文化

坐拥书城：晚清广东省城经史类书籍的流通与阅读

吕子远*

广州炎黄文化研究会，广东广州，510627

摘　要：光绪年间广东省城出版业兴盛，图书流通日广，其中经史类书籍是出版最为丰富的种类之一，一改道光以前广东士子“无从购买”的局面。晚清广东省城之所以成为经史类书籍的出版重镇和藏书汇聚之地，与藏书热潮的延续、官方大型修书工程踵继不断，以及学术发展、应试需要密切相关。本文结合当时社会的多个层面来看待当时书籍的流通状况，继而通过文廷式和康有为两个例子，窥探晚清广东省城的士子如何阅读书籍并从中受益，希望有助于思考晚清中国社会转型过程中传统知识所发挥的作用。

关键词：广东省城；陈澧；文廷式；康有为；阅读史

自20世纪90年代以来，受到西方书籍史研究和新文化史的启发，不少研究者尝试借鉴西方的问题意识与方法，研究中国的书籍出版、印刷、流通与阅读的历史。出版的商业化和书籍的流通网络是他们共同关注的问题[①]。其中，在关于清代出版业的研究方面，包筠雅考察了四堡坊刻业，探讨清代至民国时期成本低廉的地方雕版印刷如何有助于将文字向社会下层

---

* 吕子远(1985—　)，男，汉族，广东广州人，荔湾区荔湾历史文化研究特聘专家，主要从事区域地方史研究。

① [美]梅尔清著，刘宗灵、鞠北平译：《印刷的世界：书籍、出版文化和中华帝国晚期的社会》，《史林》2008年第4期，第3—4页。

渗透[①]。艾尔曼的研究则论及清代考据学者与藏书家、出版家、书商之间的互动关系如何促进了考据学的发展[②]。近年来，徐雁平从多种士人日记着手更为细致地探索了清代中叶以来的江南书籍流通情况[③]。另一方面，晚清中国社会转型过程中书籍的生产、流通和阅读也是学界讨论的热点。芮哲非细致地考察了西方印刷技术和产业取代中国传统雕版印刷业的过程[④]。潘光哲则以阅读史的视角，深入了解晚清士人的阅读活动与其新观念形成之间的关系[⑤]。潘在其后出版的著作中，提出了“知识仓库”“思想资源”概念来探讨晚清士人应对世变时的知识基础[⑥]。

本文在上述各种研究的基础上，从经史类书籍如何被阅读的角度探讨晚清书籍史。同治、光绪以来，随着西学东渐，翻译书籍流通渐广，士人的知识构成开始改变，但他们对经史书籍的阅读并未消减，这些后来被界定为属于“中学”范畴的书籍，在学术和文化水平被认为落后于江南的广东出版与流通，情况如何？我们不妨将艾尔曼对清代学术与出版、藏书研究的问题意识从盛清延伸至晚清，结合潘光哲有关晚清士人知识构成的讨论，从具体的地域出发，思考晚清图书资源中传统的延续问题。

光绪年间，广东省城经史类书籍出版、学术发展以及私人藏书，比前代更为繁荣。清代科举制度的变革，其中一个结果是越来越多的士子聚集省城读书应试，书籍出版的消费市场也因而变得越来越大。书籍通过本地出版、外地书商贩运、机构藏贮等方式，不断汇聚于广东省城一地。士子应试所需，影响着书坊贩卖书籍的种类，省城的学术风气和机构藏贮的经

① [美]包筠雅著，刘永华、饶佳荣等译：《文化贸易：清代至民国时期四堡的书籍交易》，北京大学出版社，2015年，第384—402页。

② [美]艾尔曼著，赵刚译：《从理学到朴学：中华帝国晚期思想与社会变化面面观》，江苏人民出版社，2011年，第111—134页。

③ 参见徐雁平：《清代环太湖地区的书估、书船与书籍的流动》，《学术研究》2013年第10期；《〈管庭芬日记〉与道咸两朝江南书籍社会》，《文献》2014年第6期；《用书籍编织世界——黄金台日记研究》，《学术研究》2015年第12期。

④ [美]芮哲非著，张志强等译：《谷腾堡在上海：中国印刷资本业的发展（1876—1937）》，商务印书馆，2014年。

⑤ 潘光哲：《追索晚清阅读史的一些想法——“知识仓库”“思想资源”与“概念变迁”》，《新史学》2005年第3期，第137—170页。

⑥ 潘光哲：《晚清士人的西学阅读史（1833—1898）》，台北“中央研究院”近代史研究所，2014年。

史类书籍，又倒过来影响着省内士子的治学旨趣。清代在乾嘉汉学影响下产生的大量经史类著作和校勘、辑佚成果，在学海堂成立以后的广东省城变得更容易买到。时至晚清，在书籍市场更为发达的情况下，又得以进一步普及传播，并与新来的西学一样，成为晚清士子应对时局世变的思想来源。从这个视角以广东省城为中心研究清代同光时期的书籍史，有助于我们打破“中西”的二元思维，重新思考晚清“新学”的形成过程。

一 从“无从购买”到“渐见流通”：道、咸、同间学海堂的出版活动

道光以来，广东士子间兴起一股蓄书热潮。民国徐信符《广东藏书纪事诗》中载录的清代广东藏书家，紧随在清初屈大均后的，就是嘉道年间的吴荣光。其后曾钊、许玉彬等 13 人，全是道光年间活跃在省城的名士[①]。“藏书热”兴起的先决条件是有人需要读书，并且有书可藏。在清代的广东省城，这种供求关系之所以能够匹配，跟科举制度的变迁和两广总督阮元提倡经史之学有莫大关系。嘉庆初年以来，集中在省城举行的乡会试三场策问的重要性逐渐提升，要求考生对经史知识和典章制度、地方地理等问题有全面的认识[②]。广泛地阅读经史研究的新成果成为士人应付科举不可或缺的一环，仅靠应试之书已无法满足举业的需要。另一方面，阮元创办学海堂，提倡经史之学，并主持编纂规模庞大的《皇清经解》，迅速改变了省城士子的学术旨趣。而从事经史之学的基础，也在于大量阅读和参考文献。清代著名的考据学者，几乎同时兼有藏书家的身份。于是，随着科举规则和学术风气的转变，省城士子出现对书籍的狂热需求。《[同治]南海县志》卷十八谭莹传记回顾这段历史时说：

> 粤省虽号富饶，而藏弆家绝少，坊间所售止学馆所诵习消科

① 徐信符：《广东藏书纪事诗》，沈云龙主编：《近代中国史料丛刊续编》第20辑，文海出版社，1975年，第147—181页。

② ［美］艾尔曼著，复旦大学文史研究院译：《经学·科举·文化史：艾尔曼自选集》，中华书局，2010年，第173页。

> 场应用之书，此外无从购买。自阮元以朴学课士，经史子集渐见流通，而本省板刻无多，其他处贩运来者价值倍昂，寒士艰于储蓄。①

这段文字既客观描述了道光年间广东出版业的状况，也表明在新的学术风气影响下市场供应的书籍对于省城士子来说存在的问题——就是广东的书籍实在太少了。虽然道光年间有《皇清经解》的出版，以及个别的学海堂学者在行商支持下编纂出版了《粤雅堂丛书》《海山仙馆丛书》等多套丛书，一改以前广东经史类书籍供应有限的状况，但对于省城一批有志于经史之学的士子而言，这些书籍无法满足士子应付科举和学术研究的需要。于是他们竭尽所能地增储藏书，并且身体力行地利用掌握的资源推动省城出版业的发展。

担任学海堂学长数十年，又为菊坡精舍山长的陈澧，他的经历最能说明广东早年“无从购买”的窘况后来是如何得到改善的。陈澧自道光十二年（1832）中举后的20年间，曾七上公车，汲汲功名之余，则借机广购图书。据他个人回忆，道光十四年（1834）北上会试期间，“暇则至琉璃厂买书”②。咸丰二年（1852）第六次公车南还时甚至“载书九百余卷”，其中还包括了天学和算学类书籍③。咸丰朝广东接连动乱，陈澧避居乡野，专心治学，著名的《汉书地理志水道图说》《汉儒通义》即在此期间完成。前者得益于陈澧此前购买的三种内府地图④。后者则是从二十二家汉儒著作中摘录了千余条资料而成，是基于大量阅读汉代典籍的成果⑤。徐信符评价

---

① （清）郑梦玉等修，（清）梁绍献等纂：《[同治]南海县志》卷十八《列传·文学》，成文出版社，1967年，第311页。

② 汪宗衍：《陈东塾先生年谱》，香港商务印书馆，1964年，第18页。

③ 《陈澧与邹特夫书》第九，南海区大沥镇宣传办等编：《纪念邹伯奇诞辰一百九十周年：邹伯奇遗稿》卷六附录一，南海区大沥镇宣传办，2009年，第198页。

④ （清）陈澧：《东塾集》卷二《记地图三本》，（清）陈澧著，黄国声主编：《陈澧集》第1册，上海古籍出版社，2008年，第100页。

⑤ （清）胡锡燕：《汉儒通义跋》，（清）陈澧著，黄国声主编：《陈澧集》第5册，上海古籍出版社，2008年，第246页。

陈澧的东塾藏书楼“四部悉备，无不有批评点校”[①]。可见陈澧的学术成果与其长期的书籍积累行为密不可分。

咸丰后期，动乱平息，士绅纷纷回到省城，学海堂的学术活动亦再度活跃。随着老一辈学长相继谢世，陈澧成为当时最为士林尊敬的大儒。直到光绪七年（1881）逝世之前，陈澧除了专心学术和授徒，最得意之事莫过于多次主持官方支持的大型修书工程[②]。陈澧掌教下的学海堂和菊坡精舍，在同治年间俨然是两个出版机构，编辑校勘了一系列经史典籍。

陈澧最早一次主持刻书是咸丰十年（1860）起与郑献甫、谭莹、孔广镛共同补刊《皇清经解》[③]。其后则于同治六年（1867）在广东巡抚蒋益澧开官书局时受聘担任总校。当时所刻之书多署有“广东书局”或“粤东书局”名号，而实际是由陈澧及其菊坡精舍弟子负责出版校勘工作，刊成书板日后亦为菊坡精舍拥有[④]。同治六年至十二年（1867—1873），广东书局精校刊刻了《钦定四库全书总目》《武英殿本十三经注疏》《通志堂经解》《古经解汇函（附小学汇函）》等书。与此同时，学海堂则刊刻了多种有关典章制度的书籍，包括《三通》《续通典》《皇朝通典》《经典释文》，刻成之后板藏学海堂文澜阁，编纂工作陈澧弟子多有参与其中[⑤]。

这些大型丛书的刊刻，无不是特地针对广东地方过去难得一见者。如殿本《十三经注疏》，卷首《重刊注疏恭纪》记述重刊缘起，提到广东“有志经学者，尚不乏人，而多未睹殿本十三经注疏”[⑥]。于是，同治十年（1871）陈澧弟子桂文灿赴京路过金陵时谒见曾国藩，请求他致信粤东当道“劝以开局刊刻十三经”，而曾国藩亦如所请，致信两广总督瑞麟及盐运使钟谦

① 徐信符：《广东藏书纪事诗》，沈云龙主编：《近代中国史料丛刊续编》第20辑，文海出版社，1975年，第187页。

② （清）陈澧：《东塾集外文》卷五《与郑小谷书》，（清）陈澧著，黄国声主编：《陈澧集》第1册，上海古籍出版社，2008年，第482页。

③ （清）阮元编：《皇清经解》卷首《咸丰十一年补刊皇清经解在事衔名》，清咸丰十一年（1861）补刻本，第21叶。

④ 李绪柏：《清代广东朴学研究》，广东省地图出版社，2001年，第87—92页。

⑤ （清）林伯桐、陈澧编：《学海堂志·藏版章程》，（清）陈澧著，黄国声主编：《陈澧集》第5册，上海古籍出版社，2008年，第663页。

⑥ （清）武英殿修书处：《武英殿本十三经注疏》卷首《重刊注疏恭纪》，清同治十年（1871）广东书局重刻本，第1叶。

钧，玉成其事。又如《通志堂经解》，该书在同治五年（1866）广东书局重刊之前十分罕见，一套要价过百两，陈澧曾因学海堂购买该书而致信邹伯奇透露："郭中丞送到百金。芑翁、古翁与弟欲买《通志堂经解》存于学海……但恐百金不能得，则不全者亦可，弟有春秋类数种，子韶有易类，可凑齐也。"① 可见当时该套丛书在广东的稀见程度，只是少数学者藏有部分种类，而整套丛书则要价百两之昂。

同治年间，陈澧凭借官方资源刊刻大批书籍。而刻成的书板皆藏在学海堂、菊坡精舍，两家机构凭借板租，又继续其刻书活动。陈澧曾直言"此二处所藏书板，发坊刷印，收其板租，可为刻书之用也"②。这使得学海堂的刻书活动延续至光绪年间③。持续不断的刻书活动，扩大了学海堂、菊坡精舍在士林间的学术影响，使经史之学在同光年间一直占据广东省城的学术主流。同时，咸同年间的出版活动使书价降低，典籍也更容易得到广泛传播。殿本十三经的《重刊注疏恭纪》写道："今而后，山陬海澨，皆得家置一编。"④ 许多昔日在广东难得一见的经史典籍，都以当时最佳的校本和较低的价格出现在省城坊肆之中。咸丰年间重刊的《皇清经解》，不过"每套价银拾伍两"而已⑤。广东书局的《通志堂经解》大约为白纸52.5两、竹纸42.5两，视当时学海堂欲购买的初刻本便宜一半以上。

同光之际，广东省城的书价普遍下降，而本地出版物更因刷印方便而物廉价美。陈澧在《与菊坡精舍门人论学》中这样写道：

> 精舍所藏注疏板，可以每种单行刷印。省中官绅新刻《朱子语类》《庚子山集》《韩昌黎集》，书坊新刻《纪批苏诗》，价皆不

---

① 《陈澧与邹特夫书》七十四，南海区大沥镇宣传办等编：《纪念邹伯奇诞辰一百九十周年：邹伯奇遗稿》卷六附录一，南海区大沥镇宣传办，2009年，第208页。

② （清）陈澧：《东塾集外文》卷五《与郑小谷书》，（清）陈澧著，黄国声主编：《陈澧集》第1册，上海古籍出版社，2008年，第482页。

③ 《学海堂所刻书书目》，（清）陈澧著，黄国声主编：《陈澧集》第5册，上海古籍出版社，2008年，第690—695页。

④ （清）武英殿修书处：《武英殿本十三经注疏》卷首《重刊注疏恭纪》，清同治十年（1871）广东书局重刻本，第1叶。

⑤ 《锡龄与邹特夫书》十，南海区大沥镇宣传办等编：《纪念邹伯奇诞辰一百九十周年：邹伯奇遗稿》卷六附录一，南海区大沥镇宣传办，2009年，第220页。

贵。江苏新刻《史记》《汉书》亦不贵，可买而读之也。（凡此刻书之人，皆大有心于振兴学术之人，不可孤负其意也）《四库全书总目》不可不看，若生在乾隆中年以前，无此书看，欲知古今经、史、子、集学问，甚难甚难。今幸有此书，粤省又重刻之，其价甚廉，岂可不买而看之。不看此书而欲为通人，甚难甚难（通人者，有学问之人，非止通虚字文义之人也），看此书，则为通人甚易甚易也。①

文中陈澧三次提到广东书价“不贵”“甚廉”，三次提到省城书坊贩卖本地和外省的各种“新刻”书籍，发出“为通人甚易甚易”的感叹。这说明，同治年间随着省城官绅推动出版的活动，书籍的种类不断丰富，书价也平易近人，经史之学得以更容易被普通士子接触到。道光年间“无从购买”“本省板刻无多”，书价“价值倍昂”的状况，到了同光之际，已有很大的改善。

二 应接不暇：光绪年间广东省城经史类书籍供求盛况

晚清广东刻书出版踵继，暗示了当时存在着一个对于书籍拥有庞大需求的市场，这与科举的制度性后果有关。咸同广额以及贡院自道光以来五次扩建，号舍增至12000余所②，意味着有更多士子参与到举业竞争当中，直接增加了对书籍的潜在需求。与此同时，社会上各种组织对举业津贴的增加，使士子们拥有更多余钱购买图书。参加不同考试的士子大多在省城购买书籍，尤其每逢小考和乡试之年，成千上万的士子集中在省会，到书坊购书是每个士子在省城必有的经历。

这种情况，到了有报纸出版的年代，便有了绘声绘色的记录。光绪年间，每逢试期来临，报纸新闻提及士子云集省会时的盛况，多会提到省城

---

① （清）陈澧：《东塾集外文》卷一《与菊坡精舍门人论学》，（清）陈澧著，黄国声主编：《陈澧集》第1册，上海古籍出版社，2008年，第323页。

② （清）奎润等纂修：《［光绪］钦定科场条例》卷二十八《贡院》，沈云龙主编：《近代中国史料丛刊三编》第48辑，文海出版社，1989年，第2002页。

书坊，当时仅是广府小考的人数已为书坊带来销卖旺季。光绪十年（1884）五月初八，《申报》报道："省城生意均甚平淡，惟科考试期将届，各乡士子云集，书坊独形畅旺。总计小题文字，每日可销百余本之多，亦足见各士子之切于揣摩矣。"① 光绪十一年（1885）是大比之年，赴省的士子人数更为可观，《申报》于七月十九日报道："科期将届，士子云来，市面极形拥塞，而大小书坊尤为应接不暇，双门底街已设有夜市矣。"②

报纸新闻提到书坊销售情况，大多着眼于科举用书。确实可以想象，每当试期临近，时文帖括是当务之急，而应试之书也一向是省城书坊贩卖的大宗。应试书籍在当时并不昂贵。晚清生员罗功武曾列出士子从入学到参加科举的"常课"书籍二十种，不无夸张地说道："不过购十余元之书，便可以致通显。"③ 应试书籍之平易，于此可以想见。

除了应试之书，士子还能在省城书坊接触到举业外的各类书籍，像是新近出版的经史、西学之书，不断翻刻重印的戏剧小说，以及新旧书籍买卖，都集中于省城一地。其中省城相较其他州县最大的优势，就是经史类书籍种类极为丰富，远非其他州县可比。在此可以举两个例子予以说明。一是省城绅士梁鼎芬，他于光绪十三年（1887）掌教惠州丰湖书院，初到书院便在日记中感慨："风气未开，故学少门径。然多安谨之士，坊间少书，即五经读本亦无善者。"后几日又写道："寒士有志者，有以自赡。新定规条必可行，但苦无书耳。"④ 所以当各州县士子有机会到省城读书应试，目睹省城书坊的海量图书，想必会感到震撼，而书坊贩售的各种远负盛名且校订精良的经史丛书也不免让其渴慕不已。光绪间梁启超初到省城求学，立即感慨"不知天地间于训诂词章之外，更有所谓学也"。当时梁启超积极参加各大书院的考课，并将所得奖赏用于购书。据梁启超堂弟梁启勋回忆："伯兄买书之费悉出于此。每届年假辄捆载而归，以余所见，如正续《皇清经解》、《四库提要》、《四史》、《二十二子》、《百子全书》、《粤雅堂丛书》、

① 《穗垣近事》，《申报》1884年6月1日第2版。

② 《羊城纪事》，《申报》1885年8月28日第1版。

③ 高明市政协文史资料研究委员会编：《高明文史第九辑：罗功武遗稿〈粤故求野记〉选辑》，高明市政协文史资料研究委员会，1995年，第27页。

④ 梁鼎芬：《至丰湖书院日记》，吴天任撰：《节庵先生遗稿》，艺文印书馆，1962年，第55页。

《知不足斋丛书》，皆当日之所购。”[①]《皇清经解》《四库提要》《粤雅堂丛书》皆是省城书坊刷印的本地出版物。《知不足斋丛书》在光绪以前的广东并不易见，此处梁启超购买的很可能是清光绪壬午（1882）岭南芸林仙馆刊本。至于其他书籍也可能是新近刊刻，如《二十二子》有光绪年间浙江书局刻本，《百子全书》则有光绪元年（1875）湖北崇文书局刻本，贩运而至，价钱皆能为一般士子所接受。

光绪年间广东省城经史类书籍出版的繁荣，一来是道光以来数十年间省城官绅共同推动的结果，而另一方面如上所述，庞大的市场需求使出版业的持续和繁荣成为可能。无论私人还是官方出版活动，都踵继不绝。具体而言，各种出版活动在学人（学海堂、菊坡精舍）、省城富商、官员等群体互动间发生。

自道光以来，由于广东省城学术风气的转变，士绅学者酷嗜藏书，竭力搜觅善本珍椠，使得许多珍贵的宋元刊本或传世罕见的清人著作或辑本得以流入广东。《广东藏书纪事诗》记载的晚清广东藏书家，汪瑔随山馆“以集部为备”，李文田泰华楼“多为人间不经见之珍本”，龙凤镳知服斋“所藏不少精椠”，梁鼎芬葵霜阁“丛部特多”，此外还有陶福祥爱庐“购藏逾十万卷，多精椠本”[②]。光绪间省城藏书最饶者为“城北之方，与城南之孔”。前者指久宦粤东的方功惠，所居碧琳琅馆收藏秘本、孤本极富，收书达3500种以上，宋元明刻本达565种[③]。后者指孔广陶的岳雪楼，所藏“宋元精椠，皆极充牣”[④]。道光初年，士子尤感叹广东“藏书至万卷者，更屈指可数”[⑤]，光绪间孔广陶的岳雪楼已号称“三十三万卷书堂”，为粤省之首。

从同治到光绪年间，广东藏书家手上的珍本秘籍越来越多地经过校订刊行，广泛流通。同治十二年（1873）刊行的《古经解汇函》收辑的经解

① 丁文江、赵丰田编：《梁启超年谱长编》，上海人民出版社，2009年，第14页。

② 梁鼎芬等修，丁仁长等纂：《[民国]番禺县续志》卷二十三，成文出版社，1967年，第302页。

③ 杨荻：《岳阳方功惠碧琳琅馆藏书及刻书》，《文史博览》2011年第6期，第15—16页。

④ 徐信符：《广东藏书纪事诗》，沈云龙主编：《近代中国史料丛刊续编》第20辑，文海出版社，1975年，第216页。

⑤（清）崔弼：《新建粤秀山学海堂记》，阮元编：《学海堂集》卷十六，赵所生、薛正兴主编：《中国历代书院志》第13册，江苏教育出版社，1995年，第279页。

23种，均是来自陈澧和方功惠的藏书。同治十三年（1874），学海堂学长李光廷刊行了《守约篇丛书》，所收经、史、集部书籍48种，俱为李光廷晚年亲手抄录的当时广东难得一见的书籍[①]。著名类书《北堂书钞》向来缺乏好的校本行世，孔广陶收藏有经清儒孙星衍、严可均、王引之分别校订的影宋本复本，并延请林国赓校雠整理，于光绪十四年（1888）出版，让传世善本得以广为流布[②]。光绪二十二年（1896），龙凤镳刊成《知服斋丛书》，收书25种，丛书出版得到李文田指导和支持，所收《双溪醉隐诗注》《岛夷志略》《宁古塔纪略》皆为李氏泰华楼所藏[③]。

光绪中叶，广雅书局的开设更是将晚清广东刻书活动推向最高潮。光绪十二年（1886）三月，张之洞札谕广东盐运使开设广雅书局，并于次年正式上奏朝廷。广雅书局刊布的书籍遍及四部，尤以史部为富，且板片精美，卷帙雅观，由于张之洞延请各省名士齐集分校，故勘订严谨又是其一大优点。据估计，广雅书局刊刻的书籍数量有270余种[④]。广雅书局刊书众多，气象宏大，局中分校人员中，广东士子占很大比例，尤以学海堂、菊坡精舍士子的人数最多。光绪十二年（1886）张之洞《札运司开设书局》中提到延聘为总校的廖廷相、陶福祥、梁鼎芬，皆为陈澧高足，且都是与学海堂、菊坡精舍有紧密关系的学者及藏书家[⑤]。广雅书局的刻书活动是晚清学界的出版盛事。而对于广东而言，则是让众多清代重要史学著述得以在本地出版，使广东士子得以便利地接触到新近的学术成果。

三　粤会书仓：从私人藏书到书籍共享

道光以来，广东兴起藏书热，书籍大多聚集在私人藏家手中，他们出

---

① （清）陈澧：《东塾集外文》卷三《守约篇序》，（清）陈澧著，黄国声主编：《陈澧集》第1册，上海古籍出版社，2008年，第366页。

② （清）孔广陶：《北堂书钞》卷首《校勘北堂书钞钟元本序》，清光绪十四年（1888）南海孔氏三十三万卷堂刻本，第1叶。

③ 徐信符：《广东藏书纪事诗》，沈云龙主编：《近代中国史料丛刊续编》第20辑，文海出版社，1975年，第196页。

④ 参见广州大典研究中心编：《〈广州大典〉概要》，广州出版社，2019年，第272—273页。

⑤ 容肇祖：《学海堂考》，《岭南学报》1934年第4期，第50—52页。

借藏书供官方使用和私人阅读的例子并非少见。道光年间重修《广东通志》时，不少征引的文献就是由省城藏书家提供。至于私人借阅，道光二十一年（1841）朱次琦会试报罢，南归省城，“居邑馆泳珠堂，时借书士大夫家，昭代宪章、名公行实，采获之勤，申旦不寐”①。咸丰九年（1859）探花、顺德李文田出生于佛山的布衣之家，但因其聪颖好学，得到名馆师何锦和佛山富商梁九图的赏识，乃得继续求学。民国《佛山忠义乡志》的李文田传记中描述了一则细节：“比部梁九图素号人伦风鉴，一见器之……九图藏书极富，因得肆力于四库，凡名臣奏议、国计得失、民生利弊，靡不悉心研究，毕生学业亦基于此。”②再如番禺翰林院编修林国赓，通籍前尝馆于孔广陶的岳雪楼，“得以恣览群籍，兼综条贯，学益宏邃”③。几则例子正反映出当时藏书家对藏书惠及孤寒的开放态度，而不少学者也确实从中受益。然而，私人藏书往往因个人的喜好，不仅所藏各有侧重，其收藏目的也不是公开借览。

同治以来，虽然广东官私刊刻图籍丰富，价格日廉，但书籍的出版总会受到各种客观条件制约而无法随时满足士子对知识的所有需求。至于藏书家出版珍本秘籍，虽然获利可观，但也属于个人行为，未经重刊的稀缺旧籍则依旧昂贵，更不会轻易示人。李文田曾私下告诉张之洞不必找孔氏岳雪楼借书，因为孔氏的书“秘不示人”④。也就是说，当时广东的书籍资源长期以来全赖市场主导，书坊供应的图籍无法满足所有士子的阅读之需，于是一些有识之士开始思考打破这个局面，而建立具有公共性质的藏书机构，让各种书籍得以更为便利地让有需要的人利用。

机构藏书情况在同治年间开始发生转变，以倡导经史之学且收藏《皇清经解》经板闻名的学海堂，自道光六年（1826）创办以来，直到同治六

---

① 简朝亮：《朱九江先生年谱》，沈云龙主编：《近代中国史料丛刊》第13辑，文海出版社，1967年，第28页。

② 冼宝榦纂：《［民国］佛山忠义乡志》卷十四《人物·名臣》，民国十二年（1923）刻本，第39叶。

③ 梁鼎芬等修，丁仁长等纂：《［民国］番禺县续志》卷二十三，成文出版社，1967年，第303页。

④ 李志茗：《幕僚与世变：〈赵凤昌藏札〉整理研究初编》，上海人民出版社，2017年，第378页。

年（1867）花费百金购买《通志堂经解》后，才开始有意识地“增贮群书”[①]。也就是说，相比私人藏书和刻书业的兴盛，彼时教育机构和公藏领域的图书资源仍旧缺乏。

光绪初年李文田回籍后不久，似乎就已意识到这一问题。大约在光绪二年（1876），他致书新任津海关道的同乡黎兆棠，谈到他一则宏大的构思：

> 自顷居乡以来，无一事足以补益邻里，言之甚增愁怍。独忿人才一事，吾粤原自不乏，惜成就难得其人。学海堂之兴五十年矣，好学之士岂得谓无，顾安得如曩时江浙三阁者供寒士之睹记。尝忆往年康友之为闽藩日，阁下似曾嘱其觅致武英殿丛书置粤中，事隔数年，亦不复记何人所说。鄙意如可搆一书仓于粤会，俾好事者陆续买送，十年之间，得书之多，可与汉朝等也。每与陈兰甫诸公言之，皆三叹以为幸事，即与一二殷富言之，亦喜动颜色，然此事非阁下孰为倡始哉。阁下以能读书之人处可得为之地，诚以此事为可行，而首先玉成之，则十年以后之人才凡从读书中来者，皆阁下之力也，不亦伟欤。陈瑞南观察喜为难能可贵之事，亦以治签之事为己任，兰甫学正及其都讲皆欲预校雠之役，窃望此事可成也。愿阁下倡之而已。[②]

文中先是提到广东培养出的人才往往“难得其人”，究其原因就是下文所说的缺乏书籍资源，当时广东官刻书籍渐多，但机构藏书却乏善可陈。所以他指出学海堂创办多年，虽然培养出不少好学之士，但仍苦于无法博览，无法像当年镇江文宗阁、扬州文汇阁和杭州的文澜阁御赐藏贮《四库全书》可以俾寒士阅览。相比之下，广东缺乏这样的优越条件。不过李文田继续说，他的“康友之为闽藩日”，有人嘱其搜觅武英殿丛书

① （清）林伯桐、陈澧编：《学海堂志·藏书》，（清）陈澧著，黄国声主编：《陈澧集》第5册，上海古籍出版社，2008年，第665页。

② （清）李文田：《致黎兆棠书》，梁基永、吕子远：《大绅与通儒：李文田传》，广东人民出版社，2018年，第272—273页。

回广东收藏。这位“康友”便是另一位广东藏书大家、曾任福建巡抚的丁日昌。

搜访殿本丛书一事的结果不得而知，但李文田因此提出一个宏大计划，希望能在广东省城建一“书仓”，今天看来就是创办一座公共图书馆。“书仓”接受各方人士捐赠，预计十年可收见成效。这一想法他曾与陈澧及学海堂诸公商量，此外还向“一二殷富”谈及，其中提到的“陈瑞南观察”，即是在省城西关创办爱育善堂的富商之一。最后，他预计此事若成，则“十年以后之人才凡从读书中来者，皆阁下之力也”，大概李文田此时方才罢官回籍，初居省城，名位虽高，但不便作为首倡绅士，所以希望黎兆棠可出面作为首倡的乡宦玉成其事。

李文田的宏愿在当时并未实现。陈澧不久于光绪七年（1881）身故，黎兆棠的传记中也找不到有倡修“书仓”一事。直到光绪十年（1884）在李文田力倡闱姓开捐之后，在闱姓商人的资金支持下，“粤会书仓”才最终以广雅书局、广雅书院冠冕楼的形式成为现实。

冠冕楼规模庞大，藏书甚丰，是当时广东规模最大的专供生徒借阅的藏书机构。徐信符在《广东藏书纪事诗》中专列一条予以介绍：

> 无邪堂之外，正中特立书库，曰“冠冕楼”，额亦为张文襄所题，取唐诗“冠冕通南极”之义。复有吴大澂所书楹联。楼中规模弘壮，复分东、西两楹，藏度图籍。其通行本必具两部，供东西两省士人借阅。濂溪祠畔，别有小书楼，则藏斋书，分赠院中诸生研习者。[①]

而据周汉光的研究，藏书楼内“康、雍、乾三朝所编的巨大典籍，也都齐备。至于通行之本，必具两部，以供东西两省士人借阅。至于各大丛书，如《粤雅堂丛书》《海山仙馆丛书》《知不足斋丛书》，以及《二十四史》《十三经注疏》《经解》等，有备至三四套者，则藏书之富，亦可概见”[②]。

---

① 徐信符：《广东藏书纪事诗》，沈云龙主编：《近代中国史料丛刊续编》第20辑，文海出版社，1975年，第203页。

② 周汉光：《张之洞与广雅书院》，台湾中国文化大学出版部，1983年，第340页。

如此则冠冕楼的藏书几乎囊括了清代出版的重要典籍，道光以来广东所刻丛书也几乎网罗殆尽。

官办书院以外的学馆私塾，也会配备藏书，如常被人提到的石德芬，他的学馆“有石室藏书，以供阅览”[①]。康有为万木草堂，据梁启超回忆“堂中有书藏，先生自出其累代藏书置焉”[②]。虽然徐信符在介绍康有为万木草堂藏书时写道：“康馆所藏多属普通之书。”[③]但学馆的藏书并不在乎征集秘本，而是重在流通共享，以资教学之用。

从同治年间学海堂开始有意识地“增贮群书”，到光绪中叶广雅书院修建冠冕楼广备藏书以供士子阅读，再到省城学馆也配备藏书，说明此时广东省城用于公共流通的书籍日渐增多，由于是用于借阅，藏书的种类则更为广泛和全面。结合广雅书院所藏，可知这些书院和教育机构的藏书增加，不仅得益于晚清图书出版业的繁荣，也有赖当时学者有意识的推动。至此，有志于学的士子在广东省城未必一定要像梁启超那样“捆载而归”，也能在学馆和书院坐拥群籍，博览群书。

四　成为通儒：文廷式的阅书单

光绪年间广东省城出版大盛，书籍流通日广，也在影响着士子的阅读习惯。道光以来省城藏书家往往也是著名的学者，如陈澧的学术成果就建立在大量阅读的基础之上。但与陈澧同时的侯康，年少时却因“家贫无书”，只能靠母亲用稻谷贷钱换得一套《十七史》，反复研读，以致“卷帙皆敝”[④]。至光绪年间，纵使是一般士子应对激烈的科举竞争环境，也需要涉猎群籍。不仅是科举三场策问一定会问及有关经史、地理、历代典章的内容，首场四书文的创作也需要以通博的知识涵养作为基础，才容易脱颖文场。在书

① 徐信符：《广东藏书纪事诗》，沈云龙主编：《近代中国史料丛刊续编》第20辑，文海出版社，1975年，第220页。

② 丁文江、赵丰田编：《梁启超年谱长编》，上海人民出版社，2009年，第18页。

③ 徐信符：《广东藏书纪事诗》，沈云龙主编：《近代中国史料丛刊续编》第20辑，文海出版社，1975，第226—227页。

④ （清）陈澧：《东塾集》卷五《二侯传》，（清）陈澧著，黄国声主编：《陈澧集》第1册，上海古籍出版社，2008年，第196页。

籍易得的广东省城，涉猎群籍并非难事。当时人们常用“通儒”“通人”之词赞美那些善于征文考献、博览群书的学者。陈澧曾说读书多参考《四库全书总目》则“为通人甚易甚易”[①]。故所谓“通儒”“通人”的日常实践，就在于广泛阅读。他们读些什么，能读到些什么，从陈澧弟子文廷式光绪二年（1876）的日记，可窥一二。

文廷式（1856—1904），祖籍江西萍乡，祖父两代久宦粤东，他也在广东出生成长。同治十一年（1872）他来省城读书，肄业菊坡精舍，受业陈澧门下。光绪八年（1882）中式顺天乡试第三，光绪十六年（1890）成进士，为榜眼[②]。光绪二年（1876），文廷式年方21岁，还只是一名童生。据当年九个月的日记记录，他大约前半年居住广东省城，后半年则回到祖籍江西。这位未来榜眼涉猎颇广，阅读书籍包括经史子集、算学、时事等。除此之外，文廷式为应试也一直在阅读时文。文廷式一年中持续地研读经史，十月至十二月开始自学算学，故在其日记中出现了大量算学相关的书名。《邸报》和《申报》则是文廷式获知朝野时事的来源[③]。介绍西方的有关书籍包括魏源《海国图志》和王韬《普法战纪》等[④]。西书译本则集中于数理和自然科学领域，如当时新近出版的徐寿译《化学鉴原》和李善兰译《代微积拾级》等[⑤]。

文氏正月初八日阅读到魏源《禹贡说》和杨懋建《禹贡新图说》[⑥]，这应是同治六年（1867）方浚颐刻于广州的版本。他在该月读到的《通典》《通志》《文献通考》[⑦]，亦由学海堂于同治年间刊刻。日记中出现可能由学海堂刊刻的书籍，还有同治十年（1871）的《数学精详》和光绪

① （清）陈澧：《东塾集外文》卷一《与菊坡精舍门人论学》，（清）陈澧著，黄国声主编：《陈澧集》第1册，上海古籍出版社，2008年，第323页。

② 钱仲联：《文芸阁先生年谱》，沈云龙主编：《近代中国史料丛刊续编》第14辑，文海出版社，1974年，第29—48页。

③ （清）文廷式：《丙子日记》，汪叔子编：《文廷式集》下册，中华书局，1993年，第1056、1073页。

④ （清）文廷式：《丙子日记》，汪叔子编：《文廷式集》下册，中华书局，1993年，第1055页。

⑤ （清）文廷式：《丙子日记》，汪叔子编：《文廷式集》下册，中华书局，1993年，第1076、1081页。

⑥ （清）文廷式：《丙子日记》，汪叔子编：《文廷式集》下册，中华书局，1993年，第1055页。

⑦ （清）文廷式：《丙子日记》，汪叔子编：《文廷式集》下册，中华书局，1993年，第1058页。

二年（1876）的《前汉纪》[①]。十月读到的江藩《国朝汉学师承记》《国朝宋学渊源记》，彼时最新近刊行的版本为咸丰四年（1854）粤雅堂丛书本[②]。而当年读到的清儒著作：《日知录》《钟山札记》《龙城札记》《十驾斋养新录》《礼学卮言》《公羊通义》《大戴礼补注》《礼笺》《禹贡三江考》《戴东原集》《经史问答》《四书释地》《乡党图考》《经义述闻》《尚书今古文注疏》[③]等，皆属《皇清经解》所收之书。由此可见，文廷式阅读的不少书籍，都是新近在广东省城刊刻的。文廷式每日都花费大量时间阅读，并不时随手记录一些简单心得。受当时学术风气影响，文廷式阅读十分重视版本比对，读一种经典时，往往用不同时代的经说作为参考。如日记二月二十日写道："始读《论语注疏》，以皇氏及《注疏》本，合朱子《集注》读之。其不备者，考诸《四书释地》《乡党图考》诸书。"[④]《论语注疏》属《十三经注疏》之一，在当时以嘉庆阮刻本最为学者推崇，广东则于同治十二年（1873）重刻了乾隆武英殿本。"皇氏"是指南朝皇侃的《论语义疏》，文廷式手头版本很可能来自粤东书局出版的《古经解汇函》。朱子《集注》即《四书章句集注》，是当时科举的标准用书，极易购置。

文廷式的例子可以看到士子阅读习惯和书籍出版的关系。一方面，士子在举业之外需要阅读大量书籍获得古今知识和时闻，为书籍市场的繁荣提供了条件。另一方面，出版的发达，使得博览成为可能。如文廷式研治《论语》，可以同时参考古今各家说法，不至于株守一家之言，士子坐在家中就能征文考献对经典提出质疑或者抒发己见。但从中也看到书籍的流通种类如何影响着士子知识的构成，同治年间学海堂、菊坡精舍刊刻的经史类书籍，明显已成为士子平日必会涉猎的内容。

---

① 《学海堂所刻书书目》，（清）陈澧著，黄国声主编：《陈澧集》第5册，上海古籍出版社，2008年，第691页。

② （清）文廷式：《丙子日记》，汪叔子编：《文廷式集》下册，中华书局，1993年，第1077页。

③ （清）文廷式：《丙子日记》，汪叔子编：《文廷式集》下册，中华书局，1993年，第1068—1071页。

④ （清）文廷式：《丙子日记》，汪叔子编：《文廷式集》下册，中华书局，1993年，第1061页。

表 1 《丙子日记》记录光绪二年（1876）文廷式阅读的书报

月份	书 目
正月	《元史》、《通典》、顾炎武《日知录》、《大清会典》、《南汉春秋》、魏源《海国图志》、魏源《禹贡说》、杨懋建《禹贡新图说》、《隋书》、《韩诗》、方浚师《蕉轩随录》、王韬《普法战纪》、《文选》、《玉海》、《邸报》、李光廷《汉西域图考》、《四库提要》、陈澧《东塾类汇》、《缙绅录》、《杜诗》、钱大昕《十驾斋养新录》、《通志》、《文献通考》、《汉书》、《礼记注》、《中外见闻录》
二月	《初学记》、《耳食录》、《隋书》、《通典》、《元史》、《宋名臣言行录》、李元度《国朝先正事略》、《满汉名臣列传》、《苏文忠集》、《明史》、《文选》、《论语注疏》、阎若璩《四书释地》、江永《乡党图考》、阮元《十三经注疏校勘记》、卢文弨《钟山札记》、卢文弨《龙城札记》、浦起龙《史通通释》、《说文》、赵翼《廿二史札记》
三月	《明史》、《元史》、《通典》、《剑南集》、《文选》、《杨诚斋集》、《苏文忠公集》、《海国图志》
四月	尤侗《明史小乐府》、《明史》、《元史》、《文选》、《辽金元三史国语解》、钱大昕《潜研堂诗集》、《国朝先正事略》、《杜诗》、《十国春秋》、《礼记注疏》、《思适斋集》、《陶渊明集》、《柳宗元集》、《诚斋集》、《金史》、《皇极经世》、《四库提要》、《欧阳文忠集》、《渔洋菁华录》、丁日昌《持静斋书目》、《铁崖乐府》
五月	《金史》、《四库提要》、《文选》、《玉台新咏》、《旧五代史》、《五代史》、《鲒埼亭集》
闰月	《五代史》、孔广森《礼学卮言》、孔广森《公羊通义》、金榜《礼笺》、程瑶田《禹贡三江考》、戴震《戴东原集》、全祖望《经史问答》
十月	《南史》、《谈天》、《小畜集》、《文选》、《元诗选》、《皇朝通典》、冯志沂《微尚斋诗集》、王引之《经义述闻》、凌廷堪《梅边吹笛谱》、《后汉书》、《申报》、孙麟趾《好玉词》、《继鸳词》、《凤箫词》、《叩门词》、《数理精蕴》、《庚子山集》、毛祥麟《墨余录》、《几何原本》、《小谟觞馆集》、《沧洲集》、《国朝先正事略》、王鸣盛《西沚集》、《两歧成案》、纪大奎《笔算便览》、魏源《海国图志》、法式善《槐厅载笔》、《徐孝穆集》、江藩《汉学师承记》、《绝妙好词》、《词律》、朱彝尊《曝书亭集》、《防海新论》、《莛仙诗》、《汉书》、《全唐文》、《数学心得》、徐寿《化学鉴原》

续表

月份	书　目
十一月	屈曾发《数学精详》、《申报》、《阴符经》、《法言》、《文中子》、《全唐文》、冯志沂《微尚斋诗》、《微尚斋集》、江藩《宋学渊源记》、《阎潜邱年谱》、徐氏《算书》、江藩《汉学师承记》、《练兵实纪》、《饮水词》、魏源《古微堂诗集》、孔广森《大戴礼注》、《笔算便览》、《道德经》、王昶《湖海文传》、《墨子》、《数理精蕴》、《沧洲诗集》、赵翼《赵瓯北集》、陈用光《太乙斋文集》、《前汉纪》、《文选》、《北史》、《代微积拾级》、《李迈堂集》、《五代史记注》、钱大昕《钱辛楣集》、《浙西六家词》、夏燮《中西纪事》、《同馆爵里谥法考》、《国朝先正事略》、夏燮《粤氛纪事》、《穆天子传》、孙星衍《芳茂集》、王采薇《长离阁集》、《抱朴子》、《尸子》、《牟子》、《吴梅村集》、《大清一统志案说》、《舆地广记》、佟世南《东白堂词选》、汪莱《算学》、《东华录》、孙星衍《尚书今古文注疏》
十二月	《北史》、《文选》、《国朝先正事略》，袁枚《随园随笔》、赵翼《皇朝武功纪盛》、赵翼《陔余丛考》、《申报》、《词综》、李锐《天元勾股细草》、《全唐诗》、邹伯奇《邹征君遗书》、《定例汇编》、《天元开方》、《周稚圭集》、李善兰《则古昔斋算学》、《汉魏百三名家集》、《算术》、梁章钜《退庵随笔》、《数学精详》、《四元玉鉴》、《抚豫宣化录》、《形家言》、魏源《海国图志》、《徐孝穆集》、《四书集注》、《对数比例》

五　伪经新考：康有为的参考书目

晚清广东省城书籍流通日广不仅改变了士子的阅读习惯，在士子撰写著述的过程中也产生了影响。如康有为赖以成名的著作《新学伪经考》，过去从学术史角度都会提到康氏学说受到前人刘逢禄、魏源、龚自珍和廖平的影响。若仔细梳理书中征引的史籍、前人著述，以及提到的清代学者姓名，可发现《新学伪经考》的成书得益于参考阅读了许多同治以来广东省城新近出版的经史类书籍。

首先，《新学伪经考》中提及许多清代学者和相关撰著，归总起来共提到清代学者46人，涉及撰著约45种。如第二篇《史记经说足证伪经考》，大段引用了顾炎武《日知录》和全祖望《经史问答》中有关易卦“互体”

的考证，以及赵翼《廿二史札记》中的相关内容[①]。《日知录》和《廿二史札记》是光绪二年至三年（1876—1877）间康有为随朱次琦读书时深受启发的清人著作[②]。在对《古文尚书》和《左氏传》证伪时，康有为大段引用了刘逢禄著作作为论证的支持[③]。刘逢禄是书中引用最多的清人，达14次。此外在《汉书河间献王鲁共王传辨伪》开篇提到“又得魏氏源《诗古微》”，“反覆证勘，乃大悟刘歆之作伪”[④]，可见康有为考证毛诗时明显曾受魏源的启发。对《小尔雅》证伪时，康有为提到宋翔凤的《小尔雅训纂》，他曾据此书“逐条按之”以寻找其与“古文伪经”的关系[⑤]。以上可见康有为在辨证伪经过程中参考了大量清人撰著，作为考证的基础。

上面提到的各种清人经学撰著，有一个共同点，即这些书籍大多被编入《皇清经解》和《皇清经解续编》。《新学伪经考》涉及的清人撰著，有33种收入这两套丛书，其中16种在《皇清经解》，17种在《皇清经解续编》。艾尔曼发现阮元在广东创办学海堂时出现了尊崇公羊学的一些微妙变化，不仅“学海”一词来自东汉公羊学者何休的雅号，而且《皇清经解》经学著作中收录了不少清代常州今文学派庄存与、孔广森、刘逢禄、凌曙等人撰著共13种[⑥]。这其中就包括了《新学伪经考》引述最多的刘逢禄《左氏春秋考证》。

道光年间阮元创办的学海堂使江南流行的经史考据之学成为广东的学术潮流，所辑《皇清经解》是晚清广东有志经学之士必备之书。虽然康有为长期疏离于学海堂学术圈外，但他也能通过这套丛书摄取符合个人学术旨趣的经学资源。《自编年谱》提及光绪六年（1880）居乡“从事《皇清经解》”，并“治经及公羊学，著《何氏纠谬》，专攻何劭公者。既而自悟其非，焚去”[⑦]。可见当时士子读经，《皇清经解》是必不可少的参考书，而

---

① 康有为著，章锡琛校点：《新学伪经考》，古籍出版社，1956年，第36—37页。

② （清）康有为撰，楼宇烈整理：《康南海自编年谱》，中华书局，1992年，第7页。

③ 康有为著，章锡琛校点：《新学伪经考》，古籍出版社，1956年，第56—88页。

④ 康有为著，章锡琛校点：《新学伪经考》，古籍出版社，1956年，第120页。

⑤ 康有为著，章锡琛校点：《新学伪经考》，古籍出版社，1956年，第100页。

⑥ ［美］艾尔曼著、车行健译：《学海堂与今文经学在广州的兴起》，《湖南大学学报（社会科学版）》2006年第2期，第16—18页。

⑦ （清）康有为撰，楼宇烈整理：《康南海自编年谱》，中华书局，1992年，第10页。

康有为亦从那时起便已特别留意到丛书中有关公羊学的内容。

《皇清经解续编》于光绪十二年（1886）由江苏学政王先谦在江苏南菁书院开局续刊，收录111家著作209种[①]。《新学伪经考》书中提到刘逢禄《尚书今古文集解》、陈立《公羊义疏》，在《皇清经解续编》中皆属首次出版，这说明康有为撰写《新学伪经考》时已有一部《皇清经解续编》置于案头。《皇清经解续编》在《新学伪经考》出版前主要有两个版本，一是光绪十四年（1888）南菁书院刻本，一是光绪十五年（1889）上海蜚英馆石印本。《新学伪经考》则大约在光绪十六年（1890）底已大体成书。据此可知《皇清经解续编》在出版后不久便已被广东省城的士子所阅读。

此外，书中《〈经典释文〉纠谬》一章，摘取了唐代经学家陆德明的著作《经典释文》第一卷的部分内容逐条批评。《经典释文》一书在清代的流传有康熙间的《通志堂经解》本及乾隆年间附有卢文弨三十卷考证的《抱经堂丛书》本[②]。两种版本在广东均于同治年间得以再版。抱经堂本《经典释文》先于同治十年（1871）由学海堂主持重雕，菊坡精舍也于次年重刊了《通志堂经解》[③]。学海堂、菊坡精舍所刊经史书籍，多为广东较为稀见的种类。《通志堂经解》在广东同治以前不易获观，上文已有述及，抱经堂本《经典释文》的情况也当类似。康有为征引的《经典释文》内容正是据抱经堂本而来，所据原书很大可能来自学海堂的重刊本[④]。

由此可见，《新学伪经考》的成书得益于道光年间阮元在广东省城建立起的经学基础和同光年间学海堂、菊坡精舍经营起的图书资源。康有为经学观念的形成亦与此密不可分。同光年间广东省城丰富的图书资源，不仅改变了士子的阅读习惯，也为催生新的学说奠定了基础。

---

① （清）王先谦：《皇清经解续编序》，见（清）王先谦编：《清经解续编》第1册，上海书店，1988年，第1页。

② 黄焯：《前言》，（唐）陆德明撰，黄焯汇校：《经典释文汇校》，中华书局，2006年，第2页。

③ 容肇祖：《学海堂考》，《岭南学报》1934年第4期，第144—146页。

④ 如《新学伪经考》（古籍出版社，1956年）第207页引文“是为十翼”，与抱经堂本同，通志堂本“十翼”上无“是为”二字；第228页引文“斯文甚矣”，与抱经堂本同，通志堂本作“斯文盛矣”。抱经堂、通志堂版本差异见《经典释文汇校》，第6、29页。

表 2 《新学伪经考》所涉清代学者姓名及著作[①]

姓名	书名 / 篇名	丛书 / 版本估计	页码
阎若璩	古文尚书疏证	皇清经解续编	4；55；214；233
顾炎武	日知录	皇清经解	36；326
全祖望	经史问答	皇清经解	37
赵翼	廿二史札记		44
	四库全书总目提要	同治七年广东书局本	48；96；118
戴震			48
刘逢禄	尚书今古文集解	皇清经解续编	56
刘逢禄	左氏春秋考证	皇清经解	85；86；88；89；120；139；147；223
刘逢禄			213；225；307
陈启源	毛诗稽古编	皇清经解	65；98
邵懿辰	礼经通论	皇清经解续编	68；307
万斯同	〔群书辨疑〕		76
姚际恒	古今伪书考	知不足斋丛书	76；242
陈澧	东塾读书记	皇清经解续编	88；89；91；226
臧琳	经义杂记	皇清经解	93
丁晏	孝经征文	皇清经解续编	96
丁晏	〔尚书余论〕	皇清经解续编	215
王念孙	广雅疏证	皇清经解	97
钱坫	尔雅释地四篇注	皇清经解续编	98
孙星衍	尔雅释地四篇后叙	皇清经解续编	98
孙星衍	尚书今古文注疏	皇清经解	214；333
宋翔凤	小尔雅训纂	皇清经解续编	100
郭嵩焘	〔使西纪程〕		105
桂馥	〔说文解字义证〕	同治九年湖北崇文书局本	105
王筠	〔说文解字句读〕		105

① 本表根据古籍出版社1956年版《新学伪经考》编制，表中书名加“〔 〕”者，为书中曾引述或意指而未明言者。

续表

姓名	书名 / 篇名	丛书 / 版本估计	页码
赵之谦	补访碑录		106
王昶	金石萃编	嘉庆十年刻本	106
张德容	金石聚	同治十一年二铭草堂本	106
江藩			106
缪荃孙			106
李文田			106
阮元			106；118
刘熙载	〔艺概〕	光绪三年岭南重刊本	109
魏源	诗古微	皇清经解续编	120
惠栋	易汉学	皇清经解续编	133
惠栋	〔古文尚书考〕	皇清经解	214；215
焦循	易图略	皇清经解	134
张惠言	〔茗柯文编〕		134
钱大昕	潜研堂文集	皇清经解	135
段玉裁	说文解字注	皇清经解	165
朱彝尊	经义考		187
龚自珍	大誓答问	皇清经解续编	212；213
王鸣盛	〔尚书后案〕	皇清经解	214；215
江声	〔尚书集注音疏〕	皇清经解	214；215
李惇	〔群经识小〕	皇清经解	215
刘台拱			215
陈立	〔公羊义疏〕	皇清经解续编	220；225
俞樾	〔群经平议〕	皇清经解续编	220
钟文烝	〔春秋谷梁经传补注〕	皇清经解续编	225
陈寿祺	尚书大传辑校	皇清经解续编	308
陈寿祺	左海经辨	皇清经解	309
王引之	经义述闻	皇清经解	323；324
陈乔枞	三家诗遗说考	皇清经解续编	362

六 结语

同光年间的广东省城，士子涉猎群籍变得轻而易举，同时阅读的内容不仅没有舍弃传统，反而在地方藏书、出版的发达和举业资源集中等条件的促进下，得以接触到更多新近出版的经史类书籍。由此可见，属于“中学”书籍的出版并未因西学知识的东渐而衰微，反而在官方、学术团体、藏书家的支持推动之下，许多过去稀见的经史典籍和学术著述得以陆续面世，与西学书籍一道作为新事物展现在士子面前。借助阅读史的视角，结合晚清出版、藏书等方面的社会环境进行研究，有助于重新思考晚清士子在应对世变时的知识构成。道光初年，省城名士侯康曾在诗中感叹：“吾粤繁华甲天下，马脑车渠积如瓦。坐拥书城能几人？”[①] 光绪间，广东省城书籍汗牛充栋，价格低廉，士子身处其中，既可在书坊购买，也能借助书院、学馆所藏遍观群籍，人人得以坐拥书城。通过阅读获得知识逐渐成为一件平常的事，光绪二年（1876），童生文廷式研治一经可随手参考多种版本；光绪十六年（1890），未有任何功名的康有为得以广泛吸收清代乾嘉学术的研究成果著成《经学伪经考》，在晚清学术界造成了广泛影响，为其后的变法活动提供了理论依据，这都有赖于道光年间开始积累的学术和图书资源。

作者通信地址：广州市天河区黄埔大道西平云路163号，邮编：510627。

责任编辑：赵晓涛

① （清）吴兰修编：《学海堂二集》卷十八《双门底卖书坊拟白香山新乐府》，赵所生、薛正兴主编：《中国历代书院志》第13册，江苏教育出版社，1995年，第654页。

投资与慈善：华侨与近代中山侨乡的早期现代化*

黄素芳**

广东工业大学马克思主义学院，广东广州，510520

摘　要：华侨是近代侨乡现代化发展的独特资源。在近代中山侨乡早期现代化过程中，受“实业救国”“教育救国”思想的影响，在政府的侨务政策鼓励下，华侨用新视野、新思想审视侨乡落后的根源，他们积极回乡投资实业、办工厂，有力地推动了侨乡工农商各业的发展。他们热心家乡公益慈善事业，助力侨乡慈善公益事业的全面发展。华侨积极参与中山侨乡的早期现代化建设，促进了侨乡经济、社会、教育等各项事业的发展。华侨积极参与侨乡早期现代化是近代海外华侨爱国爱乡的重要表现。

关键词：中山华侨；投资；慈善事业；早期现代化；侨乡

近代以来的侨乡建设是中国式现代化建设的有机组成部分。从中国式现代化视野审视侨乡建设，近代以来侨乡的建设、发展是中国乡村现代化的一个缩影①。华侨在近代侨乡早期现代化发展中发挥了重要作用，是侨乡现代化发展的独特资源。广东作为近代中国最大的侨乡，拥有丰富的“侨”

---

*　本文为2023年度广东省哲学社会科学规划岭南文化项目“近代佛山民间慈善事业研究（1840—1949）”（批准号：23ZS0050）阶段性成果。

**　黄素芳（1979—　），女，汉族，河南叶县人，广东工业大学马克思主义学院讲师，历史学博士。

①　张国雄：《中国式现代化视野下的侨乡建设》，《华侨华人历史研究》2023年第2期，第17页。

资源。中山是广东著名的侨乡[①]，海外侨胞人数众多。近代的海外侨胞积极参与侨乡建设，为中山侨乡的早期现代化做出了重要贡献。学术界对近代中山华侨参与侨乡现代化的问题早有关注，地方史志对此也略有提及[②]，但都缺少细致深入的研究。本文以地方史志资料和近代报刊资料为基础，梳理近代华侨在中山投资实业、参与侨乡慈善公益事业的具体实践，探讨中山华侨参与侨乡早期现代化的动因、内容、特点和实质。

一　近代中山的基本侨情

中山地处珠三角，毗邻港澳。为逃避战乱或出洋谋生，中山人在鸦片战争后大量出国，中山也成为近代广东重要的移民输出地。由于缺乏详细的官方统计资料，对近代中山籍华侨无确切的统计数据。从近代期刊的记载，可看出中山的华侨人数应当不少，1944 年“中山华侨不下十万之众”。1949 年的《广东中山华侨月刊》记载“中山有十多万旅外邑侨”[③]。近代中山的侨乡遍布市内各区、镇（乡），尤其集中在今中山市的南区、三乡镇、南朗街道、火炬开发区的张家边、东区、沙溪镇、大涌镇及石岐区一带[④]。中山华侨主要分布在美洲的美国、加拿大，大洋洲的澳大利亚、新西兰，亚洲的马来西亚、印尼、菲律宾、新加坡等国家，其中美国、加拿大、澳

---

① 据2000年至2002年中山全市侨情调查统计，中山籍华侨华人及港澳台同胞达80多万人，分布在90个国家和地区，其中华侨华人41万多人。见中山市外事侨务局、中山市港澳事务局编：《中山市华侨志》，广东人民出版社，2013年，第72页。据2023年报道，中山有华侨华人、港澳台同胞100多万人，分布在美国、加拿大、澳大利亚等近百个国家和地区。见《凝聚“侨力量”，助推中山高质量发展》，2023年2月26日，中山网：http://www.zsnews.cn/index.php/news/index/view/cateid/35/id/703395.html，2024年4月30日。

② 如《中山文史》第7、8、9辑合刊（广东省中山市政协《中山文史》委员会，1986年），《中山文史》第20辑（政协广东省中山市委员会文史委员会，1990年），中山市外事侨务局、中山市港澳事务局编《中山市华侨志》（广东人民出版社，2013年），熊月之主编《中山人与中国近代化》（广东经济出版社，2012年），张华、何旭玮《香山华侨与近代中山城市发展》（《华中建筑》2013年第4期）等。

③ 政协广东省中山市委员会文史资料委员会编：《中山文史》第51辑，政协广东省中山市委员会文史资料委员会，2002年，第252页。

④ 中山市外事侨务局、中山市港澳事务局编：《中山市华侨志》，广东人民出版社，2013年，第194页。

大利亚的中山华侨最多[①]。

二 中山华侨参与侨乡早期现代化的动因

作为侨乡早期现代化的重要参与者，华侨参与中山侨乡早期现代化的原因是多方面的，既与近代华侨的“实业救国”“教育救国”思想有关，也与华侨的新视野、新思想有关，还与中山的慈善文化传统分不开。此外，地方政府的侨务政策也为华侨回乡参与侨乡建设提供了支持和保障。

（一）“实业救国”思想

近代华侨在海外谋生，大多在当地受到压迫和剥削，让他们切身体会到祖国的强盛事关他们的前途和命运，建设祖国和家乡的愿望强烈。同时近代华侨又受到近代国内兴起的“实业救国”思想和收回利权运动的影响，深知国家要富强，就必须发展实业。因此，他们积极地在家乡办厂，发展工业、商业、交通运输业、房地产、金融等行业，在侨乡推动工、农、商等行业的发展。如百货之王马应彪曾解释其办实业的初衷是“一则养游民而营实业，一则兴土货以挽漏卮。虽属营业之施为，实具慈善之性质，利国利民，窃以为莫大乎是”[②]。永安公司创始人郭乐也尝言，我国“制造不良，工业窳败……利权丧失，骇目惊心。苟不急起直追，亟谋挽救，则国穷民困，恐未已有也”[③]。李敏周等创办新新公司的初衷是“以塞外溢之漏卮，福我人民，利我国家”[④]。正是这种“实业救国”思想的驱动，使得华侨积极投资实业、发展农工商各业，为侨乡经济的早期现代化做出了有益探索。

---

① 中山市外事侨务局、中山市港澳事务局编：《中山市华侨志》，广东人民出版社，2013年，第190—191页。

② 黄彦、李伯新选编：《孙中山藏档选编：辛亥革命前后》，中华书局，1986年，第246页。

③ ［澳］郑嘉锐、李承基等撰译，政协广东省中山市委员会文史委员会、中山市华侨港澳台人物传编委会编：《中山文史》第24辑，政协广东省中山市委员会文史委员会，1992年，第200页。

④ 上海市档案馆、中山市社科联编：《近代中国百货业先驱——上海四大公司档案汇编》，上海书店出版社，2010年，第239页。

（二）“教育救国”思想

近代华侨对教育之于启迪民智、振兴中华的作用有清醒和深刻的认识，在侨乡兴办教育是他们推动侨乡现代化的重要贡献。晚清首倡兴学的容闳，民初的马应彪、周崧等中山华侨莫不如此。容闳倡办甄贤社学“因思有以教其乡之人，务在教育子弟，造就人才，以备他日国家之用”①。马应彪认为“科学救国、教育救国是当务之急，中国国力衰弱，饱受外侮，归根结底是教育落后、科学落后，在我有生之年，一定要振兴教育”②。他非常重视儿童教育，认为儿童是“国家之主人翁也”，因此“要先培养健全之儿童，以厚国家元气”③。华侨周崧少年时曾言“若我得志之时，当以振兴教育为职志”④，他还认为“救国急务，首在教育”⑤，并在美国经商发达后，全力支持家乡教育。华侨在中山不遗余力地捐资办学，即使在抗战时期，也未停止，他们“捐资兴学，以扫除文盲，而提高新生一代之才智水准”⑥。怀抱“教育救国”的思想，华侨在侨乡积极地办学助学，推动了侨乡教育的早期现代化发展。

（三）华侨的新视野和新思想

华侨常年旅居海外，长期受新事物、新思想的浸染，增长了见识，拓宽了视野，尤其是他们中的精英，了解世界发展的趋势，深知中国与西方国家之间的差距，萌生了学习西方的想法。如容闳目睹了美国在教育、科技等领域的成就，基于对当时中国现实的反思，酝酿形成了“以西方之学

---

① （清）王韬：《征设香山南屏乡义学序》，政协珠海市委员会文史资料委员会编：《珠海文史》第30辑，2023年，第82页。

② 吴奕华：《热心办教育的华侨先贤马应彪》，《良都侨刊》2003年第12期，第13页。

③ 中国人民政治协商会议广东省中山市委员会文史委员会编：《中山文史》第4、5、6期合辑，广东省中山市政协文史组，1992年，第108页。

④ 中国人民政治协商会议广东省中山市委员会编：《中山文史》第7、8、9辑合刊，广东省中山市政协《中山文史》委员会，1986年，第50页。

⑤ 政协广东省中山市委员会文史委员会编：《中山文史》第20辑，政协广东省中山市委员会文史委员会，1990年，第100页。

⑥ 《华侨扶助本是教育事业之大观》，《中山侨讯》1946年创刊号，转引自中山市外事侨务局、中山市港澳事务局编：《中山市华侨志》，广东人民出版社，2013年，第348页。

术，灌输于中国，使中国日趋于文明富强之境”[①]的宏愿。近代华侨在西方国家的见闻使他们形成了重商思想。如马应彪“见英人以商立国，臻于富强，慨然以振兴中华商业为己任”[②]，通过创办公司“从洋人手中夺回利权，商业救国”[③]。郭乐在悉尼看到外国人经营商业“殊有讲究”，反观中国传统商业“墨守陈法”，于是“将外国商业艺术介绍于祖国，以提高国人对商业之认识”[④]。又如近代中山的几任华侨或海归县长，海外见闻让他们深知交通、商业对于城市发展的重要性，所以他们在治理中山期间，重视市政改革，拆除旧楼房，建筑新车路，建造新街市等，带动了中山城市的发展和商业的繁荣。如吴铁城、朱卓文和李蟠任县长期间，拆除旧城墙，拓宽马路，规划石岐新城区等，使中山在面积、交通、城市功能上都发生了较大的变化。唐绍仪任县长期间提出建设中山模范县，在建设中山港的同时，大力推行以经济建设为中心的施政方针，以农业、交通为重点的政策，倡办实业，谋求各行各业的全面发展。这些先进的城市建设思想推动了中山城市的早期现代化发展。中山华侨用新视野和新思想审视侨乡落后的根源，通过向西方学习来改变家乡落后面貌和推动侨乡现代化发展。

（四）中山地方的慈善文化传统

岭南地区拥有深厚的文化底蕴和人文基因，中山也是如此。鸦片战争前，中山地方经济发达繁荣，教育文化昌盛，儒家倡导的传统仁爱慈善观和乐善好施、助人为乐的家风家训，以及乡俗民约潜移默化地影响着这片土地上的人们，形成了源远流长的博爱文化和慈善传统。如郑观应所在的三乡镇郑氏家族在数百年间一直奉行“孝悌爱亲、忠贞爱国、乐善好施”[⑤]的做人行事准则。郑观应的家风家训特别强调“德行为上，

---

① （清）容闳著，徐凤石、恽铁憔译：《西学东渐记》，湖南人民出版社，1981年，第32页。

② 中国人民政治协商会议广东省中山市委员会文史委员会编：《中山文史》第4、5、6期合辑，广东省中山市政协文史组，1992年，第105页。

③ 陈恒才、杨彦华：《百货业先驱马应彪与黄焕南》，《中山日报》2010年4月2日A6版。

④ 许彤：《历史与文化——永安公司研究》，广东人民出版社，2022年，第57页。

⑤ 中山市档案局（馆）、中山市人民政府地方志办公室编：《齐贤修身 传承好家风——中山市家风家训文化读本》，广东人民出版社，2017年，第76页。

慈善为怀”①。小榄泰宁李氏家族的家训中要求族人要“关心家国事，常做慈善行”②。家风家训如春风化雨般滋润着中山人，中华民族的传统美德和优良家风也在中山华侨中传承和升华，是近代中山华侨助力侨乡慈善事业的文化源泉。

（五）政府的侨务政策

清末民初，中央至地方政府都积极开展侨务工作，颁布护侨法令，对华侨回国投资建设、置业定居给予保护和优惠，激发了华侨投资国内建设的热情。如清政府为了争取海外华侨支持，1903 年设立商部，劝导华侨回乡投资，还颁布了一系列政策文件，如《华商兴办实业条例》（1902）、《奖励华商公司章程》（1903）、《华商办理实业爵赏章程》（1907）、《奖励华商工商公司章程》（1907）等。北洋政府为了鼓励华侨回乡投资，1915 年 5 月颁布了《保护华侨条例》。广东省政府也非常重视华侨资源的引进，1915年8月颁布了《广东保护回国华侨条款》，对华侨回乡投资等给予保护。特别是陈济棠主政广东时期，大力支持华侨回乡投资。广东省政府除了积极实施国民政府 1929 年颁布的《华侨回国兴办实业奖励办法》外，又提出了《关于扶植商务以吸引侨商投资实业提案》，以吸引侨资。1936 年 6 月，广东省政府又颁布了《广东省奖励归国华侨投资兴办实业暂行办法》，对归国华侨回国投资确有成绩者，给予奖励③。一系列的鼓励政策和措施使近代广东华侨回乡投资进入全盛时期，中山侨乡也出现了“侨汇热”“建房热”“消费热”“公路交通热”等，掀起了华侨在中山侨乡大规模兴办实业的高潮。抗战结束，广东省政府又颁布了《广东省府奖助华侨投资兴办本省实业办法》（1947），中山县政府迅速进行转发，鼓励中山华侨回乡投资办实业④。

---

① 中山市档案局（馆）、中山市人民政府地方志办公室编：《齐贤修身　传承好家风——中山市家风家训文化读本》，广东人民出版社，2017 年，第 40 页。

② 中山市档案局（馆）、中山市人民政府地方志办公室编：《齐贤修身　传承好家风——中山市家风家训文化读本》，广东人民出版社，2017 年，第 117 页。

③ 《广东省奖励归国华侨投资兴办实业暂行办法》，《广东省政府公报》1936 年第 334 期，第 1—3 页。

④ 《省府奖助华侨投资兴办实业办法》，《中山民国日报》1947 年 7 月 31 日第 3 版。

三 投资实业，促进中山经济早期现代化发展

（一）开办工厂，促进近代工业的发展

据现有史料，中山华侨积极回侨乡投资建厂始于1908年。是年，旅美华侨蔡锦佳、严迪光等集资创办了中山近代第一家工业企业——香山机械制砖厂[①]。该工厂是我国最早的轮窑砖厂，工厂规模大，所制红砖外销港澳[②]。该厂为修建中山城市道路、商铺、房屋和其他公共设施提供了大量红砖。同年，石岐华侨黄庆洲回乡创办了中山最早的碾米工厂——惠生米磨公司[③]。1912年，严迪光独资5万元在石岐创办了迪光电力灯所，发电装机容量为2500千瓦，供当地居民照明。迪光电力灯所作为中山最早的电厂，开创了中山电力照明的历史，也是当时全国40家最先进发电厂之一。严迪光后又计划在马踢水开设水力发电厂，时局混乱致使该工程未能投入建设[④]。1912年，旅港商人刘某集资从香港购置碾米机器，在石岐创办了一家名为“卫生米机”的大米加工厂[⑤]。1914年，檀香山华侨朱英利创办了朱英利织袜厂，是近代中山最早的纺织工业企业。该厂采用机器织丝袜、线袜、线手套、毛巾、蚊帐布、白洋布等产品，改变了中山数百年来仅靠脚踏手织夏布的状况[⑥]。1922年，澳大利亚华侨郑泗全回乡开设协和碾米厂、协和兴电灯厂[⑦]。1929年，华侨程天斗集资毫银150万元，创建了中山港炼油公司，后发展成我国第一家规模巨大的煤油制造企业[⑧]。此外，华侨还投资兴

---

① 中山市外事侨务局、中山市港澳事务局编：《中山市华侨志》，广东人民出版社，2013年，第220页。

② 中山市外事侨务局、中山市港澳事务局编：《中山市华侨志》，广东人民出版社，2013年，第336页。

③ 政协广东省中山市委员会文史委员会编：《中山文史》第20辑，政协广东省中山市委员会文史委员会，1990年，第15页。

④ 中山市华侨中学教育科学研究室编著：《香山华侨文化读本》，羊城晚报出版社，2017年，第91页。

⑤ 谭华健：《中山工业简史》，广东人民出版社，2022年，第14页。

⑥ 熊月之主编：《中山人与中国近代化》，广东经济出版社，2012年，第36页。

⑦ 中山市外事侨务局、中山市港澳事务局编：《中山市华侨志》，广东人民出版社，2013年，第337页。

⑧ 熊月之主编：《中山人与中国近代化》，广东经济出版社，2012年，第36页。

办了广云鞋厂、大有成米机厂、岐丰胜米机厂、岐安米机厂、中央米机厂、大新玻璃厂等[①]。华侨办厂促进了中山侨乡近代工业的发展，带动了中山由传统手工业向近代机器工业的快速转型。

（二）引进国外品种，发展农业及其副业

工业之外，华侨对侨乡农业的发展也极为关心。马应彪以重视商业闻名海内外，同时他对农业也非常重视。他撰文劝导家乡人民重视农业，通过发展农业来改变中山侨乡传统农业的落后面貌。他认为，“欲发展地方之经济，巩固人民之生活，莫先于推广农业，借以振兴商务也”。他特别强调经济作物的种植，建议在中山施行推广种禾、注重蚕桑、植蔗制糖、种麦制面、种棉纺纱五大农业计划[②]。马应彪对中山农业的发展规划代表了当时部分华侨支持侨乡发展农业的愿望。民国初年，华侨从海外引进了许多农业新品种，在侨乡培育种植，提高了侨乡农产品的产量和质量。如 1912 年，小榄华侨刘开益、刘立夫兄弟从新加坡引进人参果、木瓜、奶油蕉种苗，在侨乡大力种植推广[③]。1915 年，神湾镇华侨李国汉从秘鲁携带菠萝种苗回乡试种成功，被附近各村引种，称神湾菠萝，成为当时中山的著名特产[④]。1922 年，旧金山华侨李应斌雇佣农民吴开受在库充担沙改土，使大片田地变成肥沃的沙质土。加拿大华侨陈棣引进荷兰薯的种苗在库充村种植，并将库充村变成荷兰薯著名产地，产品畅销港澳，薯种供应各地[⑤]。各种农业新品种的引进和土质的改进，促进了中山侨乡农业的快速发展。

---

① 林金枝、庄为玑编：《近代华侨投资国内企业史资料选集（广东卷）》，福建人民出版社，1989 年，第 92 页。

② 马应彪：《敬告香山邑人推广农业刍言》，《农事月刊》1923 年第 1 卷第 9 期。

③ 中山市外事侨务局、中山市港澳事务局编：《中山市华侨志》，广东人民出版社，2013 年，第 21—22 页。

④ 中山市外事侨务局、中山市港澳事务局编：《中山市华侨志》，广东人民出版社，2013 年，第 22 页。

⑤ 中山市外事侨务局、中山市港澳事务局编：《中山市华侨志》，广东人民出版社，2013 年，第 351 页。

（三）推动市政建设，发展交通业

拆除城墙、修建马路、拓展发展空间是近代中山城市早期现代化的首要任务。民国初年，中山的主要商业、集市都在城外，古城城墙限制了中山城市一体化的发展。1921年，吴铁城任县长后立即制定了拆旧城、筑马路、扩建石岐新城区的规划。他在任期间，拆去西门城楼，修筑了孙文西路。孙文西路建成后，沿着马路兴起的“十八间”商业街都生意兴隆①。此后，朱卓文、李蟠、唐绍仪等几任县长继续推进市政建设，拆城墙，修马路等。1932年，除此前修建的孙文西路外，孙文中、孙文东、凤鸣、太平、民生、民族、长堤、拱辰八条马路先后落成，共同成为横贯东西、纵贯南北的中山县城区主干道②。城市主干道的修建使中山县城中心在交通和城市功能上发生了较大变化。

除城市建设外，也有华侨个人投资道路建设。但因修路耗资巨大，华侨多集资成立股份公司，集众人力量修路。1925年，华侨郑泗全联合华侨及乡人集资15万元毫银，成立“东镇民办车路有限公司”，修筑了岐环车路③。同年，小隐村华侨李锵泰等合资兴建的莆山至小隐车路竣工，与岐环车路连接④。1927年，三乡桥头华侨郑芷湘等人以民间集股形式修筑岐关公路，郭乐、马应彪、蔡昌、孙科等人也积极投资入股帮助筑路。修成后的岐关公路长约99公里，居当时广东省民办公路之冠⑤。1928年，沙溪永厚乡归侨缪默庵、刘云波、汤龙等发起集资兴筑岐隆公路。1929年，缪默庵、李公藩发起并修筑了溪叠公路，在檀香山的中山华侨为筹款支持修路还在檀香山设了溪叠车路驻檀办事处。沙溪镇华侨还集资筑建了东镇车路、隆

---

① 中山市外事侨务局、中山市港澳事务局编：《中山市华侨志》，广东人民出版社，2013年，第338页。

② 张华、何旭玮：《香山华侨与近代中山城市发展》，《华中建筑》2013年第4期，第173页。

③ 中山市外事侨务局、中山市港澳事务局编：《中山市华侨志》，广东人民出版社，2013年，第339页。

④ 中山市外事侨务局、中山市港澳事务局编：《中山市华侨志》，广东人民出版社，2013年，第26页。

⑤ 中山市外事侨务局、中山市港澳事务局编：《中山市华侨志》，广东人民出版社，2013年，第339页。

镇车路、象龙支路等公路[①]。华侨积极投资侨乡道路交通等行业，有力地推动了中山近代交通业的发展。

（四）投资商业、金融及其他行业

近代，华侨受国内“实业救国”和海外重商求实思想的影响，兴商务而裕民生的使命感使他们积极投资侨乡商业。以珠海为例，1908 年，爱国侨商伍于政与澳门商人王诜等人为振兴实业，筹集股数十万，规划马路、修建房屋，创办了大小铺户 1000 多间、两层楼房 125 座的免税商埠——香洲无税商埠，不少海外侨商、港澳华商和地方殷富纷纷前来投资办实业，香洲商业繁荣一时[②]。至于中山，20 世纪二三十年代，孙文西路商贾云集，店铺鳞次栉比，有太平洋公司、先施公司、永安公司、汇丰公司、多多公司、昭信公司、福和盛、生发、宝昌、永安金铺、天定、信发百货、亚细亚、德士古、美孚、雨员布匹、公益纸料行等公司或店铺[③]。这些公司、店铺多为侨资公司，其内部陈设、经营范围、商品特色、商业用语、商贸活动为中山商业的发展带来新气象。

商业之外，华侨在中山还投资经营保险业、金融业等。如，马应彪的先施公司 1915 年在石岐孙文路先后设立先施保险置业有限公司、先施人寿保险公司和先施银业信托公司的分公司，经营保险业和金融业[④]。1924 年，华侨郭泗泉在孙文西路开办香山银行，经营汇兑、代理保险业、派解华侨汇款等业务[⑤]。除了先施公司和香山银行外，华侨还投资经营银号，1919 年前设立了永生、永安、富兴、荣光、福利盛，1919 年后有华美、胜和、

---

① 中山市外事侨务局、中山市港澳事务局编：《中山市华侨志》，广东人民出版社，2013 年，第 339—340 页。

② 《华侨筹议继续展拓香洲埠》，《广州民国日报》1925 年 12 月 22 日第 6 版。

③ 中山市外事侨务局、中山市港澳事务局编：《中山市华侨志》，广东人民出版社，2013 年，第 338 页。

④ 政协广东省中山市委员会文史资料委员会：《中山文史》第 46 辑，政协广东省中山市委员会文史委员会，2000 年，第 164 页。

⑤ 中山市人民政府地方志办公室编：《中山第一路——孙文路春秋》，广东人民出版社，2016 年，第 11 页。

永生、济隆、广鼎昌、广其昌、宝诚、有利生、汇中等[①]。

此外，其他企业还有：归侨梁兰生在石岐创立的金山茶庄，经营大宗购、销、转口茶叶；归侨黄洪信经营的艺兴印刷厂；华侨缪默庵投资的中山永乐旅店；华侨李怜庵投资的汇丰百货公司等[②]。

（五）投资房地产，修建各式建筑

在家乡投资置业、兴建房屋是近代华侨在侨乡的重要投资内容。中山华侨将西方建筑风格带回，在家乡修建了中西合璧的各式建筑。海外建筑用石灰水泥、铁钉、钢筋建屋，坚固且美观，深受华侨欢迎。马应彪为纪念父亲在家乡沙涌村建造了当时中山最大的西式园林式私宅群[③]。郭乐兄弟为纪念父亲郭沛勋在家乡竹秀园建了一座英式建筑——沛勋堂。20世纪30年代，侨乡各种新式建筑如雨后春笋般出现。碉楼是这时期侨乡的重要建筑。与传统民居相比，碉楼是钢筋混凝土结构，楼层高且为封闭式，安装有比较先进的设备，如探照灯、铜钟等。碉楼主要集中在张家边的江尾头村、西椏村，南朗的东椏村，东区的库充村，以及南区、沙溪、大涌、三乡、五桂山等镇、街道。2010年，全市仍保留碉楼404座[④]。除碉楼外，华侨将传统民居和西洋建筑风格结合起来修建了各式洋楼。现中山南区各侨乡尚存华侨洋楼古宅2000多间。同时，华侨在城市中心所建骑楼式样的商铺充满了东南亚风情。华侨在家乡捐建的学校、医院、图书馆等公共设施也大多仿效西洋建筑式样[⑤]。华侨投资家乡房地产业，盖屋建楼，将国外的建筑风格和建筑技术引进侨乡，促进了中山房地产业和建筑业的早期现代化发展，也使侨乡的面貌和形态有了明显的变化。

---

① 林金枝、庄为玑编：《近代华侨投资国内企业史资料选集（广东卷）》，福建人民出版社，1989年，第91页。

② 张华、何旭玮：《香山华侨与近代中山城市发展》，《华中建筑》2013年第4期，第174页。

③ 中山市外事侨务局、中山市港澳事务局编：《中山市华侨志》，广东人民出版社，2013年，第200页。

④ 中山市外事侨务局、中山市港澳事务局编：《中山市华侨志》，广东人民出版社，2013年，第201页。

⑤ 中山市外事侨务局、中山市港澳事务局编：《中山市华侨志》，广东人民出版社，2013年，第202页。

四 中山华侨在侨乡的慈善公益活动

近代中山地区灾害频繁、社会动荡，政府的社会保障和救济不足，有数量庞大的弱势群体。华侨虽身在海外，但他们心系家乡，华侨个人或华侨社团积极捐资参与侨乡慈善公益事业。近代，华侨在中山办教育、赈灾、建医院、办善堂等，不一而足，这些行为有力推动了侨乡社会慈善事业的发展。

（一）办学校，发展乡村教育

在各种慈善公益事业中，华侨捐资办学尤为突出。早在1871年，容闳就在香山南屏乡创办了甄贤社学，是广东华侨在侨乡捐资兴学的肇始。据不完全统计，中山地区由近代华侨捐办的中小学达四十余所。具体如下表：

表1 近代中山华侨在家乡捐办学校不完全统计表①

学校名称	创办时间	学校名称	创办时间
甄贤社学（甄贤学校）	1872	库充小学	约1930
隆都学堂	1904	涌头小学	1932
云衢中学	1906	秀美园耕耘学校	1932
涌口学校	1908	鳌溪小学	1932
大岭小学	1911	岗背小学	1933
大环学校	1913	竹秀园小学	1933
沙边小学	1913	萌尾小学	1934
西桠学校	1913	恒美小学	1935
张家边一村集贤初级小学	1914	大布小学	1935
世光女子高等小学校	1915	仙逸初级中学	1936
江尾头小学	1915	沙溪申明亭小学	1941
张家边仁安学校	1917	沙溪石门小学	1945

① 本表根据《中山市华侨志》（广东人民出版社，2013年）、《中山文史》（第20辑、第51辑）等资料制作。

续表

学校名称	创办时间	学校名称	创办时间
亨尾小学	1920	石岐义门小学	约 1945
小隐学校	1920	张家边高等学校	1946
古鹤小学	1920	龙头玫瑰幼儿园	1946
南朗南塘小学	1921	员峰小学	1947
窃窕小学	1925	小隐笃行堂、明辨堂	1947
石岐仙逸小学	1925	中山县育幼院	1947
小隐平民义学	1927	平岚小学	1948
周崧学校	1930	前陇小学	1948
沙溪下泽学校	1930	仁安初级小学	1914
曹边小学	1930	成美学校（培芬学校）	1913
周秘学校	1929	总理故乡纪念学校	1934
库溪学校	1921	公理小学	抗战前

民国以来，华侨个人或社团捐资办学逐年增多。马应彪等华侨商人在兴办教育中起到了重要的带头示范作用。马应彪与马永灿、郭乐等除了开办世光女子高等小学校外，还在学校附设女子职业班，马应彪亲自兼任校长。马应彪还在家乡办沙涌妇女学校，任中山女子师范建校董事，在沙涌开办幼儿园、妇幼医院，担任乡立学校和民众学校校长，扩建沙涌教忠初等小学①。除了马应彪外，旅美华侨周崧 1929 年花费银 5.25 万元创办周崧学校，并将其在美国旧金山价值银 9 万余元的一座洋楼捐充该校基金，后又创办周崧中学②。1934 年，国民政府教育部颁给周崧一等奖状，以表彰其为侨乡教育事业做出的贡献③。社团办学，如旅美小隐华侨成立的“群策社”，该社在侨乡购置围田 190 多亩，将收益作办校经费及举办公益事业的经费。

① 中国人民政治协商会议广东省中山市委员会文史委员会编：《中山文史》第4、5、6期合辑，广东省中山市政协文史组，1992年，第108页。

② 中山市外事侨务局、中山市港澳事务局编：《中山市华侨志》，广东人民出版社，2013年，第347页。

③《教育部公报》，1934年第6卷第11—12期，第4页。

除了正规的中小学，华侨还积极捐办其他的教育机构或学堂。如华侨雷根捐资创办英文夜校，郭泉、郭献文出资将蓝田私塾改建为学校，1922年濠头村由港澳同胞和华侨捐资改建五峰两等小学堂[①]。

即使在艰难的全面抗战期间，华侨都未停止对教育的支持。如中山海外同乡济难总会的征信录显示，在1940年4月至1941年5月间，该会曾多次给中山县立联合中学捐助办学经费，每月固定拨款国币2700元。还有两笔单独的捐助，合计国币11000元[②]。檀香山华侨钟工宇在三乡西山兴办的公理小学沦陷时被毁，抗战后又得到资助而复建[③]。

（二）灾害和战争赈济

近代中山地区天灾人祸频发，民众生活困苦、需要救济者不在少数。早在20世纪20年代，恒美华侨就集资购置南宝大街店铺33间，以所收租金办公益、济贫苦，并委托归侨程维崇在每年青黄不接期间，主持施粥赈济，每逢农历腊月派救济金，发放寒衣救济贫民[④]。1921年，旅美华侨阮炎遵孙中山之嘱托，集众侨商之力筹建了“中山海外同志社”。该社热心社会公益事业，举凡抗日义捐、救国公债、济贫救灾等，莫不积极响应。1947年6月至7月，中山发生水灾，灾情惨重，县水灾救济会号召捐款赈灾，该社立即响应，共筹捐赈济款300万[⑤]。其中，檀香山、温哥华华侨捐

---

① 中山市外事侨务局、中山市港澳事务局编：《中山市华侨志》，广东人民出版社，2013年，第346页。

② 《桑梓情深纾国难——征信录中所见中山海外同乡济难总会抗战救济事业》，2019年4月12日，中山档案方志：https://mp.weixin.qq.com/s/ezxpHf7rjbLWlhaR_uAwew，2024年6月13日。

③ 中山市外事侨务局、中山市港澳事务局编：《中山市华侨志》，广东人民出版社，2013年，第347页。

④ 中山市外事侨务局、中山市港澳事务局编：《中山市华侨志》，广东人民出版社，2013年，第350页。

⑤ 关于该社赈灾筹款相关报道，见《社团消息：中山海外同志社》，《东镇乡报》1947年第20期；《响应救灾运动，海外同志社募款成绩好》，《建中日报》1947年6月30日第3版；《救灾募捐海外同志社经收成绩列》，《开明报》1947年7月3日第3版；《海外同志社赈款共得三百余万元》，《建中日报》1947年7月3日第3版。

助100多万元交中山海外同志社施赈[①]。

全面抗战期间及抗日战争胜利后，需要救济的民众多，华侨和侨团在侨乡大力施赈济贫。如，1938年中山沦陷后，旅外侨胞心系侨乡，“中山海外同乡济难会”在香港成立总会，海外各埠设分会，发动侨胞捐款。香港及海外同胞陆续捐得50余万港元，在石岐举办平粜[②]。1946年，周崧汇回赈款2万港元。越南华侨购米15吨拨交中山县救济院及育幼院[③]。澳大利亚中山侨商朱汉、李永源、雷妙辉等在澳发起救济难民运动，筹得499英镑，由侨立医院董事高灿章负责在中山各区施赈，给贫民先后三次发放大米6000余斤[④]。美国、墨西哥、秘鲁、斐济华侨汇款3万港元交安堂施赈委员会施赈。檀香山华侨捐衣1200多件给三乡乌石贫民[⑤]。旅居檀香山的彭氏义学会主席彭林茂募捐港币7000元汇回侨乡，在二区岭后亨乡赈济150名难民大米5000余斤，时间长达40天[⑥]。1946年，旅檀华侨组织龙都乡民救济团，寄回10余箱衣服救济家乡难民，龙头环乡旅美华侨捐助救济款3万元港币，涌头乡旅美华侨汇回救济款国币200余万元[⑦]。下泽乡华侨捐款8000万元，办赈8个月。张家边村华侨马赞湘等人捐款1万多港元分赈贫民[⑧]。沛勋堂按月派白米救济本乡孤寡贫苦者，每人20至40斤[⑨]。对民众施粥饭等赈济活动有效地救济了特殊时期的难民和弱势群体，对稳定社会秩序和缓和社会矛盾起到了重要作用。

---

① 中山市外事侨务局、中山市港澳事务局编：《中山市华侨志》，广东人民出版社，2013年，第350—351页。

② 政协广东省中山市委员会文史资料委员会编：《中山文史》第51辑，政协广东省中山市委员会文史资料委员会，2002年，第158页。

③ 中山市外事侨务局、中山市港澳事务局编：《中山市华侨志》，广东人民出版社，2013年，第350—351页。

④ 《澳洲雪梨华侨捐集巨疑〔款〕分派米票》，《中山民国日报》1948年3月2日第3版；《澳洲华侨施赈将到各区举行》，《中山民国日报》1948年4月19日第3版。

⑤ 中山市外事侨务局、中山市港澳事务局编：《中山市华侨志》，广东人民出版社，2013年，第351页。

⑥ 《岭后亨继续施赈》，《中山民国日报》1946年8月10日第3版。

⑦ 《中山·二区华侨救乡热》，《侨讯》1946年第1卷第3期，第19页。

⑧ 中山市外事侨务局、中山市港澳事务局编：《中山市华侨志》，广东人民出版社，2013年，第351页。

⑨ 《郭沛勋堂派米分惠贫弱乡亲》，《竹秀园月报（复兴版）》1947年第1卷第9期，第14页。

（三）捐建医馆（医院）、善堂等慈善机构

捐建医馆（医院）、善堂等慈善机构是近代华侨在侨乡慈善事业的重要组成部分。这些慈善机构遍布中山各地，兼具医疗和慈善性质，施医赠药、保产育婴的同时还兼办慈善救济活动。如，三乡华侨郑伯超在家乡创办平岚仁爱医局和药局，凡乡亲一律免费就医送药①。周崧等人捐建沙溪龙头环村广仁赠医局②。1932年，美国华侨萧悔尘以华侨募捐40万在孙文路兴建石岐侨立中山公医院③，该医院是中山第一所比较完善的现代医院。华侨郭顺出钱在竹秀园三圣庙前设福利医务所，内外科兼接生医生二人常驻所内，为乡人治病，对贫病者赠医施药。

中山各地医院也得到华侨的捐助。如沙溪象角团益公会在抗日战争结束后陆续收到来自美国、秘鲁、菲律宾华侨的汇款，得以恢复赠医施药④。其中檀香山华侨阮培、萧水、阮瑞允、阮暖的捐助达500美元⑤。该会在中山二区举办施赈赠送痘苗，以防天花，所用痘苗由在美华侨“微菌学”硕士彭利免费捐赠寄回⑥。此外，沙溪圣狮村团益公会、龙头环村广仁赠医局、豁角村方便医院、隆圩村民众医院、下泽村下泽赠医馆等或由侨胞和港澳同胞创办，或得到不少他们的资助，这些医馆和医院向贫困者施医赠药，不收分文，救治贫病者⑦。

孤儿、弃婴的救助是近代华侨热心慈善的重要内容。全面抗战期间，中山许多儿童沦为孤儿，归侨薛锦迴在鹤山创立中山县救济院难童教养院（中山育幼院）。1947年，归侨苏仲英接管中山育幼院，收容中山、番禺、

① 中山三乡镇志编纂委员会编：《中山市三乡镇志》，广东人民出版社，2018年，第545页。

② 中山市外事侨务局、中山市港澳事务局编：《中山市华侨志》，广东人民出版社，2013年，第350页。

③ 《中山市石岐区志》编纂委员会编：《中山市石岐区志》下册，广东人民出版社，2017年，第1273页。

④ 《象角团益公会恢复赠医施药》，《中山华侨》1947年第3期，第12页。

⑤ 中山市外事侨务局、中山市港澳事务局编：《中山市华侨志》，广东人民出版社，2013年，第351页。

⑥ 《旅檀侨梓阮培等捐助团益会经费》，《中山民国日报》1947年12月8日第3版。

⑦ 中山市外事侨务局、中山市港澳事务局编：《中山市华侨志》，广东人民出版社，2013年，第220页。

顺德等地战乱难童孤儿500多人。在檀香山的中山华侨还筹款支持该育幼院的扩大发展[①]。旅港同胞魏兆兰和旅美友人为育幼院儿童捐赠衣服数套[②]。郭顺、郭泉捐款10万元并捐献竹秀园“蓝田祖尝田”中的12亩为该院建校舍[③]。除了自建机构救助儿童外，华侨也会通过资助保育善会这类慈善机构从事救助活动。如，中山最大的慈善机构保育善会曾得到澳大利亚、南洋各埠华侨赞助27500银元[④]。

（四）捐建公共设施

书报社是近代兴起的新事物，它摆放各种书籍和报刊，向民众宣传革命，传播新思想。华侨积极捐建书报社、图书馆等公共设施，在侨乡起到了开启民智的作用。如陈光、陈金齐等发动温哥华华侨捐资400银元在库充创办了“光汉阅报社”，以引导青年向学[⑤]。归侨陈述尧在家乡创办“觉新阅书报社”[⑥]。

华侨筹款支持侨乡图书馆、公园等公共空间的修建。1935年，中山县长杨子毅倡建中山图书馆，海外华侨积极捐款。如檀香山中山籍华侨响应县长杨子毅倡建中山图书馆的号召，即席组成中山图书馆筹捐委员会[⑦]。1937年2月10日，中山纪念图书馆在石岐西山建成开幕。1947年，海外华侨再次慷慨解囊支持图书馆续建三楼，捐赠台椅、书柜等[⑧]。其中，菲律

---

① 《旅檀中山同乡赞助育幼院筹款中华总商会会长广播词》,《中山民国日报》1949年1月8日第4版。

② 《从安定中求更向前发展,育幼院一年来工作》,《中山民国日报》1948年3月8日第3版。

③ 中山市外事侨务局、中山市港澳事务局编:《中山市华侨志》,广东人民出版社,2013年,第31页。

④ 《[民国]香山县志》卷四《建置》,《广东历代方志集成·广州府部》第34册,岭南美术出版社,2007年,第422页。

⑤ 中山市外事侨务局、中山市港澳事务局编:《中山市华侨志》,广东人民出版社,2013年,第23页。

⑥ 政协广东省中山市委员会文史委员会编:《中山文史》第20辑,政协广东省中山市委员会文史委员会,1990年,第124页。

⑦ 政协广东省中山市委员会文史委员会编:《中山文史》第20辑,政协广东省中山市委员会文史委员会,1990年,第28页。

⑧ 广东省中山市政协文史编辑委员会编:《中山文史》第10辑,广东省中山市政协委员会文史编辑委员会出版,1986年,第92页。

宾华侨马文禄捐助国币1000万元[①]。檀香山华侨张鹏一捐资3000港元在图书馆前建凉亭一座[②]。1946年，为纪念孙中山，海外华侨及中山县人捐建了中山公园。公园内有中山纪念亭、环园道、回廊、花圃、凉亭、景石等。其中，中山海外同志社成员发动华侨捐款2万修建了中山纪念亭[③]。这些公共空间供乡亲阅读书籍、避风雨、遮阳光或休憩、弈棋，提升了侨乡民众娱乐文化生活水平。

近代中国的乡村基础设施落后，涉及民生的一些公益性设施和相关服务缺失，因此，华侨也常常捐资为民众提供相关的服务。华侨捐资侨乡基础设施，首在修路。如周崧汇款在家乡铺路建桥，整治河渠和村容村貌，使龙头环村成为中山县的卫生模范村[④]。华侨郭顺等捐资修筑了竹秀园的村道[⑤]。华侨也捐助其他公共设施。如，华侨王广昌花1万元购置电船一艘，供隆都公所巡查沙面防盗之用[⑥]。库充华侨购买消防水车两部，并捐建水车馆[⑦]。郑泗全将自来水引入濠头村，改善村民的饮水质量[⑧]。由永安公司投资，郭顺组织修建了中山第一座蓄水水库——竹秀园景春水闸[⑨]。竹秀园澳大利亚华侨为家乡碉楼购赠几百斤重铜制夜鸣钟以供报时

---

① 政协广东省中山市委员会文史委员会编：《中山文史》第20辑，政协广东省中山市委员会文史委员会，1990年，第106页。

② 中山市外事侨务局、中山市港澳事务局编：《中山市华侨志》，广东人民出版社，2013年，第30页。

③ 《中山纪念亭昨行开幕礼，由孙县长夫人剪彩，举行鸡尾酒会盛况空前》，《中山民国日报》1949年2月16日第4版。

④ 中山市外事侨务局、中山市港澳事务局编；《中山市华侨志》，广东人民出版社，2013年，第220页。

⑤ 中山市外事侨务局、中山市港澳事务局编：《中山市华侨志》，广东人民出版社，2013年，第340页。

⑥ 中山市外事侨务局、中山市港澳事务局编：《中山市华侨志》，广东人民出版社，2013年，第337页。

⑦ 中山市外事侨务局、中山市港澳事务局编：《中山市华侨志》，广东人民出版社，2013年，第351页。

⑧ 中山市外事侨务局、中山市港澳事务局编：《中山市华侨志》，广东人民出版社，2013年，第26页。

⑨ 中山市外事侨务局、中山市港澳事务局编：《中山市华侨志》，广东人民出版社，2013年，第30页。

报警之用[①]。华侨捐赠此类公共设施和服务，对改变侨乡落后面貌起到了重要作用。

五 结语

华侨对近代侨乡的早期现代化发展起到了非常重要的作用，尤其是他们在侨乡的投资和慈善活动，推动了侨乡社会的全面发展。华侨是中山侨乡早期现代化的参与者和推动者。华侨参与中山侨乡早期现代化的特点有三：首先，发展侨乡经济是他们的初衷。无论是投资办厂，还是发展商业、农业、交通运输业、金融业等，华侨的首要目的在于推动侨乡工农商各业的发展；其次，不遗余力参与侨乡慈善救济事业。华侨在侨乡捐资办学、办医院、修路、完善公共服务设施、赈灾恤难等，助力侨乡慈善公益事业的全面发展；最后，重视新思想新文化的传播。华侨在家乡设立图书馆、阅报书社，出版报纸等，意在传播新文化、新思想，开拓侨乡民众的国际视野，培养侨乡民众的现代文明意识。华侨无论投资还是开展慈善事业都极大地促进了中山侨乡近代社会的转型和发展。因此，经济发达、教育先进、思想开放，是近代侨乡的重要特点。

近代以来，教育和慈善公益事业的发展是推动社会变革和社会进步的重要一环。华侨通过助学、捐资、捐物等形式，积极参与侨乡的慈善公益事业，对侨乡早期现代化发展贡献良多，既推动了侨乡教育与公益慈善事业的现代化发展，又有效地弥补了政府在侨乡地方建设和公共福利事业方面的不足。从近代华侨在中山的慈善公益事业来看，他们既注重扶危济困，又特别重视教育，使得侨乡无论在师资、学校经费，还是学童的受教育率等方面，都比非侨乡地区发达[②]。在他们看来，教育才是推动侨乡发展的内在动力。同时，受近代西方新思想的影响，华侨在办教育的过程中，提倡男女平等，给予女性享受教育的权利。如前文提到的华侨马应彪，特别重视妇幼教育，在家乡捐资办女子学校。这些学校的创办在一定程度上促进

---

① 政协广东省中山市委员会文史资料委员会编：《中山文史》第51辑，政协广东省中山市委员会文史资料委员会，2002年，第255页。

② 陈达：《南洋华侨与闽粤社会》，商务印书馆，2011年，第219—221页。

了侨乡思想文化习俗的涤故更新，有利于弘扬近代文明新风尚。

海外华侨是推动近代中山侨乡早期现代化进程的重要力量，在侨乡近代社会转型中扮演着重要角色。华侨虽身在海外，但他们认为自己并没有“离开家乡”，一直“在场”，一直是侨乡现代化建设的参与者和推动者。他们为侨乡早期的现代化建设提供了发展动能，侨汇和侨资保障了这种发展动能的稳定性和可持续性。当然，华侨积极参与侨乡早期现代化的原因来自他们爱国爱乡的真挚情感。对大部分华侨而言，这是一种信念、责任和义务。海外华侨爱国爱乡的桑梓之情，也是近代华侨的民族认同、国家认同和文化认同在海外华侨社会的延伸。正如习近平总书记在广东汕头考察时指出的，“华侨一个最重要的特点就是爱国、爱乡、爱自己的家人。这就是中国人、中国文化、中国人的精神、中国心”。

作者通信地址：广东省广州市天河区迎龙路161号广东工业大学龙洞校区行政楼8楼马克思主义学院，邮编：510520。

责任编辑：陈子、许程诺

粤曲粤剧文献中的广告研究

——以《广州大典·曲类》为中心*

蒋　方**

广州大典研究中心，广东广州，510623

摘　要:《广州大典·曲类》收录了清代至中华人民共和国成立初期，尤其是清末民国流行于中国广东、广西、港澳地区及东南亚、欧美等粤语华人聚居地的木鱼书、南音等唱本和粤剧、粤曲等剧本曲本共1589种，32315页，成书43册。其中近440种文献中有广告内容的页数达到1200余页，涉及250家左右的商号。本文试从广告内容与数量、广告文本与传播方式、清末民国广东地区社会经济发展因素等方面对这些广告进行分析研究。

关键词:《广州大典·曲类》；广告；社会经济

一　引言

《广州大典·曲类》(以下简称《曲类》)隶属于《广州大典》集部，依照编例“个别内容完整、史料特殊的文献，独立成辑出版”，由广州大典研究中心编纂并于2019年10月出版，共43册，其中说唱专辑19册，戏曲专辑24册。底本来自海内外24家单位和私人藏家。

* 本文为广州市哲学社会科学发展“十四五”规划2021年度广州大典专项课题“民间收藏广州地方文献的整理与研究:以东莞铁文轩所藏曲类文献为起点”(课题编号:2021GZDD06)阶段性成果、2021年广东省图书馆科研课题“《广州大典》普及研究与推广”(课题编号:GDTK21018)研究成果。

** 作者简介:蒋方(1988—　),女,汉族,湖南衡阳人,广州大典研究中心馆员。

《曲类》系统收录了清代至中华人民共和国成立初期300多年间的流行于中国广东、广西、港澳地区及东南亚、欧美等粤语华人聚居地的木鱼书、南音、龙舟歌、粤讴、山歌等唱本和粤剧、粤曲、大棚戏等剧本、曲本共1589种，具有浓郁的岭南地方特色。《曲类》所收录的文献在民间流传广泛，受众多元且跨越各阶层，天然具备信息传播媒介的属性，广告就此应运而生，因此《曲类》中包含了不少《广州大典》经、史、子、集、从部鲜见的广告内容。木鱼、龙舟歌等民间说唱文学于明清时逐步兴起，随着社会经济发展，尤其是书坊业的兴盛，其在清末至民国初期风靡一时，几乎到了“家家能唱木鱼歌”和“户户存有木鱼书”的流行程度①。而在印制成书发行并流传至今的这些曲类文献中，我们也得以看到各个时期的广告内容，从而进一步了解清末民国广东社会经济中的部分历史细节。

目前学界对曲类文献的研究多集中在文献学方面，如杨宝霖的《东莞木鱼歌研究》（上、下）②、曾赤敏的《木鱼书的文献特点及著录方法》③、杜泽逊的《木鱼书刊刻年代小考》④、林子雄的《木鱼书及其版本》⑤、张晓琪的《新辑木鱼歌文献研究》⑥、刘蕊的《法国所藏中国俗文学文献编目与研究：回顾与展望》⑦、徐巧越的《英国利兹大学所藏曲类文献综录》⑧等，涉及曲类文献的版本、目录、藏存情况等各个方面。也有音乐艺术类方面的研究，如刘苗苗的《珠江三角洲木鱼歌研究》⑨、何研的《东莞木鱼书表演的传承与发展》⑩等。着重研究曲类文献中的广告内容则很少，关瑾华在其博士论文《木鱼书研究》中从书页与开本、封皮与装订、广告三个角度对木鱼书的出版情况进行了梳理，简要提到了木鱼书中的广告，认为从内容来看，这些广告可分作

---

① 刘苗苗:《珠江三角洲木鱼歌研究》,华南理工大学硕士学位论文,2020年,第1页。

② 杨宝霖:《东莞木鱼歌研究》,《东莞理工学院学报》2005年第2、4期。

③ 曾赤敏:《木鱼书的文献特点及著录方法》,《图书馆论坛》2014年第10期。

④ 杜泽逊:《木鱼书刊刻年代小考》,《山东图书馆学刊》2012年第3期。

⑤ 林子雄:《木鱼书及其版本》,《广州大典研究》2021年第1期。

⑥ 张晓琪:《新辑木鱼歌文献研究》,四川师范大学硕士学位论文,2015年。

⑦ 刘蕊:《法国所藏中国俗文学文献编目与研究:回顾与展望》,《图书馆论坛》2018年第5期。

⑧ 徐巧越:《英国利兹大学所藏曲类文献综录》,《粤海风》2022年第1期。

⑨ 刘苗苗:《珠江三角洲木鱼歌研究》,华南理工大学硕士学位论文,2020年。

⑩ 何研:《东莞木鱼书表演的传承与发展》,《文化遗产》2016年第4期。

医药广告和书坊广告两类[①]。日本学者渡边浩司在《木鱼书与药店广告》[②]一文中重点研究木鱼书封面广告，并得出“部分刻书坊兼具制药”的结论。

二 《曲类》中的广告内容统计分析

（一）广告内容与数量分析

《曲类》中的广告主要在封面、卷端、卷末、页眉、插页、末页几处，以文字告示、广告标语、插图等形式出现，广告内容主要分为以下几类。

一是对文本内容的介绍推广。多出现在卷端、卷末等处，有“新编”“机器版”“与别家不同”“此书经师再参考订，与别本大不相同，诸君欲买者请认细看”[③]等字眼或告示。

二是书坊和印务广告。一种是在封面有书坊的名称和店铺地址，包括介绍书坊经营业务的广告，如醉经书局经常在封面印有“本局专办各埠箱书、学堂教科、文房校品、图画小说、机版南音龙舟班本。搜罗新出名优唱本、精美日历、红字头新通胜发行”（见图1）。

图1 醉经书局封面广告[④]

① 关瑾华:《木鱼书研究》,中山大学博士学位论文,2009年,第43页。

② ［日］金文京、稲葉明子、渡辺浩司共編『木魚書目録:広東説唱文学研究』,好文出版,1995年,第59頁。

③ 陈建华、傅华主编:《广州大典·曲类》第13册,广州出版社,2019年,第157页。

④ 陈建华、傅华主编:《广州大典·曲类》第1册,广州出版社,2019年,第119页。

一种则是在卷末附有书坊发行或售卖的其他书目。随着书坊出版、发行和印制、售卖业务的细化和分工，后期在卷末或者末页还可以看到某印务所、印务公司广告，如广州第八甫志公巷四十七号的大兴印务局广告①，以及类似现在的版权信息页，分别列明编辑者、总发行（代理）、分销处等信息，并在显著位置告知“版权所有　翻印必究”。

表 1 《曲类》广告中涉及的书坊（部分）

序号	书坊名称	地址及其他信息	出处（如有多处，只举例列其一）
1	五桂堂 / 省港五桂堂	正铺：广州市第七甫 分局：香港文武庙街　电话：59485	《广州大典·曲类》第 6 册，第 767 页
2	以文堂	总发行：广州市状元坊太平新街 分局：广州市第七甫	《广州大典·曲类》第 2 册，第 26 页
3	醉经堂	广州市光复中路 41 号 电话：14310/11531	《广州大典·曲类》第 2 册，第 46 页
4	成文堂	广州市西堤二马路正兴大街	《广州大典·曲类》第 2 册，第 399 页
5	芹香阁	佛山走马路　分局：广州市第八甫	《广州大典·曲类》第 24 册，第 293 页
6	进文堂	佛山福禄里	《广州大典·曲类》第 16 册，第 13 页
7	同文堂	佛山伦教	《广州大典·曲类》第 1 册，第 185 页
8	华兴书局	广州第八甫 / 光复中路 49 号②	《广州大典·曲类》第 26 册，第 316 页

《曲类》中一共出现近 110 家书坊（含印务公司，编辑、发行等单位），其中以五桂堂、醉经堂、华兴书局等刊载的广告较多。限于篇幅，以上（表 1）只列出部分书坊的情况。

三是其他商业广告。主要包括药品、诊所、酒水副食杂货、酒楼食肆、

① 陈建华、傅华主编：《广州大典·曲类》第 27 册，广州出版社，2019 年，第 285 页。
② 林子雄：《古版新语——广东古籍文献研究文集》，广州出版社，2018 年，第 218 页。

商场百货、服装鞋袜轻工纺织等类型。《曲类》中一共出现250家左右商号，其中药品近70家，各类型商号具体占比如下图：

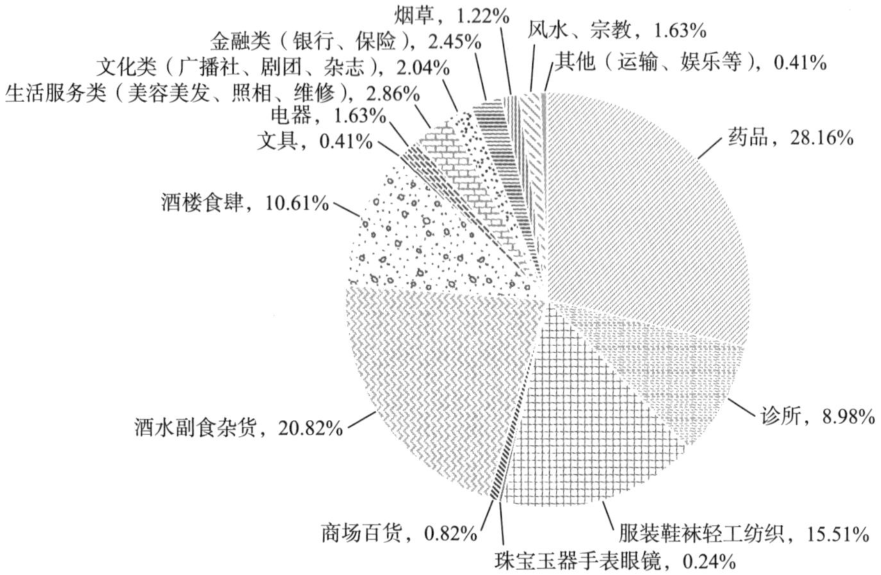

图2 各类型商号占比

商业广告在《曲类》中的分布主要有以下几种情况：篇幅较长的多卷本，通常会在一卷结束后有整页的广告；部分文献的页眉位置，原来多用来标注点评和批注，后由商品广告取而代之；末页或者是封底的位置也可见整页的商品广告，比较多见的有欧家全药品广告，该商号甚至还会把旗下几种药品集中到一起，做成一整页甚至两整页的广告，还有在末页的版权页旁边出现的豆腐块广告；甚至还有随意在书中某处插入的广告页。以上主要指民国初期及以前的线装本曲类文献，进入民国后，书籍的印刷和装帧方式逐步革新，在《曲类》铅印本中，商业广告出现的形式更随意，或在页眉，或在页侧，或在页中位置随意添加插图①，或不同的整页广告连续出现几十页，末页甚至已出现广告分类栏②。

① 参见杏花楼广告，陈建华、傅华主编：《广州大典·曲类》第43册，广州出版社，2019年，第10页。

② 陈建华、傅华主编：《广州大典·曲类》第43册，广州出版社，2019年，第243页。

表 2 《曲类》广告中涉及的部分商号

序号	商号名称	类型	地址	其他信息	出处（如有多处，只列其中一处）
1	欧家全	药品	总行：广州一德中路 老铺：南关增沙 支行：皇后大道西 283 号	电话：10744　总行 电话：27096　香港	《广州大典·曲类》第 23 册，第 707 页
2	光和公司	药品	广州市第十八甫路		《广州大典·曲类》第 26 册，第 347 页
3	何允中	药品	广州市西堤荣阳路 支店：龙津中路	电话：14540	《广州大典·曲类》第 26 册，第 12 页
4	郑安之药行	药品	总发行：香港利东街 省城十八甫		《广州大典·曲类》第 27 册，第 166 页
5	佛山人和酒	酒水	老铺：佛山三元市 支店：广州	电话：61（佛山） 电话：1029（广州）	《广州大典·曲类》第 26 册，第 357 页
6	广东醉香酒楼茶室	酒楼食肆	上海爱文义路 819 号		《广州大典·曲类》第 40 册，第 361 页
7	新新公司	商场百货	上海南京东路 720 号	电话：97200	《广州大典·曲类》第 40 册，第 354 页
8	天福饼家	副食	上海法租界霞飞路 705 号	电话：75646	《广州大典·曲类》第 40 册，第 367 页
9	潘仁凯医生	诊所	总诊所：上海爱多亚路淡水路口天吉堂国药号 分诊所：上海静安寺路同孚路口天吉堂国药号 第三诊所：上海大世界西首南京戏院对面存济堂	电话：38715	《广州大典·曲类》第 40 册，第 359 页

续表

序号	商号名称	类型	地址	其他信息	出处（如有多处，只列其中一处）
10	依百刻表	珠宝玉器、手表眼镜等	上海代理处雄庆行：四川路腾凤里十一号	瑞士名厂 远东总代理 香港友诚洋行	《广州大典·曲类》第43册，第143页
11	中国内衣公司	服装鞋袜、轻工纺织	南京路562号	电话：91065	《广州大典·曲类》第43册，第29页
12	中汇理发室	生活服务类	南京路45号	专门男宾理发	《广州大典·曲类》第43册，第50页
13	上海新兴广播社	文化类	上海区江西北路383号2楼	电话：41139	《广州大典·曲类》第43册，第15页
14	老绿树牌吕宋雪茄	烟草	各大公司烟行均有代售	球宝华记雪茄厂监制	《广州大典·曲类》第43册，第28页
15	广东银行有限公司	金融类	总行：香港 上海分行：宁波路52号	电话：16284–6	《广州大典·曲类》第43册，第27页
16	派拉蒙金笔	文具	各大公司文具店均有出售		《广州大典·曲类》第43册，第55页
17	依巴德电器股份有限公司	电器	上海广东路180号	电话：10570/16732	《广州大典·曲类》第40册，第411页
18	真左笔	风水、宗教	南京路保安坊内	旅沪十余年，著名神眼看相、神笔批命	《广州大典·曲类》第40册，第407页
19	广利批发号	日杂	六合路113号	电话：95336	《广州大典·曲类》第43册，第41页

续表

序号	商号名称	类型	地址	其他信息	出处（如有多处，只列其中一处）
20	安通运输股份有限公司	其他（运输）	广东路153号二楼	电话：10330/16719 中英对照　代客报关　水路空运	《广州大典·曲类》第43册，第522页
21	新江巨型音乐茶厅	其他（娱乐）	无	晨光、银光两大音乐团联合伴奏　曾浦生君主理、林刚峰主办、王者师策划	《广州大典·曲类》第42册，第588页

《曲类》共收录文献1589种，其中近440种文献有广告，占比达27.8%。其中第40册中收录的《五羊清韵粤曲集（一、二、三集）》（1938—1940年上海远东印刷公司铅印本）共396页，每页都有至少一个以上的广告。书坊和印务广告中，以五桂堂的广告最多，涉及306种文献。其他商业广告中，以欧家全的药品广告最多，涉及246种文献。

（二）文本与广告传播方式分析

《曲类》收录的文献前后跨越300多年，广告内容从无到有，其中的广告文本和传播方式从简单到复杂。根据现有版本信息可知《曲类》中收录最早的有明确时间记载的文献是清康熙五十二年（1713）《静净斋第八才子书花笺记》（静净斋刻本，法国国家图书馆藏本），另有清乾隆四十三年（1778）东莞明秀堂刻《万宿梁萧》、清乾隆间攀桂堂刻《锦云肩记》以及道光刻本6种、同治刻本5种、光绪刻本1种。通过对这几种文献进行分析可知，晚清的曲类文献刊刻时仍沿用此前的传统书籍设计，封面简单，多为框线和标题，在标明基本的名称、刻本时间和所刻书坊名称外，有简单的对文本内容本身的介绍和推广，也有对书坊字号的强调，如“新选”[①]“新

① 陈建华、傅华主编：《广州大典·曲类》第14册，广州出版社，2019年，第166页。

刻”[①]“此别旧本不同”[②]“请认五桂堂字号为记”[③]等。

随着商业广告的繁荣，广告文本也开始丰富起来，出现“第一”“奇效”等相对夸张字眼的广告标语，如宏兴鹧鸪菜的“世界第一 儿科圣药也”[④]；欧家全卫生药精精的“一服即显功效”“有不可思议之奇效”“独家发明”“首先创制”[⑤]；宏兴胜意油的“无高山不见平地”[⑥]等。对症状和药效的描述往往也如木鱼歌一般，字词工整，平实上口，如症状类“产后失调、老年衰弱、心腹绞痛、冷热牙痛、伤风鼻塞、四肢骨痛”，又如药效类“擅补气血、强体固肾、纠正头风、杀菌止痒、消毒断根、百尝百中、能救君苦”[⑦]。随着商号自身的发展和扩张，除了对药品功效的宣传外，还增加了支行、分号的信息以及在全国各地甚至海外的分销处等信息。

在传播方式上，出现以下几种情况的运用：第一，在封面和广告页增加花纹装饰、带有设计感的艺术字体和插画来吸引读者；第二，利用照片，从真实性上增强传播效果，如封面上刊登剧团主演照片用来吸引读者，商业广告中直接贴出某某医师的照片，还有儿童药品广告中放上健康儿童形象的照片[⑧]；第三，借用受众对于权威力量的信任来说服受众消费，如在药品广告中出现“由某某博士监制、推荐”；第四，在广告语中运用粤语方言元素，拉近与受众的距离，如有广告语“痛都冇紧要 至怕唔食得”“痛到咁凄凉 服家全心胃气痛散”[⑨]；第五，注意树立良好的商业形象，如在封面标明“如系善团购作慈善特别优待”[⑩]；第六，请消费者现身说法，并通过对比手段来增加广告信息的接受程度，如孙荣氏眼药局广告“将仁厚里盲公星送来龙舟歌抄白”，其中患者提到“先生妙手确系再世华佗”（见图3）。

---

① 陈建华、傅华主编:《广州大典·曲类》第13册,广州出版社,2019年,第328页。

② 陈建华、傅华主编:《广州大典·曲类》第23册,广州出版社,2019年,第188页。

③ 陈建华、傅华主编:《广州大典·曲类》第8册,广州出版社,2019年,第396页。

④ 陈建华、傅华主编:《广州大典·曲类》第19册,广州出版社,2019年,第10页。

⑤ 由陈建华、傅华主编的《广州大典·曲类》中的欧家全广告内容综合提炼。

⑥ 陈建华、傅华主编:《广州大典·曲类》第19册,广州出版社,2019年,第10页。

⑦ 由陈建华、傅华主编的《广州大典·曲类》中的欧家全广告内容综合提炼。

⑧ 陈建华、傅华主编:《广州大典·曲类》25册,广州出版社,2019年,第221页。

⑨ 由陈建华、傅华主编的《广州大典·曲类》中的欧家全广告内容综合提炼。

⑩ 陈建华、傅华主编:《广州大典·曲类》第4册,广州出版社,2019年,第612页。

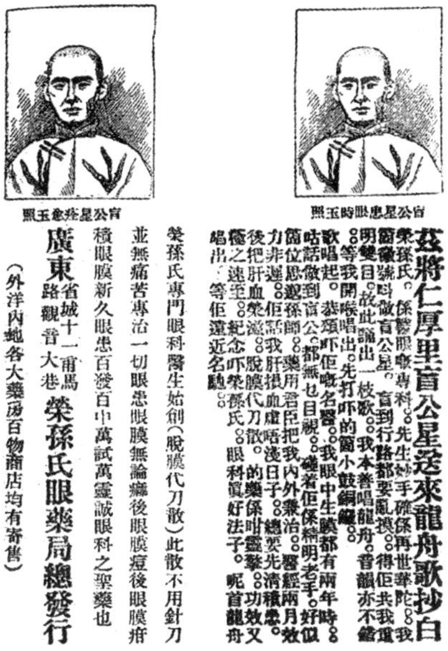

图3　孙荣氏眼药局广告①

三、《曲类》广告与清末民国的广东社会经济发展

在《曲类》的广告中有许多值得关注的信息点，如刊刻出版时间、书板出处、封面绘者、广告曲目、商品价格以及书籍价格和广告价格，还有商号的地址、商标、电话、各地分销信息等，通过对这些信息的整合与梳理，可窥见清末民国广东社会经济发展的部分历史细节以及社会经济发展对广告内容的影响。

（一）清末民国广东商号的发展线索

《曲类》中欧家全和五桂堂的广告相对较多。根据现有的信息，基本可梳理出欧家全总行在广州一德中路，老铺在南关增沙，并在香港皇后大道西283号、永乐街及澳门近西街、上海新昌路设立过分铺②。《广州民国日报》1923年9月21日有“南关增沙欧家全医药店闭门失窃”的社会新闻，

---

① 陈建华、傅华主编:《广州大典·曲类》第26册，广州出版社，2019年，第402页。

② 陈建华、傅华主编:《广州大典·曲类》第9册，广州出版社，2019年，第744页。

香港《星岛日报》1940年12月5日的新闻中也提到欧家全设立澳门分行。欧家全在《曲类》中出现的药品广告主要有以下几种（见表3）：

表3 欧家全在《曲类》广告中出现的药品

序号	药品名称	主要功效	价格
1	卫生药精精	补气血 止夜尿	每瓶五角
2	心胃气痛散（饼）	止痛	每瓶三毫
3	济世水	即救霍乱 时疫 心腹绞痛 中风 救急	每瓶一角 每打一元
4	济世丹	同上	每瓶一角
5	立止牙痛水	治各类牙病	每瓶一角
6	退热通刺散（饼）	治头刺 头痛 伤风鼻塞	每包一角
7	癣癞皮肤水	治各类皮肤病	大五角 中二角四 小一角二

欧家全有自己的商标，商标中是一个心脏的形状[①]。创始人欧家全为东莞人，《广州民国日报》1924年6月25日、8月18日的新闻中提到欧家全为东莞公会副会长、莞人联团会议主席。国外如温哥华、石叻（新加坡）、庇能（马来西亚槟城）、坝罗（马来西亚霹雳州首府），国内如上海、汕头、潮安、厦门、青岛、天津等60多个城市均有欧家全药品的销售网络[②]。广州本地书坊以文堂也曾代理欧家全的癣癞皮肤水[③]。1991年上海市皮肤病防治所的一篇试验报告中提到，欧家全皮肤水为香港市面上最容易买到的以草药为主的制剂之一，且外用十分安全[④]。后在广州制药工业的公私合营改造和不断发展中，欧家全创立的药厂被并入广州第七制药厂，现为广州白云山光华制药股份有限公司。港澳分行的现状还有待考证，但目前在香港还可买到欧家全皮肤水，甚至在外包装上还有与《曲类》的广告中"由法国医学博士欧慧川医生监制"[⑤]类似的"欧慧川医生

---

① 陈建华、傅华主编:《广州大典·曲类》第7册,广州出版社,2019年,第33页。

② 陈建华、傅华主编:《广州大典·曲类》第19册,广州出版社,2019年,第383页。

③ 陈建华、傅华主编:《广州大典·曲类》第19册,广州出版社,2019年,第385页。

④ 王学民:《11种香港常用的外用草药制剂斑贴试验报告》,《皮肤病与性病》1991年第3期,第59页。

⑤ 陈建华、傅华主编:《广州大典·曲类》第7册,广州出版社,2019年,第33页。

临床验证”的字样。

五桂堂书坊创办于清光绪年间，创办人为花县人徐学成及其堂兄徐学源。早期店铺在广州西门外第七甫东向开张[①]，也有显示在第七甫闸口门牌第二号[②]。后于1915年在香港文武庙街、荷里活道设分局[③]，又叫省港五桂堂。《曲类》中有文献的封面显示省港五桂堂的总发行处在广州光复中路，香港深水埗钵仑街亦有发行[④]。据五桂堂后人讲，“五桂堂所藏的木鱼书刻版，最早的有的是万历时的”[⑤]。民国初年，五桂堂改手工木刻印刷为日本手摇印刷机，印书产量大增，还曾远销海外。广州五桂堂于20世纪40年代末结业，香港五桂堂于1972年结业。

（二）清末民国广东出版印刷发展情况

清末民国时期，广东书坊林立，官营与私刻都有不同程度的繁荣。随着石印、铅印技术的传入与引用，木刻本、泥印本等被逐步取代，出版印刷行业不断细分和转型的同时伴随着广告业的发展与成熟。

在《曲类》中我们可以看到木刻版本套用的文献例证，如在《生祭李彦贵全本》（清道光二十年翰经堂刻本）[⑥]中可见典型的挖板情况，书坊为节省成本会直接使用其他书坊的刻板，由于是木刻板，在印制时便挖去原有堂号，但却无法再重新刻制新的堂号，所以会出现堂号空白的情况。

早期的书坊往往集刻板、印刷、发售为一体[⑦]，部分还兼营文具、日历或代理药品等其他业务，如醉经堂同时会售卖文具、日历等，以文堂代理欧家全皮肤水[⑧]，五桂堂是添喜堂广嗣调经丸[⑨]的总经理等。到了清末民国逐步出现行业的细分，出现专门的编辑、发行、代理、销售单位，还有专

---

① 陈建华、傅华主编:《广州大典·曲类》第23册，广州出版社，2019年，第80页。
② 陈建华、傅华主编:《广州大典·曲类》第9册，广州出版社，2019年，第602页。
③ 陈建华、傅华主编:《广州大典·曲类》第22册，广州出版社，2019年，第422页。
④ 陈建华、傅华主编:《广州大典·曲类》第6册，广州出版社，2019年，第767页。
⑤ 梁培炽:《香港大学所藏木鱼书叙录与研究》，香港大学亚洲研究中心，1978年，第245页。
⑥ 陈建华、傅华主编:《广州大典·曲类》第7册，广州出版社，2019年，第207、214页。
⑦ 类似结论可见林子雄:《古版新语——广东古籍文献研究文集》，广州出版社，2018年，第291页。
⑧ 陈建华、傅华主编:《广州大典·曲类》第19册，广州出版社，2019年，第385页。
⑨ 陈建华、傅华主编:《广州大典·曲类》第19册，广州出版社，2019年，第374页。

门的印（刷）务所、印务公司，如在《曲类》中可见《白发新娘》的编辑者、发行者为粤曲研究社，总代理为以文堂印务书局、醉经堂书局、五桂堂书局，分销处则是“中外各埠均有代售”[①]；《曲词特刊》为珠玑路的仲平印刷厂承印[②]。部分书坊则在原来的名字加上了“书局”“印务”等字，如“醉经堂”变成“醉经书局”，“芹香阁”变成“芹香书局”，“以文堂”变成“以文堂印务书局”，有的转成了专营发行代理的书局，有的则转成兼营印务和发行的书局，还有兼营制笔和印书业务者，如公益埠苏杭街的“会文阁制笔印书局”[③]，但都已从某种形式上开始了现代化转型。

这一时期，还出现了书坊间的合作或同时发行同一本书（主要指发行或者代理署名处同时写了几家书局的名称，但几家之间是合作分工的关系还是同时发行需进一步研究确认），仅在戏曲专辑，三家以上书坊合作发行或代理的文献就有近40种，且多为民国铅印本，如民国粤曲研究社铅印本《红玫瑰》《毒箭深情》《蛇头苗全本》都是由五桂堂、以文堂和醉经书局合作或同时发行的。同时，在广州和广东省内如佛山、江门、梅州、汕头等地亦都有各类印刷出版等相关机构，如在《米贵兼闰月》[④]中可以看到此书在江门启明有分售处，在《粤曲集锦》[⑤]中则可见江门时代印务局。同时随着近代广州报业的发展，还出现了报馆利用自身良好的印刷条件发行书籍的情况，如《民族班本珠玑巷》的发行方为羊城日报社，《羊城日报》创刊于清光绪二十九年（1903）[⑥]，报馆在广州十八甫西约。

清末民国时期，广东地区作为对外开放的前沿阵地，与海外的频繁交流使得瘟疫的传播在所难免，广东地区大规模土客械斗亦是瘟疫蔓延的因素之一。1894年在广州流行的鼠疫及其他波及全国的疫灾，让人们逐步认识到药物治疗的重要性，并总结出应对瘟疫的经验。时疫的影响，加上说唱、戏曲类文学的通俗普及性，曲类文献成为药品类商号投放广告的重要平台，这一点从上文分析的《曲类》广告中商号最多的种类是药品即可以

① 陈建华、傅华主编:《广州大典·曲类》第24册，广州出版社，2019年，第599页。
② 陈建华、傅华主编:《广州大典·曲类》第20册，广州出版社，2019年，第229页。
③ 陈建华、傅华主编:《广州大典·曲类》第19册，广州出版社，2019年，第705页。
④ 陈建华、傅华主编:《广州大典·曲类》第1册，广州出版社，2019年，第605页。
⑤ 陈建华、傅华主编:《广州大典·曲类》第23册，广州出版社，2019年，第590页。
⑥ 林子雄:《古版新语——广东古籍文献研究文集》，广州出版社，2018年，第219页。

得到印证。另一方面，进入民国后，得益于印刷技术的进步，出版和印刷商等得以承接和编排更多种形式的广告，应对更多商号的广告需求，并尽可能多地从中获利。如在广州华兴书局发行的曲类文献中，广告数量多而且十分密集，每页页眉位置都有广告。在《十年人事几翻新》[①]中，共15页正文，每页页眉都有广告，多次重复登出了两家公司的6种药品广告，分别是欧家全癣癞皮肤水、良友牌丁灵药粉、癣癞皮肤香、万能油、灭毒灵丸和银补丹。类似广告排版的文献还有华兴书局发行的《平均春色猛剧》《有幸不须媒》《花落见花心》等。

（三）清末民国社会经济发展对广告内容的影响

从清末到民国，《曲类》中的广告数量与种类呈井喷式增长。在清朝至民国的刻本中，《曲类》广告所涉及的商号不到10个，只有药品和酒类两种，其他各行业商号的出现主要集中在民国铅印本中，包含了前文中列举的多个行业共200多家商号，除了上文提到的印刷技术的进步之外，社会经济的发展与繁荣也是重要的因素。其中《新兴粤曲集第三集特大号》（民国间上海新兴广播社铅印本）、《广东大戏考》（1947年上海东武昌路鲁关路广东播音界联谊社铅印本）、《五羊清韵粤曲集（一、二、三集）》（1938—1940年上海远东印刷公司铅印本）中涉及的广告数量多、行业面广，刊登了很多在沪商号的广告，其中不乏粤籍商号，或商号本身与广东和广州存在各种联系。特别是《五羊清韵粤曲集（一、二、三集）》，由在沪的番禺人黄寅初编辑，刊登了众多粤菜馆、粤药、广东腊味、早茶、海味干货特产、副食类广告，以及广东籍医生在上海开设的诊所、黄大仙仙观等的广告。一方面我们可以看到上海作为近现代中西方文化交汇地，其商业广告的繁荣；一方面这也是广东与上海经济交流频繁的力证，相当一部分广东人在上海谋生，也同时带去了粤地文化和饮食习惯等。

《曲类》广告中还有一个地域社会经济交流的力证，即粤港澳地区的华商联号及其在全国各地及海外的经销代理。当时受战争等因素影响，众多粤商赴港澳开设分号，药号类如欧家全、宏兴，书坊印刷类如五桂堂，

---

① 陈建华、傅华主编：《广州大典·曲类》第24册，广州出版社，2019年，第70—74页。

餐饮食肆类如随园食谱[①]等。也有港商和侨商在广州设立联号，如二天堂药行、先施百货、大新公司、华美印务等，其中一部分在《曲类》广告中的商铺地址都得到了直接印证。

（四）清末民国社会经济发展的其他历史细节

从《曲类》广告中，可以看到随着时间推移，民国时期出版的文献逐渐出现比较详细的商品价格。药品方面，主要是欧家全的各类药品，如卫生药精精“每瓶五角”，心胃气痛散（饼）“每瓶三毫”，立止牙痛水“每瓶一角”。书籍方面，如广州粤曲研究社铅印本《蟾光惹恨》“定价大洋壹角”[②]，清刻本《上炉香》“定价二角”[③]，1927年8月出版的铅印本《游龙戏凤》“定价每本一毫”[④]，1928年四方街财记印务铅印本《马师僧曲集》“价银三角”[⑤]。《民国社会生活史》[⑥]中提到，“民国时期每个工人每月5—10元的工资”，“在民国成立后的20多年时间里，委任文官的工资变动不大，1928年调整为40—200元（月薪）”。由此，大致可推断以上药品和书籍所在地的社会消费水平，也为这一时期的物价水平和消费状况提供了详细的研究参考资料。

笔者还注意到各商号的广告中“板经存案　不准翻刻”[⑦]的告示比比皆是，虽宋代以来已具备模糊的版权保护意识，但直到清光绪三十年（1904）清政府才颁布《大清印刷物专律》，规定必须在印刷物上印明印刷之人姓名和印刷地址。清宣统二年（1910）清政府颁布了中国第一个系统性的版权法《大清著作权律》，不仅解释了著作权，还明确规定了侵犯著作权会受到处罚。以上律法直接促进了清末民国书籍版权页的产生，因此《曲类》民国出版物中开始出现真正意义的版权页。另，商标的注册在《曲类》广告中也可查找到印证史料。比较完整的商标是出现在宋代山东济南“刘家针铺”的白兔图案，但到清光绪三十年（1904）制订的第一部商标法规

---

① 张晓辉：《民国时期香港与广州的华商联号》，《安徽史学》2014年第4期，第49页。
② 陈建华、傅华主编：《广州大典·曲类》第27册，广州出版社，2019年，第603页。
③ 陈建华、傅华主编：《广州大典·曲类》第20册，广州出版社，2019年，第226页。
④ 陈建华、傅华主编：《广州大典·曲类》第26册，广州出版社，2019年，第622页。
⑤ 陈建华、傅华主编：《广州大典·曲类》第42册，广州出版社，2019年，第86页。
⑥ 左玉河主编：《民国社会生活史（上）》，广东人民出版社，2019年，第51、53页。
⑦ 陈建华、傅华主编：《广州大典·曲类》第9册，广州出版社，2019年，第570页。

《商标注册试办章程》中，才提到了商标注册与保护等。在《曲类》中有药商欧家全[①]的心形商标、省港五桂堂[②]的花朵形商标等，但都没有提及注册，而在《五羊清韵粤曲集（一、二、三集）》的广告中已能看到永昌精铜厂的注册商标[③]。

这一时期社会通信业开始起步，清光绪二十九年（1903）广州始设电话总局，用户有数百号[④]。1928年，广州全市改装自动电话，广州电话用户有了较快增长，到1934年，广州电话用户共计7757号，其中商店、机关、学校、团体、医院、工厂等占八分之七[⑤]。《曲类》书坊广告中，出现较多电话的是五桂堂和醉经书局，根据现有资料可知五桂堂出版时间集中于1909年前后，醉经书局出版时间则主要在1937—1948年[⑥]，而《曲类》中的其他出现电话号码的文献基本都出版于民国时期，这进一步印证了清末民国间广州电话业发展的基本史实。

清末民国广东社会经济的发展和广告业的繁荣互为因果。《曲类》中丰富的广告文献，揭示了清末民国间广东出版印刷业发展及不同地域间的经济交流等方面的历史细节，能为梳理广东地区一些老字号的发展脉络提供史料。广告中反映出的社会风俗、生活习惯、商业聚落发展等方面的信息，也有待进一步挖掘、整理和分析。

作者通信地址：广东省广州市天河区珠江东路4号广州大典研究中心，邮编：510623。

责任编辑：官章奕

① 陈建华、傅华主编：《广州大典·曲类》第7册，广州出版社，2019年，第33页。

② 陈建华、傅华主编：《广州大典·曲类》第9册，广州出版社，2019年，第458页。

③ 陈建华、傅华主编：《广州大典·曲类》第40册，广州出版社，2019年，第710页。

④ 广东省地方史志编纂委员会编：《广东省志·大事记》，广东人民出版社，2005年，第201页。

⑤ 广州年鉴编纂委员会编：《广州年鉴·卷十五·公用》，1935年，第22—24页。

⑥ 林子雄：《古版新语——广东古籍文献研究文集》，广州出版社，2018年，第365、378页。

中外交流

西人笔下晚清广州的医疗卫生社会图景

邱旭玲*
复旦大学文史研究院，上海，200433

摘　要：晚清时期中西交流愈加频繁，来穗西人留下了大量有关广州社会风貌的记述，其中有不少关于医疗卫生的内容。此时他们对广州社会医疗卫生方面的记述大致可概括为城市公共环境卫生、日常各式医疗手段，和各类医事人群及其医疗服务三大方面。这些记述从西人的视角勾勒出晚清广州社会医疗卫生的大体状况，展现出晚清西人对中国社会医疗卫生问题的观察角度和思考方式。

关键词：广州；晚清；中国形象；医疗卫生；西方视角

自秦汉起，广州就是中西通商贸易与文化交流的重要港口，是历史上许多来华西人进入中国的第一站[①]。18世纪后，中西交往前所未有地频繁，更多西人进入广州，他们来自英、法、德、美、俄、荷兰、瑞典等国，身份不一，有商人、传教士、旅行家、学者、记者、外交使节、画家等，在广州停留的时间少则数月，多则数十年，他们撰写的笔记、日记、报告、书简和散文，保留了大量有关广州的记述。20世纪初，西人记述广州的

---

* 作者简介：邱旭玲（1995—　），女，汉族，广东惠州人，复旦大学历史学博士研究生。

① 如阿拉伯商人苏莱曼、鄂多立克、皮列士、曾德昭及米列斯库等人的著作中都不同程度记载了广州的相关情况。可参考穆根来、汶江、黄倬汉译：《中国印度见闻录》，中华书局，1983年；［意］鄂多立克著，何高济译：《鄂多立克东游录》，中华书局，2002年；［葡］多默·皮列士著，何高济译：《东方志——从红海到中国》，中国人民大学出版社，2012年；［葡］曾德昭著，何高济译：《大中国志》，商务印书馆，2012年；［俄］尼古拉斯·帕塔鲁·米列斯库著，蒋本良译：《中国漫记》，中华书局，1990年。

内容已相当丰富，涉及历史、人文、景观、民俗和医疗卫生等方面。

“西人眼中的中国”向来是汉学和中西文化史研究的重要主题，尤其关于晚清以来这段时间的研究成果更为丰富。在此脉络下，出现了不少探讨“西人视角中的广州形象”的研究成果，但这些讨论多集中于广州的商业贸易与都市文化两个方面，而其他方面，比如医疗卫生，却极少受到关注[①]。在近代广州医疗社会史的研究中，研究重点集中于传教士医生、西方医学及医疗机构，多探讨近代西医的传入、发展和社会影响，以及中西医学间的交流互动，缺乏从西人视角看待广州社会医疗卫生的研究[②]。18世纪

---

① 耿昇通过对17—19世纪来华西人关于澳门和广州的记载的研究，描绘出广州当时以对外贸易为中心的中西交流情况，参见耿昇：《西方人视野中的澳门与广州》，《中国文化研究》2005年第2期，第108—121页。刘季冬、陈锦、帅倩、吴青亦关注西人视角下的广州商业文化和商人形象，参见刘季冬：《一个外国人眼中的岭南商业文化精神——以美国人亨特记述的〈广州番鬼录〉与〈旧中国杂记〉为例》，《岭南文史》2014年第1期，第56—61页；陈锦：《跨文化传播视角下“十三行”行商形象建构——基于西方时人记述的研究》，华南理工大学硕士学位论文，2023年；帅倩：《17世纪首批访京荷使眼中的广州形象》，《广州文博》2010年，第93—113页；吴青：《物产·工艺·风土——16—19世纪欧洲人笔下的广州市廛风情》，《广州大典研究》2023年第1辑。此类研究多从都市文化视角切入，近十多年来，一批博士、硕士论文都以此为选题。如吴青：《十六至十八世纪欧洲人笔下的广州》，暨南大学硕士学位论文，2005年；倪文君：《西方人“塑造”的广州景观（1517—1840）——以旅行者、传教士和使团成员的记述为中心》，复旦大学历史地理研究中心博士学位论文，2007年；袁婧：《19世纪上半叶西方人眼中的广州形象》，上海师范大学硕士学位论文，2010年；汤晓志：《西方人眼中的广州市井形象（1840年至1910年）》，华东师范大学硕士学位论文，2013年；贾丽：《18世纪中叶瑞典人眼中的广州人形象——以〈中国和东印度群岛旅行记〉记述为中心》，广东省社会科学院硕士学位论文，2017年。另外，个别如疍民群体等凸显地方文化特色的主题亦有相关研究，参见茹靓靓：《清中后期西方人眼中的疍家妇女形象——以广州为例》，《中国市场》2010年第1—2期，第78—79页；张金莲：《近代广州的疍家人——以西方人的视角为研究中心》，《农业考古》2011年第4期，第261—264页；朱逸枫：《19世纪西方人文献中广州的“浮城”及其生活图景》，《今古文创》2023年第29期，第62—65页。

② 梁碧莹：《嘉约翰与西医学在中国的传播》，《中山大学学报（社会科学版）》1996年第3期，第125—132页；梁碧莹：《“医学传教”与近代广州西医业的兴起》，《中山大学学报（社会科学版）》1999年第5期，第86—91页；方靖：《中国近代第一所女子医学院——夏葛医学院》，《广州大学学报（社会科学版）》2002年第3期，第45—48页；刘国强：《试析近代广州教会医院的特点》，《广州大学学报（社会科学版）》2003年第3期，第4—8页；王尊旺：《嘉约翰与西医传入中国》，《中华医史杂志》2003第2期，第96—99页；陈小卡：《近代中国西医教育的奠基人、行医传教者——嘉约翰的中国生涯》，《神州民俗》（转下页）

以来，中西医学与卫生的发展出现显著差异，医疗与卫生状况成为晚清西人观察中国的主要视角之一。随着中西交流愈加频繁，广州作为近代西医入华的前哨和中国的国际贸易大都市，是许多西人眼中中国形象的代表，医疗卫生也成为他们对照中西社会文化的重要内容之一。因此，探究晚清时期西人视角下广州的医疗卫生状况，不仅能丰富我们对晚清广州社会风貌的认识，亦能映衬西方镜像中的中国形象，展现晚清时期西人的中国认知以及中西医学卫生知识与观念的差异。

一　晚清广州的公共卫生环境

干净清洁、整齐有序、明亮宽敞、空气流通以及没有异味是西人对城市卫生的衡量标准。自古希腊的希波克拉底（Hippocrates）在《论空气、水和环境》（*On Airs, Water, and Places*）[①]一文中首次将环境因素与疾病联系起来后，直到18世纪，广义的环境论一直是西方社会在公共卫生观念与实践方面的主导思想。此种观念认为人体生病是受到环境中产生的有毒“瘴气”的侵入，当时中国社会也存在同样认知。18世纪以前，不少来穗西人甚至认为广州的卫生建设在某些方面比西方更胜一筹。例如，葡萄牙人加里奥特·佩雷拉（Galiote Pereira）在游历时称赞中国人收集粪溺的行为是保持城市环境干净卫生的良好习惯，克鲁斯（Fr. Gaspar da Cruz）直言广州街道铺设得很好[②]，荷兰使者尼霍夫（Johan Nieuhof）用“漂亮壮观，较中国大部分城市更胜一筹”来描述广州的房屋与街道环

（接上页）2013年第200期，第45—52页；郭强、李计筹：《博济医院与广州公共卫生事业》，《中华医史杂志》2015年第4期，第210—215页；李丹、刘明玉：《近代在华西式医院探微：广州眼科医局研究（1835—1855）》，《医学与哲学》2017年第11期，第88—92页；李琳：《嘉约翰的医学传播对19世纪广州地区医学观念影响研究》，河北科技大学硕士学位论文，2022年。

① 本文参考的是Francis Adam的英文译本*The Genuine Works of Hippocrates*（由William Wood and Company于1891年出版）。此书在哈佛图书馆可线上阅览：https://iiif.lib.harvard.edu/manifests/view/drs:7405183$19i，2024-8-12。

② ［葡］费尔南·门德斯·平托著，王琐英译：《葡萄牙人在华见闻录》，海南出版社，1998年，第37、92页。

境[①]。西人对城市卫生认识的决定性变化发生在18世纪以后，西方工业革命和城市化进程使城市环境污染日益严重，人们的居住条件和卫生条件急剧恶化，传染病盛行，加之启蒙运动和重商主义的影响，政府主动推进城市公共卫生改革，提倡清洁城市规划和医疗服务供给。19世纪晚期，医学界在细菌学和免疫学上的发展又从根本上改变了疾病病因论，环境论被微生物致病论取代，西人卫生观随之改变。在西方公共卫生理念、知识与建设都发生剧烈变革的综合影响下，此时西人看待广州社会医疗卫生的角度和方式亦随之发生变化，他们笔下的广州开始变为街道狭窄、拥挤、肮脏且散发难闻气味的不卫生之地。

西方人对广州环境卫生的批评体现在多个方面，首先表现在街道和建筑的布局上。黄埔港通常是西人入穗和观察周遭环境的第一站。1866年，英国使臣密福特（A. B. Freeman-Mitford）初到广州时，提到黄埔看上去是个“肮脏堕落，污垢很多”的地方，珠江腥臭，木屋低矮肮脏，杂乱无序，显得拥挤不堪[②]。密福特的看法代表了大部分西人对晚清广州城市环境的初步印象：肮脏、杂乱并散发臭味。进入城内，这种认识进一步得到加深。他们无一例外地认为广州街道狭长且数不尽。如美国记者威廉·伍德（William Wightman Wood）曾写道：“外国人往往被中国街道的狭窄惊得目瞪口呆，在广州，即使最宽的街道也不会超过我们的一条车道。街上人来人往，川流不息，使得道路拥挤不堪，难以通行，也让人觉得不舒服。”[③]画家李通和（Thomas Hodgson Liddell）感到广州街道“拥挤吵闹，狭窄昏暗又潮湿易滑”[④]。同时，他们认为广州街道不仅狭窄拥挤，还总是无时无处不在散发着异味。这些异味来自于街道两旁的店铺，尤其是肉铺、鱼摊和家禽档等，以及街上堆积的垃圾、污垢和粪溺。德国银行家恩司诺（A. H. Exner）对此描述道：“从一些不太干净的小巷里向我们袭来一股可

---

① ［荷］尼霍夫著：《荷使初访中国记》，转自包乐史、庄国土：《〈荷使初访中国记〉研究》，厦门大学出版社，1989年，第54页。

② A. B. Freeman-Mitford, *The Attache at Peking*, Macmillan and Co., 1900, pp.17-18.

③ ［美］威廉·怀特曼·伍德著，邓赛译：《洋记者的广州城记》，广东人民出版社，2022年，第78页。

④ Thomas Hodgson Liddell, *China: Its Marvel and Mystery*, George Allen & Sons Mcmx, 1909, p.23.

怕的气味……欧洲人的鼻子会觉得整条街弥漫的这股气味是无法形容的恶心。……黎明时城市街道的气味更加难闻，因为缺乏下水道，放在房屋前的粪桶要凌晨才收取并排空。”[①] 西人甚至因街道臭味过于突出而将其改名，十三行的英国馆旁有一条窄街，原本外国人称之为“行街”（Hong Lane），中国人称为“新豆栏街”（Tow-Lan），由于许多屠宰店聚集在此，沟渠和西濠亦经过此，导致此街脏臭无比，于是外国人将其称呼从“行街”改为“猪巷”（英文中 hong“行”和 hog“猪”形似）[②]。

其次表现在城市的排水和垃圾清理方面。英国传教士约翰·格雷（John Henry Gray）和约翰·特纳（John Arthur Turner）两人都思考了广州公共环境脏乱的原因，他们都认为造成街道脏臭的根源在于当地政府和官员轻视卫生工作，未能处理好城市污水，未能及时清理垃圾污垢。由于地方官员的轻视和失职，疏通沟渠和清理垃圾这样有益于社会环境和居民健康的工作交由各街坊组织负责，这造成各街清理程度不一，少数街道能及时得到清理，更多街道则久久不能清理一次，从而导致城市整体公共环境恶劣[③]。换言之，西人认为广州虽有卫生举措，但政府缺乏卫生管理的理念。不过，美国传教士卫三畏（Samuel Wells Williams）提出不同看法，他认为，在卫生方面，不能将中国城市直接和西方现代城市相比，也不应当这样对比，因为广州没有一个自治机关来专管卫生，也没有权力征税来支付必不可少的卫生开支，因此不可能期望其做到如西方那样卫生，若是考虑到民众习惯和政府监督不力等因素，应当说广州是个管理得好而且清洁的城市[④]。尽管西方人经常从卫生行政的角度批评广州街道的环境卫生，但他们也承认广州在某些卫生举措的具体实施上有可取之处，甚至比西方更为优胜，比

---

① ［德］恩司诺著，熊健、李国庆译：《清末商业及国情考察记》，国家图书馆出版社，2014年，第10—11页。

② ［美］威廉·怀特曼·伍德著，邓赛译：《洋记者的广州城记》，广东人民出版社，2022年，第54页。

③ John Henry Gray, *Walks in the City of Canton*, De Souza & Co., 1875, pp.15–16; John Arthur Turner, *Kwang Tung or Five years in South China*, S.W. Partridge & Co., 1894, p.23; ［美］威廉·怀特曼·伍德著，邓赛译：《洋记者的广州城记》，广东人民出版社，2022年，第78页。

④ Samuel Wells Williams, *The Middle Kingdom*, Paragon Book Reprint Corp, 1966, p.163.

如河流疏浚和粪便清理方面。地方官员定期组织清浚濠渠和挑挖街渠的工程；各街坊组织亦视自身经济和组织能力不定期进行街道的维护和垃圾清理，他们会雇佣人员清理街道和下水道的污垢及垃圾，每日三次定时统一清理每户人家门前的粪溺，集中运到郊区做农业肥料。平日里街上拾垃圾的人也承担了部分清洁工作，在伍德看来，幸亏有这些人不知疲倦地在街上捡马粪，才使街道保持了清洁[①]。美国农学家金博士（F. H. King）称赞广州街区集中收集粪溺转化为肥料的处理方式，无论从环保还是经济的角度来看都远胜欧洲[②]。尽管这些措施的出发点可能不在于维持卫生，但在西人眼中则正好应合了现代卫生的观念，是城市清洁的重要举措。

其三表现在城市公共场所的环境卫生上。公共广场是各类闲散人员的聚集地，日常聚集了戏法师、拾荒人、江湖郎中、理发匠、小偷、流浪汉和乞丐等群体，节庆时则是大型表演的舞台、祈福聚会之地和贸易集市，公共广场的整洁程度很能代表一个城市的公共卫生和管理状况。在许多西人的记述中，由于缺乏良好的卫生管理，广州的公共广场总是随意堆积着各种垃圾瓦砾，日常难以保持干净。市民的居所虽然在规格上有着显著的贫富差距，但在卫生方面均使人不适。穷人的居所狭小、黑暗又脏乱，其"环境之恶劣，让人难以想象人类能在其中居住"[③]。当西人漫步在广州城时，他们用"卫生"打量一切，烟馆是"肮脏的房间，没有一丝明亮的日光，只有昏暗油灯的微弱照明，充满恶心的臭气，令人厌憎"[④]；监狱牢房"就像牛棚，非常不讨人喜欢，不仅因为阴暗，还因为里面关着各种散发臭味的坏人和肮脏的东西"[⑤]；庙宇"通常有好几层，房子里布置得很整洁……走廊的帘子可以挡住阳光，同时也让空气能更好地流通"[⑥]；行号"极其清

① ［美］威廉·怀特曼·伍德著，邓赛译：《洋记者的广州城记》，广东人民出版社，2022年，第11页。

② F. H. King, *Farmers of Forty Centuries*, *or Permanent Agriculture in China*, *Korea and Japan*, Rodale Press Emmaus, 1911, p.74.

③ John Henry Gray, *Walks in the City of Canton*, De Souza & Co., 1875, p.21.

④ ［德］恩司诺著，熊健、李国庆译：《清末商业及国情考察记》，国家图书馆出版社，2014年，第41页。

⑤ John Henry Gray, *Walks in the City of Canton*, De Souza & Co., 1875, p.299.

⑥ ［美］威廉·怀特曼·伍德著，邓赛译：《洋记者的广州城记》，广东人民出版社，2022年，第87页。

洁，井然有序，各处都明亮通敞”[①]……广州城内的众多公共场所中，只有沙面得到了西人一致的赞扬。沙面完全仿欧洲城市而建，有着郁郁葱葱的树木、整齐宽阔的建筑布局和干净平整的人行大道。李通和称：“住在广州的洋租界沙面，如果不是能远眺到江上的船民的话，你可能会以为身在欧洲。”[②]恩司诺更是直言：“(沙面)与临近的中国城的肮脏、嘈杂和恶臭相比，有天壤之别，纯然是一方世外桃源。”[③]

可以看到，西人多采用近代西方城市卫生建设的标准来衡量广州城市的环境卫生，即是否整洁、干净、通风、明亮和无异味。在这些指标下，中国的城市显得藏污纳垢，肮脏无序。就气味而言，西人就常常产生为何“如此明显的恶臭气味似乎并没有给当地人带来不便”的疑惑[④]。但对于广州的民众而言，气味、整齐和宽阔的要素并不属于环境卫生范畴，也不存于他们日常生活的观念中。因此，很多广州人习以为常的现象，在西人记述下，却成为中国人不讲卫生和中国文明落后的“证据”。不过，西人的记载也带来了许多中国人习焉不察的独特观察视角。例如，西人认为相比起在内城街道里生活的小孩，在阳光下成长起来的疍民小孩更加精神和强壮；他们认为 1894 年的香港瘟疫根源在于广州肮脏的住宅和街道，因此发生火灾并非完全是坏事，因为从卫生学的角度来说，大火可以清除掉大量积累的污物和病菌[⑤]。

二　晚清广州的日常医疗文化

在日常医疗方面，西人最关注广州百姓的疾病观念和治疗方法，尤其

---

① William C. Hunter, *Bits of Old China*, Kegan Paul, Trench & Co., 1885, p.217.

② Thomas Hodgson Liddell, *China: Its Marvel and Mystery*, George Allen & Sons Mcmx, 1909, p.24.

③ [德]恩司诺著，熊健、李国庆译：《清末商业及国情考察记》，国家图书馆出版社，2014 年，第 7 页。

④ John Arthur Turner, *Kwang Tung or Five years in South China*, S.W. Partridge & Co., 1894, p.24.

⑤ F. H. King, *Farmers of Forty Centuries, or Permanent Agriculture in China, Korea and Japan*, Rodale Press Emmaus, 1911, p.75; John Arthur Turner, *Kwang Tung or Five years in South China*, S.W. Partridge & Co., 1894, p.34.

是非正统医疗。他们发现，当地百姓认为生病受灾是鬼怪邪气入侵所致，因此治疗的关键在于驱逐病人体内的邪祟鬼魅。驱魅祛病的方式有很多，其中主流方法是祭拜祝祷。西人记载了广州百姓祭拜祝祷的众多形式：人们可以在街道上随时进行祭拜，因为每条街道的角落都有一座福德祠[①]，祠内通常放置着一个壁龛，壁龛上有一个盛满灰的小罐子，供人们插香祭拜所用；每家店铺门外都设有一座聚宝堂[②]，店主天天上香祝祷；生活在船上的疍民们则在船尾置小佛龛，通过供奉各种保护神和祖先牌位祈求健康。众多祭拜祝祷形式中最常见且真正具有疗效的要数寺庙祝祷。据美国传教士医生嘉约翰（John Glasgow Kerr）统计，当时广州城及其近郊的寺庙数量总计超过125座[③]，寺庙在广州百姓的生活中占据重要位置，原因之一在于其对民众的日常医疗有着重要作用。现据西人记载，将晚清广州百姓求医问药的主要庙宇及其医治手段展列如下：

表1　晚清广州承担医药功能的庙宇及其治病方式[④]

庙宇名称	治病方式
药王庙	上香祝祷；向病人出售瓷花瓶里的神水；用给药王像扇过风的扇子为病人扇风，具有治疗退烧、祛病功效；庙内设药物柜台，出售用药王秘方制成的各种草药和膏药。
藻圣大王庙	出售瓷瓶圣水，常有病人来此买水回去熬药或煮茶，病人的买水钱视他们的经济情况而定，有些人会为一杯水付点碎银子，有些人则只付几个铜板，这些钱都装在红纸包里交给庙祝。
小蓬仙馆	药签。

① 原书英文为“altar（福德祠）”，又称土地庙。

② 原书英文为“niche（聚宝堂）”，即用于放置神像的壁龛。

③ John Glasgow Kerr, *A Guide to the City and Suburbs of Canton*, Kelly & Walsh, Ltd., 1904, p.5；［美］威廉·怀特曼·伍德著，邓赛译：《洋记者的广州城记》，广东人民出版社，2022年，第170页。

④ 表格内容主要依据下列西人著述综合整理得出。［德］恩司诺著，熊健、李国庆译：《清末商业及国情考察记》，国家图书馆出版社，2014年；John Glasgow Kerr, *A Guide to the City and Suburbs of Canton*, Kelly & Walsh, Ltd., 1904; John Henry Gray, *Walks in the City of Canton*, De Souza & Co., 1875; Mrs. Gray, *Fourteen Months in Canton*, Macmillan and Co., 1880; John Arthur Turner, *Kwang Tung or Five years in South China*, S.W. Partridge & Co., 1894.

续表

庙宇名称	治病方式
观音寺	在长明灯上点燃棒香后带回家插在祖宗牌位或灶王爷的神龛前；神龛前烟雾熏过的茶叶会变成治病的灵丹妙药；祭拜形似狗的兽像可治疗咽喉病。
先锋庙	将棒香装入布袋，当瘟疫或者其他一般疾病流行时，广州市民争先恐后地争取这些袋子，当作辟邪的护身符。
慈林庙	祭拜庭院的“神树”（棕榈树），树干的底部有数根绳子——其实是裤腰带——缠绕着，把这些腰带的一头拴在病人身上，另一头拴在树干上，据说这样能立刻驱除病人身上的痛苦。
海幢寺	此庙方丈擅长配制称为“精”的一种药，具有神效，颇为民众推崇。
北帝庙	出售香烛纸钱和小柏树枝；用大青花净瓶盛放着得到北帝赐福的水，供病弱之人取用，用此水熬医生开的草药和泡茶；祭拜玄坛和黑虎，二者是病人十分崇拜的神明和灵兽，具有降魔驱邪、驱除瘟疫、定人生死的能力。
三藩宫	献香敬拜；占卜药方；用瓷瓶盛放圣水，供生病之人取用，与药混合，制成药茶。
五仙观	每年农历四月祭拜五仙；病愈还愿。
金花夫人	孩子得天花出痘时祭拜。
郑仙翁祠	每年农历七月二十七日，祭拜郑仙翁，祈求其赐予健康和长寿。
城隍庙	占卜；竹筒药签；江湖郎中、大夫、牙医、手足病医师聚集之地，病人可在此向不同医生求医问药；城隍庙集会时祭拜城隍，在生病之人衣物上盖城隍爷大印，将盖有城隍印的画像悬挂于家中，以此消灾祛病，辟邪除疫。

由表1可知，寺庙为百姓提供了丰富的疗病方法，民众可到庙内上香祝祷、祭拜偶像、饮用瓷瓶圣水、占卜、扇风、求药签和护身符及印祛病章，并参与大型庙会，一些大型庙宇，如城隍庙，是各类民间医生的常驻地，病人可根据自身需求在此处寻求不同的医疗服务。其中最为普遍日常的药签和盛大隆重的大型庙会尤为吸引西人，他们留下了非常详尽的记述。下面以此二者为例，分别看看晚清广州百姓是如何使用这套医疗系统治病的。

首先是药签。病人通过求签获得神灵赐予的药方，药方上会写明配料、服用数量和服用方法，病人拿着药方到药店配药后遵照服用即可。约翰·格雷生动详细地描写了百姓求药签的具体过程[①]：

> 有很多人匍匐在地上祷告，他们都是一些备受折磨的病人，祈求神灵能告知治病良方，以恢复健康。病人通过求签来取得神祇的旨意，求签方法……信徒首先跪在祭坛前，往地上扔两块小竹片，每块竹片都像羊角的一半。如果竹片的凹面或凸面落地时同面朝上，病人就认为这是神不听他祷告的意思。……他会继续掷那两块竹片，直至一片凹面朝上，一片凸面朝上。……病人会低声向神祷告，防止旁边的人听见他的诉求。……为了取得答复，他会去拿着一个签筒，里面装着60支竹签，有时候是100支。签筒是圆筒形的，用竹子制成，大概8寸高，竹茎上的节刚好成了签筒底。每支竹签大约10寸长，上面刻着不同的数字。……病人求问神灵时会飞快地摇晃签筒，同时轻轻把签筒口朝向地面。很快，一支签从签堆里掉出来，落到地上。病人捡起竹签，递给看管祭坛的工作人员。那人随即给病人一张纸，纸上有写着汉字的药方，此药方就被认为是天意。他会拿着这张方子到药店去取药，说是吕纯阳开给他的。……下面是他收到的药方内容：此为男人之药方。你的病也并非不可医治。泻根，两钱；山楂粉，两钱；桔梗，两钱；乌参，两钱；橘子皮，不要橘络，一钱；岩风，两钱；甘草，一钱；再加两片姜，大梨取半个。服药三剂，将有良效。

其次是大型庙会。大部分庙宇都会在它们所供奉的神明的诞辰日举办集会，这种现象是广州社会固定的传统风俗文化活动，同时亦演变为病人求医的重要场合，其中以药王庙和城隍庙的集会最为盛大隆重。格雷夫人亲自体验了城隍庙集会的求医现场并作了以下记述[②]：

---

① John Henry Gray, *Walks in the City of Canton*, De Souza & Co., 1875, pp.664–666. 引文译文来自：[英]约翰·亨利·格雷著，李国庆、邓赛译：《广州七天》，广东人民出版社，2019年，第301—302页。

② Mrs. Gray, *Fourteen Months in Canton*, Macmillan and Co., 1880, pp.188–194. 引文译文来自：[英]格雷夫人著，邹秀英、李雯、王晓燕译：《广州来信》，广东人民出版社，2019年，第119—121页。

病人在这个节日拜祭城隍，希望得到祝福。那些走不动的由朋友背着来，躺在庙里大大小小的神龛前。……我们周围躺满了病人，穿行其间很难不踩踏到他们的手或脚，病人的症状各种各样。其中不少是孩子……数千之众，男女老少都有。……虽然人数众多，但秩序良好。有一些人带来生病亲人的衣服祈福，在上面盖城隍的大印，还有一种拜客，过去生了重病，拜过城隍爷之后痊愈了，特地来还愿致谢。成千上万人聚集在这座大庙……在此期间，人们就尽力在画像和病人的衣服上盖城隍爷的大印，以此消灾祛病。病人将盖了大印的画像拿回家悬挂起来，能辟邪除疫。

日常生活中，除寺庙医疗外，人们也形成了许多其他约定俗成的自主驱除病邪的疗疾方式。例如，众多西人不约而同地观察到，当小孩生病时，妇女们会给他们挂成串的徽章或银铃铛作为辟邪和防意外的护身符，尤其是瘟疫流行时，这种做法更为普遍[①]。或者大人把纸剪成五六寸长的小人并把孩子的名字写在上面，将纸人的头朝下摆放，祈求菩萨显灵让孩子的病痛消失，恢复健康。又如，每年农历七月七这天夜里，未婚的女子会打一瓦罐井水密封起来，当家人发高烧时，此罐井水就是最好的退烧药，大多数时候，推拿也被用来治疗发烧。当人们受到皮肉伤时，会刮取花塔墙上的石灰粉粒，将其做成一种糊，当作疗伤的药膏涂在伤口上，因为民众相信花塔中供奉的神灵能够帮助伤口愈合[②]。人们还热衷于请求道士帮助驱逐病祟，道士祛病的方法是在狭长的纸条上写下符咒，再把纸烧成灰烬给病人喝下，同时制作大量的护身符出售给病人[③]。

---

① 这类做法在前近代的欧洲社会同样非常普遍。

② ［美］威廉·怀特曼·伍德著，邓赛译：《洋记者的广州城记》，广东人民出版社，2022年，第123页；John Henry Gray, *Walks in the City of Canton*, De Souza & Co., 1875, p.311, p.374; Mrs. Gray, *Fourteen Months in Canton*, Macmillan and Co., 1880, p.47, p.285; Henry Arthur Blake还记载了另一种用火祛病的方式，即母亲在河边把自己生病孩子的衣服在飘曳的火苗上晃来晃去，祈祷崇拜的神明赶走带来疾病的恶魔。参见Henry Arthur Blake, *China*, Adam and Charles Black, 1909, p.107.

③ ［德］恩司诺著，熊健、李国庆译：《清末商业及国情考察记》，国家图书馆出版社，2014年，第16页。

食疗是广州百姓日常医疗的又一重要部分。岭南地区历来有着食疗的养生文化，饮食和医疗的关系主要有两类，一类是通过饮食预防疾病。西人注意到，用蛇、猫和老鼠炮制的药酒被认为是一种能延年益寿的保健灵药，在当地社会很受欢迎。广州城内饭馆普遍供应狗肉，因为无论上层社会还是下层社会的人士，都认为进食狗肉有益于身体健康，在夏至那天吃狗肉，尤其是黑狗肉，能避免在酷暑天生病①。当地人常饮用凉茶、热水和热茶，西人认为热饮无疑有利于预防伤寒之类的疾病，凉茶则被广州人视为强身壮体、祛病保健的养生佳品。英国商人亨特（William C. Hunter）摘录了晚清广州西郊一家名为“万寿堂极品午时茶”店铺的广告，其内容尤为强调针对岭南人体质的保健功能：“万应午时茶，气味纯正芳香，性质温和，不寒不热，健脾开胃，止渴生津，祛寒去湿，总之内疾外感，本茶一概适用，岂不神奇？……欢迎各界公众多多采用，即使对疾病一时未见显效，亦属延年益寿的绝妙佳品。士绅商旅，出门远行，朝夕宜用此茶，可驱除四时瘴气，抵御恶劣气候。”②日常饮食上，人们很少生吃蔬菜，除了腌制或者盐渍的食物之外，所有食物都要煮熟或加热后才吃。街市上出售的家禽多数也是整只活的出售，煮熟的家禽会被烘烤或油炸过才悬挂出来，人们吃的时候同样需要再加热。在西人看来，以上种种情形都显示出广州人日常无疑严格遵循了许多非常基本的卫生标准和卫生习惯，形成了有益于健康的行为方式③。第二类是通过饮食治疗疾病。人们喜欢用鹳、猫头鹰、蜥蜴和咸蛋来给病人进补，增强病人体质。乌龟④是生脓疮溃疡之病人的药膳，脱发和失聪的人可以食用老鼠肉以帮助生发和恢复听力，因而广州形成了专门售卖此类物品和制作腌蛋的麦栏街⑤。卫三畏记录了广州百姓日常常用的治病之物，非常丰富，包括石膏粉（煮成糊可治热病）、化石蟹、

---

① Mrs. Gray, *Fourteen Months in Canton*, Macmillan and Co., 1880, p.135;John Henry Gray, *Walks in the City of Canton*, De Souza & Co., 1875, p.166.

② William C. Hunter, *Bits of Old China*, Kegan Paul, Trench & Co., 1885, pp.170–172.

③ F. H. King, *Farmers of Forty Centuries, or Permanent Agriculture in China, Korea and Japan*, Rodale Press Emmaus, 1911, p.77.

④ 原文为“tortoise”,此处直译为“乌龟”,但考虑到广州人的饮食习惯,约翰·格雷实际可能说的是甲鱼。

⑤ John Henry Gray, *Walks in the City of Canton*, De Souza & Co., 1875, pp.105–108.

蝙蝠、穿山甲、鸽子蛋、蛇、水蛭、竹黄、菖蒲、大麻油、蓖麻、黑胡椒、甘草、棉籽、椰子壳、茶叶和大黄[①]。

当然，民众日常治病的方式绝不限于以上所述。病人同时会到药铺，让店员根据药方或自己简要描述的症状抓药，然后自行回家服用。药方可能来自药签所得，也可能是由医生开具，抑或是街坊邻里口耳相传的经验良方。广州的药铺非常多，浆栏街是中药铺集中之地，被西人称为药街，那里有着各式各样的药材，以及众多中医大夫，人们往往到此求医问药。药铺还以小包的形式出售配制好的成药，每一包里都包括一付或几付药，用包装纸包装，上面写明药性和服用方法，人们可根据需求自行选购[②]。广州人最喜欢到浆栏街的中药铺子里买炮制过的鹿角和人参，这两味药久负盛名，价格较贵，一般人难以消费，民众相信此药具有壮阳、进补和治疗肺病及不孕症的作用，而在西人看来，鹿角和其他好几种药物在西方社会中已被其他更有效的药物替代，早已不再使用，在中国却截然不同[③]。

三　晚清广州多样的医疗服务

近代西医最早由广州进入中国，不少入穗西人自身即是医生，他们更关注中西医疗之间的差异，特别是医疗服务者、治疗方式和医学观念的差异。克拉克·阿禅尔（Clarke Abel）是英国一名外科医生和博物学家，1816—1817年间他作为阿美士德（William Pitt Amherst）勋爵访华使团的随行医师来到中国，对中国医学充满想象和好奇。1817年，他抵达广州后就迫不及待地和当地中医大夫进行交流。经过一段时间的接触，阿禅尔认为中医大夫对西医的医学规范和科学知识一无所知，不具备任何解剖学和

---

① Samuel Wells Williams, *The Middle Kingdom*, Paragon Book Reprint Corp, 1966, pp.307–317, pp.329–336.

② Clarke Abel, *Narrative of A Journey in the Interior of China and of A Voyage to and from that Country in the Years 1816 and 1817*, Longman, Hurst, Rees, Orme, and Brown, 1818, pp.213–214; John Glasgow Kerr, *A Guide to the City and Suburbs of Canton*, Kelly & Walsh, Ltd., 1904, p.11.

③ John Henry Gray, *Walks in the City of Canton*, De Souza & Co., 1875, p.279; [美]威廉·怀特曼·伍德著，邓赛译:《洋记者的广州城记》，广东人民出版社，2022年，第130页。

病理学的知识，例如他们知道诸如心、肝、脾、肺、肾等脏器的存在，但却不了解这些脏器的确切位置；他们把一切疾病和药物以寒、热进行区分，把溃疡理解为有害物的排出口。尽管缺乏科学知识，但他们通过经验和实践掌握了一些非常实用的医疗方法，例如艾灸疗法。阿裨尔对中国的艾灸疗法非常感兴趣，他向中医大夫详细请教了艾灸的具体治疗方法，双方就艾灸的疗效有着不同的理解，阿裨尔对用艾蒿治疗内脏部位持怀疑态度，中医大夫则坚持艾灸可以治疗所有局部疼痛。对广州人来说，艾灸是相当普遍且有效的疗法，无论肝脏还是其他任何内脏疾病，只要有体外不适的表现，都可以用艾灸治疗。阿裨尔还提到了广州中医大夫对中西医学的态度。面对阿裨尔对中医的质疑，中医大夫由始至终都对中医表现出了极强的自信，以至于阿裨尔觉得他有些刚愎自用。同时，中医大夫又对西医保持了开放态度，并不盲目排斥西医知识。在看到阿裨尔带来的《大英百科全书》中的解剖插图时，他敏锐地意识到了其中的医学价值，并以非常诚挚的口吻请求阿裨尔将这些大比例、清晰的解剖彩图送给中国，称这将是英国使团献给中国最好的礼物[①]。

美国人威廉·伍德同样对广州医疗感兴趣，从1825年到1835年，他一直在广州生活。有着十年在地生活经验的伍德发现，当地民众感到身体不适时最常用的疗法是艾灸和刮痧，而后者的治疗方式更简单，只需用一文铜钱或其他小铜币刮受感染的部位，直至感染部位的皮被擦掉为止，这种方法有时甚至不需要医生，患者在家就可自行操作。伍德认为当地中医极注重诊脉，中医诊疗主要根据脉象来判断病情，诊脉重要到被纳入医学考试的内容。中医大夫还擅长撰写医学著作，中医的医学作品可谓汗牛充栋，但在西医看来，大多为无关紧要之作，真正值得称道的著作只占很小的比例[②]。伍德对于中医疗法和诊脉的观察基本无误，但其对中医医学作品的评价却失之偏颇。和阿裨尔一样，他认对中医基于经验进行治疗所具有

① Clarke Abel, *Narrative of A Journey in the Interior of China and of A Voyage to and from that Country in the Years 1816 and 1817*, Longman, Hurst, Rees, Orme, and Brown, 1818, pp.216–218.

② ［美］威廉·怀特曼·伍德著，邓赛译：《洋记者的广州城记》，广东人民出版社，2022年，第130页。

的一定疗效表示认可，但却对中医的整个医学知识体系持否定态度。

法国医生伊凡（Yvan）注意到广州的牙医群体[①]。他笔下的牙医外表脏破，头戴大草帽，身着单衣单裤，脚上拖着一双破旧的凉鞋，背上用皮带背着一个盖子半开的旧木箱，看上去与穷苦乞丐无异，然而却是一位在广州享有盛誉的拔牙医生。据说这位牙医有一种独家药粉，可以帮助病人在无痛楚的情况下拔掉牙齿，这引起了伊凡的兴趣，他想知道这名广州牙医的技术是否真的如此神奇。于是他找到该牙医为自己拔牙。牙医先是叫他张大嘴巴，观察了一会后从箱子里拿出一个装着拔牙药粉的小包裹，称此药粉可顺利且无痛地让牙齿掉落。向伊凡收取药费后，牙医指导其将药粉放在要拔的牙齿上并保持每小时放三次药的频率，随后便离开了。直到第二天，牙医再次上门才开始正式拔牙，他先用拇指和食指抓住伊凡上颚的牙齿用力向外拔，但未能成功将牙齿拔出，于是他打开旧箱子，拿出了一把巨大的钳子和钥匙，最终顺利拔掉了牙齿[②]。伊凡之所以如此关注牙医，很大程度上是同为医生的职业好奇。为了揭开无痛拔牙药粉的秘密，伊凡在牙医离开后特意检查了药粉的成分，发现只是研磨碎的樟脑粉以及当归、茴香等芬芳的香草种子，民众认为的止痛功效可能更多来自牙医的声望和药粉传言带来的心理层面上的暗示。此番记载让广州牙医的职业形象和行医操作跃然纸上，只是在西人笔下，他们更像是凭借某项技术特长谋生的底层小民之一，是西方概念之下非正统的医疗服务。

晚清广州社会还有很多形形色色的民间医者，如穿街走巷的江湖郎中和卖药小贩、治疗跌打外伤的按摩师、专为疍民服务的水上医生、擅长治疗眼疾的佛寺方丈，还有巫医、草药师、道士等等，他们人数众多，随处可见，许多西人留下了有关他们营生的日常和与病人互动的记载。伍德笔下的江湖郎中们大多坐在街边，前面摆放一个花岗岩质地的研钵，身旁乱放着一大堆药草和植物以及一小箱备好的药，有些药是局部使用的，比如

---

① 除了当地的医疗，伊凡对晚清广州社会进行了全景式的观察，并留下了非常多的记载，这些记载于1852—1856年间持续刊登在法国一本名为*La Revue Contemporaine*的文学、政治与哲学类期刊中。

② ［法］伊凡著，张小贵、杨向艳译：《广州城内：法国公使随员1840年代广州见闻录》，广东人民出版社，2008年，第74—77页。

膏药或艾草，有些药可直接服用，如茶和汤剂。他们总是非常卖力地宣传着药物的神效，身边常围着一大群人，巧舌如簧地诱使那些轻信而无知的人上当。通常他们的技巧能够娴熟有效地应付一些简单的病情，但远不到处理外科手术的程度，一旦遇到病人需要截肢等情况时，更是手足无措，病人只能听天由命[①]。卖药小贩并非医生，却爱打着医生的名义行医治病，其实质目的是售卖药物，他们喜欢借助神道传说和戏法手段哄骗病人买药。亨特描写过一名游走在广州街头的双目失明的卖药小贩，这名药贩背着一块招贴牌，牌上写着一个融合了孝道、仙人、秘传神方等元素的故事，说明其所售药物的神奇来历，许多人为此购买了他那能治百病的“神药仙丹”[②]。还有一类卖草药的小贩，他们用柳条筐装一条蛇随身携带着穿街走巷，在民众面前往手上涂抹草药，再用蛇不咬涂了药的手展示草药的效用，以此吸引民众购买[③]。对于这些民间医者，西人大多认为不可信任，因为这些江湖郎中和卖药小贩多为底层穷人，他们打着治病的幌子，使用哄骗的手段销售“药物”。尽管他们实际的治疗效果难以验证，宣传医药的手段也显得拙劣，但是这类人在社会上却层出不穷且深受底层百姓欢迎，当地政府也不限制他们行医售药。与同时期西方国家已颁布相关法规管理医疗市场和医疗从业者的情况截然不同，中国医疗行业仍处于自由放任的状态。

值得注意的是，虽然大部分民众求医首选并非西医，但晚清时西医已成为广州社会普遍的医疗服务之一。最初，西医进入广州是与传教相联系的，在各种传教手段中，医疗传教效果相对更好。许多西人都观察到，底层穷人在请不起医生也买不起药的情况下，会愿意甚至主动选择接受西医治疗。为了传教事业，传教士医生和教会医院纷纷为穷人提供免费的医疗服务，许多病人还因此和传教士医生建立起深厚的友谊[④]。早期入粤的传教

---

① ［美］威廉·怀特曼·伍德著，邓赛译：《洋记者的广州城记》，广东人民出版社，2022年，第129页。

② William C. Hunter, *Bits of Old China*, Kegan Paul, Trench & Co., 1885, pp.137–139.

③ ［美］威廉·怀特曼·伍德著，邓赛译：《洋记者的广州城记》，广东人民出版社，2022年，第173—174页。

④ George Smith, *A Narrative of an Exploratory Visit to Each of the Consular Cities of China, and to the Islands of Hong Kong and Chusan, in Behalf of the Church Missionary Society, in the Years 1844, 1845, 1846*, Seeley, Burnside & Seeley, 1847, pp.24–25.

士医生郭士立（Karl Friedrich August Gützlaff）就总是随身带着装有一袋袋药丸的箱子，主动去周边的城镇或乡村，一边散发翻译过的《人生说》小册子，一边给民众治病[①]。1835 年，伯驾（Peter Parker）在广州创办了著名的眼科医局。一开始囿于传统观念，广州人对西医持怀疑和恐惧态度，眼科医局开业第一天无人问津，第二天有一位妇女就诊，第三天来了 6 个人，此后情况逐渐好转[②]，一大批人通过西医治好了病，并开始认同西医。几年后，英国传教士施美夫（George Smith）称伯驾医生的眼科医局里每天都坐满了属于社会最底层的中国病患，他们面容憔悴，神情焦虑，希望西医能帮他们解除疾病的折磨。中国人在西医外科手术中表现出了极大的忍耐力，他们治疗时不惧疼痛、坚持忍耐的形象给施美夫留下了深刻印象。施美夫在眼科医局里目睹过好几回，经西医治愈的病患对医疗器械磕头谢恩、长跪不起的现象，他感叹道，想让这些中国病人感激上帝往往是不能如愿的，他们会感激医生，感恩医疗器械，却极少因此在宗教方面表现出对基督教的迎合[③]。其结果是就医者众而入教者寡。有能力延医治病的上层社会人士对西医态度又如何呢？马戛尔尼使团的随行医生约翰·巴罗（John Barrow）记述他初到广州时的情景："全省各地大小官员赶来，把我们挽留在当地一整天，为的是让我们的医生诊治他们各种各样的毛病。这是王大人推荐的，因为他亲身体验了我们医生的神技。"[④] 鸦片战争前后林则徐和耆英都是伯驾医生的病患，两人在接受西医治疗取得效果后不仅改变了对西医的态度，而且对整个西方文化和西人的态度也变得更加宽容和开放，

---

① William C. Hunter, *The "Fan Kwae" at Canton: Before Treaty Days, 1825-1844*, Kegan Paul, Trench & Co., 1882, p.70.

② 孙逸仙博士医学院筹备委员会编：《广州博济医院创立百周年史略》，广州岭南大学，1935 年，第 3 页。

③ George Smith, *A Narrative of an Exploratory Visit to Each of the Consular Cities of China, and to the Islands of Hong Kong and Chusan, in Behalf of the Church Missionary Society, in the Years 1844, 1845, 1846*, Seeley, Burnside & Seeley, 1847, pp.23–26.

④ John Barrow, *Travels in China: Containing Descriptions, Observations and Comparisons, Made and Collected in the Course of a Short Residence at the Imperial Palace of Yuen-Min-Yuen, and on a Subsequent Journey through the Country from Pekin to Canton*, Cambridge University Press, 2010, p.594.

一定程度上也影响了广州社会民众对西医的态度①。这些记述显然能丰富我们对当时广州各阶层人士与西医之间关系的认识。广州民众对西医普遍展现出一种实用主义的宽容态度，甚至看起来上层人士的态度比穷苦大众更加开放。人们对西医开放态度的程度与病人的择医能力息息相关，这从亨特记录的广州富商潘启官的择医经过中可见一斑。潘的儿子生病，他先是邀请英国医生考克斯到家中为其治疗。考克斯医生照例问诊并开了药后，潘拿着考克斯的药到华佗神坛前进行占卜，结果得到了“不好彩”的预兆。尽管潘非常认可考克斯的医术，但他还是没将考克斯开的药给自己的儿子服用，而是另寻中医治疗②。不仅潘如此，其他士绅阶层的人多亦如此，可见对中上层社会人士来说，西医只是他们众多治病手段中的一种选择，一旦中西医疗法发生冲突，他们通常更倾向选择中医。某种程度上，我们看到的所谓上层社会人士对西医更为开放的态度，实质上是因为他们拥有更多的医疗资源的选择。而对一些无力延医的穷人来说，在没有选择的情况下，西医成为他们活命的唯一选择。

以往研究多认为，底层大众倾向坚守传统医疗，而上层人士则更乐于接受新式医学，但从上述西人的记述来看，底层民众的实际医疗需求是推动近代西医在广州发展与突破的重要因素。因为相比起士绅官商，占社会大多数的底层百姓获取医疗资源的能力有限，使得他们更容易直接接受西医治疗，这也是他们成为医疗传教主要目标的重要原因。许多传教士医生纷纷采取施医赠药的方式与底层民众拉近距离，渐渐越来越多的普罗大众尝试接受西医治疗，进而推动了中国最早一批西式医院在广州的建立，如眼科医局、柔济医院、惠爱医癫院等，它们也成为晚清广州社会医疗服务的重要组成部分。

四 结语

晚清时期，西人对广州社会医疗卫生状况重点关注的领域集中在公共

① Xu Guangqiu, The Impact of Medical Missionaries on Chinese Officials: Dr. Peter Parker and the Canton Hospital, 1835–1855, *The Journal of Presbyterian History*, Vol.97, No.1, 2019, pp.16–28.

② William C. Hunter, *Bits of Old China*, Kegan Paul, Trench & Co., 1885, pp.31–35.

环境卫生、日常各式医疗手段、各类医事人群及其医疗服务等方面。这些记述虽不是面面俱到的全方位观察，但基本勾勒出了晚清广州社会医疗卫生的大体状况，展现出西人对中国社会医疗卫生问题的观察角度和思考方式。从 18 世纪开始，西人以近代西方城市卫生建设的方式为标尺全面衡量广州的公共卫生，包括街道环境、垃圾处理、排水系统、空气质量以及居民住所等，因此对广州环境卫生的印象发生了翻天覆地的转变，从漂亮、干净变为肮脏、嘈杂且恶臭。许多西人更是以此抨击中国人不讲卫生、中国文明落后、政府缺乏卫生管理的理念。除环境卫生外，西人还广泛观察了晚清广州日常医疗的特色，尤其对他们认为的各种非正统医学疗法、治病观念和保健行为着墨最多。这些记载表面看是出于对想象异域的猎奇心理，实质上反映了中西医学观念和文化差异影响下的不同思维方式与行为习惯。西人明显对中西医疗之间的差异性更感兴趣，他们不约而同、或多或少地都采用了比较的视角，对中西医学知识、疗法、医疗服务者和医疗机构进行观察和评价。值得注意的是，他们以域外者的角度揭露了广州不同阶层民众对西医的态度，底层人士由于经济匮乏缺乏择医能力而普遍展现出实用主义态度，这成为推动近代西医在广州不断发展与突破的重要因素。同时，西人夹叙夹议的记述方式保留下了大量晚清广州医疗社会的生动细节，是研究中国民间社会医疗文化的珍贵史料。

英国汉学家雷蒙·道森（Raymond Dawson）曾感慨，西人对中国的认知在不同时期有着翻天覆地的变化，这些变化更多地反映了欧洲知识史的进展①。18、19 世纪是西方医学和公共卫生发展的关键时期，启蒙运动、大革命和工业主义催生了许多新的卫生和医疗的理论与实践，这些改变促使西人对广州社会医疗卫生状况的观察视角建立在代表着“先进性”的近代西方医学知识的基础上。不过由于地方上人们实际文化传统和生活习惯的差异，他们在具体观察的过程中亦留下了不少有关中国传统医疗和卫生行为、观念的记述。从这些描述中，我们已经能够看到传统与近代、中国与西方在医学卫生方面交织所呈现出的复杂性和多元性。总体而言，西人的观察与记述切实保留下了有关晚清广州社会医疗卫生风貌的大量史料，不

① ［英］雷蒙·道森著，常绍民、明毅译：《中国变色龙——对于欧洲中国文明观的分析》，中华书局，2006 年，第 12 页。

仅弥补了相关中文史料的不足，而且让我们看到了有别于中国人自身的来自他者的叙述角度。例如关于日常医疗方式的记载，就极大丰富了我们对晚清中国普通民众的日常医疗生活和城市医疗市场的认识，以及从细菌传播和知识体系角度讨论清洁的卫生观和中西医学等内容。与此同时，我们须认识到这些记述实质上是从西人视角出发、有所选择的记录，所反映的价值观念扎根于西方特定的政治、经济和社会制度，并和西方社会医疗卫生的发展状况息息相关，反映出中西知识观念、社会结构和文化思维之间的交融、碰撞及影响。

作者通信地址：上海市杨浦区邯郸路220号复旦大学，邮编：200433。

责任编辑：黎俊忻

清末广东丝织技术的发展与海外丝织贸易的困境*

易东洋** 余格格***

华南农业大学人文与法学学院，广东广州，510642

摘　要：鸦片战争后，广东丝织业虽然因为技术改良大大提高了生产效率，但在经济收益和社会影响力度上，却远未得到相应的提升。广东生丝与丝织品出口贸易的经济收益不仅远远落后于同时期的上海，甚至没有恢复到五口通商之前的水平。文章在整理清末广东地区丝织品贸易一手数据的基础上，利用南海、番禺等地的桑蚕业调查报告等资料，探讨鸦片战争之后广东丝织技术的改良以及生丝与丝织品出口贸易情况，分析广东丝织业发展所面临的困境。文章认为，蚕桑生产的停滞、粤丝品质缺乏竞争力、社会因素的阻碍及国际市场的竞争，是清末广东丝织业发展徘徊不前的重要原因。

关键词：广东；丝织；技术；贸易

清代广东的对外贸易更胜前代，蔡鸿生、黄启臣、王元林等诸多学者都已对广东的贸易进程及其历史作用进行过细致的阐述，全面系统地

---

* 本文为2023年度广州市哲学社会科学发展“十四五”规划课题“岭南近代社会与文化专题文献搜集与整理——清末广东蚕桑典籍校释与研究”（批准号：2023GZDD04）阶段性成果。

** 易东洋（1999—　），男，汉族，广东茂名人，华南农业大学人文与法学学院在读研究生。

*** 余格格（1988—　），女，汉族，浙江乐清人，华南农业大学人文与法学学院副教授，文学博士，研究方向为文献学、科技史。

论述了广东在中外商贸联系中的地位[①]。鸦片战争之后，广东丝织业在国外市场的刺激下迅速发展。广东南海县及周边区域改良丝织技术并且开始使用近代缫丝机，新技术逐渐推广到整个广东，但丝织贸易市场仍然由上海口岸占据主导地位。20世纪80年代，程耀明通过翔实的数据论述顺德机器缫丝业的产生、发展和影响[②]。黄慰愿从栽桑、养蚕两个技术层面比较，认为1878—1928年之间广东蚕业在扩大经营范围、增大粤丝输出贸易额的同时，农村蚕桑生产技术改进速度迟缓[③]。邱捷则认为广东蚕丝出口主要通过香港中转，并与日本丝形成了激烈的竞争关系，实际上广东蚕丝业被隔离在国际市场之外[④]。刘永连对近代广东对外丝织贸易的曲折历程作了时段划分与特点描述，认为19世纪40年代至70年代广东生丝、丝织品出口处于衰败时期，19世纪70年代缫丝机的应用与推广为广东对外丝织贸易奠定了恢复和发展的基础[⑤]。张茂元和邱泽奇通过对近代机器缫丝业发展相关因素的研究发现，机器缫丝带来的技术红利是突破传统价值理念，影响社会变迁的前提[⑥]。黄启臣则认为清代广东桑基鱼塘的推广、丝织制造业的机械化以及海上丝绸之路的发展，拉动了广东丝织制造业的繁荣[⑦]。基于此，本文拟将重点放在讨论清末丝织技术的改良与丝织贸易之间的关系，即通过具体的生丝、丝织品贸易数据来探究清末丝织技术的改良，包括提花织机的改进、缫丝机的使用是否对生丝、

---

① 黄启臣：《清代前期广东的对外贸易》，《中国经济史研究》1988年第4期；黄启臣：《广东海上丝绸之路史》，广东经济出版社，2003年；蔡鸿生：《广州与海洋文明》，中山大学出版社，1997年；王元林：《内联外接的商贸经济：岭南港口与腹地、海外交通关系研究》，中国社会科学出版社，2012年。

② 程耀明：《清末顺德机器缫丝业的产生、发展及其影响》，广东历史学会编：《明清广东社会经济形态研究》，广东人民出版社，1985年，第237—278页。

③ 黄慰愿：《广东近代蚕业畸形发展的技术考察》，《中国农史》1989年第4期，第85—90页。

④ 邱捷：《近代广东商人与广东的早期现代化》，《广东社会科学》2002年第2期，第80页。

⑤ 刘永连：《近代广东对外丝绸贸易研究》，中华书局，2006年，第51、83页；刘永连：《丝绸外销与广州外贸制度及其演变》，《中国社会经济史研究》2010年第4期，第77—85页。

⑥ 张茂元、邱泽奇：《技术应用为什么失败——以近代长三角和珠三角地区机器缫丝业为例（1860—1936）》，《中国社会科学》2009年第1期，第116—132页；张茂元、邱泽奇：《近代乡绅技术观转型的社会经济基础——以近代珠三角机器缫丝技术应用为例》，《开放时代》2016年第5期，第144—155页。

⑦ 黄启臣：《明清时期广东丝织制造业的发展》，《岭南文史》2017年第2期，第1—8页。

丝织品出口贸易的增长起到了正向影响。

一 清末广东丝织技术的改良

乾隆二十二年（1757）清政府颁布了一口通商谕旨："嗣后口岸定于广东，不得再赴浙省。此于粤民生计，并赣、韶等关均有裨益，而浙省海防亦得肃清。"[①]自此开始至鸦片战争的这段时期，清政府与欧洲国家，尤其是英国、荷兰等国的贸易集中于唯一口岸——广州，广州口岸垄断了全部的对外贸易，其中以生丝及丝织品等出口为大宗。在乾隆二十四年（1759）两广总督李侍尧奏书中可窥其概况："惟外洋各国夷船，到粤贩运出口货物，均以丝货为重，每年贩买湖丝并绸缎等货，自二十万余斤至三十二三万斤不等。统计所买丝货，一岁之中，价值七八十万两，或百余万两；至少之年，亦买价至三十余万两之多。其货均系江、浙等省商民贩运来粤，卖与各行商转售外夷，载运回国。"[②]当时外商在广州采购的生丝以江浙产的湖丝为主，粤丝则占比较少。19世纪中期，珠三角地区的生丝出口量剧增，从事蚕桑业的农民日益增多，甚至多次掀起"弃田筑塘，废稻栽桑"的热潮。据《[嘉庆]龙山乡志》记载："乡田原倍于塘，近以田入歉薄，皆弃田筑塘，故村田不及百顷……塘基上则种桑，下则种芋，计其所入，鱼桑为重。"[③]南海县、顺德县等重要蚕桑产地逐渐变成"稻为民生日用，尚多仰于外来"的局面[④]。道光二十二年（1842）五口通商以后，广州出口湖丝已不再具有优势，但随着国际市场对生丝和丝织品的需求增加，广东本地丝业有了进一步的发展，重点体现在其丝织技术的改良上。

---

① 《高宗纯皇帝实录》卷五百五十，《清实录》第15册，中华书局，1986年，第1024页。

② （清）李侍尧：《奏请将本年洋商已买丝货准其出口折》，《史料旬刊》1930年第5期，第158页。

③ （清）温汝能纂修：《[嘉庆]龙山乡志》卷四《舆地略》，陈建华、曹淳亮主编：《广州大典》第220册，广州出版社，2015年，第536页。

④ （清）朱次琦等修，（清）冯栻宗等纂：《九江儒林乡志》卷三《舆地略》，陈建华、曹淳亮主编：《广州大典》第219册，广州出版社，2015年，第444页。

（一）提花织机的改进

道光二十四年（1844），南海西樵儒林村程家将“标梭平纹织机”改进为“12片综小提花机”和“啤架机”，开始生产有提花图案的丝织品，一改此前广东地区织机只能织造平纹织品的局面，是近代广东丝织技术的第一次改良。文献虽未明确“12片综小提花机”与“啤架机”具体是哪一式织机，但其原理当与多综多蹑提花机相似，即增加综蹑数量，织造复杂的花纹①。多综多蹑提花机构造简单、造价低。若从清末广东农村家庭经济的角度而言，广东的农业商品化是一条小生产者道路，即从面向国内市场的多种经营结构逐渐演变成以出口为导向的单一蚕丝业经济。农民在土地租佃和蚕桑市场交易上有较大的自由，农民家庭是生产的主要单位，是为了生计而生产的②。将上述两种提花机归为多综多蹑式提花机，更符合当时家庭手工业的实际情况。

清末，南海程家又发明了“扯花机”，用以织造较为复杂的图案。关于“扯花机”，《广东省志·纺织工业志》提到：“每部织机需两个人操作，一人在下边织，一人在花楼上执衢扯花。”③这显然是束综提花机的范式，即一人在机前控制地综和投梭打纬，另外一人在机顶处专司提花。值得注意的是，束综式提花机早在秦汉时期就已出现，唐以后开始普及④。成书于光绪二十四年（1898）的《蚕桑萃编》⑤一书记载了各种束综提花机，如花机、巴缎机，可见，用束综进行提花的织造技术一直到近代仍在变革。清末广东出现的“扯花机”，既是粤人对束综式提花机的改进，亦是近代广东丝织技术的第二次大改良，从而使得提花图案更丰富多样、精美细腻。

南海程家两次丝织技术的改良，丰富了南海地区的丝织品种类。乾隆

---

① 周启澄、赵丰、包铭新主编：《中国纺织通史》，东华大学出版社，2017年，第313页。

② 参见［美］苏耀昌：《华南丝区：地方历史的变迁与世界体系理论》，中州古籍出版社，1987年，第128—129页。

③ 广东省地方史志编纂委员会编：《广东省志·纺织工业志》，广东人民出版社，2002年，第89页。

④ 周启澄、赵丰、包铭新主编：《中国纺织通史》，东华大学出版社，2017年，第314页。

⑤ （清）卫杰：《蚕桑萃编》卷七、卷十，清光绪二十五年（1899）刻本。

年间《南海县志》记载："布品有丝、有葛、有象眼、有麻经、有丝緶、有兼丝、有棉、有斜纹，多蕉、多苧、多青麻、多络麻、多吉贝、多木棉。"①道光年间《南海县志》亦有记载，县内"布品"有丝、土丝、绉纱、葛、象眼布、麻经、丝緶、兼丝、绵布、斜纹布、蕉布、苧布、青麻、络麻、鱼池布、吉贝、木棉②。相较于乾隆年间，道光年间南海地区的丝织品新出现了绉纱，但仍以麻为主。值得注意的是，该处将丝与土丝分而述之，大抵可以推断此处所论之丝当为机丝。宣统年间的《南海县志》则记载："广东织业则织绸缎、云纱、花绉、素绉、竹纱、牛郎纱、机纱、花绸、天鹅绒、官纱等，其机房工人约十余万计，但本地织造多用土丝，车丝则全运出洋。"③素绉、机纱、官纱、花绸等丝织品种类的增多，开始代替麻、葛等成为南海县主要的纺织物。与此同时，丝织品的生产随着技术改良而进一步分化，地域特色更为突出，如"南海民乐程家织纱，潘家织罗，葆美织绫，云滘、莘涌织绸，华夏、塱心织绉纱，吉赞织孟买绸等"④，丝织品的生产呈现专门化的趋势。

（二）缫丝机的投入使用

同治十二年（1873），华侨陈启沅在家乡南海西樵简村斥资创办丝厂。该厂是广东近代第一家机器缫丝厂，取名继昌隆缫丝厂。继昌隆缫丝厂之所以选址南海西樵，一则因为该地与三水、顺德等桑蚕主要产区相邻，可以更为便利地获取蚕茧原料；再则因为陈启沅在西樵当地具有较高的声望，他"尤喜施予办善举，解囊资助略无吝色，有关于振兴实业、地方公益者，靡不极意提倡，力任其难"，不仅主动承担社会事务以加强与地方社会的联系，还出资兴建学堂、祠堂，在南海官山普济善堂"捐金甚

---

① （清）魏绾修，（清）陈张翼纂：《[乾隆]南海县志》卷十二《风俗志》，陈建华、曹淳亮主编：《广州大典》第273册，广州出版社，2015年，第266页。

② （清）潘尚楫等修，（清）邓士宪等纂：《[道光]南海县志》卷八《舆地略》，陈建华、曹淳亮主编：《广州大典》第274册，广州出版社，2015年，第198页。

③ （清）郑荣、张凤喈等修：《[宣统]南海县志》卷四《舆地略》，陈建华、曹淳亮主编：《广州大典》第275册，广州出版社，2015年，第748页。

④ 广东省地方史志编纂委员会编：《广东省志·丝绸志》，广东人民出版社，2004年，第95页。

巨”①。继昌隆雇佣的工人也多来自本村，故而村民的反对较少，减少了来自传统缫丝业的阻力。与传统缫丝相比，机器缫丝优势颇多。陈启沅认为缫丝之器所出之丝有四胜：一是丝胶不变，丝色佳；二是可以使丝尽量粗细如一；三是得以筷子挑净丝皮；四是效率高，旧法开解丝，每名工人只能管十条，新法所缫之丝，效率较旧法六倍有余，甚至多达十倍②。陈启沅开机器缫丝之风，随后附近竞相效仿。光绪七年（1881），广州、顺德、南海地区的机器缫丝厂已发展到10家，有丝釜2400位，生丝产量近50吨。③彼时南海各乡已有数家缫丝厂，“嗣吉水乡续增两间，简村乡续增四间，大桐乡续增两间，南畔乡续增一间，附近二三十里间，约有机器十座”④。又有南海江浦乡一地，“共有机器一十一座，应用四千四百余工”⑤。据《南海县蚕业调查报告》统计，光绪年间南海的丝厂增至35家，兹将信息胪列如下：

表1　光绪年间南海县属丝厂⑥

地名	石湾	上圆	藜冲	湾头	石头	大同	理教	苏滘	上其	吉水	官山
商号	广纯 华纶 安记	锦纶章 均和兴	广同泰	广纯昌	新普利 同安	义和昌 纬记	和栈	和记	锦泰长	广和生 莘纶	纶昌
地名	溶洲	陈坑	水边	奇槎	沙头	贺丰	吉利	吴村	河滘	简村	斗头
商号	北栈 亨栈 广纯亨	广盛	悦荣	妙栈	裕鸿祥 均栈	广信经	同和兴 安和兴	恒和昌 继纯昌	庆丰成	世昌纶 利贞	绍经和 蕴成章

① （清）郑蓁、张凤喈等修：《［宣统］南海县志》卷二十一《陈启沅传》，陈建华、曹淳亮主编：《广州大典》第276册，广州出版社，2015年，第201页。

② （清）陈启沅：《蚕桑谱·论缫丝法》，陈建华、曹淳亮主编：《广州大典》第361册，广州出版社，2015，第629页。

③ 广东省地方史志编纂委员会编：《广东省志·纺织工业志》，广东人民出版社，2002年，第67页。

④ （清）沈云龙、（清）徐赓陛：《不慊斋漫存》卷六《学堂乡滋事情形第一禀》，清光绪刻本，第21叶。

⑤ （清）沈云龙、（清）徐赓陛：《不慊斋漫存》卷六《办理学堂乡情形第二禀》，清光绪刻本，第26叶。

⑥ （清）姚绍：《南海县蚕业调查报告》，陈建华、曹淳亮主编：《广州大典》第361册，广州出版社，2015，第700—701页。

南海县丝厂分布广泛，35个缫丝厂分布在县内22个乡镇。大多是一乡一厂，石湾、溶洲等乡镇，则建有3处丝厂。丝厂规模也较光绪时更大，机器缫丝刚起步时，每间丝厂可容纳数十到四五百人不等，到宣统年间，“大厂有用八九百工人者，大率以四五百人为多”①。

顺德县的缫丝厂受南海县新技术的影响，逐步发展并后来居上。顺德机器缫丝最早于同治十三年（1874）在龙山开办，随后扩大到大良、容奇、桂洲等处②。在顺德掀起兴办丝厂的热潮之时，缫丝厂特地从南海九江、大同招聘女工教习本地丝厂女工。“光绪初，大良北关创建怡和昌汽机缫丝厂，有女工五六百人，由九江、大同招女工教习，特其时未盛耳。”③机器缫丝的操作方法在顺德传播开来，顺德逐渐超越南海，丝厂数量冠绝广东。据光绪年间《南海县蚕业调查报告》记载：“从前丝厂顺德为多，南海次之，新会亦有约近百家，近数年日益增多。”④至1923年，丝价未跌落之时，顺德约有缫丝厂200家左右，即使受到市场震荡的影响，丝厂数量也有124家左右，分布在37个乡镇⑤。

上海的机器缫丝厂比广东更早兴起。早在1861年，英商怡和洋行在上海开设了中国第一家近代机器缫丝厂。到19世纪末，上海迎来了缫丝厂的开办热潮。1896年，上海的“丝厂骤增至二十九家之多”，其中既“有为中国人新设者”，亦有“与外国行家合开者”⑥。据1897年《时务报》报道：“上海缫丝厂，亦颇顺手，其已开工各厂，约二十五家，新开苏杭各口岸，尚有在造未开工各厂数家。”⑦从第一家缫丝厂成立到那时已有三十五六年，上海的丝厂总数大约为30家，与光绪年间广东南海县的丝厂数量相近。由此可见清末缫丝机在广东南海推广与使用情况。

---

① （清）姚绍：《南海县蚕业调查报告》，陈建华、曹淳亮主编：《广州大典》第361册，广州出版社，2015，第700页。

② 彭泽益：《中国近代手工业史资料：1840—1949》第二卷，中华书局，1957年，第51—52页。

③ 周之贞、冯葆熙修，周朝槐等纂：《[民国]顺德县续志》卷一《舆地略》，陈建华、曹淳亮主编：《广州大典》第284册，广州出版社，2015年，第36页。

④ （清）姚绍：《南海县蚕业调查报告》，陈建华主编：《广州大典》第361册，广州出版社，2015年，第700页。

⑤ 李威士：《广东缫丝厂调查》，《农事月刊》1927年第5卷第4期，第44—53页。

⑥ 张坤德：《论上海缫丝厂》，《时务报》1897年第27期，第14页。

⑦ 张坤德：《中国纺织缫丝情形》，《时务报》1897年第32期，第19页。

二 丝织品出口贸易

鸦片战争之后，中国的对外贸易中心逐步从广州转移到了上海。这对广东地区的经济产生了显著影响，尤其是丝织贸易。在道光十七年（1837），通过广州口岸的出口总值达到了1850余万元。其中，生丝的贸易额为815余万元，丝织品为303余万元[①]。到了道光二十六年（1846），尽管出口总值增加到2300余万元，但生丝的贸易额下降到102余万元，丝织品包括绸缎、丝线、丝带，出口价值1353640元，比1837年下降了1677565元，表明了丝织品贸易的变化趋势。

表2 1846年广州出口货物量[②]

货名	数量（担）	价值（银元）
桂皮	24783	250161
生丝	2750	1024990[③]
粗丝、乱丝头	4084	387560
绸缎	153846	1243056
丝线、丝带	20140（斤）	110584
红糖	283311	1444482
冰糖	38584	306742
茶叶	468365	17199374
其他	—	1235544
总计	—	23198493

其间，1844年南海程家对丝织机的改进被称为近代广东丝织技术的第一次改良。技术的进步往往带来经济效益的正向增长，但是在1846年的生丝出口价值上并未呈现这样的趋势。实际上，表2有关生丝的数据是合乎

---

① ［美］马士著，张汇文等译：《中华帝国对外关系史》第一卷，商务印书馆，1963年，第410—411页。

② 资料来源为姚贤镐：《中国近代对外贸易史资料：1840—1895》第1册，中华书局，1962年，第553页。

③ 前引《中华帝国对外关系史》第一卷中，生丝价值为1412550元，是将生丝与粗丝、乱丝头合并统计。

情理的。1830—1837年广州的生丝出口量有一个递增趋势，从1830—1833年的年均5434包，至1834—1837年上升至年均12487包。但随着鸦片战争的爆发，1838—1842年生丝的年平均出口量降到了3190包①，而1846年的生丝出口量与此相差不大。

1846年广州绸缎的出口数量过于庞大而令人生疑。1848年，一位西方观察人员报道："丰收时，顺德地区年产生丝大约为四十万磅；但歉收时，年产仅五万磅。"②按照丰收年的数据计算，那么1848年顺德年产生丝约为3000担③。又据《[民国]顺德县续志》记载："计土丝一项，全省每年所出约值四千万，吾邑占四分之三。"④顺德土丝产值约占全省的四分之三，由此大致推算可知，顺德县的生丝产量大抵占广东生丝总产量的75%左右，以1848年顺德年产生丝3000担计算，广东地区当年产丝约4000担。若以粤海关报告中生丝与丝织品的出口量之比估算丝织品的出口数量，丝织品的出口量在多数情况下是要比生丝出口量少的。这里不妨将丝织品出口量也当作4000担，但这个数字还是远低于表2统计的153846担。

我们亦可以通过蚕茧量来推算1846年生丝产量。尽管同时期广东的蚕茧产量不见记载，但我们可以将时间延后30年，以1880年广东蚕茧产量进行计算。这一时期广东蚕桑生产和贸易趋于平稳。1880年广东蚕茧产量约为576100担⑤，如果用8单位蚕茧等于1单位生丝的比例来计算生丝产量⑥，那么1880年广东生丝产量为72012.5担。就算将同治、光绪年间新一轮"栽桑养蚕"高潮所产生的生丝总产量全部投入丝织品的生产，也无法

---

① [美]马士著，张汇文等译：《中华帝国对外关系史》第一卷，商务印书馆，1963年，第413页。

② [美]孙任以都著，娄尔品译，张仲礼校：《清代的蚕丝和丝织生产》，《上海经济研究》1981年第9期，第45页。

③ 据马士的《东印度公司对华贸易编年史（1635—1843）》中《原序》里所编制的《各种单位说明》，1担≈133.33磅。参[美]马士著，区宗华译：《东印度公司对华贸易编年史（1635—1843）》，中山大学出版社，1991年。

④ 周之贞、冯葆熙修，周朝槐等纂：《[民国]顺德县续志》卷一《舆地略》，陈建华、曹淳亮主编：《广州大典》第284册，广州出版社，2015年，第36页。

⑤ [美]李明珠著，徐秀丽译：《近代中国蚕丝业及外销：1842—1937年》，上海社会科学院出版社，1996年，第114页。

⑥ [美]李明珠著，徐秀丽译：《近代中国蚕丝业及外销：1842—1937年》，上海社会科学院出版社，1996年，第28页。

达到1846年广州领事贸易统计的绸缎出口数字。先不论五口通商之后，广州生丝、丝织品出口的份额被上海抢去大半，即使是在19世纪70年代这一丝织品出口贸易的恢复期也远达不到15万担的出口量。据此，我们认为1846年广州绸缎出口的统计数据不正确。结合该时期的贸易背景，丝织物的出口应该要比表中的数字小得多，抑或单位写错，应为匹或斤。

若以丝织贸易出口数量相较，1846年的广州丝织贸易相较一口通商时期并无明显的升幅（见表3）。进入19世纪以后，广州丝织贸易的买方市场主要控制在英美两国手中，尽管法国、荷兰等国商人也有购买记录，但是数额很少。1830—1833年，美英两国共计进口42148担生丝、1076266匹丝织品，年均进口14049担生丝、358755匹丝织品。这一时段广州年均生丝出口数额远超鸦片战争后的数量，至于丝织品出口数额，我们上文也推断1846年丝织品出口的数量过大而不符合实际情况，极有可能是153846匹或153846斤。这里就有两种情况：若1846年的绸缎单位是匹，那明显地可以看出1830—1833年的丝织品年均出口数额更大；若1846年绸缎的单位是斤，据乾嘉年间江南运至新疆的丝织物每匹最重者达42两，最轻者5.5两[①]，1830—1833年美英两国平均进口丝织品358755匹，取其最轻者计算匹重是123322斤，则1830—1833年的丝织品年均出口数额与1846年绸缎出口额也仅差30524斤，也就是305担左右[②]。

表3 1820—1833年广州生丝及丝织品出口数量统计[③]

年代	英国		美国		其他	
	生丝（担）	丝织品（匹）	生丝（担）	丝织品（匹）	生丝（担）	丝织品（匹）
1820—1824	21641	159708	165	1583196	—	—
1825—1829	26973	276985	1747	22475011	130	750
1830—1833	31690	263733	10458	812533	—	27350

① 范金民：《衣被天下：明清江南丝绸史研究》，江苏人民出版社，2016年，第402页。

② 据马士的《东印度公司对华贸易编年史（1635—1843）》中《原序》里所编制的《各种单位说明》，1担=100斤=1600两。参［美］马士著，区宗华译：《东印度公司对华贸易编年史（1635—1843）》，中山大学出版社，1991年。

③ 资料来源为张晓宁：《天子南库：清前期广州制度下的中西贸易》，江西高校出版社，1999年，第139—140页。

若是以贸易总值相较，1846年则更显颓势（见表4）。1817—1833年间的四个时间段里，绸缎出口总值经历了波峰式的变化。1820—1824年绸缎总值高达12204298元，1825—1829年也有近千万的货值，1830—1833年迅速跌落到5934189元。但是这17年的年均总值为1917375元，仍比1846年绸缎货值的1243056元要多54%。

表4　1817—1833年广东生丝与丝织贸易出口值统计[①]

（单位：银元）

年代	生丝		绸缎	
	货值	占比	货值	占比
1817—1819	3150415	5.77%	4635029	8.49%
1820—1824	7491649	7.69%	12204298	12.53%
1825—1829	9426589	9.90%	9821866	10.32%
1830—1833	9618056	16.53%	5934189	8.35%

考虑到新技术的传播需要时间，我们将目光聚焦19世纪50、60年代，将当时正在经历太平天国动乱的江南地区与广州口岸的丝织品出口进行对比。表5是1859—1865年广州和上海口岸的丝织品贸易出口表。1859年，上海出口生丝和经丝达6万余担，丝匹头及绸缎上半年为1161包，下半年为2074包，全年共出口3235包，约合2864担。1860年仅上半年，上海出口生丝和经丝达2万余担，几乎是广州全年的四倍。然而丝匹头及绸缎出口数额不到千担，较上年明显下降。1864年，上海口岸输出匹头及绸缎2578担，直接出口国外的丝匹头及绸缎2担，输出至国内口岸的丝匹头及绸缎有2576担，其中汉口832担，天津711担[②]，同年广州口岸输出的丝匹头及绸缎比上海多了1500余担。1865年上海的丝织品贸易状况迎来好转，出口至国外的丝匹头及绸缎数量为70担，输出至国内口岸的丝匹头及绸缎3498担，丝匹头及绸缎贸易额度又多于广州口岸，重新占据中国丝织品出

① 资料来源为黄启臣：《清代前期广东的对外贸易》，《中国经济史研究》1988年第4期。

② 中国第二历史档案馆、中国海关总署办公厅汇编：《中国旧海关史料：1859—1949》第1册，京华出版社，2001年，第538、549页。

口贸易数量的榜首[①]。

表5 1859—1865年广州和上海口岸丝织品贸易类别明细[②]

（单位：担）

类别	1859		1860		1861	
	广州	上海[③]	广州	上海[④]	广州	上海
生丝和经丝	—	60522	5704	22254+	3222	—
野蚕丝	—	—	4528	—	4617	—
丝匹头及绸缎	—	2864	3334	930+	2348	—
丝带和腰带	777	31	150	—	288	—
丝棉混纺织物	130	71	543	—	200	—
类别	1862		1863		1864	
	广州	上海	广州	上海	广州	上海[⑤]
生丝和经丝	6091	—	5684	—	2859	22305
野蚕丝	5206	—	3912	—	3401	—
丝匹头及绸缎	3537	—	4369	—	4149	2578
丝带和腰带	400	—	442	—	793	2
丝棉混纺织物	197	—	142	—	128	105
类别	1865					
	广州	上海				
生丝和经丝	8778	33083				
野蚕丝	5043	—				
丝匹头及绸缎	3363	3568				

① 中国第二历史档案馆、中国海关总署办公厅汇编：《中国旧海关史料：1859—1949》第2册，京华出版社，2001年，第79、99、133、142页。

② 资料来源为中国第二历史档案馆、中国海关总署办公厅汇编：《中国旧海关史料：1859—1949》，京华出版社，2001年，第1册第9、23、29、51、57、495、538、549、572、573、778页；第2册，第79、88、133、142、322、323页。

③ 原表的统计单位为包，生丝和经丝75652包，丝匹头及绸缎3580包。

④ 此列数字仅是1860年上半年的统计数字。

⑤ 1864年和1865年仅统计土货出口至国外和中国其他港口的数额，不包括复出口货物的数额。

出现上述情况的主要原因在于苏州、杭州、南京这江南三大丝绸织造中心经历了两大打击：一是宫廷对华贵丝绸需求量的缩减[①]；二是太平天国起义，清军和太平军的相互攻伐导致大量的桑树被砍掉，蚕丝产量也因此缩减。这一时期江南丝织业的衰落主要表现在织机的减少和织工的逃离。由于当地织机数量减少，加之当地人不敢穿高档丝织物，原本用于织造丝织品的生丝转而供应国内其他口岸和国外地区。

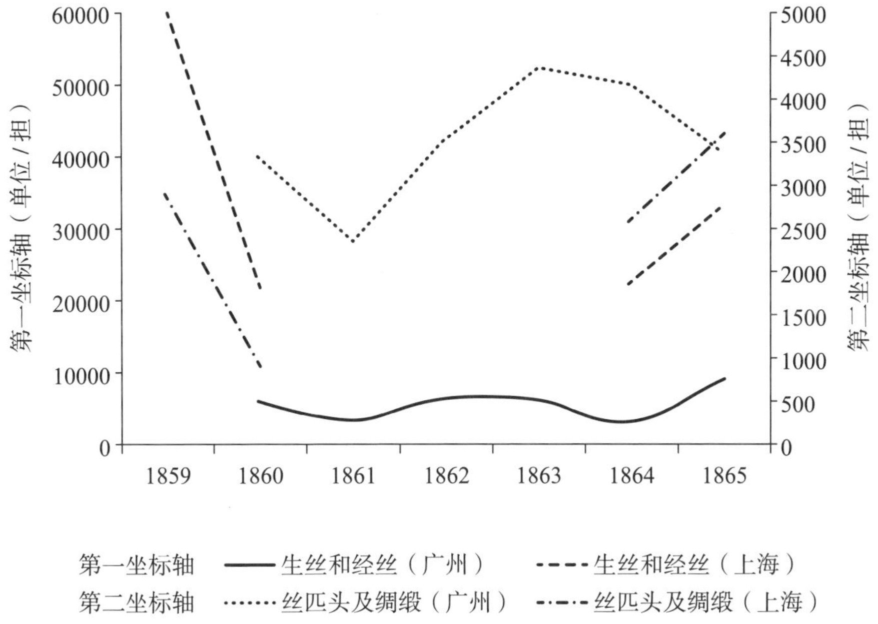

图1　1859—1865年广州和上海口岸丝织出口曲线图[②]

1863—1864年是清军和太平军最后决战的两年，长江以北口岸的丝织贸易都出现明显的下滑。因为江南流域蚕桑业的破坏，影响了国内丝织业的正常发展与丝织品的流通，在19世纪60年代的前几年，丝织贸易都不大景气。1865年，清朝平定叛乱后，丝织品出口逐渐恢复。这一时期影响上海口岸丝织品出口贸易的主要是国内的政治形势。不断变动的政治环境使得原材料供应来源无法保证，本地织造业遭到严重破坏，上海丝织品出

① ［美］李明珠著，徐秀丽译：《近代中国蚕丝业及外销：1842—1937年》，上海社会科学院出版社，1996年，第130页。

② 根据表5绘制。

口贸易陷入窘境。后来形势好转，上海所代表的江南丝织品重新成为外商的首要采购目标，此时已经是广东丝织业技术改良十数年之后，但是丝织业发展并未有多大起色，丝织品的出口量反而大不如前。

19世纪末是中国丝织技术走向完善的时期，但广东丝织品出口贸易却面临着更多的阻碍，尤其是外部竞争的影响。广州为国外市场生产的丝织品，主要包括刺绣品、茧绸、柞丝绸。柞丝绸出口贸易因日本同类产品的竞争遭受挫折，日本货虽然不及广州货耐用，但其制作更精细、式样更美观[①]。光绪二十五年（1899），广东出口土货共估价银2390万两，绸绉占10%[②]，即239万两左右，而当年中国出口的丝织品总额为1000余万两[③]，广东丝织品出口额仅占二成左右。光绪二十七年（1901），"乱丝头及各绸缎出口较胜于近三年内，若远较从前，尚未逮也"[④]。清末广东丝织品出口较以往并未有太大改观，丝织品技术改良也没有如愿成为粤省贸易出口的一大助力。

三 生丝出口贸易

第二次鸦片战争后，广东生丝出口较往年有大幅增长。特别是对比1840年前后，1838—1844年，广东生丝出口年均2527包，约2021.6担[⑤]，19世纪60年代粤丝的出口显露出复苏迹象。表6记载了广东1861年至1872年之间的生丝出口情况。1861年广东的生丝及经丝出口为3222担，60年代末攀升至12795担，几乎增长了3倍。至1872年，即陈启沅引进缫丝机前一年，生丝出口达18319担。

---

① 广州市地方志编纂委员会办公室、广州海关志编纂委员会编：《近代广州口岸经济社会概况——粤海关报告汇集》，暨南大学出版社，1995年，第863页。

② 广州市地方志编纂委员会办公室、广州海关志编纂委员会编：《近代广州口岸经济社会概况——粤海关报告汇集》，暨南大学出版社，1995年，第386页。

③ Liang—lin Hsiao，*China's Foreign Trade Statistics*，*1864—1949*，Cambridge，Mass.，and London：Harvard University Press，1974，p.113.

④ 广州市地方志编纂委员会办公室、广州海关志编纂委员会编：《近代广州口岸经济社会概况——粤海关报告汇集》，暨南大学出版社，1995年，第403页。

⑤ ［美］马士著，张汇文等译：《中华帝国对外关系史》第一卷，商务印书馆，1963年，第413页。

表6 1861—1872年广东丝织贸易出口量[①]

（单位：担）

年份	生丝和经丝	野蚕丝	丝匹头	丝带和丝腰带	丝棉混纺织物	总和
1861	3222	4617	2348	288	200	10675
1862	6091	5206	3537	400	197	15431
1863	5684	3912	4369	442	142	14549
1864	2859	3401	4149	793	128	11330
1865	8778	5043	3363	777	130	18091
1866	9258	5686	3997	624	140	19705
1867	9272	5343	4592	702	199	20108
1868	11683	6536	4111	652	240	23222
1869	12795	4654	4105	1015	271	22840
1870	15535	3022	—	930	307	19794
1871	16772	3175	—	1102	320	21369
1872	18319	1157	—	1047	465	20988

当时的粤海关副税务司博郎在给北京海关总税务司罗伯特·赫德的报告中曾描述，广东近年来养蚕产丝发展迅速，从本省西部到西北部一带农村，远至安南和南部海岸地区，桑树种植量不断增加[②]。新一轮“植桑养蚕”的热潮从侧面反映了粤丝出口的复苏，但是纵观表6，19世纪60年代广州口岸出口生丝和经丝最多的年份是1869年，出口量为12795担，这个数额显然未达60年代上海口岸的生丝最小出口量。这一时期上海出口的生

① 资料来源为广州市地方志编纂委员会办公室、广州海关志编纂委员会编：《近代广州口岸经济社会概况——粤海关报告汇集》，暨南大学出版社，1995年，第25、61、74—75页。中国第二历史档案馆、中国海关总署办公厅汇编：《中国旧海关史料：1859—1949》第2册，京华出版社，2001年，第322、323页。

② 广州市地方志编纂委员会办公室、广州海关志编纂委员会编：《近代广州口岸经济社会概况——粤海关报告汇集》，暨南大学出版社，1995年，第75页。

丝数量远超广州，即使在上海生丝出口量最小的1864年，比广州口岸当年的2859担仍高出将近7倍。上海1859年出口生丝75652包（约60522担），1860年上半年出口约为22254担，1864年出口22305担，1865年出口33083担[①]。一直以来，广东生产的生丝在质量上难以与江南一带相提并论，但由于这一时期欧洲蚕病流行导致生丝产量下降，欧美国家对中国丝的需求有所增加，广东通过扩大蚕桑养殖以满足增长的国外市场需求，正是这一时期广东生丝出口复苏的契机和原因。

19世纪70年代陈启沅在广东南海开设缫丝厂，缫丝机在广东逐渐被推广，这是否能推动粤丝重新占领中国生丝市场的绝对份额呢？今将19世纪70年代广东生丝出口的数据胪列如下：

表7 1870—1879年广东生丝出口量[②]

（单位：担）

年份	生丝和经丝	废丝	野蚕丝	蚕茧
1870	15535	2859	3022	1727
1871	16771	4740	3175	1930
1872	18313	3590	1157	2145
1873	13725	5515	7286	2236
1874	12933	4304	6389	781
1875	18418	4104	5515	981
1876	17036	—	—	—
1877	14609	—	—	—
1878	—	—	—	—
1879	16232	—	—	—

① 详见表5。

② 资料来源为广州市地方志编纂委员会办公室、广州海关志编纂委员会编：《近代广州口岸经济社会概况——粤海关报告汇集》，暨南大学出版社，1995年，第128、189、248页。

据表7可见，在整个19世纪70年代，广东生丝出口量始终在两万担以下，在1874年更是低至12933担。1876年生丝贸易值仅为本口岸贸易额的1/5，而1877年更是少于1/7①。虽然机缫丝（厂丝）已经开始生产，但是市面上充斥着价高质劣的土丝。海关税务司康发达（F. Kleinwachter）直言："未来生丝贸易主要依赖上海丝的质量，在国内市场，北方产各类生丝时价直接向广东丝挑战。目前我们的生产者似乎倾向于宁愿放弃贸易而不愿为缫制更好、更便宜的生丝做更大的努力。"②由此可见，陈氏在南海简村建立缫丝厂后的数年，缫丝技术虽然以较快的速度传播到顺德等处，但新技术的运用仍然处于起步阶段。当时，技术革新并未深入，工厂规模小，机缫丝份额少，广州口岸出口贸易主要由质量不一的土丝牢牢占据。加之上海生丝与广州生丝处于竞争关系，前者更符合欧洲制造业的需求且价格便宜，这一情形直接制约了广东生丝的贸易增长。广东的缫丝业在这十年内并未发挥出自身的产品优势，对外的生丝贸易不温不火。

19世纪80年代，机缫丝（厂丝）开始出现在出口缫丝统计类别上（见表8），1882—1883年出口了1254担机缫丝，占比13%。此后，机缫丝出口的比例逐年提升。"本地织造多用土丝，车丝则全运出洋。"③1889—1890年机缫丝出口突破1万担，1895—1896年后突破2万担，并在1900年前后增长到3万担。机缫丝出口份额也从13%增长到90%以上，显而易见，机缫丝在广东缫丝出口结构中的地位越来越重要。反观土丝，1882年出口数为万担以上，到了20世纪初就只剩下一成不到的数量，这也说明蚕桑业生产的蚕茧多用于缫丝厂制造机缫丝，农民自缫的土丝逐渐被排挤。

① 广州市地方志编纂委员会办公室、广州海关志编纂委员会编：《近代广州口岸经济社会概况——粤海关报告汇集》，暨南大学出版社，1995年，第189页。

② 广州市地方志编纂委员会办公室、广州海关志编纂委员会编：《近代广州口岸经济社会概况——粤海关报告汇集》，暨南大学出版社，1995年，第95页。

③ （清）姚绍：《南海县蚕业调查报告》，陈建华、曹淳亮主编：《广州大典》第361册，广州出版社，2015年，第700页。

表8 1881—1901年广州缫丝出口量结构①

（单位：担）

时间	土制丝	机缫丝	总计	机缫丝占比
1881—1882	11526	—	11526	—
1882—1883	8302	1254	9556	13%
1883—1884	8978	2857	11835	24%
1884—1885	3116	3437	6553	52%
1885—1886	2567	4457	7024	63%
1886—1887	8462	7158	15620	46%
1887—1888	4207	8720	12927	67%
1888—1889	1760	5123	6883	74%
1889—1890	4928	10219	15147	67%
1890—1891	3278	10317	13595	76%
1891—1892	4659	12146	16805	72%
1892—1893	4171	18687	22858	82%
1893—1894	1951	16438	18389	89%
1894—1895	2159	18179	20338	89%
1895—1896	2474	20629	23103	89%
1896—1897	2411	22210	24621	90%
1897—1898	1933	22727	24660	92%
1898—1899	2655	34055	36710	93%
1899—1900	2375	34612	36987	94%
1900—1901	1037	31038	32075	97%

将机缫丝与生丝出口总量进行比对，有利于更清楚地了解19世纪最后20年间广东机缫丝的出口情况（见表9）。

① 资料来源为广州市地方志编纂委员会办公室、广州海关志编纂委员会编：《近代广州口岸经济社会概况——粤海关报告汇集》，暨南大学出版社，1995年，第862、915页。

表 9　1882—1901 年广东机缫丝与生丝出口总量[①]

（单位：担）

时间	机缫丝出口量	生丝出口总量	机缫丝占比
1882	—	27627	—
1883	1254	33658	4%
1884	2857	22392	13%
1885	3437	21203	16%
1886	4457	36384	12%
1887	7158	38624	19%
1888	8720	31457	28%
1889	5123	39152	13%
1890	10219	37386	27%
1891	10317	39950	26%
1892	12146	36641	33%
1893	18687	38758	48%
1894	16438	39606	42%
1895	18179	44527	41%
1896	20629	42014	49%
1897	22210	46471	48%
1898	22727	43338	52%
1899	34055	40336	84%
1900	34612	34138	100%
1901	31038	46303	67%
均值	14961	36998	38%

注：生丝出口一项包括细生丝、丝线、粗生丝、蚕茧、废丝五种产品。

1883年机缫丝仅占生丝出口总量的4%，1893年攀升十倍有余，此后，机缫丝常年在出口总量中占比四成以上。机缫丝在与土丝的竞争中占据上风，从1885年开始（1887年除外），机缫丝就在出口缫丝中占据一半以上

① 资料来源为广州市地方志编纂委员会办公室、广州海关志编纂委员会编：《近代广州口岸经济社会概况——粤海关报告汇集》，暨南大学出版社，1995年，第862—863、914—915页。

的份额（见表8），但是出口生丝不仅包括土制丝、机缫丝，还包括了蚕茧、废丝等产品，所以缫丝在生丝出口总量中的占比并没有这么高。以表8、表9中的1885年的出口情况为例，当年机缫丝在缫丝出口中占比52%，但在同年生丝出口总量中仅占比16%。即便是机缫丝在缫丝出口中占比97%的1901年，在同年的生丝出口总量中只是占比67%，但是同1885年相比较，1901年机缫丝出口占比有大幅提高。值得注意的是1899年和1900年这两年的数据，机缫丝占比高达84%甚至100%，这显然是不合理的。据《粤海关报告汇集》记载，1899年与1900年的废丝出口分别为2672担和4774担，但1898年之前的废丝出口量都在万担以上[①]。据《粤海关报告》称："废丝的出口贸易，自然随着生丝贸易的增长而增长。"[②]细生丝的出口变化趋势差不多是一致的，细生丝和丝线的出口增多，废丝的出口也呈正向增加，1899年和1900年的废丝出口的骤减显然与实际情形不符。根据光绪二十六年（1900）粤海关报告记载："乱丝头一项亦出口货之大宗。除去破茧不计外，今年运往欧美两洲者，连由民船出口合计，仅得22179担，去年则有36971担。"[③]若是将乱丝头这项也计上，机缫丝的占比将会更低。

值得注意的是，清末广东生丝出口急转直下。将生丝出口与全国生丝出口情况进行比对（表10）可知，1882—1898年广东生丝出口量仍能占全国生丝出口总量的20%以上，1883年粤丝出口量甚至可以占到35%。但是进入20世纪后，粤丝出口量常年徘徊在3万—4万担，始终无法突破5万担的瓶颈，出口量占比也在20%以下。1895—1911年，中日甲午战争与清末新政曾经两次推动民间办厂热潮[④]。1894—1910年广东丝厂从75家增至109家。1894年上海丝厂12家，1896年增至29家，丝车也由4076部增至7986部；1909年上海丝厂数量达43家，丝车12050部。苏州、镇江、无锡等地都有

---

① 广州市地方志编纂委员会办公室、广州海关志编纂委员会编：《近代广州口岸经济社会概况——粤海关报告汇集》，暨南大学出版社，1995年，第914页。

② 广州市地方志编纂委员会办公室、广州海关志编纂委员会编：《近代广州口岸经济社会概况——粤海关报告汇集》，暨南大学出版社，1995年，第915页。

③ 广州市地方志编纂委员会办公室、广州海关志编纂委员会编：《近代广州口岸经济社会概况——粤海关报告汇集》，暨南大学出版社，1995年，第396页。

④ 肖爱丽、杨小明：《上海近代缫丝业兴衰研究》，《科学技术哲学研究》2011年第5期，第91页。

丝厂开办[1]。全国生丝出口稳步上升，三十年间翻了三倍有余，粤丝出口量增长速度却远低于全国，这与清末广东开办缫丝厂的热潮不符。

表 10　清末三十年广东生丝与全国生丝出口数据[2]

（单位：担）

时间	广东生丝出口量	全国生丝出口量	广东生丝出口量占比
1882	27627	97000	28%
1883	33658	96000	35%
1884	22392	105000	21%
1885	21203	90000	24%
1886	36384	133000	27%
1887	38624	149000	26%
1888	31457	139000	23%
1889	39152	166000	24%
1890	37386	146000	26%
1891	39950	173000	23%
1892	36641	164000	22%
1893	38758	161000	24%
1894	39606	176000	23%
1895	44527	191000	23%
1896	42014	151000	28%
1897	46471	195000	24%
1898	43338	199000	22%
1899	40336	261000	15%
1900	34138	176000	19%
1901	46303	216000	21%
1902	34400	218000	16%

① 徐新吾主编:《中国近代缫丝工业史》,科学出版社,2018年,第463—474页。

② 资料来源为广州市地方志编纂委员会办公室、广州海关志编纂委员会编:《近代广州口岸经济社会概况——粤海关报告汇集》,暨南大学出版社,1995年,第478、488、501、533页。Liang lin Hsiao, *Chinas Foreign Trade Statistics*, *1864—1949*, Cambridge, Mass., and London: Harvard University Press, 1974, pp.109—110.

续表

时间	广东生丝出口量	全国生丝出口量	广东生丝出口量占比
1903	35200	211000	17%
1904	33200	218000	15%
1905	32000	228000	14%
1906	30400	213000	14%
1907	43200	260000	17%
1908	27200	255000	11%
1909	36313	250000	15%
1910	44638	306000	15%
1911	36428	307000	12%

注：全国生丝包括白、黄、野土丝，白、黄、野机缫丝，白、黄经丝，蚕茧，废丝。

四 广东丝织业的发展困境

广东丝织出口贸易从19世纪中期开始就陷入停滞，需要注意的是，并不是贸易额一成不变，而是在与中国上海、日本的竞争中落于下风。广东丝织业的衰落是多种因素综合作用的结果，蚕桑生产技术停滞不前、粤丝质量不佳、社会因素的阻碍以及国际市场的激烈竞争等使广东丝织行业举步维艰。

（一）蚕桑生产技术停滞不前

清末蚕桑生产技术停滞不前，是缫丝技术和丝织业徘徊往复的根本所在。据明末清初屈大均《广东新语·八蚕》所述："广蚕岁七熟，闰则八熟。广自三月至九月，月一熟蚕，以三十二日为度……茧既成，时当正月，是曰大蚕。大蚕一岁一熟……其二蚕、三蚕曰小蚕，亦曰连蚕，言相连不绝，月月熟也。"[①]清初广东的蚕种有大蚕和连蚕两种，粤蚕一年有七造，甚至在闰年有八造。到了陈启沅生活的年代，蚕种仍然沿用清初的大蚕和连蚕，"广东之蚕亦有二种：一名大造，又名大蚕；一名轮月，又曰连蚕。

① （清）屈大均：《广东新语》卷二十四《虫语·八蚕》，中华书局，1985年，第587页。

大蚕内仍分三种：一曰光身，曰明印，曰大花尾。连蚕则无大花尾，实两种耳。”[①]蚕种造数与清初并无差异，“每年除练种外，仍分六造。四月中旬为头造，相隔三十三日有为二造。计至九月尾，而六造全矣。十月间，有用火房而养者，曰寒造。此等饲之者，十不一二，即桑亦无多，连练种通计每年共得八造。”[②]具体而言，大造种一年一造，连蚕种一年六造，大造者蚕性贪凉，故只有头造可养，第二造以后俱育轮月种，一年造数总共八造。稍有不同的是，《蚕桑谱》将练种也归为一造，第七造寒造仅有一二成的蚕农会经营，此时天气已经变得寒冷，桑叶不多，养蚕的人就已经很少了[③]。由此可见，明末清初到清末二百多年间，广东所养的蚕种并无多大变化，只是养育蚕种的过程更加精细[④]。

鸦片战争后，生丝大量出口，农户通过扩大蚕桑养殖范围以适应日益增长的需求量。清代光绪年间广东地区的桑叶产量，据陈启沅《蚕桑谱·栽种桑宜忌篇》言，如果种植得当，一亩地每造收得六担有余，年中共可得桑三十担[⑤]。其后出版的《粤中蚕桑刍言》提到一亩地每造可得生桑600斤[⑥]。又有光绪年间《南海县蚕业调查报告》对桑树得叶数的记载：“桑得叶之多寡，视土地之肥瘠，人工之勤惰为比例，折中之数头造四五百斤，二造七八百斤，三造七八百斤，四造四五百斤，五造四五百斤，六造三四百斤。综一岁每亩所得桑叶约三千四百斤。”[⑦]一年6造，平均每造每亩得桑叶567斤。由此得见，清代光绪年间每造每亩桑叶产量大抵稳定在6担，

① （清）陈启沅：《蚕桑谱·论练种法》，陈建华、曹淳亮主编：《广州大典》第361册，广州出版社，2015年，第620页。

② （清）陈启沅：《蚕桑谱·蚕桑总论》，陈建华、曹淳亮主编：《广州大典》第361册，广州出版社，2015年，第619页。

③ 刘伯渊：《广东省蚕业调查报告书》，广东省地方农林试验场，1922年，第33—34页。

④ 黄世瑞：《〈粤中蚕桑刍言〉与珠江三角洲“桑基鱼塘”》，《中国科技史料》1990年第2期，第84页。

⑤ （清）陈启沅：《蚕桑谱·栽种桑宜忌篇》，陈建华、曹淳亮主编：《广州大典》第361册，广州出版社，2015年，第635页。

⑥ （清）卢燮宸：《粤中蚕桑刍言》，陈建华、曹淳亮主编：《广州大典》第361册，广州出版社，2015年，第643页。

⑦ （清）姚绍：《南海县蚕业调查报告》，陈建华、曹淳亮主编：《广州大典》第361册，广州出版社，2015年，第699页。

即600斤左右。回顾清前期《广东新语》所载广东桑叶的产量："桑叶一月一摘，摘已复生，计地一亩，月可得叶五百斤。"[①]一般而言，桑叶一年可采6造，清前期采摘桑叶可得3000斤，与《蚕桑谱》《南海县蚕业调查报告》所述总量相差不大[②]。大抵可见，清末桑叶亩产量与清初基本持平，只能通过桑基鱼塘面积的扩大来提高产量。1762年至1866年，珠江三角洲区域出现了两次"弃田筑塘、废稻树桑"的高潮。到19世纪末仅顺德县开挖的基塘就有10万多亩，桑地面积达到30万亩以上[③]。桑基鱼塘面积扩大到新会、高明、鹤山、三水等县，而南海、顺德、香山等县部分地区已经成为有桑塘无稻田的地区。[④]

蚕桑经济活动虽然频繁，但并未催生出新的饲养技术，蚕桑病害依旧困扰着农民。害桑之虫有黄虫、毛虫、桑牛。蚕病也有六种：一病僵，二病肿，三病头黑，四病肚白，五病口软，六病头大尾尖[⑤]。对此，农民并没有很好的应对措施，只能多加留意蚕桑情况，尽量规避病害，"捕治之法，于初起时勤为巡察，见即用手捻死，勿使蔓延"[⑥]。民国初年，脓病、空头性软化病和微粒子病等病害依旧使农户受损严重。

（二）粤丝品质不佳

1873年，陈启沅在南海县创办继昌隆缫丝厂，将蒸汽缫丝的生产方式引入中国。机器缫丝的方式显著提高了粤丝的生产质量，产出的丝粗细均匀，弹性良好，更重要的是，在规格上与国际接轨，为外商所接受。机缫丝价格比土丝高50%，当时出口土丝每担只值400两毫银，而洋庄丝却为

① （清）屈大均：《广东新语》卷二十四《虫语·八蚕》，中华书局，1985年，第587页。

② 另有《粤东饲八蚕法》载："一亩之地，约植桑四千株，每造可摘五百斤，以六造计，则岁摘叶三千斤。"

③ 区湛泉：《珠江三角洲"桑基、鱼塘"的由来》，《广东蚕业通讯》1981年第3期，第47页。

④ 佛山地区革命委员会编：《珠江三角洲农业志·初稿4·珠江三角洲蚕桑业发展史》，1976年，第57页。

⑤ （清）姚绍：《南海县蚕业调查报告》，陈建华、曹淳亮主编：《广州大典》第361册，广州出版社，2015年，第700页。

⑥ 《广州番禺县吕大令调查境内蚕业报告》，《农学报》1904年第244期，第2页。

600两毫银[①]。丝从茧出，必好茧乃得好丝[②]。但是，机缫丝的质量优良并不是因为蚕茧的质量有本质上的提高，而是因为通过从更多的蚕茧中挑选优质的蚕丝来实现。机器缫丝“每斤丝约用干茧四斤十余两，次则五斤八两。如茧身薄者，用至五斤十余两亦有之。从前未有机器缫丝，只用手緪，其丝略粗，不过供土人纺织之用”。[③]机缫丝车每釜位日产量一般为5—6两（约200克）。手緪的丝一般品质较差，手緪丝车台日产量一般为8—12两（250—375克），每斤丝用干茧4斤左右[④]。

随着机器缫丝在广东落地生根，废丝的出口也越来越多。1870—1875年，机缫丝出口的记录尚未见于粤海关报告中，加之陈氏于1873年始建缫丝厂，所以当时出口的生丝皆为土制丝，年均出口15949担生丝和4185担废丝（见表8），生丝与废丝出口量之比为3.8∶1。19世纪90年代后，机缫丝出口达万担以上，成为出口生丝的主要品种，特别是1894年以后，机缫丝占比九成以上（见表8）。1894—1901年，年均出口27110担生丝和11801担废丝，生丝与废丝之比为2.3∶1，意为生产2.3担生丝就会产生1担废丝。缫丝机的推广确实提高了生产效率，但是废丝也随之增多，机缫丝成品率仍然有待提高。

表11　1891—1901年广东土制丝和机缫丝、废丝的出口数据[⑤]

（单位：担）

年份	土制丝和机缫丝	废丝
1891	13595	16100
1892	16805	13309

① 佛山地区革命委员会编：《珠江三角洲农业志·初稿4·珠江三角洲蚕桑业发展史》，1976年，第30页。

② 周之贞、冯葆熙修，周朝槐等纂：《[民国]顺德县续志》卷一《舆地略》，陈建华、曹淳亮主编：《广州大典》第284册，广州出版社，2015年，第36页。

③ 周之贞、冯葆熙修，周朝槐等纂：《[民国]顺德县续志》卷一《舆地略》，陈建华、曹淳亮主编：《广州大典》第284册，广州出版社，2015年，第36页。

④ 广东省地方史志编纂委员会编：《广东省志·纺织工业志》，广东人民出版社，2002年，第72页。

⑤ 资料来源为广州市地方志编纂委员会办公室、广州海关志编纂委员会编：《近代广州口岸经济社会概况——粤海关报告汇集》，暨南大学出版社，1995年，第862—863、914—915页。

续表

年份	土制丝和机缫丝	废丝
1893	22858	16032
1894	18389	17553
1895	20338	18127
1896	23103	17683
1897	24621	14823
1898	24660	9330
1899	36710	2672
1900	36987	4774
1901	32075	9447

粤丝的质量不佳引起了洋商的抱怨，他们要求粤省行业人员迅速变革技术，调整管理方法。“据贩丝出口各商报称，前三造丝，欧美两洲织造商人均谓丝质不佳，以致贸易不能发达。其缺陷之由，系纺丝等事未能合法之故，若非从速整顿，则此项出口大宗之货，他日定必异常减色。况日本丝厂、上海丝厂所出之丝，有加无已，颇足与粤丝争衡。本处业丝工艺，又因水土不佳，以致近年丝造愈久愈坏，似有江河日下之势。”①因为纺丝没有统一的标准，加之广东气候潮湿，丝容易变质，粤丝出口已现衰落端倪。洋商还点明了目前缫丝存在的具体问题：“选茧不加慎，女工缫丝不如法，监工人不认真，与夫丝结未经检验遽尔扎叠，凡此数端，实为现时腐败情形之尤。”②如果各丝厂认真整顿，管理得法，则一切缺点都可以消除。“若种桑养蚕缫茧等事，均仍拘守旧法，而丝厂中之机器，亦系旧式，其可异者，所出之丝，亦颇好耳。若出丝之家，愿自整顿，以求进步，则下劣之丝，自必少出。”③对比日本在丝织业改革中所做的努力，中国的丝

① 广州市地方志编纂委员会办公室、广州海关志编纂委员会编：《近代广州口岸经济社会概况——粤海关报告汇集》，暨南大学出版社，1995年，第488页。

② 广州市地方志编纂委员会办公室、广州海关志编纂委员会编：《近代广州口岸经济社会概况——粤海关报告汇集》，暨南大学出版社，1995年，第488页。

③ 广州市地方志编纂委员会办公室、广州海关志编纂委员会编：《近代广州口岸经济社会概况——粤海关报告汇集》，暨南大学出版社，1995年，第502页。

织业改革既没有形成行业意识，也没有相应的改革机构，即使行会想要改变，但蚕桑养殖的分散性，使任何调整都寸步难行，所以只能继续拖下去[①]。

（三）社会因素的阻碍

广东蚕桑业的商业化是一条农业商品化的小生产者路线，农民家庭的蚕丝生产几乎不存在强制性的经济劳动[②]。从种桑、养蚕到缫丝、纺织，即使有专业化分工，过程都控制在农民手中。这个生产过程是连贯的，农民从收茧、缫丝到卖出丝织品，多加工一步都意味着获得更多的报酬。1840年桑蚕茧产量96万关担，农民以平均每担单价10.48关两制成土丝，本地销售单价为157.24关两，出口单价为224.63关两，均值190.94关两[③]。根据前述的成品率约为25%，4担成本是42关两，土丝销售价格为157关两，利润相当可观。迨19世纪70年代中叶以后，广东地区出现了近代蒸汽缫丝工厂和缫丝手工工场，这些工厂和工场直接从市场吸收了大批蚕茧，蚕茧商品化的程度不断提高，由此扩大了市场的商品交易量，促使农村自然经济分解[④]。缫丝机的使用，实际上将农民的生产活动限制在种桑养蚕，降低了农户的生产利润。而缫丝厂收购原茧、出口缫丝，将蚕茧生产与缫丝生产紧密结合，直接影响了土丝的内销供应，特别是在蚕茧歉收年代，严重影响了绸缎织造业的生计[⑤]。这也是南海县丝手工业者捣毁继昌隆缫丝厂和裕昌厚缫丝厂的根本原因。正如南海知县所言："一工之作，可抵十工之用。统计江浦一带，共有机器一十一座，应用四千四百余工，以一敌十较之，实夺四万四千余人之生业。"[⑥]机器始终要比人力更有效率，缫丝厂无法雇佣这么多失业的人，当地丝织业手工工人得不到原料，这就引发

---

① [美]西·甫·里默著，卿汝楫译：《中国对外贸易》，三联书店，1958年，第103—105页。

② 参见[美]苏耀昌：《华南丝区：地方历史的变迁与世界体系理论》，中州古籍出版社，1987年，第128—129页。

③ 徐新吾主编：《中国近代缫丝工业史》，科学出版社，2018年，第50—52页。

④ 徐新吾主编：《中国近代缫丝工业史》，科学出版社，2018年，第49页。

⑤ 徐新吾主编：《中国近代缫丝工业史》，科学出版社，2018年，第89页。

⑥ （清）沈云龙、（清）徐赓陛：《不慊斋漫存》卷六《办理学堂乡情形第二禀》，清光绪刻本，第26叶。

了新旧生产方式的冲突。机器缫丝的成败关键不在于社会文化是否构成阻碍，甚至不在于技术是否先进，而在于是否惠及相关的利益群体①。旧的生产方式受到冲击，依赖旧方式谋生的农户和丝织工人无所得，就引发社会矛盾。

南海县是广东最早创办机器缫丝厂的地区，后来逐渐被邻县顺德县超越，这与南海缫丝厂发展过程中面临的手工业缫丝者的反对及政府的压迫有极大的关系。1881年，南海县属“江浦、九江、西樵一带，机工不下万余人，又与省城、佛山、顺德、三水等处机匠，联为一行……以失其生业为名，纠众滋闹”②。在面对这种新工艺、新技术带来的暴力冲突时，地方官员采取的则是圆滑的处理办法：“匪徒借端搜抢，固属罪不容诛；而市侩专利病民，亦属情难曲恕……不可庇奸民而纵其横暴，亦不能袒富民而任其垄登。”③他们一面缉拿主谋，并晓谕机工若仍聚众闹事，按军法从事，又勒令丝偈签署永不开业的承诺书。南海官员对丝偈的处置表面上是“重民生”的做法，将禁止机器生产的举措上升到家国本源的程度：“我国家民为邦本，非同外裔上下争利之邦。”④实际上是从伦理上否定了民族资本家开办近代工厂的合法性，凡是攘利而失数万家贫户之生计的，都是与中国传统观念相抵触的，是与洋人更贴合的。广东初期建立的蒸汽缫丝厂严格说还不是近代大机器工业，只是介乎手工工场与大机器工业中间的过渡形态，是鉴于当时资金与技术条件不足的情况下而施行的变通办法⑤。无论如何，缫丝厂采用新式机器对那些首先成为机器竞争对象的工人产生了灾难性的影响⑥，利益受损者就会群起而攻之。清政府本就对办厂持抵制态度，

---

① 张茂元、邱泽奇：《技术应用为什么失败——以近代长三角和珠三角地区机器缫丝业为例（1860—1936）》，《中国社会科学》2009年第1期。

② （清）沈云龙、（清）徐赓陛：《不慊斋漫存》卷六《学堂乡滋事情形第一禀》，清光绪刻本，第22叶。

③ （清）沈云龙、（清）徐赓陛：《不慊斋漫存》卷六《禁止丝揭晓谕机工示》，清光绪刻本，第17叶。

④ （清）沈云龙、（清）徐赓陛：《不慊斋漫存》卷六《办理学堂乡情形第二禀》，清光绪刻本，第26叶。

⑤ 徐新吾、韦特孚：《中日两国缫丝手工业资本主义萌芽比较研究》，《历史研究》1983年第6期，第144页。

⑥ ［德］卡尔·马克思：《资本论》第一卷，人民出版社，2004年，第514页。

事态严重后，颁布“民间不许办厂”的法令条文，成为官府钳制民族资本主义发展的枷锁。

其他诸如“男女混杂，易生瓜李之嫌”[①]“高烟囱有伤风水”[②]的说法，则体现了当时民众的观念。据《捷报》记载：“机器动力代替手工操作，使人在幻想中觉得恶果很多，这是主要的反对理由。……第二个理由是因为男女在同一厂房里作工，有伤风化……又说高烟囱有伤风水。”[③]“有伤风化”四字成为分隔男女、阻碍社会分工的制高点，这种观念甚至在民国时期也一直存续[④]。风水观念是在中华文明数千年的传承中，形成的一套关乎山川大势、城镇聚落的完整理论，是指导民间宅居墓葬、吉凶休咎的准则。在地方社会，不少士绅精通风水知识，利用风水观念掌控地方话语权。风水观念深刻影响了明清广东地方社会的经济、文化。风化问题与风水观念是传统势力从意识形态上阻碍新技术传播的重要手段。

（四）国际市场的竞争

中国的生丝出口价格当时直接受国际市场影响。中国生产者只是根据口岸丝价的涨落生产、建厂，但是丝价具有空间差异性和时间滞后性，表现出浓厚的国际性和殖民地色彩[⑤]。国际市场对生丝需求旺盛，中国生丝价格很快就会上涨，一旦国际市场饱和或缩小，中国生丝便会出现滞销，价格猛跌。丝价的涨跌直接影响丝厂的兴衰，广东的丝厂置地造厂、购买设备本已花去大半资本，厂中没有储蓄之款以备缓急，经受不住挫折。“数月以来，丝价大跌，各处缫丝机厂纷纷倒闭歇停等情已登前报，惟丝厂一家动辄女工五六百口，厂既停歇，则女工无可谋食者实繁，故缫丝之工亦因大减，从前每一女工日中可得工值银一钱左右者，日来已减至七分

---

① （清）沈云龙、（清）徐赓陛：《不慊斋漫存》卷六《办理学堂乡情形第二禀》，清光绪刻本，第26叶。

② 《广州通讯》，《捷报》1874年6月13日，孙毓堂编、中国科学院经济研究所编辑：《中国近代工业史资料：第一辑1840—1895年》，科学出版社，1957年，第959页。

③ 《广州通讯》，《捷报》1874年6月13日，孙毓堂编、中国科学院经济研究所编辑：《中国近代工业史资料：第一辑1840—1895年》，科学出版社，1957年，第959页。

④ 邓元杰：《民国时期的一桩有伤风化案》，《四川档案》2015年第5期，第49—50页。

⑤ 刘永连：《近代广东对外丝绸贸易研究》，中华书局，2006年，327—329页。

矣。”[①]丝厂的倒闭更是影响了民生，丝厂招收工人多在四五百人，清末民初仅顺德一处就有丝厂一百间之多，如此便是数万人的生计都会受到影响。自1880年起，日本生丝开始在国际上竞销。日本注意到欧美市场注重生丝品质、要求规格统一，便努力实现标准化和机械化[②]。1909年，日本出口美国的生丝达83720公担，超越中国的77870公担[③]。日本替代中国，成为东方生丝的出口大国，从此，华丝被迫转向法国、印度等次级市场[④]。日本丝织业的改革推进，为其积累了早期资本，日本的经济和工业发展很大程度上依赖于丝织业的发展[⑤]。

结　语

清末广东丝织技术的改良并没有为生丝和丝织品贸易带来意想中的高出口量和高收益，反而由上海取代广州成为中国生丝及丝织品出口的中心。究其根本，广东蚕桑生产技术在长时间都维持原状，“一丝牵三业，命运共相连”[⑥]，蚕丝品质的不佳直接影响了缫丝业、丝织业的发展。陈启沅在《蚕桑谱》中更是直言：“吾粤土丝之美不及湖丝，栽桑饲蚕之法亦不若湖之周且备。近则详求博考，略得其法矣，而出丝终逊于湖者。”[⑦]除此之外，广东缫丝技术的改进成果并没有直接运用在丝织业上。机器缫丝的优良丝首先以初级农产品的方式被大规模出口，本土丝织业所用的生丝仍然是低劣的七里丝。种桑养蚕是丝织业的基础，缫丝业是丝织业的前提，清末广东丝织业面临的蚕桑养殖技术的停滞以及本土丝织业采用蚕丝的品

---

① 《广东缫丝减值》,《商务报》1900年第12期。

② ［美］L.M.李著，屠旻清译：《近代中国蚕丝业的出口贸易》,《上海经济研究》1982年第11期，第49页。

③ 《中蚕通讯》,1947年第1卷第3、4期合刊，第27页。

④ 陈万明、王希贤：《中国近代生丝出口贸易兴衰探略》,《南京农业大学学报》1986年第2期，第121页。

⑤ ［日］内田金生「戦前期日本の生糸国内市場——生糸国内消費量の推計及び長期需給の考察」,『経営史学』第29巻4号，1994年。

⑥ 广东省地方史志编纂委员会编：《广东省志·丝绸志》,广东人民出版社，2004年，第397页。

⑦ （清）陈启沅：《蚕桑谱·蚕桑谱序》,陈建华、曹淳亮主编：《广州大典》第361册，广州出版社，2015年，第613页。

质不佳是其长时间徘徊不前的重要病因。此外，新旧生产方式带来的冲击、来自官府的压迫、社会观念的阻碍以及国外贸易市场的激烈竞争都是清末广东丝织业难以发展的重要原因。

作者通信地址：广东省广州市天河区华南农业大学人文与法学学院，邮编：510642。

责任编辑：赵新良

民国时期粤籍赴法留学潮成因考述*

沈绍芸**

广东外语外贸大学，广东省广州市，510420

摘　要：民国时期，在中国学生赴法国求学的留学热潮中，无论是前期的勤工俭学运动，还是中后期的里昂中法大学项目，粤籍学生群体都有着较高的人数占比。钩沉粤籍学子赴法留学潮的形成原因，可将其总结为两个“传统”和一个“机遇”，即民国时期普遍存在的留学意识与“亲法”传统、广东地区所特有的海洋文化底色与对外商贸传统、当地机构共同努力所创造的留学机遇。

关键词：民国时期；粤籍学生；赴法留学

广东省有着悠久的对外商贸历史，是中国较早接触西方文化的区域之一。在鸦片战争之后，随着洋务运动的开展与新式办学的推广及影响，在广东省的新知识阶层中逐渐形成了向西方学习救国强国之道的留学趋势。民国时期，赴法留学逐渐取代赴日、赴美留学，形成引人注目的留学热潮。这批奔赴异国求学的青年人，归国后对广东本省，乃至中国的革命运动、文化艺术、科技发展等方面，都产生了重要的影响，如革命烈士熊锐、中国近代建筑先驱林克明、组织运输抗战物资的工程师陆振轩、女性教育专家林宝权、法语专家李慰慈、翻译家麦德智等。

国内外有关中国近现代留学教育方面的研究成果较为丰富，但针对粤

* 本文为2023年广州市哲学社会科学发展“十四五”规划广州大典研究课题“民国时期粤籍赴法留学知识分子研究”（批准号:2023GZDD08）阶段性成果。

** 沈绍芸（1988—　），女，汉族，广东外语外贸大学法语系讲师，法语语言文学博士。

籍留法群体的研究仍待补充完善。有少数研究者关注到了勤工俭学运动中的粤籍学生情况，如黎显衡 1985 年发表于《广州文博》的论文《广东青年留法勤工俭学运动初探》，对华法教育会广东分会的活动进行了分析，并重点阐述了粤籍留法学生在法国参与的三次大规模的革命斗争运动[①]。维拉尔·佛劳伦（Villard Florent）在《守住中国性，走向现代化》（2014）中，提到了勤工俭学运动中的粤籍学生群体在法国的语言适应问题[②]。其他有关粤籍留法群体的史料与研究论文，散见于广东省政协文史资料研究委员会所编的《广东文史资料》及其他综合性史料汇编。国外的研究成果普遍将中国留法学生作为整体研究对象，很少论及区域性留学群体，偏重文化层面的讨论，强调法国乃至西方文化对留学群体产生的积极影响。现有的针对留学群体的专题研究成果多围绕勤工俭学运动在法国的发展情况展开讨论，如王枫初（Nora Wang）《移民与政治：中国留法勤工俭学生（1919—1925）》（2003）、白而曼（Geneviève Barman）《法国的中国勤工俭学生，1920—1940 年》（1981）等。现有成果为进一步研究民国时期粤籍留法学生的情况提供了史料基础，开阔了研究视域。

宏观来看，在 1912 年至 1921 年间进行的留法勤工俭学运动中，粤籍的勤工生和俭学生总人数达到了 251 人，居全国第三位，其中，俭学生的人数遥遥领先，占全国俭学生人数的 49.1%[③]。在 1921 年至 1946 年间赴里昂中法大学求学项目中，粤籍留学生总人数为 165 人，居全国第一，占里昂中法大学学生人数的34.88%[④]。为何广东赴法求学群体有如此高的人数占比？原因应从民国时期广东地区普遍存在的留学认知与新出现的留学机遇中寻找。

---

① 黎显衡：《广东青年留法勤工俭学运动初探》，《广州文博》1985 年第 1、2 期合刊，第 30—37 页。

② Villard Florent, *Devenir moderne, rester Chinois: Pratiques discursives autour de l'Institut franco-chinois de Lyon (1921-1946),* Transtext (e) s Transcultures 跨文本跨文化［En ligne］, 9 | 2014, mis en ligne le 13 novembre 2015.

③ 郭丽娜、别致、孙凤辑注：《法国外交部档案馆藏 1919—1922 年留法勤工俭学文献》，学苑出版社，2020 年，第 121—193 页。

④ 蓝澍德、黄峪：《里昂中法大学与中山大学的历史渊源》，《中山大学学报（社会科学版）》2020 年第 6 期。

一 留学意识与中国“亲法”传统

从晚清到民国，中国知识分子对西方的认知在一系列剧烈的社会动荡中迅速蜕变。他们从学习西方的科学技术，逐步发展至引进西方的商业、银行、工业模式，乃至开始思考国家制度形式。由此，西方的文明形态、社会运行规则，成为了当时中国新知识阶层学习与效仿的对象。

粤籍留学生的涌现，首先与当时主流的留洋风气密切相关。早在五四运动爆发之前，中国的新知识阶层中就已有一部分人表现出对西方文化的认可与推崇。究其源头，这种“向西方学习”的趋势，自鸦片战争之后便已初露端倪。面对战败及赔款割地所带来的严重的民族危机，以林则徐、魏源为代表的开明志士成为睁眼看世界的先锋，开创了近代中国向西方学习的新风。在洋务运动的数十年间，留学成为精英阶层中盛行的潮流。其中，广东的赴法留学潮伴随着中国新知识阶层中普遍存在的亲法意识而展开。

其次，法国能从一众留学目的国中脱颖而出，还与新文化运动领袖陈独秀对法国大革命思想的大力宣传息息相关。1920年12月，陈独秀应时任广东省省长陈炯明之邀，前来广州就任广东省教育委员会委员长，并指导广东建党工作。广东学子对法国的了解与向往，与陈独秀的大力推动不无关联。早在日本留学期间，陈独秀已系统学习了以法国文化为代表的西方资产阶级民主学说，卢梭的《社会契约论》、孟德斯鸠的《论法的精神》、青年会编译的《法兰西革命史》等著作对其影响颇深。在他所创办的《新青年》[①]中，陈独秀致力于宣传法兰西民族的民主与科学思想，推动中国知识分子的自我思想革新，宣传“自由、平等、人权”等法国大革命思想和启蒙主义思想。在《法兰西人与近世文明》一文中，陈独秀热情讴歌法国文明。他认为，由法兰西人率先发起的欧罗巴文明，是“最足以变古之道”的近代文明，能“使人心社会划然一新”。最有特色的三大学说分别是：拉法耶特（Lafayette）起草的《人权宣言》，拉马尔克（Lamarck）率先提出的进化论，拉萨尔（Lassalle）和卡尔·马克思（Karl Marx）在巴贝夫（Babeuf）、圣西门（Saint-Simon）和傅里叶（Fonrier）理论基础上发展而

① 《新青年》原名为《青年杂志》，从第二卷第一号起改名为《新青年》。

来的社会主义[1]。此外，《新青年》还摘录刊登了《现代文明史》《妇人观》《法兰西人之特性》《欧洲七女杰》等多篇论述法国文明的文章。《新青年》杂志的广泛传播，使得陈独秀的文章深入人心，“法兰西”一词，在众多新兴学子的认知中，成为“自由”与“民主”的代名词。尤其是在教育界，法国教育思想和教育模式的广泛传播，为中国近代教育制度的建立打下了基础。

再次，在以李石曾、蔡元培等为代表的勤工俭学运动倡导者们的推崇下，赴法求学成为当时诸多学子的理想之选。时任广东工艺局局长兼增埗工业学校校长黄强[2]，曾于1913年赴法国巴黎农业学校求学，回国后积极推动粤籍青年学生赴法留学。他诚邀李石曾等人到粤大力宣传勤工俭学，扩大了李石曾等人在粤籍青年学子中的影响力。勤工俭学的主张，最初来自李石曾招募乡人为自己在巴黎开设的豆腐厂做工的成功经验。在“一战华工”赴法之前，李石曾便已招募过乡人赴法做工，并在工人闲暇时教他们文化知识。对于出国务工的人来说，他们也自觉“出洋比在国内为强”[3]。赴法务工，不仅可以解决自己的温饱，甚至能够存下钱来补贴家用，同时还因为要与外国人频繁接触，能学得一些外语。这种种优势，足以保证他们能够光荣体面地返回家乡。“李之乡人多质朴者，工作一二年均能稍事储蓄，渐具常识，举动文明，不复如初出国时之动辄惹人注目矣。普通者虽不能执笔为横行文字，然应对已不复有羞涩态度。以此等‘乡下老’之程度，置之欧洲一二年，其成绩就便如此可观，则易之以青年学子，又奚不可？恐所得之效果，且百倍此焉。”[4]再加上第一次世界大战期间，法国青壮年男子死伤过半，劳动力不足，法国政府曾在中国招收大批劳工。所以运动倡导者们确信，即使不在李石曾的豆腐厂务工，学生们也能够在法国找到一份足以补给开销的工作。“华工教育”具有可行性，“勤工”与“俭学”更可相互助益，到法国留学益处多多。

---

① 陈独秀：《法兰西人与近世文明》，《青年杂志》1915年第1卷第1号。

② 黄强（1887—1974），字莫京，广东龙川人，国民党高级将领、抗日名将。

③ 周恩来：《留法勤工俭学生之大波澜》，清华大学中共党史教研组编：《赴法勤工俭学运动史料》第1册，北京出版社，1979年，第4页。

④ 周恩来：《留法勤工俭学生之大波澜》，清华大学中共党史教研组编：《赴法勤工俭学运动史料》第1册，北京出版社，1979年，第4页。

为开展留法勤工俭学运动，李石曾、蔡元培等人奔走中法两国，先后建立了三个官方组织，分别是1912年在北京成立的留法俭学会、1916年在巴黎成立的华法教育会、1917年在北京成立的中国华法教育会。蔡元培在留法俭学会预备学校的开学演讲中，列举了留学法国的诸多好处：其一，倡导者们对法国的教育情况较为熟悉，知道法国教育体系里哪些方面适合中国学生；其二，法国学术氛围自由，没有“绅民阶级政府万能、宗教万能”的森严等级观点；其三，法国除巴黎外，求学费用低廉；其四，法国科技领先，“吾国学者，颇有研究之耐心，而特鲜明之锐气，尤不可不以法人之所长补之”[①]。

受当时全国性的浓郁的“亲法”与劝学氛围的影响，很多中国学子坚信，勤工俭学就是出身不高却志存高远的爱国青年们的最佳选择。勤工俭学生肖子暲对勤工俭学的盛况记述道：“一九一九年初，李石曾氏复赴法，三月中即有勤工俭学生九十余人由沪启程放洋赴法。……自此以后以至一九二〇年底止几乎每月都有人到，每到必以百计（有两次超过二百以上），法国方面招待机关，几乎忙个要死，诚可谓空前之盛举了。”[②]

二 海洋文化与对外商贸传统

如果说“亲法”传统是全国性的留洋倾向的表现，是在官方推动与鼓励下所形成的话，那么对于有着悠久外贸历史的广东来说，相较于其他省份的学子，粤籍学子赴法留学潮的形成更建立在商贸个体之间的互动经验上。

首先，以开放、包容、坚韧、大胆为特征的海洋文化，是大多数粤籍青年敢于走出国门、探索未知的精神底色。广东位于沿海地区，自古便有对外通商贸易往来的传统。从海洋文化萌芽的百越时期，到成为海洋文化

---

① 蔡元培：《蔡元培、李石曾、吴玉章在北京留法俭学会预备学校开学典礼上的讲话——蔡元培讲话》，清华大学中共党史教研组编：《赴法勤工俭学运动史料》第1册，北京出版社，1979年，第176页。

② 肖子暲：《遣回勤工俭学生之真相》，清华大学中共党史教研组编：《赴法勤工俭学运动史料》第1册，北京出版社，1979年，第129页。

大省的古代时期，直至东西学互鉴的近代时期，广东在国际商贸活动和文化交流中始终扮演着不可替代的角色。作为中国海上丝绸之路的发祥地之一，广州乃至整个广东的发展历史，就是一部浓缩的海洋史。清乾隆二十二年（1757）十一月，清政府宣布封闭闽、浙、江三海关，仅保留广州城对外通商。从此，广州便成为全国对外通商的唯一口岸，全国的进出口商品交易都由广州一地经营。广州十三行由此走向鼎盛，粤商也因此积累了较多的对外商贸经验。正因为长久的沿海文化的影响，粤籍青年受中原传统文化的影响小，在中国近代文化总体保守封闭的格局中彰显出独特的开放品格。

其次，粤籍华侨在外发展的成功，给了粤籍学子往外走的信心。除了在本地经营外贸生意的商人外，出国经商的粤籍华侨也不在少数。据统计，华侨汇款是广东省经济的重要组成部分。截至 1934 年，广东每年出国人数达五六十万之多，占南洋华侨总人数的 40.08%①。以潮汕地区为例，1904—1935 年，“经汕头出国侨民共 298 万余人，归国侨民计 146 万余人”②。华侨们为广东省带来了可观的汇款收入。1920 年，广州收华侨汇款约 2000 万元，汕头收款更达 3800 万元③。由此可以推测出，对于广东当地人来说，即便没有官方的赴法留学宣传，在勤工俭学运动如火如荼开展之前就有着强烈留洋意愿的人便不在少数。当时在很多广东人看来，无论是去留学还是去经商，只要往外走，发展前途都比在国内要好得多。

再次，从法国方面来看，广东是法国开展对华贸易的主要地区之一，两地往来已久。18 世纪开始，地处欧洲十字路口的法国城市里昂和港口城市马赛便在法国向外寻求商贸的机遇中占尽先机。1860 年，里昂商会与香港商会合作在广州开设了丝品空间（Condition des Soies de Canton）。到了民国时期，法国与中国往来更为频繁，法国国家航海运输公司（Société des Messageries Nationales）每个月都安排有马赛和上海之间的两次航船往返。1916 年，由法国多个贸易商会联合组成的法国对华商会（Chambre de Commerce Française de Chine）成立，成为法国与中国进行商贸往来的统一

① 荐秋:《广东的财富》,《人言》1934 年第 1 卷第 7 期,第一卷合订本(上册),第 139 页。

② 王琳乾等编:《汕头市志》第 4 册,新华出版社,1999 年,第 544 页。

③ 荐秋:《广东的财富》,《人言》1934 年第 1 卷第 7 期,第一卷合订本(上册),第 139 页。

机构，总委员会设立于上海，并在广州、汉口、哈尔滨等城市设立分支机构。该机构旨在促进中法之间更多的贸易往来，为法国商界提供中国生产商信息和中国市场资讯。正是在这种长期以来形成的中法商贸关系中，不少广东人对于法国的国情与法国人的脾性早已有所了解，对于留学法国也有着较为充分的心理准备。

三 当地机构创造留学机遇

广东赴法留学生占比高，还与地方政府机构和相关协会的支持密切相关。无论是对于前期的勤工俭学运动，还是后来的里昂中法大学项目，粤区教育界人士都给予了高度重视，在艰难动荡的时局下着力为粤籍学生创造良好的求学条件。

在勤工俭学运动中，华法教育会广东分会从多个方面为粤籍学子赴法留学做出了努力。在全国性的勤工俭学运动筹划之际，广东紧随上海，于1918年成立了华法教育会广东分会。从《华法教育会广东分会公启及简章》可以看出粤籍学子渴望设立本地分会的急切程度。“以广东地势之扼要也，风气之丕变，近月留法之士，负笈相望，其需有如分会之成立，不待烦言而可喻也。爰集同志，相与组织。诗曰：‘风雨如晦，鸡鸣不已。’又曰：‘嘤其鸣矣！求其友声。’三千万之同胞，其诸有念于斯欤！”[①]在《简章》中，广东分会详细说明分会的性质、构成和其所承担的责任，明确将履行联谊、助学、促发展的使命：（甲）联络中法两国在粤人士之情谊，其法国商人及游历者均同；（乙）辅助中国学生赴法留学，资其利便，并组织教育机关；（丙）辅助发展法兰西教育于中国南方；（丁）辅助发展中国南方与法国经济上之关系，使两方国民生计日益发达[②]。

① 《华法教育会广东分会公启及简章》，清华大学中共党史教研组编：《赴法勤工俭学运动史料》第1册，北京出版社，1979年，第212页。

② 《华法教育会广东分会公启及简章》，清华大学中共党史教研组编：《赴法勤工俭学运动史料》第1册，北京出版社，1979年，第213页。

和总会的宗旨[①]相较，广东分会更侧重于发展广东地区的中法文化交流和经济交往，旨在加深原本就存在的法国、广东之间的往来关系。和总会及其他分会一样，为了使学生更好地融入法国的勤工俭学生活，广东分会在当地开设了留法预备学校，既提前教授了法语知识，宣传了法国文化与生活，又使学生节省下一笔赴法学习基础语言的费用。1919年10月12日，广东分会在广州东园国会议员俱乐部召开第二次大会，会后便开始着手筹办广东留法预备学校，选址于丕崇书院故址（今广州越秀儿童公园）。同时，考虑到为学生节约留学费用，会议商定多派学生游学于法国乡村学校，"务使造就多数留学人材"[②]。

除了开设预备学校之外，广东分会还争取到了较多的半官费学生赴法留学名额，缓解了粤籍学子在法国的经济压力。其时，广东分会向闽、粤两省政府条陈派学生留法的意义，请各县考选二至三名学生赴法，并给予半费补助。1918年11月，广东省长公署第810号训令指出，在分会干事及多方人士的努力协调下，法国海外部将在未来三个月内给予粤籍学子500个优待名额。"船费每人仅收港币一百元，真可谓廉之极矣。如有子弟往法国留学，每年每人学膳宿及零用等费约五百元至六百元，比较留学他国甚为相宜。……通令各县按照地方肥瘠酌予考送，每年由县补助学费半数，每县即送两名或三四名，每年所费不过数百元。以吾粤全省九十余县

---

① 《华法教育会大纲》第二条：

本会宗旨在发展中法两国之交通，尤重以法国科学与精神之教育，图中国道德、智识、经济之发展，其作用分三部如下：

（一）哲理与精神之部分。以传达法国新教育为务，如编辑刊印中法文书籍与报章，亦其职任。

（二）科学与教育之部分：（甲）联络中法学者诸团体；（乙）创设学问机关于中国；（丙）介绍多数中国留学生来法；（丁）助法人游学于中国；（戊）组织留法之工人教育；（己）在法国创设中文学校或讲习班。

（三）经济与社会之部分。其作用为发展中法两国经济之关系与助进华工教育之组织，以法兰西民国之平等公道诸谊为标准。

《旅欧华法教育会一览》，《教育公报》1917年第4卷第9期，第33—34页。

② 《时报》1919年10月13日。转引自张洪祥、王永祥：《留法勤工俭学运动简史》，黑龙江人民出版社，1982年，第40页。

计之，此项人材将来返国既多，可为国家创造事业亦属不少。”[①] 正是在分会和当地政府的经费支持下，大多数粤籍留学生选择了以“俭学生”身份前往法国。在法初期，由于大部分粤籍学生在乡村学校求学，各项费用价格低廉，再加上半官费半自费的待遇，生活处境较之其他省份学子要好得多。

除了华法教育会广东分会之外，广东省自1920年开始实施的教育改革措施，也间接促进了包括留法在内的粤籍学生留学活动的繁荣。1921年10月，全国教育会联合会在广州召开，大会提出在广东全省范围内实施美国学校管理模式的教育改革措施，即设立一个省级教育管理机构，设教育总局长和主任委员会，制定本省教育行政管理政策，管理和积累本省教育经费。改革得到了极大的财政支持，创办了大量公立、私立学校。陈独秀受时任省长陈炯明邀请担任广东教育委员会委员长时，提出要将广东全省收入的十分之一拨作教育经费。此外，广东正式确立了小学六年、初中三年、高中三年的“六三三学制”，并开始实行小学六年免费义务教育。改革成效显著，据《中国近代民主教育史》（*A History of Democratic Education in Modern China*）统计，1916年广东儿童就学率仅为5.2%，低于全国平均水平10.67%。但10年后，广东对小学教育的投入及儿童就学率均为全国之首。同时，为了改革教育，广东成为自发资助人员赴外留学的表率省份，其用于教育的经费支持力度很大[②]。

里昂中法大学的粤籍学子占比高，与当时广东省财政对该校的支持有着莫大关系。尽管时局艰难，但当时的广东省机关有一个共识：“惟有教育费无论如何拮据，必当尽力筹措。”[③] 里昂中法大学的开设，始于巴黎和会上对庚子赔款的退还协定。中法之间达成协议，退还的庚子赔款将用于兴办教育。可是，中法两国代表商定的各出十万法郎的常年费（合三万银元），只够四五十名学生的学费，房屋修缮、教学用具等费用尚无着落。其时，

---

① 《广东省长公署训令第八百一十号》，华法教育会广东分会编：《留法俭学报告书》，1920年。转引自张允侯：《留法勤工俭学运动》，上海人民出版社，1980年，第491页。

② ［法］王枫初著，安延、刘敏、纪俊男译：《移民与政治：中国留法勤工俭学生（1919—1925）》，北京大学出版社，2016年，第40—44页。

③ 王海燕选编：《1921年中法大学海外部概况》，北京市档案馆编：《北京档案史料》2016年第3辑，新华出版社，2016年，第107页。

广东省省长陈炯明原本提倡设立西南大学，得到陈独秀、吴稚晖等人支持，但考虑到当时新办大学的时机不够成熟，不如"暂设大学于海外，改良单纯的留学局面，使能胜大学教授的人数增多，再添新大学"[①]。于是将原本用于筹建西南大学的十五万元转为筹办里昂中法大学使用，而陈炯明也将原本要捐献给西南大学的五万元个人资助款转捐给了里昂中法大学。然而，庚子赔款经费迟迟未拨付，里昂中法大学的筹办受到阻滞。1922 年 10 月，广东省再次决定，将所得的八万元年款捐给里昂中法大学，并希望能将这笔款用于培养粤籍学生："倘得年款八万元，可选粤籍学生百人入海外部，预为将来广州大学养成教材。……于是里昂中国大学海外部，又稍添活动之气。"[②]广东省政府大力支持里昂中法大学的筹建，并借此契机为粤籍学子争取到了百个求学名额，里昂中法大学的粤籍留学生总人数达到 127 人之多，远超其他省份的留学生人数。里昂中法大学的粤籍留学生中，更不乏学成归国后在教育、科技、文化等多个领域作出重要贡献的知名人物。

广东省政府和华法教育会广东分会对留学活动的支持，得到多方人士的肯定。华法教育会总会赞许广东分会为勤工俭学运动所做的努力，要求各省教育界"设法援取广东成例，推于此事于全国"[③]。

四 结语

以勤工俭学运动和里昂中法大学留学为标志的赴法求学热潮，在我国民国时期的青年学子海外求学史上留下了浓墨重彩的一笔，其中，广东学子是这批赴法留学生的重要组成部分。综上所述，粤籍学子赴法潮的出现，原因可概括为两个"传统"和一个"机遇"。

"传统"包括了具有普遍性的留学意识传统和具有特殊性的海洋文化传统。普遍性的留学意识传统表现为当时在中国知识分子群体中普遍存在

① 王海燕选编:《1921年中法大学海外部概况》,北京市档案馆编:《北京档案史料》2016年第3辑,新华出版社,2016年,第102页。

② 王海燕选编:《1921年中法大学海外部概况》,北京市档案馆编:《北京档案史料》2016年第3辑,新华出版社,2016年,第107页。

③ 李石曾:《留法俭学会报告书》,华法教育会广东分会编。转引自黎显衡:《广东青年留法勤工俭学运动初探》,《广州文博》1985年第1、2期合刊,第34页。

的“亲法”思想，在“向西方学习”的共识和新文化运动领袖的劝学宣传下，法国成为学习先进思想和科学技术的理想之地。同时，粤籍学子的赴法留学潮又与岭南地区独特的海洋文化传统息息相关。法国与中国广东之间往来已久，除普遍性的留学意识传统外，广东人对留学法国的认知更建立在商贸个体之间的互动经验上。由于悠久的对外商贸史，粤籍学子对于赴法留学一事，响应不仅更为积极，认知也更为客观。

“机遇”是指广东省政府和华法教育会广东分会等多个机构共同努力为粤籍学生创造的留学机会。广东分会将大量留法学生派往法国乡村学校，并争取到较多半官费生的名额，尽可能地保证了粤籍学子在法的生活质量。此外，在广东省政府的教育改革和对筹建里昂中法大学的财力支持下，广东展现出了良好的留学氛围和留学条件，粤籍学子由此得到了较多的求学机会。

如今，中法两国建立了高级别人文交流机制，广州与里昂间的友好城市关系更有着近四十年的历史，中法人文交流更为频繁与深化。百年前的粤籍学子赴法留学潮，是动荡年代中的一代学子怀抱自强以报国的理想而不懈奋斗的证明，亦构成今日的中法文化摆渡人继续行稳致远的底色与记忆。

作者通信地址：广东省广州市白云区白云大道北2号，邮编：510420。

责任编辑：陈子、刘宇航

民国专题

军律治民："陈炯明枪杀陈听香案"新探

余秋文[*]

华中师范大学中国近代史研究所，湖北武汉，430000

摘　要： 1912年4月，粤省报人陈听香因"言论不当"被捕，随即被粤督陈炯明按军律枪杀。粤省临时议会企图通过"违背约法"与"滥用军律"等理由弹劾陈炯明，但陈炯明据法相驳，正面作出回应。在获悉大总统袁世凯的态度后，粤省临时议会将讨论重心转移至"军律治民"。随后，粤省军界以及社会舆论相继介入其中，纷纷发表观点。由此案引起的纷争，最终在孙中山的影响下不了了之。"陈听香案"不仅体现出民初地方社会法治紊乱的一面，也反映出民初"武人政治"的崛起。

关键词： 陈听香；陈炯明；社会舆论；军律

陈炯明在1912年前后被推为粤省军政府代都督，全权署理粤省军政事务。总的来看，陈炯明在代理都督期间，"为把广东建设为模范省而竭智尽力，以冀示范于全国，其军政成就确粲然可见"[①]，但亦存在争议。其中争议比较大的事件之一是以军律枪杀报人陈听香（？—1912），开了民国因新闻报道枪毙记者的先例。陈听香是清末民初广东报界的著名新闻人，历充戏班八和会馆师爷，又兼八和学堂堂长（校长），结交不少江湖子弟，

---

* 余秋文（1998—　），男，汉族，广东河源人，华中师范大学中国近代史研究所博士生，研究方向为中国近代社会经济史、华侨华人史。

① 段云章、倪俊明：《陈炯明》，广东人民出版社，2009年，第46页。

深谙底层社会的情况[①]。

近年来，学界或将“陈听香案”置于对陈炯明的评价与新闻史研究之中来审视，或详细考证陈听香被枪杀的时间[②]。邱思涵分析了“陈听香案”的深层原因以及临时省议会、省港商界、孙中山等各方势力对“陈听香案”的不同反应[③]。从已有成果看，以往研究对“陈听香案”的论述较为简略，对史料的运用也较为单一，对于案件的具体细节还有待进一步梳理。因此，研究者需要以动态的眼光，对此案的疑点予以剖析，发现案件背后隐含的意义。例如，此案为何要用军律断决？“陈听香案”背后的潜流是什么？要回答上述问题，需要深入案件本身，细致剖析影响案件的各种因素及其背后的相互关系。有鉴于此，本文拟结合相关史料，对“陈听香案”进行深入探讨，以窥辛亥革命后地方社会的多个面相，不当之处祈请方家指正。

一 “陈听香案”案例经纬

辛亥革命之前，粤省革命风气浓厚。陈听香主持的《公言报》因言论记载多关注下层社会，并且趋向于革命，所以销路广开，盈利颇丰。陈听香遂又创办《佗城日日新闻》(《佗城独立报》) 等报纸，进一步加强对底层民众的关注。辛亥革命爆发后，陈听香所结交的江湖子弟有不少成为民军首领[④]。于是，陈听香便借办报之机，以民意代表和政府监督人的身份为民军发声，针砭时弊。

1912 年 1 月前后，粤省有《人权报》《公言报》《佗城独立报》等报纸刊载新军逃散的内容，此事为代都督陈炯明所关注。1 月 10 日，陈炯明以

① 沈琼楼:《清末民初广州报业杂忆》,中国人民政治协商会议广东省委员会文史资料研究委员会编:《广东文史资料》第 17 辑,广东人民出版社,1964 年,第 109 页。

② 参见段云章、倪俊明:《陈炯明》,广东人民出版社,2009 年;赵立人:《粤海史事新说》,广东人民出版社,2017 年;白润生、张淑华编撰:《百年沉冤——中国新闻界人物被难录》,广西民族出版社,1989 年;郭天祥:《黄世仲生平诸问题再辨——兼与颜廷亮先生商榷》,《湛江师范学院学报》2001 年第 1 期。

③ 邱思涵:《陈听香案与民元粤省政局》,林家有主编:《孙中山研究》第 5 辑,广东人民出版社,2016 年,第 218—229 页。

④ 沈琼楼:《清末民初广州报业杂忆》,中国人民政治协商会议广东省委员会文史资料研究委员会编:《广东文史资料》第 17 辑,广东人民出版社,1964 年,第 109 页。

"事关军政，不容捏造事实、扰乱军心"[①]为由，下令粤省警察部干涉此事。粤省警察部根据陈炯明的要求，发文函请广州各报更正所登新军逃散的内容。1月12日，粤省警察部部长陈景华邀请各报编辑一起前往都督府去解释此事。然而，陈炯明以"事关军政，必须根究来历"[②]为由，欲将陈听香、陈藻卿二人扣留在军务部。之后，陈炯明又命令粤省警察部重新干预。粤省警察部接到命令后，要求有刊登新军逃散内容的报馆于16日上午到粤省警察部面谈。

广州报界对于陈炯明扣押陈听香等人且命令警察部重新干预的行为颇有微词，发表《广州报界全体布告同胞书》。广州报界在布告中指责陈炯明数月以来封禁八家报馆，认为陈炯明想通过报馆"以逞威福欲"，又视陈炯明为"张鸣岐第二"。同时，广州报界解释其登载新军逃散的消息只是"谓其功成身退，并无如何诋毁扰乱军心"。广州报界还嘲讽陈炯明"演此押留主笔、勒交访员怪剧"，直问陈炯明："岂能以一手掩尽天下之耳目耶？"[③]刚刚就任代都督的陈炯明利用政治强权对社会舆论机构进行控制，以便军政府权力集中，而粤省报界抓住其处置不当之处，强势反击陈炯明控制舆论的行为。此次事件使得陈炯明在舆论上陷入被动，不得不将陈听香等人释放，但也为其日后枪杀陈听香埋下伏笔。

1912年3月，粤督陈炯明与民军领袖王和顺在裁撤民军问题上爆发激烈冲突。此次冲突使东南关等地的商民损失惨重，"有人倚门而毙"，"巷口尸骸重叠"[④]。事后，陈听香不畏强权，毅然在《公言报》登载当地商民针对陈炯明的"诉苦白抄"。遗憾的是，陈听香所创办的《公言报》大部分已经散佚，难以确定报纸所刊载的内容。但是，从其他相关史料中可以间接反映其主要内容。首先，作者指责陈炯明是引发争端的始作俑者，为"永久窃踞"都督之地位，解散惠军。其次，作者直指陈炯明乃"狼子野心之都督"，试图屠尽同胞，毁尽民房，"以遂其独夫之隐愿"。最后，作者又斥责陈炯明独断专行，以权谋私，"憾演屠城之惨剧"，更直呼"此等

① 《广东报界之新潮》，《申报》1912年1月23日第6版。

② 《广东报界之新潮》，《申报》1912年1月23日第6版。

③ 《广东报界之新潮》，《申报》1912年1月23日第6版。

④ 《粤东军队激战时惨状》，《申报》1912年3月20日第6版。

公仆，其肉足食乎”[①]。陈炯明获悉后震怒，于3月19日勒令省警察部，以造谣惑众、破坏政府、扰乱治安为由，永久查封报馆，并通缉陈听香。陈听香闻讯即逃至香港。陈炯明此举引发舆论哗然，他被迫于30日撤销命令[②]。陈听香随即返穗，事情似乎迎来转机。

4月6日，陈听香在广州报界公社附近被捕，并被扭送至司法部[③]。对于陈听香是否受审，可谓众说纷纭。一种说法认为陈炯明亲自审问了陈听香，持此说法的人多以《陈炯明叛国史》为依据，内容如下：

> 及署，开堂研鞫，炯明伪为不识，声色俱厉问曰：汝陈听香耶？诉苦白抄，究竟居民为谁？听香答曰：请汝反问东南关居民。炯明又问：原稿在否，谁人送稿与汝。听香睨之以目，徐答曰：报界通例，向无交出送稿人之理，当由我负责。炯明遂拍案大怒，谓听香曰：人不能交出，稿又不能送阅，是为有意诬蔑，吾当将汝枪毙，以儆其余。听香愤谓之曰：枪毙记者，向无此例。炯明笑云：例可由我开。[④]

细读内容后，笔者发现此段内容只有二人的对话，并无其他场景描述，如审讯的时间、有何人在场，这些都缺少相关史料证实。从行事逻辑上看，陈炯明贵为粤省军政府都督，执掌大权，统治一方，陈听香既不是达官显贵，亦非革命元老，仅是一名报人，根本就不值得陈炯明亲自审讯。且陈炯明身为军政府都督，审问犯人并非其职权所在，倘若亲自审问陈听香，传出去只会授人以柄。因此，笔者推测此段内容是该书作者将审讯人员与陈听香的对话夸大改编为陈炯明与陈听香的对话，通过二者言论突出陈炯明的蛮横残暴，达到丑化、抹黑陈炯明之目的。

另一种说法认为陈听香未经审问即被枪决。这一说法源于某些时人的

---

① 《粤都督两日封三报》，《申报》1912年3月27日第6版。

② 《专电》，《时报》1912年4月1日第3版。

③ 此报界公社是陈听香脱离报界公会后，与郭唯灭组织创办，但不久后即解散。参见寄生：《陈炯明杀陈听香秘闻》，《国华报》1947年5月13日第7版。

④ 鲁直之等：《陈炯明叛国史·中山先生亲征录》，中华书局，2007年，第42页。

回忆，如时任粤省临时议会副议长温雄飞回忆称:“陈听香是当时社会名流之一，在某报做总编辑，不知为什么得罪了陈炯明，旋被抓去，不经审问，即予枪毙。”[①]从回忆内容看，温雄飞对陈听香被捕一事所知不多。但据笔者翻阅此事发生后的报刊发现，温雄飞在当时知晓事情经过，更在议会会议上发表过对此事的见解。温雄飞的回忆是1966年所写，距离事情发生已经50余年，记忆难免会出现缺失和偏差。因此，此说法也值得怀疑。

揆诸相关史料，陈听香被捕后曾多次受审，但陈炯明并未亲自审讯。陈听香被捕后，最初是由司法部审讯，但法官认为他“极诋都督及陆军之残忍”[②]，遂将其移交陆军法务局讯办。秘书杜贡石曾向陈炯明报告陈听香被捕的消息，但陈炯明“尚茫然，谓捉他何事，并无他言”[③]。初讯时，陈听香“犹倔强”，4月7日再次审讯时，方才吐露实情，认为商民之“书函或有与闻，亦不算甚么犯法”，并表示对于公开登载商民诉词，“愿照律罚金赎罪”[④]。

但是，当局对此事的态度与陈听香所想的截然不同。陆军法务局认为陈听香的举动涉嫌煽动军队叛乱，并且考虑到陈听香此前曾数次因“讼事”和“报事”入狱，可谓“积案多端”。因此，陆军法务局认为应该按照军律枪毙陈听香[⑤]，此举获得陈炯明的首肯[⑥]。4月9日下午，陈炯明以依附叛军、妨害军政为由，依照时行军律第十条，命令宪兵将陈听香押赴北校场处决[⑦]。“陈听香临刑时，大骂陈炯明公报私仇，违法滥杀，不糜烂广东不止。”[⑧]此案并未因陈听香之死而消弭，相反因多种力量的介入，使得事态呈现出复杂化的倾向。

---

① 温雄飞口述:《民初我代表广东省临时议会去北京请愿控诉广东都督陈炯明的始末》，广东省政协学习和文史资料委员会编:《广东文史资料存稿选编》第6卷，广东人民出版社，2005年，第550页。

② 《粤省会纠举都督纪闻》，《新闻报》1912年4月24日第2张第1版。

③ 寄生:《陈炯明杀陈听香秘闻》，《国华报》1947年5月13日第7版。

④ 《粤省会纠举都督纪闻》，《新闻报》1912年4月24日第2张第1版。

⑤ 《粤东近闻录》，《新闻报》1912年4月17日第2张第1版。

⑥ 寄生:《陈炯明杀陈听香秘闻》，《国华报》1947年5月13日第7版。

⑦ 《粤都督枪毙报馆发行人》，《申报》1912年4月16日第6版。

⑧ 《陈听香死状之惨》，《神州日报》1912年4月17日第5版。

二 关于“违背约法”与“滥用军律”的争议

粤省临时议会听闻此事，随即召开会议讨论。议员唐恩溥率先质问陈炯明，称：“盖报馆为言论机构，为人民代表，均有维持社会之天职。若动以军法钳制人口，则今日可以枪毙记者，明日即可枪毙代议士矣。且中央约法颁布已久，试问应遵守否？如应遵守则不应复以军法从事。”①唐恩溥提议粤省临时议会应向中央政府弹劾陈炯明。

唐恩溥的提议不仅引发与会议员激烈讨论，亦引起众多议员的强烈共鸣。《中华民国临时约法》第一章第六条规定“人民之身体，非依法律，不得逮捕、拘禁、审问、处罚”与“人民有言论、著作、刊行及集会、结社之自由”②。金德衣、姚傅纶、周耀光等议员完全赞同唐恩溥的提议，认为陈炯明擅用军律枪杀记者的行为，有违《临时约法》，应“即行纠举”。江泉进一步补充，除致电中央政府对其予以弹劾外，亦须通电各省，“以正其违法之罪”。温雄飞表示应利用《临时约法》中保障人民权利的条款，将陈炯明起诉至中央政府。谢公伟直言议会是“人民之代表”，“今日之事若不弹劾，是可谓大负人民”③。

部分议员则是讨论废除军律之事。议员杨永泰发现警察厅常有滥用军律的情况，“有仅抢小物而亦枪毙者”。因此，杨永泰认为对于陈炯明“一方面固须弹劾”，但最重要的是“从速解除军法以重民命”。议员郑铎灵则表示即便陈听香有罪，也应该交付裁判所审断，不应以军律枪毙，“宜一面弹都督，一面知照都督即日解除军律”④。议员陈善卿直言：“今中央政府既经颁布约法，应即解除军法。”⑤经表决，同意弹劾陈炯明的代表超过半

---

① 《粤议会决议弹劾陈都督（为枪毙陈听香事）》，《申报》1912年4月20日第6版。

② 中国第二历史档案馆编：《中华民国史档案资料汇编》第2辑，江苏人民出版社，1981年，第106—107页。

③ 《粤东省会关于行用军法之会议（为枪毙〈佗城报〉记者而发）》，《时事新报》1912年4月20日第2张第1版。

④ 《粤东省会关于行用军法之会议（为枪毙〈佗城报〉记者而发）》，《时事新报》1912年4月20日第2张第1版。

⑤ 《粤东省会关于行用军法之会议（为枪毙〈佗城报〉记者而发）（续）》，《时事新报》1912年4月21日第2张第1版。

数。最终，粤省临时议会向中央政府发去弹劾陈炯明的电文，请求中央针对此种违法行为给出处理意见。弹劾电文如下：

> 袁大总统、黎副总统暨参政院、平政院、南京黄镇守府并转孙中山先生鉴：广东代督陈炯明违背中央约法，滥用军律，擅将报馆记者枪毙，查现为施行约法时期，万无适用军律之理。据陈代督宣布此罪状，尽可按照普通刑律惩罚。就今军政时代，东、西各国无此办法，显系违背约法第二条第一项、第四项之规定，剥夺人民生命，钳制言论自由。本会表决该代督此种行为实为违法，用特电达，至如何办理之处，乞即示复。盼切，省会，叩尤。[①]

粤省临时议会主要围绕"违背约法"与"滥用军律"，对陈炯明进行弹劾。粤省临时议会不仅仅是出于对陈听香的声援，更是借此机会发泄对革命派独占粤省政治资源的强烈不满，反对粤省军政府的政治权威。在辛亥革命后，粤省的政治实权多为革命党人所掌握。都督胡汉民、副都督陈炯明牢牢把控局势，确定粤省军政府的领导地位，廖仲恺、陈少白、蒋尊簋等同盟会骨干则分别掌控财政、外交、军政。军政府权力不断在粤省各个领域扩张与渗透。议员周孔博曾言："省会为临时议会，非正式议会，又为舆论攻击，则信用不足，通过案件，向不照办。"[②] 粤省临时议会已经从这一事件中感受到军政府的压制。

电文一经发出，即标志着粤省临时议会开始与军政府正面交锋。陈炯明也迅速发表《咨广东临时省议会陈述陈听香案件文》予以回应。陈炯明认为持此意见者对约法、军律及普通刑律原理的认识和理解存在着明显偏差[③]。

---

① 《粤议会决议弹劾陈都督(续)》,《申报》1912年4月21日第6版。

② 孙中山:《在广州行辕与各界的谈话(一九一二年六月九日)》,中国社会科学院近代史研究所中华民国史研究室、中山大学历史系孙中山研究室、广东省社会科学院历史研究室合编:《孙中山全集》第2卷,中华书局,1982年,第373页。

③ 陈炯明:《咨广东临时省议会陈述陈听香案件文(1912年4月11日)》,段云章、倪俊明编:《陈炯明集》上卷,中山大学出版社,2007年,第85页。

一方面，陈炯明通过对《临时约法》关于人权内容的解释，驳斥粤省临时议会的质疑。首先，陈炯明指出《临时约法》中确实有关于人权的规定，但上述权利在遇到特殊情况时仍需受法律约束。陈炯明认为陈听香所犯罪行，严重危害社会治安，不能享受《临时约法》第一章第六条第一项的权利，而应按照第二章第十五条的规定，对陈听香实施逮捕、拘禁、审问乃至刑罚[①]。其次，陈炯明又对弹劾电文中的"钳制言论自由"进行解释。陈炯明称，即便没有《临时约法》第二章第十五条的规定，用言论、著作进行犯罪的人，"仍可按律课罪"。陈炯明认为陈听香伪造事实，依附叛军，鼓众煽乱，必须按律定罪。

另一方面，陈炯明还在咨文中强调军律的权威性、适用范围以及性质，用以反驳"约法时代不宜使用军律"的主张。陈炯明认为无论约法时代还是立宪时代，凡是地方戒严，均可适用军律，而广州独立后，并未宣布解除戒严，所以军律可适用于此[②]。陈炯明还强调军律经前任都督胡汉民公布，具有一定的权威性与合法性。针对电文中"陈听香之罪行可按普通刑律办理"的说法，陈炯明亦回应道，法律有特别法和普通法之分，前者的法律效力要优于后者，对特殊之人应用特殊之法，而非普通法。陈炯明强调，陈听香所犯的罪行恰好与军律第十条"造谣惑众、扰乱军心者斩"相关条款相吻合，因此，该案"自无按照普通刑律之理"[③]。陈炯明对于粤省临时议会的弹劾并没有坐以待毙，而是选择正面回应。陈炯明据法相驳，更多的是从维护军政府权威的角度考量。

三 省议会关于"军律治民"的讨论

4月15日，粤省临时议会开会讨论都督陈炯明的咨文。会议开始后，

---

① 《中华民国临时约法》第二章第十五条规定："本章所载人民之权利，有认为增进公益，维持治安，或非常紧急必要时，得依法律限制之。"参见中国第二历史档案馆编：《中华民国史档案资料汇编》第2辑，江苏人民出版社，1981年，第107页。

② 陈炯明：《咨广东临时省议会陈述陈听香案件文（1912年4月11日）》，段云章、倪俊明编：《陈炯明集》上卷，中山大学出版社，2007年，第86页。

③ 陈炯明：《咨广东临时省议会陈述陈听香案件文（1912年4月11日）》，段云章、倪俊明编：《陈炯明集》上卷，中山大学出版社，2007年，第87页。

议员江瑔提议开设特别审查会，将咨文仔细研究，并且起草文章驳复。然而，大部分议员却提议对陈炯明的咨文不予回应，等待中央政府回电。一方面，他们害怕驳复咨文后引起更大的冲突。议员陈星南认为总商会与九大善堂曾致电大总统袁世凯反对议会弹劾陈炯明，倘若再备文驳复，"则彼此必有冲突"。另一方面是担心议会权限的限制。潘崇衍认为外国议会对于官员的弹劾是下议院起诉，上议院裁断，但粤省临时议会对于陈炯明的弹劾，裁判之权"已隐然让于中央政府"。部分议员也考虑对此次弹劾事件向外界作出解释。潘崇衍认为，外界尚未知粤省临时议会弹劾都督陈炯明的用意，应该根据法理详细解释[①]。经过表决，粤省临时议会决定对都督陈炯明的咨文不予回复，对外界也不予发文解释，静候中央政府的回电[②]。

民国肇建，对于中央政府而言，弹劾地方首脑可谓是涉及国家政治生活的重大事件。因此，大总统袁世凯的态度变得尤为关键。袁世凯向粤省临时议会复电表示"擅杀系刑事案，须得有确据，方能核办"，并要求粤省临时议会补列名单[③]。袁电并未直接回应弹劾电文中的"违背约法"与"滥用军律"等关键点。与此同时，袁世凯复电广州七十二行、总商会等团体表示"慰留"陈炯明[④]。由此可知，大总统袁世凯的态度偏向粤督陈炯明，其中主要原因是袁世凯想在权力平衡的基础上，完成总统权力交接。正如袁世凯在 1912 年 3 月 31 日发出的《致各省都督各军队司令官电》所言："将欲维持现状，希望太平，必能服从统一命令，保持地方秩序，以巩固民国之丕基。"[⑤] 在当时的局势下，此事倘若处理不当，有可能影响南、北方权力格局的稳定。

收到袁电后，粤省临时议会又于 4 月 18 日召开会议研讨对策。郑铎灵提议讨论的重点应为"今日之人民应受治于普通，抑受治于军法"[⑥]。潘

① 《粤议会与都督之是非》，《神州日报》1912 年 4 月 23 日第 7 版。

② 《粤议会与都督之是非（续）》，《神州日报》1912 年 4 月 24 日第 7 版。

③ 《袁总统覆粤省会电》，《神州日报》1912 年 4 月 23 日第 7 版。

④ 《北京电报》，《民立报》1912 年 4 月 19 日第 3 版。

⑤ 袁世凯：《致各省都督各军队司令官电（中华民国元年三月三十一日）》，刘路生、骆宝善、黄俊华主编：《袁世凯全集》第 19 卷，河南大学出版社，2013 年，第 682 页。

⑥ 《粤议会弹劾都督之声》，《神州日报》1912 年 4 月 27 日第 7 版。

崇衍则对袁电中提及的搜查证据与名单提出异议，认为现在所讨论的事情是“陈都督应否适用军律以杀陈听香”，故不必搜查证据，而补列名单尤非必要之点，弹劾官员的权力在机关而非在个人手中。曾立华认为中央政府既已颁布《临时约法》，便不应滥用军律。凌霄认为陈炯明“不以常律治常人，而以军律治常人，便是轻视”①。最后，议会决定使用郑铎灵与潘崇衍合拟的电稿给袁世凯回电。电文如下：

> 北京袁大总统鉴：盐电悉，查军律非于有战事时及于戒严令所宣布之地点内，断无适用之以治一般人民之理。今广州战事经过已久，且并无宣布戒严之事。况中华民国约法与刑法均已颁行，何得合刑法而适用军律以治民罪？本会纠举陈都督，无非为慎重民命与维持法律起见，实非与陈督一人为难，亦非为陈听香辩护。此事争论之点，非为陈督应否杀陈听香之问题，而为对于广州现在之时期、地点应否适用军律以治民罪之问题。此纯为法律上之争辩而非事实上之争辩，实无搜查证据之理由。再，纠举陈督系省会表决之案，亦非列名之必要。②

粤省临时议会意识到此前的弹劾并未获得中央政府的支持，并不想弹劾一事被外界视为针对个人的政治事件，企图将外界的视角引向“军律治民”。正如议员唐恩溥所言：“今日可以枪毙记者，明日即可枪毙代议士矣。”粤省临时议会提出“军律治民”问题，希冀获得社会的共鸣与支持。

粤省军界听闻有废除军律之声，随即发文驳斥。首先，粤省军界强调约法与军律性质不同，约法是以社会为对象，属于普通法范畴，而军律是以军队为对象，属于特别法范畴，不能“有普通法，遂可废止特别法”③。其次，粤省军界强调“军人犯罪数见不鲜”，若要维持社会秩序，“更不能不资军律以镇慑之”。再次，粤省军界认为军人与普通人不同，“不得不有军刑法特别之规定”。粤省军界还接连质问：“若谓约法时代不应用军法，

① 《粤议会弹劾都督之声（续）》，《神州日报》1912年4月28日第5版。

② 《粤省会覆袁总统电（纠举都督杀陈听香案）》，《新闻报》1912年4月27日第2张第1版。

③ 《粤东军界会议驳正省会取消军律议案》，《时事新报》1912年4月25日第2张第1版。

则约法独行于广东一省乎？抑各省颁行约法后，从无有以军法治罪者乎？且今时为何时？军法为何法？"[①]

粤省军界是陈炯明执政的重要支持者。辛亥广东独立时期，陈炯明率起义军合攻惠州，清军提督秦秉直向陈炯明投降，将所辖八营兵移交陈炯明接管。随后，陈炯明将所部称为"循军"，官兵约有万余人[②]。据美国驻广州领事在陈炯明担任粤省都督期间的报告称："他（陈）现有两万可靠的正规军队。"[③]由此可知，军队一直是陈炯明的重要依仗。1911年12月6日，陈炯明被推举为广东军团协会会长，奠定了其在粤省军界的地位。粤省军界强调军律的正当性与重要性，是为了维护军队的切身利益，同时也是为陈炯明辩护。

四　社会舆论关于"军律治民"的认识

令人始料未及的是，"陈听香案"引发了社会舆论对"军律治民"的讨论。中华民国成立后，人们的思想也逐步从封建专制的束缚中解放出来，"民主""共和""自由"等观念在人们的心中已经种下种子。新颁布的《中华民国临时约法》又规定人民享有基本权利与自由。当"陈听香案"发生后，报界也纷纷发声。上海《时报》发表署名"笑"的时评，质问道："各省都督可任意杀人乎？且以后凡反对都督之报馆记者，均以陈听香为例乎？"[④]上海《神州日报》则发表署名"臞"的评论，质疑陈炯明是"借端泄忿"，感叹"天地不仁，乃为吾国革命时代造此一班非驴非马之都督"[⑤]。不久，《神州日报》又发表一篇署名"博爱"的评论，嘲讽陈炯明"殆真不知人世有羞耻事"，挖苦陈炯明"为全体舆论所嫉恶"，"欲以一指掩天

① 《粤东军界会议驳正省会取消军律议案（续）》，《时事新报》1912年4月26日第2张第1版。

② 李朗如、陆满：《辛亥革命时期的广东民军》，中国人民政治协商会议广东委员会文史资料研究委员会编：《广东辛亥革命史料》，广东人民出版社，1981年，第159页。

③ 陈定炎编：《陈竞存（炯明）先生年谱（上）》，台湾李敖出版社，1995年，第89页。

④ 笑：《陈炯明与陈听香》，《时报》1912年4月20日第6版。

⑤ 《时事小言》，《神州日报》1912年4月21日第5版。

下之耳目”[①]。时隔一个月后，上海《时事新报》以陈听香被杀一事为例，哀叹“呜呼自由神，呜呼言论之自由神”[②]。

值得注意的是，部分评论以军律与军法的法理为切入点，对“陈听香案”进行分析。社会舆论关于“军律”的认识，多来自英国法学家戴雪对军法与军律的界定与阐释。在戴雪看来，军法适用于战时，是一种战时戒严法。并且，当军法行使作用时，其他普通法律都停止作用。军律是管治军人军纪的法律，军律的适用主体是军人。当军人违法犯罪时，普通法律优先于军律[③]。

《民立报》发表一篇署名“行严”的文章[④]。此文结合案件情况，探讨使用军律处决陈听香是否合法。作者在文中坦言，讨论此问题最大的困难是如何界定陈炯明与粤省临时议会所用的“军律”。因此，作者对军法与军律分别进行界定，指出军律是军队中的纪律，“管治于军人于平时，而亦仅能管治军人”，而军法是在战时管治平民，军法颁布则普通法暂时停止作用，所有诉讼由军法审判厅处理。针对陈炯明与粤省临时议会所讨论的“军律”是“一物抑两物”的情况，作者分别用军法与军律对“陈听香案”进行分析。

当所讨论的“军律”是军法之时，作者从军法的适用前提与运行条件等角度切入，对“陈听香案”进行剖析。作者认为军法的适用前提是两个国家或国家与团体之间处于交战的状态。而针对地方上出现叛乱的情况，作者引用戴雪的观点，解释道：“军士尽可击杀作乱之市民，而不容事后以军法审判之。”由此，作者质疑陈炯明提及的“地方戒严”，认为陈炯明“不过防暴徒之起”。此外，作者引用戴雪的观点解释军法有两种特别效力，其一指寻常法律的效力之停止，其二指国家全部或一部受治于军事机关。随后，作者指出陈炯明忽略了军法的第二种特别效力。结合案件的具体情

① 《时事小言》，《神州日报》1912年4月24日第5版。

② 《时评三》，《时事新报》1912年5月30日第6版。

③ [英]戴雪著，雷宾南译：《英宪精义》，商务印书馆，1935年，第383—393页。

④ 下文对该篇的引用均参见行严：《论军律——答陈女士君玉》，《民立报》，1912年4月27日第2版。“行严”是章士钊的笔名。章士钊曾远赴英国留学，攻读法律、政治，对西方的法律，特别是对英国的法律有着深刻的了解。参见袁景华：《章士钊先生年谱》，吉林人民出版社，2001年，第37页。

况，作者认为粤省在施行其所谓军法之时，警察在维持秩序，普通法庭亦在继续工作，与军法运行的条件不符。

另外，作者还从军律的适用前提与运行条件，对该案进行了分析。作者认为军律是军人的纪律，只能审判军人，"其作用仅能及于一类之人，非同他种法律，其影响恒及于全体人民"。随后，作者对军事法庭与普通法院的管辖权进行分析。作者用英国的"伍芙通案"举例："在一千九十八年，爱尔兰有著名之讼案，曰伍芙通案（Wolfe Tones Case）者，拥护此说最力。伍芙通本爱人，反助法人攻爱，爱人卒捕之，先受军律裁判所之审判，后普通法庭以伍芙通乃法国军人，非不列颠军人，争之，卒由普通裁判所宣告死刑。"作者指出军人与平民的纠纷，应该由普通法庭审理，陈听香所犯的罪行是造谣惑众、扰乱军心，但陈听香并非军人，不能用军律处理审判，应交由普通法庭审理。

上海《神州日报》发表署名"公谅"的文章。文章主要以军律与军法的法理为切入点，对陈炯明的咨文进行剖析。文章开头即直言："军律、军法之别，关于一国法制之精神，……苟不于此加慎，则妨害人民自由匪浅。"[①] 作者分别界定军法与军律的概念，认为军法是战时管治军人与普通人的法律，而军律是在平时约束军队的纪律，专门管治军人。针对咨文中"奉行军律"的说法，作者认为陈炯明误解军律为军法，"不知军法能治普通人于战时，军律不能治普通人于平时"，而陈听香并非军人，不应受治于军律。同时，作者还对"议员以约法颁布为由请求解除军律"和"颁布戒严令当预告军律"等说法进行了讨论。对于前者，作者直言其"不知军律专治军人，……与约法本无抵触"。对于后者，作者则指出其不知戒严命令仅限于非常紧急之时，并且事后须经法定机关追认，命令方才有效。最后，作者感慨道："呜呼，何其不明军法、军律之别者之多耶？"[②]

中国传统法律具有"诸法合体"与"刑民不分"的特点。在中国传统法律的语境中，军律与军法均是具有刑法性质的军事法规，并未严格区分。清政府颁布的《大清新刑律》，对军事刑律未列专章，军民同制，但仍包

---

① 公谅：《论军律与军法之别》，《神州日报》1912年4月26日第1版。

② 公谅：《论军律与军法之别》，《神州日报》1912年4月26日第1版。

含有军事刑法的内容[①]。粤省军政府成立后，时任粤督胡汉民颁布军律，并强调“凡犯左列各条者，当律处以死刑”，内容如下：“（一）不听号令者；（二）临阵退缩者；（三）私通敌人甘作奸细者；（四）抢掠人民财物者；（五）携枪私逃者；（六）泄露军情者；（七）奸淫妇女者；（八）损害洋人生命者；（九）烧毁官舍民房者；（十）造谣惑众扰乱军心者；……（廿五）违抗命令开赌收规不服制止者。”[②] 由此可知，粤省军政府所颁布的军律是一种维护军队秩序的法令，主要针对粤省内的军队。

回溯此案，判断陈听香是否为军人乃是关键。据辛亥革命元老冯秋雪回忆，陈听香曾兼任惠军参谋[③]。李默所编的《辛亥革命时期广东报刊录》也指出陈听香“充任王部参谋”[④]。关于“参谋”一说，或许是陈听香经常利用自己所办的报刊为民军说话，民军首领为拉拢陈听香，私下授予他的虚职。在时人看来，陈听香主要还是以报人的身份在社会上活动。陈听香创立《公言报》《佗城独立报》等报纸，撰写文章，批评时政，常有人视其为“讼棍”，对其颇有微词[⑤]。此外，军政府发布的告示明确了陈听香的报人身份，谓陈听香“为《佗城独立报》发行人”，并未言陈听香为惠军参谋。相比之下，陈炯明缉拿石字营参谋麦笃臣与民军总务处总长黄世仲时所发的告示，都直接表明其军人身份，有“查石字营参谋麦笃臣”“查黄世仲自任民军总务处总长”等语[⑥]。综上，陈听香在当时的社会身份主要是报人。因此，陈炯明用军律处决陈听香存在不合理之处。

此时，恰逢孙中山携胡汉民南下广州。孙中山向陈炯明提出由胡汉民复任粤省都督[⑦]。陈炯明当即致函粤省临时议会，要求解除职务，回家省亲，

---

① 闵光玉：《军律之殇：晚清军事法变革之旅》，法律出版社，2013年，第162页。

② 《军政府现行军律二十五条》，《香港华字日报》1911年12月29日第4版。

③ 冯秋雪：《辛亥前后同盟会在港穗新闻界活动杂忆》，陈夏红编：《辛亥革命实绩史料汇编：舆论卷》，中国大百科全书出版社，2011年，第278页。

④ 李默：《辛亥革命时期广东报刊录》，中国社会科学院新闻研究所《新闻研究资料》编辑室编辑：《新闻研究资料》第1辑，中国社会科学出版社，1979年，第162页。

⑤ 《香港电报》，《民立报》1912年4月11日第3版。

⑥ 《缉拿石字营参谋麦笃臣告示》，段云章、倪俊明编：《陈炯明集》上卷，中山大学出版社，2007年，第64页；《拿办黄世仲谕》，段云章、倪俊明编：《陈炯明集》上卷，中山大学出版社，2007年，第83页。

⑦ 段云章、倪俊明：《陈炯明》，广东人民出版社，2009年，第79页。

并推举孙中山或胡汉民接任都督职务。同时，陈炯明还告诫军人服从命令，拥戴新都督[①]。粤省临时议会因此前弹劾一事，被外界视为陈炯明离职的背后推手。为此，粤省临时议会特地起草文章对弹劾陈炯明之事进行特别说明，强调弹劾之意“纯为法律上之争辩”[②]。孙中山则对陈炯明表现出极大的支持与赞赏。4 月 27 日，孙中山在粤省临时议会上发言时，称:“陈都督极有本领，不避劳怨，前屡辞职，经屡电挽留，隐忍至今。”孙中山又谈到与陈炯明交谈时，“未尝不殷殷求治，未稍露去任之意”。孙中山还指出陈炯明的去职是由于“多诬捏之词”[③]。孙中山表明态度后，粤省临时议会无奈接受批评，停止对陈炯明的指责，该案也就此不了了之。

五 结语

“陈听香案”虽了结已久，却留下了许多值得我们探讨的问题。“陈听香案”是民初地方社会法治紊乱的缩影，实际上当时“军律治民”之事不在少数。如常州军政分府总司令赵乐群率兵逮捕监学陈士辛，并以侵吞军饷之罪将其枪毙。陈听香因“言论不当”被按军律处决仅是其中一例。正如时人所言:“各属无辜枪毙，动持军律，不知恒河沙数，略其重者、大者而重其轻者、小者，法律岂得谓平。”[④] 有学者指出:“《临时约法》虽然罗列了人民应当享有的上述各种自由权利，但对政府非法侵犯人民上述自由却未设任何救济方法。”[⑤] 在面对纷繁复杂的案件时，执政者的主观意愿容易成为判定嫌疑人罪与非罪的决定性因素，又因缺乏有效的法律保障，致使地方社会出现滥用军律的情况。

此外，军律主要指涉军人，维护军队稳定，是军政府政治权威的重要

① 《广东新旧都督交替记》,《申报》1912年5月4日第6版。

② 《粤东省议会布告同胞》,《时事新报》1912年4月29日第2张第1版。

③ 孙中山:《在广东省议会的演说(一九一二年四月二十七日)》,中国社会科学院近代史研究所中华民国史研究室、中山大学历史系孙中山研究室、广东省社会科学院历史研究室合编:《孙中山全集》第2卷,中华书局,1982年,第346页。

④ 《粤东省议会布告同胞》,《时事新报》1912年4月29日第2张第1版。

⑤ 张学继:《从法理视角论〈中华民国临时约法〉的缺陷》,《杭州师范大学学报(社会科学版)》2014年第3期,第63页。

体现。陈听香身为报人，却被用军律审判。此事看似吊诡，实则是民初“武人政治”的体现。“陈听香案”由粤省陆军军法局独立完成审判与执行，引起人们对个人安全的恐慌。因此，粤省临时议会试图通过弹劾陈炯明，打破军政府的高压。社会舆论援引西方军事刑法理论，试图说明民初某些政要滥用军律。然而，都督陈炯明有实权、有威望，获得了袁世凯、粤省军界以及孙中山的支持，是事实上的强者，道理上的“弱者”。有学者认为辛亥鼎革之际的军人不再是绅士阶级的附庸，不再是政治斗争的工具，而变成了政治斗争的主角①。军人执政者在民初逐渐形成新的政治强权，左右着地方政局的发展。他们的施政或多或少带有军人的烙印，并未过多考虑程序与正义。

作者通信地址：湖北省武汉市洪山区珞喻路152号华中师范大学主校区，邮编：430000。

责任编辑：官章奕

① ［加］陈志让：《军绅政权：近代中国的军阀时期》，广西师范大学出版社，2008年，第24页。

大革命时期马克思主义在广东的传播研究*

魏法谱** 张 薇***

中共广东省委党校，广东广州，510053

摘 要：大革命时期，广东不仅是国民革命的策源地，同时也是马克思主义传播的重要阵地和基地。这一时期，广东拥有较为宽松、自由的社会政治环境，使马克思主义的公开传播成为可能。中国共产党和团组织充分利用广东的有利条件，通过出版马克思主义理论著作、发行各种报刊、创办学校以及开展党内教育等多种形式推动马克思主义传播，不仅推动了马克思主义在广东的传播，也对马克思主义在全国的传播作出了贡献。同时，广东党组织和团组织也得以发展壮大，为大革命的胜利进行奠定了重要基础。

关键词：大革命时期；马克思主义；传播；研究

1924—1925年，广东成为国民革命的策源地，推动了全国革命形势的不断发展。同时，广东也是这一时期马克思主义传播的重要阵地，并逐步成为推动马克思主义在全国传播的重要基地，有力推动了马克思主义的传播。大革命时期马克思主义在广东传播的研究成果，相对于同一时期其他问题的研究成果而言，数量较少。笔者在《马克思主义在广东的早期传播

---

* 本文为2022年度广东省哲学社会科学规划党史特别委托项目“马克思主义在广东早期传播文献整理与研究（1919—1927）”（批准号：GD22WTF03-01）成果。

** 魏法谱（1982— ），男，汉族，山东邹平人，中共广东省委党校中共党史教研部副教授、硕士生导师，法学博士。

*** 张薇（2000— ），女，汉族，广东茂名人，中共广东省委党校党史党建专业硕士。

研究（1919—1927）》一书中，对此问题有所涉及，但比较零散，并未以此为专题进行系统研究[①]。中共广东省委宣传部所编的《马克思主义在广东传播一百年》中，也有专章对国民革命时期马克思主义在广东的传播进行研究。但该书宣传性大于研究性，对相关问题的研究仅限于农民运动讲习所（下简称“农讲所”）、黄埔军校（即陆军军官学校）、部分报刊社及培训等推动马克思主义传播的作用，并且多是简单罗列具体史实，对相关问题没有深入、系统地展开，其中还有不少史实性错误[②]。除此之外，目前关于该问题的研究仍没有相关论文出现。因此，对这一问题有进行研究的空间和价值。本文试图利用相关资料，对大革命时期马克思主义在广东传播的相关历史及其特点等进行系统研究，以推动这一研究的不断深化。

一 大革命时期马克思主义在广东传播的有利条件

大革命时期马克思主义在广东的传播具有两大得天独厚的优势：一是广东具有相对开放的政治环境，二是广东拥有较为发达的媒体。正是由于这两个优势的存在，使大革命时期马克思主义在广东的传播能够顺利进行，并且取得了显著成效，推动了大革命形势的不断发展。同时，广东也逐步成为这一时期推动马克思主义在中国传播的重要阵地和基地。

（一）广东具有相对开放的社会政治环境

大革命时期，马克思主义在广东的传播具有得天独厚的政治环境和社会条件，这是全国其他地方无法比拟的巨大优势。辛亥革命之后，广东在中国民主革命中独树一帜，孙中山先后三次在广东建立革命政权，以广东为基地同北洋政府抗争。因此，相对于北洋政府统治区域，广东的政治环境较好，有利于新文化、新思想的传播。中国共产党成立后，充分利用了广东的优势地位。陈独秀南下广东后，新青年社也南迁广州，继续发行《新青年》杂志和《新青年》丛书。人民出版社也在广州成立分支机构，公开出版马克思主义理论著作。国共合作的统一战线正式形成为马克思主义在

---

① 魏法谱：《马克思主义在广东的早期传播研究（1919—1927）》，广东人民出版社，2021年。

② 中共广东省委宣传部编：《马克思主义在广东传播一百年》，广东人民出版社，2021年。

广东的传播创造了更为有利的条件。当时国内没有一地能有广东如此相对开放和自由的社会政治环境。与之形成鲜明对比的是，在北洋政府控制的地区，马克思主义传播受到很大阻力。如中共中央创办的上海书店于 1926 年 2 月被查封；对山东、安徽等省的共产党员来说，收、寄马克思主义理论书籍都是非常危险的事情，不少党员因此被捕而牺牲[①]。

共产国际代表马林对广东比较自由开放的社会政治环境也赞不绝口。他曾在一份报告中称，“我们在广州有充分的行动自由，而且只能在这里公开举行党的代表大会和劳动大会”[②]，“中国虽疆土辽阔，但广州是南方唯一可以举行大型会议的城市”，“党的中央委员会就在广州，因为他们可以在这里合法地工作”[③]。时任广东区委宣传部长的任卓宣也曾撰文称赞广东社会政治环境的优越：“一出广东界，那一个地方许你们做革命言论底宣传，农人工人底组织和活动！”[④]时任团广东区委执委、学委书记的沈宝同也曾说，“广州是国民政府统治下的，当然对于人民的集会结社言论，比较中国任何地方为自由”[⑤]。赖先声也肯定了广东良好的社会政治条件，他认为广州是革命政府所在地，不但不摧残各种运动，而且有相当的保护，所以工人运动、农民运动以及军士运动都有发展的趋势[⑥]。

在这种相对自由开放的社会政治环境下，各种革命纪念活动，如对马克思、列宁等的纪念活动，对国际共产主义运动史上的重大事件如巴黎公社、五一劳动节、十月革命等的纪念活动，都得以在广东全省范围内公开

---

① 《中央局报告》，中央档案馆编：《中共中央政治报告选辑（1922—1926 年）》，中共中央党校出版社，1981 年，第 85 页。

② 《致共产国际执行委员会、红色工会国际、共产国际执行委员会东方部和东方部远东局——关于中国形势和 1923 年 5 月 15 日至 31 日期间的工作报告》，中共中央党史研究室第一研究部编：《共产国际、联共（布）与中国革命文献资料选辑（1917—1925）》第 2 册，北京图书馆出版社，1997 年，第 455 页。

③ 《致红色工会国际书记处赫勒尔的信》，李玉贞主编，杜魏华副主编：《马林与第一次国共合作》，光明日报出版社，1989 年，第 181—182 页。

④ 卓宣：《在国民革命中之民众底作用》，《人民周刊》1926 年第 20—21 期，第 17 页。

⑤ 沈宝同：《广州学生运动的过去、现在及将来》，广州青年运动史研究委员会编：《广东学生运动史料选编（1923—1927）》，广州青年运动史研究委员会，1980 年，第 269 页。

⑥ 先声：《广州学生运动之一斑》，谭小莲等编：《广东青年运动历史资料》第 3 册，广东省档案馆、广东青运史研究委员会，1988 年，第 383 页。

举行，进而增进了广大群众对马克思主义理论的了解。举办纪念活动也由此成为马克思主义在广东传播的重要途径之一。关于马克思主义、列宁主义理论的公开演讲可以在广东举行，并未受到太大阻碍。马克思主义相关的理论著作、传播马克思主义的各种报刊等也能在广东公开出版发行，从而推动了马克思主义传播。

（二）广东拥有较为发达的新闻出版业

较为发达的新闻出版业是大革命时期马克思主义在广东广泛传播的前提条件。作为东西方文化交流地的广东，报业非常发达。据统计，1912年前后，广东仅报馆就有40家左右。随着五四新文化运动在广东的开展，广东的媒体日益发达，创办报纸、杂志传播新文化、新思想在广东蔚然成风。当时国内一些大的出版机构，如商务印书馆、中华书局等纷纷在广东设立分支机构，中国共产党创办的新青年社、人民出版社等，也迁来广东进行出版工作，推动了广东出版事业的繁荣发展。

随着国共合作局面的正式形成，广东各种宣传革命思想的出版机构和报刊出现了井喷式的增长。中国共产党充分利用广东的有利环境，创立了一些出版机构出版相关著作，宣传中国共产党的理论主张，在推动国民革命运动进行的同时，也促进了马克思主义传播。同时，广东党、团组织积极做好相关报刊的出版、发行工作，创办了《新学生》《人民周刊》《少年先锋》等杂志。中共中央机关刊物《向导》和团中央创办的《中国青年》等也一度迁至广东进行出版发行工作。

各个团体、组织在大革命时期也发行了大量报刊，以动员各界群众起来参加革命。农民运动、工人运动的相关报刊以及以青年学生为主要发行对象的报刊纷纷出版，遍布广东全省。国民党方面也在这一时期发行了大量报纸、杂志，如《国民革命》等等。黄埔军校以及其他军校、国民革命军各部队等也发行过不少报刊，数量达到30多种①。这些都充分体现出这一时期广东新闻出版业的发达。这些报刊也成为大革命时期推动马克思主义在广东传播的重要载体。

① 广东省地方史志编纂委员会编：《广东省志・新闻志》，广东人民出版社，2000年，第50页。

二 大革命时期马克思主义在广东传播的主要方式

马克思主义在广东传播的方式是多种多样的。广东党、团组织除了创办书店出版马克思主义理论著作、公开发行报刊传播马克思主义外，还积极通过党内教育、开办训练班、党校等方式推动党、团员学习马克思主义。同时，农讲所、黄埔军校等机构也公开传播马克思主义。通过公开的纪念活动传播马克思主义，也是这一时期马克思主义在广东传播的一大特色。多种多样的传播方式使得马克思主义在广东的传播达到了前所未有的高度和水平。

（一）通过报刊书籍推动马克思主义传播

1.通过报刊传播马克思主义

报刊在大革命时期马克思主义在广东的传播中发挥了重要作用。随着国共合作局面的正式形成，广东各党派以及一些团体、组织等纷纷创办各种报刊，宣传革命思想，动员广大群众加入革命队伍中，不断扩大革命的群众基础。在这一过程中，这些报刊发表了不少马克思主义理论方面的文章，解释马克思主义的相关概念，以此推动马克思主义传播，也使得马克思主义在广东各地的影响不断扩大。

这一时期，大量马克思、恩格斯、列宁等人著述的译介文章出现在广东发行的报刊上。如《人民周刊》就曾发表过恩格斯著、李春蕃翻译的《共产主义原理》一文[①]，《岭东民国日报》的副刊《革命》发表过马克思的《一八四八年六月巴黎无产阶级之失败》[②]（今译《六月革命》）、列宁的《国家与革命》《唯物史观与马克思》等译文[③]。

报刊中也大量发表了阐释马克思主义理论的文章。如《人民周刊》发表了邓中夏的《工钱与物价》、张国焘的《“阶级”与“斗争的误用”》、熊

---

① 《人民周刊》1926年第29期，第6页。

② 《岭东民国日报》副刊《革命》1926年第3卷第4期，转引自北京图书馆马列著作研究室编：《马克思恩格斯著作中译文综录》，书目文献出版社，1983年，第1125页。

③ 张静庐辑注：《中国出版史料补编》，中华书局，1957年，第455页；曹鹤龙主编，北京图书馆编：《列宁著作在中国：1919—1992年文献调研报告》，书目文献出版社，1995年，第305页。

锐的《社会主义史绪论》《空想的社会批评家》、任卓宣的《什么是共产主义？》等文章，《少年先锋》发表了任卓宣的《十月革命与廿世纪底思潮》《马克思主义底要点》《列宁主义大意》《革命与阶级争斗》《什么才是革命理论》以及李春蕃的《怎样研究社会科学？》等阐释马克思主义理论的文章。这些文章以中国人的视角来宣传马克思主义，有利于广大读者进一步增进对马克思主义理论的理解。

此外，通过在报刊设置专栏等形式推动马克思主义传播也是这一时期的一大特色。省港罢工委员会出版的《工人之路特号》特地开辟了专栏“新名词浅释”，主要介绍马克思主义相关理论名词，如阶级、阶级斗争等①，有利于广大工人了解马克思主义的基本理论知识。《少年先锋》也专门设有“读者问答”栏目，以解答广大读者对于马克思主义理论的各种问题和疑惑，探讨共产主义和马克思主义理论的相关问题②。

2.通过书籍传播马克思主义

这一时期，广东党组织先后创办了国光书店、汕头书店等，以推动马克思主义理论著作的出版。其中，仅国光书店出版或翻印的马克思主义理论著作就有《唯物史观浅释》《共产党宣言》《新社会观》《帝国主义浅说》等30余种。汕头书店再版过《中国社会各阶级的分析》③以及《中国共产党五年来之政治主张》④等。农讲所出版的“农民问题丛刊”、黄埔军校出版的一些教材，如《帝国主义》《经济学概要》《社会科学概论》等，都对马克思主义传播起到了积极作用。

这一时期，还有一些书店也参与到了马克思主义的传播中来，如广州丁卜书局（也称丁卜图书社）发行了《陈独秀先生演讲集》等马克思主义理论著作，广州书店翻印过《共产主义与共产党》等书籍⑤。广东国民大学也发行过一些马克思主义书籍，如《列宁主义之理论及实施》（斯大林著，汤澄波译）等。其他一些机构也发行过不少马克思主义理论著作，如朱则

---

① 《工人之路特号》1925第132期。

② 《少年先锋》1927第1卷第12期。

③ 毛泽东：《中国社会各阶级的分析》，汕头书店，1927年。

④ 李德之：《潮汕革命报刊、书店简况》，中共广东省委党史研究室编：《广东党史资料》第23辑，广东人民出版社，1993年，第374页。

⑤ 陈独秀：《共产主义与共产党》，广州书店，1925年。

的《帝国主义之政策的基础》就是由国民党中央宣传部印行的。

（二）通过党内教育等方式传播马克思主义

1.通过党内教育提高党、团员的马克思主义理论水平

这一时期，广东党组织还通过党内教育来推动马克思主义传播。为使广大党、团员“明了团体的主义及临时发生的各种问题之策略”[①]，广东党、团组织广泛开展党内训练教育，不断以党内学习等方式推动马克思主义理论在广大党、团员中的普及。

广东区委规定，各支部每星期都要开会一次，并在开会时要专门留出时间讨论马克思主义。每次讨论的具体程序是：由宣传干部提前准备好需要讨论的内容，在会上报告。报告完毕后，大家再进行讨论。经过充分讨论后，再由宣传干部作结论[②]。团广东区委规定，各团支部或小组每周要开常会一次，并要注意马克思主义理论和政策的研究、学习和训练，每名团员都应该加强对马克思主义的研究和学习。团广东区委还专门规定了广大团员需要研究的书目，主要包括《共产党宣言》《陈独秀先生讲演录》《新社会观》《资本制度浅说》《马克思主义浅说》《帝国主义浅说》《阶级斗争》《唯物史观浅释》等[③]。

团广州地委也对广大团员的马克思主义理论学习作出了明确规定，提出必须制定马克思主义讨论提纲交由各支部讨论，并派人到会上作马克思主义理论的报告[④]。开支部会议时，要按照团员理论水平的高低，进行马克思主义理论的讨论或解释工作，如唯物史观、阶级斗争等，使“团员知其大概”[⑤]。同时，还规定，每月至少要进行一次马克思主义理论的

---

① 《团粤区委关于内部组织、训练与教育提案》，中央档案馆、广东省档案馆编：《广东革命历史文件汇集·群团文件（一九二五年）》一，中央档案馆，1983年，第58页。

② 《教育工作底方法》，《我们的生活》1926年第4号。

③ 《团粤区委关于支部或小组的训练工作计划》，中央档案馆、广东省档案馆编：《广东革命历史文件汇集·群团文件（一九二六）》一，中央档案馆，1983年，第237—238页。

④ 《团广州地委一月份的计划》，中央档案馆、广东省档案馆编：《广东革命历史文件汇集·群团文件（一九二五年）》一，中央档案馆，1983年，第82页。

⑤ 《团广州地委组织部报告（第一号）》，中央档案馆、广东省档案馆编：《广东革命历史文件汇集·群团文件（一九二五年）》一，中央档案馆，1983年，第167—168页。

演讲，使广大团员对马克思主义有根本的认识[①]。团广州地委还要求不同行业和级别的支部学习内容要有所区别，以应对团员理论水平差异较大的问题。学校的团员理论水平较高，因此必须系统讨论“共产主义初步”等内容；其他行业的团员理论水平较低，则需要系统学习“马克思主义浅说”等内容。团的高级干部，如区委委员、地委委员以及各负责重要工作的同志，则要共同组织专门的讨论会，讨论包括马克思主义原理等内容[②]。

为加强团员的党内教育训练，1925年8月，团广州地委专门组织了教育训练委员会。具体训练方法如下：每星期由组织部负责起草训练提纲，教育训练委员会通过后，举行各支部书记参加的联席会议进行解释。在举行支部会议时，所有团员都要逐条讨论提纲中的内容，并要积极发言，还要将讨论结果写成报告。此外，还规定讨论的具体内容包括“什么是共产主义”“什么是阶级斗争”“参加民族革命问题”等，这无疑有利于推动马克思主义理论在团员中的普及和传播[③]。马克思的唯物史观、阶级斗争、政治问题、劳动运动问题等均在会议上进行过讨论和解释[④]。

其他各地团组织也十分注重团员的马克思主义理论教育和学习。团汕头地委规定，每周日举行政治报告和马克思主义的演讲会[⑤]。江门、会城等地的团组织利用开会的时机讨论本校组织和党义，并向新入团的团员进行解释[⑥]。顺德支部也利用开会之机进行团员的训练，派人参加支部会议，并

---

① 《团广州地委报告（第十八号）》，中央档案馆、广东省档案馆编：《广东革命历史文件汇集·群团文件（一九二五年）》一，中央档案馆，1983年，第330页。

② 《团广州地委特字报告（第二号）》，中央档案馆、广东省档案馆编：《广东革命历史文件汇集·群团文件（一九二六年）》一，中央档案馆，1983年，第160页。

③ 《团广州地委特别报告（第六号）》，中央档案馆、广东省档案馆编：《广东革命历史文件汇集·群团文件（一九二五年）》一，中央档案馆，1983年，第339页。

④ 《团广州地委组织部报告（第一号）》，中央档案馆、广东省档案馆编：《广东革命历史文件汇集·群团文件（一九二五年）》一，中央档案馆，1983年，第167—168页。

⑤ 《团汕头地委关于第二次团员大会经过报告》，中央档案馆、广东省档案馆编：《广东革命历史文件汇集·群团文件（一九二五年）》二，中央档案馆，1983年，第336页。

⑥ 《徐辉给团中央的报告》，中央档案馆、广东省档案馆编：《广东革命历史文件汇集·群团文件（一九二二—一九二四年）》，中央档案馆，1983年，第54页。

作报告，还要讨论共产主义与共产党、什么是布尔什维克化等①。团陆丰特支开会时，曾专门讨论阶级与等级的分别、什么叫做群众化、什么叫做民主集权制、我们为什么要主张民主集权制、什么叫做共产主义、什么叫做资本、什么叫做资本家、什么叫做阶级斗争等内容②。南雄特支曾专门开会一周，训练团员③。团东莞地委也经常利用开会的时机，进行团员马克思主义理论的学习④。

2.举办训练班推动马克思主义传播

除了内部学习和教育外，广东党、团组织还举办了各种形式的训练班、党校等，推动广大党、团员掌握党的各项方针、政策，提高他们从事实际革命工作的能力，同时不断提高其马克思主义理论水平，这样也在客观上促进了马克思主义在广东的传播。

按照中共中央的要求，广东区委对通过训练班、党校培训党员，推动马克思主义传播工作高度重视，并要求各地积极组织训练班、党校，以培训党员⑤。同时，由广东区委宣传部负责制定党、团员训练班和党校课程，并编印教育训练材料⑥。在与共产国际代表充分商定后，1925年1月20日，广东区委在广州东山正式创办了一所党校，以训练党、团员。这所党校招收了学员二三十人，培训时间为3个月，每天晚上上课2小时⑦。6月，省

---

① 《团顺德支部会议报告表(第三号)》，中央档案馆、广东省档案馆编：《广东革命历史文件汇集·群团文件(一九二五年)》二，中央档案馆，1983年，第299页；《团顺德地委报告》，中央档案馆、广东省档案馆编：《广东革命历史文件汇集·群团文件(一九二六年)》一，中央档案馆，1983年，第247—251页。

② 《团陆丰特支五月份工作报告》，中央档案馆、广东省档案馆编：《广东革命历史文件汇集·群团文件(一九二六年)》二，中央档案馆，1983年，第144—145页。

③ 《团南雄特支五月份总报告》，中央档案馆、广东省档案馆编：《广东革命历史文件汇集·群团文件(一九二六年)》二，中央档案馆，1983年，第151页。

④ 《团东莞地委给团中央的报告(第一号)》，中央档案馆、广东省档案馆编：《广东革命历史文件汇集·群团文件(一九二六年)》一，中央档案馆，1983年，第333页。

⑤ 《团粤区委给团中央的报告》，中央档案馆、广东省档案馆编：《广东革命历史文件汇集·群团文件(一九二六年)》一，中央档案馆，1983年，第11页。

⑥ 《党校状况》，《我们的生活》1926年第1号。

⑦ 《团广州地委宣传部报告》《团广州地委特别报告(第六号)》，中央档案馆、广东省档案馆编：《广东革命历史文件汇集·群团文件(一九二五年)》一，中央档案馆，1983年，第42、339页。

港大罢工爆发后，为建立党在罢工斗争中的领导核心地位，广东区委还在农讲所开设了由陈延年主持的工人训练班，以培训工运中坚分子[①]。11月，广东区委又举办了一个为期一周的特别训练班[②]。

这一时期，广东党、团组织联合举办党校训练党、团员成为一大特色。1926年6月，广东区委和团广东区委联合开办了一所党校，时间为1个月，招收学员40名，学员主要是一些“比较明白、参加过实际工作的同志”，目的是培养革命人才。党校的教员由广东区委委员担任，学员除了每天要上课4小时外，还要分派参加各支部会议等。不久，广东区委与团广东区委又合办了一个妇女干部训练班，共上课20小时[③]。

1926年9月1日，广东区委鉴于本区党员文化程度较低而革命工作又迫切需要大批工作人员，所以又“特设党校一所，以培养党底工作人材”[④]。该党校以两个月为一期，第一期招收学员60人。课程主要包括马克思主义理论等四个方面，四个方面之下又分若干门课程，授课内容“皆做支部工作所必需之知识，应有尽有”[⑤]。根据广东区委书记陈延年的报告，这所党校一直坚持办到12月“尚未中断”[⑥]。1926年2月，团广东区委专门制定了3个月的训练计划大纲，分期训练中坚分子。第一阶段主要训练团区委、地委、特委的负责同志，第二阶段主要训练各团支部书记、组长及活动分子，第三阶段主要训练一般团员同志[⑦]。并且计划用半个月时间专门训练区委的负责同志，由理论和经验丰富的负责同志授课。随后，还挑选了

---

① 《陈延年致乔年、若飞、一飞、罗觉同志信》，中央档案馆、广东省档案馆编：《广东革命历史文件汇集·群团文件（一九二五年）》一，中央档案馆，1983年，第9—12页。

② 《团广州地委关于十一月份宣传工作状况的报告》，中央档案馆、广东省档案馆编：《广东革命历史文件汇集·群团文件（一九二五年）》二，中央档案馆，1983年，第218页。

③ 《团广东区委给团中央的报告（第二号）》《团广东区委关于九个月来工作的总报告》，中央档案馆、广东省档案馆编：《广东革命历史文件汇集·群团文件（一九二六年）》二，中央档案馆，1983年，第236、304—305页。

④ 《党校状况》，《我们的生活》1926年第1号。

⑤ 《党校状况》，《我们的生活》1926年第1号。

⑥ 《中央局报告（十、十一月份）》，中央档案馆编：《中共中央政治报告选辑（1922—1926年）》，中共中央党校出版社，1981年，第84页。

⑦ 《团粤区委给团中央第一号报告》，中央档案馆、广东省档案馆编：《广东革命历史文件汇集·群团文件（一九二六年）》一，中央档案馆，1983年，第200页。

40个“比较明白”且参加过实际工作的同志及各团支部书记、干事、部委委员等组织了一个团校，时间为两个半月，由党、团负责同志每隔一天进行授课。其中，马克思主义理论相关的内容占40%，实际工作相关的内容占60%[①]。

3月，团广东区委再次举办训练班，参训学员主要是能退学出来做工、思想明白、能活动的部分团员。此次训练班开设的课程有熊锐的《什么是共产主义》、黄平的《最近国际的形势和CP的势力》等，时间为4个星期，每星期上课3天，约有100人参加了此次训练班。训练班还邀请了团广东区委的黄居仁等人作报告[②]。4月，全省学联代表大会闭会后，团广东区委还给各地来广州开会的代表举办了一个临时训练班，课程有马英主讲的“什么是共产主义”等四个方面的内容[③]。6月，团广东区委又举办了东山训练班，授课时间总长达20小时[④]。

各地党、团组织也纷纷举办各种形式的训练班，以训练党、团员，广州、陆丰、东莞、惠州、汕头等地都举行过训练班，团广州地委举行了团校训练班[⑤]。陆丰特支举行的训练班时间为半个月，28人参加，课程主要有什么是共产主义、阶级与党、阶级与智识、共产主义者关于民族革命的理论、俄国共产党的组织、为什么要参加国民革命等[⑥]。团东莞地委也组织过训练班，由李耀先、莫萃华、黄国器、李本立四人担任教师[⑦]。团惠州支部

---

① 《团广东区委关于九个月来工作的总报告》，中央档案馆、广东省档案馆编：《广东革命历史文件汇集·群团文件（一九二六年）》二，中央档案馆，1983年，第295—297页。

② 《团粤区委通告（广字第二号）》，中央档案馆、广东省档案馆编：《广东革命历史文件汇集·群团文件（一九二六年）》一，中央档案馆，1983年，第211—213页。

③ 《团粤区委宣传部四月份工作报告》，中央档案馆、广东省档案馆编：《广东革命历史文件汇集·群团文件（一九二六年）》一，中央档案馆，1983年，第371—372页。

④ 《团广东区委给团中央的报告（第二号）》，中央档案馆、广东省档案馆编：《广东革命历史文件汇集·群团文件（一九二六年）》二，中央档案馆，1983年，第236页。

⑤ 《团广州地委组织部报告（第十六号）》，中央档案馆、广东省档案馆编：《广东革命历史文件汇集·群团文件·（一九二五年）》一，中央档案馆，1983年，第324页。

⑥ 《共产主义青年团陆丰特支报告》，广东省档案馆、中共广东省委党史研究委员会办公室编：《广东区党、团研究史料（1921—1926）》，广东人民出版社，1983年，第266—267页。

⑦ 《团东莞地委给团中央的报告（第一号）》，中央档案馆、广东省档案馆编：《广东革命历史文件汇集·群团文件（一九二六年）》一，中央档案馆，1983年，第371—372页。

组织了2天的训练班，骆景先及林宝良均参与授课，课程有“共产主义与共产党”等[①]。团汕头地委组织的训练班共10天，30人参加，主要内容是主义的教育、内部组织的教育、政治教育和群众运动的教育。其中赖玉润讲授政治，伍治之讲授主义的教育和宣传方法[②]。

可以看出，这一时期，广东党、团组织通过党内教育等方式传播马克思主义具有一些显著特点。首先，注重实施分类教育。针对不同层级、不同理论水平的党、团员分别进行教育，并规定学习和讨论的材料、内容均有所区别，以提高理论教育的针对性，确保理论学习的质量。其次，要求十分严格。不仅对党、团员学习的具体内容、时间进行了严格规定，还对开展理论讨论的具体程序等进行了详细规定，以确保学习达到切实的效果。

（三）通过各种教育机构推动马克思主义传播

这一时期，广东创办的各种教育机构也在传播马克思主义过程中发挥了重要作用，体现出马克思主义传播的广泛性。如农讲所、黄埔军校以及其他党派、团体组织的各类培训班等，都将宣传马克思主义作为教学的主要内容之一，推动了马克思主义在广东的传播。

1.农民运动讲习所对马克思主义传播的推动

农讲所是大革命时期创办的一所专门培养农民运动人才的学校，其目的是“唤起农民觉悟和提高其利益”[③]。农讲所的历任主任（所长）均由共产党人担任，大多数教员也是共产党人，因此，农讲所在课程设置和学习过程中，融入了很多马克思主义的理论内容，从而推动了马克思主义在广大学员中的传播。

历届农讲所的课程设置中，马克思主义理论占了很大比重。随着办学经验的积累和时间的推移，农讲所课程中的马克思主义理论内容比例不断提高，其深度和广度也不断提升。第一届农讲所办学期间，鲍罗廷到农讲

---

① 《团惠州支部会议记录》，中央档案馆、广东省档案馆编：《广东革命历史文件汇集（一九二三年—一九二六年）》，中央档案馆，1985年，第201页。

② 《团汕头地委给团粤区委的报告（第一号）》，中央档案馆、广东省档案馆编：《广东革命历史文件汇集·群团文件（一九二六年）》二，中央档案馆，1983年，第77页。

③ 广东农民运动讲习所旧址纪念馆编：《广州农民运动讲习所资料选编》，人民出版社，1987年，第4页。

所曾给学员讲授“十月社会主义革命概况以及当前军阀割据的背景”[①]，让广大学员了解苏联十月革命历史，知晓大革命的形势；第三届农讲所的课程设置中，有关马克思主义的课程有“政治经济学”“什么是帝国主义”“社会发展史”“苏联革命史”等，其中后两门课程分别由马马也夫、罗以夫主讲[②]；第四届农讲所的课程设置有“马克思的剩余价值学说”“马列主义浅说”“唯物史观”“共产主义与共产党”“国民革命与世界革命”[③]等，这些都与马克思主义密切相关；第五届农讲所与马克思主义密切相关的课程有“社会进化史”“帝国主义”[④]“政治经济学”[⑤]“社会问题与社会主义”[⑥]“什么是帝国主义”“各国革命史”“社会学浅说”“政治经济学之浅释”“世界农民运动史略及其现势”“中国工人运动及工人状况”[⑦]等。

到了毛泽东担任所长的第六届农讲习所举办时，马克思主义理论相关课程的设置更加丰富，一共开设了25门课程，其中与马克思主义密切相关的课程有：“中国农民问题”（毛泽东主讲）、“帝国主义”和“社会问题与社会主义”（均由萧楚女主讲）、“苏俄状况”（陈启修主讲）、“中国职工运动”（李立三主讲）、“海丰及东江农运状况”（彭湃主讲）、“各国革命史”（张秋人主讲）等[⑧]。

除日常的理论学习外，第六届农讲所还专门规定了课外的理论学习时间，“指导学生为上堂以外之理论研究”，由萧楚女、毛泽东负责。学员学

---

① 广东农民运动讲习所旧址纪念馆编：《广州农民运动讲习所资料选编》，人民出版社，1987年，第286页。

② 广东农民运动讲习所旧址纪念馆编：《广州农民运动讲习所资料选编》，人民出版社，1987年，第293页。

③ 广东农民运动讲习所旧址纪念馆编：《广州农民运动讲习所资料选编》，人民出版社，1987年，第295—296页。

④ 广东农民运动讲习所旧址纪念馆编：《广州农民运动讲习所资料选编》，人民出版社，1987年，第297页。

⑤ 广东农民运动讲习所旧址纪念馆编：《广州农民运动讲习所资料选编》，人民出版社，1987年，第309页。

⑥ 隋景林：《在广州农民运动讲习所的日子及其它》，政协山东省诸城县委员会文史资料研究委员会编：《诸城文史资料》第10辑，1988年，第28页。

⑦ 《本部一年来工作报告概要》，《中国农民》1926年第2期。

⑧ 《第六届农民运动讲习办理经过》，《中国农民》1926年第9期。

习的马克思主义理论著作主要有《帝国主义浅说》《资本制度浅说》《社会进化简史》《列宁与农民》《俄国农民与革命》《农民国际》《共产党宣言》《共产主义的ABC》等①。萧楚女还负责解答学员们在理论学习方面遇到的困惑与问题，如唯物论与唯物史观、阶级斗争、共产主义相关的问题等②。

2. 黄埔军校对推动马克思主义传播的贡献

黄埔军校是大革命时期国共合作的产物，实行军事与政治并重的教育方针。黄埔军校政治部主任、副主任大多由共产党人担任，政治部的工作人员大多也是共产党员，所以，黄埔军校的政治教育相关课程中，也贯穿着马克思主义理论。对此，联共（布）中央政治局中国委员会给共产国际的报告中称，黄埔军校的政治课程“既有关于军阀制度、帝国主义的课程，也有关于马克思和列宁的课程”③。

黄埔军校政治部公布的《中央军事政治学校政治教育大纲草案》，规定了政治大队和军官大队必修的政治课程。其中，政治大队的课程中，与马克思主义理论相关的有“苏俄研究”“帝国主义”“社会进化史”“社会主义运动”“农民运动”“农村问题研究”等；军官大队与马克思主义理论相关的课程有“帝国主义”“世界政治经济状况”“社会进化史”“劳动运动”“农民运动”等④。

3. 省港罢工委员会相关训练班对推动马克思主义传播的贡献

省港罢工委员会创办的临时宣传学校、劳动学院、速成宣传学校等也对马克思主义传播起到了积极作用。其中，临时宣传学校由冯菊坡担任校长，开设的课程有“劳动运动史”“社会运动史”“资本制度浅说”“各国劳工状况”“工人阶级与政治争斗”“工人阶级与经济争斗”“社会进化历史”

---

① 《第六届农民运动讲习办理经过》，《中国农民》1926年第9期；张腾霄主编：《中国共产党干部教育研究资料丛书》第3辑，中国人民大学出版社，1989年，第9页。

② 广东农民运动讲习所旧址纪念馆编：《广州农民运动讲习所资料选编》，人民出版社，1987年，第157—162页。

③ 《索洛维约夫向联共（布）中央政治局中国委员会提出的关于中国形势的书面报告》，中共中央党史研究室第一研究部译：《联共（布）、共产国际与中国国民革命运动（1926—1927）》上，北京图书馆出版社，1998年，第332页。

④ 《中央军事政治学校第四期学生毕业纪念册》，广东省立中山图书馆、广州市社会科学院、中山大学图书馆编：《黄埔军校史料汇编·第一辑》第17册，广东教育出版社，2012年。

等[①]。劳动学院共举办两期，被称为“工人阶级的最高学府”，设置的课程有“世界革命史”“世界职工运动”“共产主义问题”“社会主义”“农民运动”等[②]。速成宣传学校由彭月笙任校长，开设的课程有“阶级斗争”“国民革命与阶级斗争”“社会进化史”“帝国主义”“工人阶级与国民革命”“中国革命与世界革命”“中国职工运动史”“农工联合的意义”等[③]。可以看出，这些课程大多与马克思主义关系密切，有力促进了马克思主义在工人群众中的传播。

各团体和组织还举办过其他各种类型的训练班、培训班，如中国国民党政治讲习班、青年夏令讲学班、妇女运动讲习所等。这些训练班、培训班大多由共产党人担任教员，在培养革命人才的同时，也对推动马克思主义传播作出了贡献。

（四）通过纪念活动推动马克思主义传播

纪念活动是大革命时期传播马克思主义的重要方式之一，广东党组织通过纪念活动扩大了马克思主义的影响力，一定程度上推动了一些文化程度不高、不能看书读报的群体接触和了解马克思主义。在广东的纪念活动中，广东党组织通过介绍马克思、列宁等人的革命经历，诠释他们的宝贵的精神品格，塑造了马克思、列宁等人的革命家形象。同时，纪念活动还可以总结国际共产主义运动重大历史事件的经验教训，从而推进中国革命的进行。在大革命时期，广东的各类纪念活动无论是规模、形式还是范围，都在全国独树一帜。对此，鲁迅曾深有感触地写道：“在广州，我觉得纪念和庆祝的盛典似乎特别多。这是当革命的进行和胜利中，一定要有的现象。”[④] 由此可见广东作为大革命策源地的纪念活动之发达程度。

这一时期，在国共双方的共同推动下，马克思纪念、列宁纪念、巴黎公社纪念、五一纪念、十月革命纪念等纪念活动在广东各地开展得如火如

---

① 《罢工委员会临时宣传学校开课》，《工人之路特号》1925年第9期；《宣传学校近况》，《工人之路特号》1925年第24期。

② 《全总教育宣传委员会会议》，《工人之路特号》1926年第360期；中共广东省委党史研究室编：《广东党史资料》第29辑，广东人民出版社，1997年，第72页。

③ 《全港工团宣传学校之最近进行》，《工人之路特号》1926年第264期。

④ 鲁迅：《庆祝沪宁克复的那一边》，《鲁迅杂文》，浙江文艺出版社，2009年，第218页。

荼。纪念活动中，不仅有公开的演讲和游行，还有大量的纪念特号和纪念文章出现，主要阐述马克思主义相关理论。如1926年的马克思纪念中，团广东区委等在广东大学礼堂举行演讲大会，由郭沫若、陈启修、彭述之等演讲马克思生平及其学说、中国国民革命与世界革命之关系[①]。1927年1月，在列宁逝世三周年纪念中，广东区委在中山大学操场举行演讲大会，由任卓宣、萧楚女等人演讲列宁主义[②]。

与此同时，大量的纪念文本也纷纷出现，推动了马克思主义和列宁主义的传播。如1926年3月的巴黎公社55周年纪念中，广州纪念巴黎公社筹备会发行了《巴黎公社纪念册》，其中包括张太雷《巴黎公社纪念日》《纪念巴黎公社的意义》等11篇文章[③]。1927年的巴黎公社纪念中，《少年先锋》发行"巴黎公社纪念号"，发表了《两重血债的"三一八"》《巴黎公社第一次宣言》等文章。1926年的五一纪念中，《工人之路特号》发行"五一节纪念特刊"，发表了邓中夏的《今年五一的目标》《中国职工运动中"五一"节的意义》等文章[④]。1926年的十月革命纪念中，《人民周刊》第30期发表了尹常的《人类的新史——红十月》和列宁著、李春蕃译的《布尔扎维克应夺取政权》等文章[⑤]。1927年列宁逝世3周年纪念中，《少年先锋》发行"列宁逝世三周年纪念号"，发表了《列宁逝世三周纪念日告两广青年》、李大钊的《列宁不死》、陈独秀的《列宁之死》等文章[⑥]。《黄埔日刊》也发行"列宁逝世第三周年纪念特号"，发表了《中央军事政治学校为列宁三周年纪念告民众》、熊雄的《列宁与黄埔学生》等文章[⑦]。

综上所述，广东在纪念活动中，利用多种形式，推动了马克思主义传播。大量纪念文本的发表有力推动了马克思主义和列宁主义在广东的传播，

---

① 《团广东区委等单位为马克思诞生纪念日举行演讲大会的通知》，中央档案馆、广东省档案馆编：《广东革命历史文件汇集·群团文件（一九二六年）》二，中央档案馆，1983年，第64页。

② 《各界纪念列宁先生大会》，《广州民国日报》1927年1月18日第4版。

③ 广州纪念巴黎公社筹备会：《巴黎公社纪念册》，广州纪念巴黎公社筹备会，1926年。

④ 《工人之路特号》1926年第307期。

⑤ 《人民周刊》1926年第30期。

⑥ 《少年先锋》1927年第2卷第13期。

⑦ 《黄埔日刊》1927年第240号。

游行、演讲等形式也有助于扩大马克思主义的接受群体。

（五）通过演讲推动马克思主义传播

公开演讲也是这一时期马克思主义在广东传播的主要方式。广东党、团组织利用各种机会公开演讲宣传马克思主义，尤其是在纪念活动中，公开演讲成为推动马克思主义传播的主要方式之一。除了在召开纪念大会时的演讲外，广东党、团组织还专门组织了演讲队，流动演讲马克思主义和列宁主义相关理论。

此外，广东大学、广东党组织、农讲所、劳动学院等还经常邀请各界人士进行演讲，以推动马克思主义传播。1925年5月，廖仲恺应邀到广东大学法科学院政治经济学会演讲，题目为《由国家主义到社会主义》①。1925年5月27日，沈定一到广东大学演讲《俄国革命与中国》，“发挥甚为尽致”②。广东大学专修学院也举行公开演讲，由俄国人拉夫斯基在广大礼堂演讲《苏俄研究》，内容包括苏俄政治、经济、社会状况及变迁兴革等③。1925年10月，广东区委在九曜坊教育会举办多场演讲会，由冯菊坡演讲《东方国民革命与西方无产阶级革命》、周文雍演讲《此次罢工之胜利》、张瑞成演讲《中国之将来》等④。1926年8月，瞿秋白曾应邀到农讲所进行了题为《国民革命中之农民问题》的演讲，强调了解放农民对中国革命的重要意义。9月，瞿秋白又到劳动学院演讲《什么是共产主义》⑤。为纪念列宁逝世三周年，广东区委以少年先锋社名义于1927年1月19、20日下午在中山大学操场举行列宁主义讲演大会，演讲者为任卓宣、萧楚女⑥。

三　大革命时期马克思主义在广东传播的历史评价

大革命时期马克思主义在广东的传播具有重要的历史地位和作用，推

① 《由国家主义到社会主义》，《广州民国日报》1925年5月18日第4版。
② 《广大演讲会之第三日》，《广州民国日报》1925年5月28日第6版。
③ 《广大专修学院之公开演讲》，《广州民国日报》1926年5月21日第5版。
④ 《劳动研究会之演讲会》，《广州民国日报》1925年10月6日第11版。
⑤ 《工人之路特号》1926年第432期。
⑥ 《列宁主义讲演大会》，《广州民国日报》1927年1月19日第2版。

动广东成为大革命时期马克思主义在中国传播的重要阵地和基地，同时也推动了广东党、团组织的发展壮大，巩固了广东大革命策源地的地位，促进了全国革命的发展。

（一）广东是大革命时期马克思主义在中国传播的重要阵地和基地

得益于大革命时期广东特殊的政治地位和政治环境，特别是在包括中国共产党人在内的广大马克思主义传播主体的共同努力下，马克思主义在广东的传播达到了空前的深度和广度，并且影响到了全国各地，广东不但成为马克思主义早期传播的重要阵地，同时也成为推动马克思主义在中国早期传播的重要基地，因此，广东在马克思主义传播史上具有重要的历史地位。

这一时期，广东在推动马克思主义传播方面，有着其他地方无可比拟的政治优势，各种马克思主义理论可以自由传播，书店可以公开出版发行有关马克思主义理论的著作。在中国共产党的领导下，广东成立了多家出版机构出版马克思主义理论著作。除人民出版社外，还有新青年社、平民书社、国光书店、汕头书店等都出版发行了大量马克思主义理论著作，产生了全国性的影响。不少其他地方的党、团组织都请中央邮寄在广东出版的马克思主义理论著作，如团南京地委就专门请求团中央代购出版于广州的《列宁主义初步》[①]。特别是上海书店被封后，广东作为马克思主义传播基地的作用更加凸显。恽代英在《计划一九二七年的工作》中推荐了多本马克思主义理论著作，其中包括《帝国主义浅说》《社会进化简史》《帝国主义》《社会进化史》《苏俄研究》等，都是在广东出版的[②]。由此可见广东在马克思主义传播史上的重要地位。

除出版马克思主义理论著作外，多种传播马克思主义的杂志，如《新青年》等也在广东公开出版，《向导》《中国青年》也一度搬到广东进行编辑、出版和发行工作，持续推进马克思主义在广东乃至全国的传播。广东

---

① 《团南京地委给曾延的信——要求代购书籍》，中央档案馆、上海市档案馆编：《上海革命历史文件汇集·团江苏各地委、特支、独支（一九二三年——一九二六年）》，1987年，第136页。

② 《中国青年》1927年第148期。

发行的各种杂志，如《人民周刊》《少年先锋》《黄埔潮》等也在全国范围内发行。广东还有公开的训练班、学校等传播马克思主义，并通过遍布全省的纪念活动推动马克思主义传播。所有这些都是广东作为马克思主义在中国早期传播的重要阵地，同时也是重要基地的证明。

（二）促进了广东党、团组织的发展壮大

随着马克思主义的广泛传播，越来越多的人开始服膺马克思主义，因此，广东党、团组织也得到了发展壮大的机会。1922 年 7 月中共二大召开之时，广东仅有党员 32 名[①]，但一年之后，广东党员人数就达到了 400 名[②]。到了 1925 年 10 月，又增加到 928 人，占全国党员总数的 26.7%[③]。1926 年 5 月，广东党员人数达到 4200 人，6 月又增至 4558 人[④]，9 月党员人数达到 5039 人，成为“我党最大的一区”[⑤]。1927 年 2 月，广东党员人数增至 8000 名[⑥]。到了中共五大召开时，广东党员人数达到 9027 人[⑦]，约占全国党员总数的 1/6。

与此同时，广东团组织在这一时期得到了大发展。大革命开始前，广东仅有广州、潮州、佛山、新会、肇庆 5 个地方建立了团组织[⑧]。但随着马克思主义的广泛传播和大革命形势的高涨，广东团组织也不断壮大，先后

---

① 《陈独秀给共产国际的报告》，《“二大”和“三大”——中国共产党第二、三次代表大会资料选编》，中国社会科学出版社，1985 年，第 56 页。

② 《中共广东区委书记陈延年关于广东情况的报告》，中央档案馆、广东省档案馆编：《广东革命历史文件汇集（一九二七年——一九二八年）》，中央档案馆，1982 年，第 18 页。

③ 中共广东省委组织部、中共广东省委党史研究室、广东省档案馆编：《中国共产党广东省组织史资料》上册，中共党史出版社，1994 年，第 51 页。

④ 《中央局报告》，中央档案馆编：《中共中央政治报告选辑（1922—1926 年）》，中共中央党校出版社，1981 年，第 84 页。

⑤ 《中央局报告（十、十一月份）》，中央档案馆编：《中共中央政治报告选辑（1922—1926 年）》，中共中央党校出版社，1981 年，第 117—119 页。

⑥ 《中共广东区委书记陈延年关于广东情况的报告》，中央档案馆、广东省档案馆编：《广东革命历史文件汇集（一九二七年——一九二八年）》，中央档案馆，1982 年，第 18—19 页。

⑦ 《在中国共产党第五次全国代表大会上的报告》，中共中央党史研究室，中央档案馆编：《中国共产党第五次全国代表大会档案文献选编》，中共党史出版社，2015 年，第 46 页。

⑧ 赵朴：《青年团的组织史资料》，中国社会科学院青少年研究所青运史研究室编：《青运史资料与研究》第 1 辑，中国社会科学院，1982 年，第 37—45 页。

成立了遍及全省53个市（县）的团组织①。

（三）巩固了广东大革命策源地的地位，推动了全国革命形势的发展

随着马克思主义在广东的传播，广东的工人运动、农民运动、青年运动、妇女运动等得到了蓬勃发展，推动了大革命形势的不断发展。特别是随着农讲所的开办，大批接受马克思主义理论学习的学员奔赴全省各地，推动了农民运动的进一步发展。工人运动也取得长足进步，省港大罢工的胜利充分显示了工人阶级的力量。对此，陈独秀在报告中称赞道："现在尚没有一省的工农运动能比得上广东的争斗情形。"②广大工人、农民、青年学生都积极投入到大革命中来，大力支持东征、南讨和北伐，广东作为大革命策源地的地位也不断巩固，推动了全国革命形势不断向前发展。

（四）大革命时期马克思主义在广东传播的显著特征

与其他地方如上海、北京、武汉等地相比，大革命时期马克思主义在广东的传播也有一些十分显著的特点。一是传播方式的多样性。不同于其他地方，马克思主义在广东的传播是公开进行的，并得到国共双方的推动。因此，各种传播方式，如创办书店、开办学校、举行纪念活动等都可以畅通无阻。这使得大革命时期马克思主义在广东的传播具有其他地方难以企及的广度和深度，这也奠定了广东在马克思主义传播史上的历史地位。二是传播主体的多元性。大革命时期马克思主义在广东的传播，除了中国共产党人，如杨匏安、李春蕃、熊锐、陈独秀、李大钊、瞿秋白、恽代英、萧楚女、毛泽东、汤澄波等人外，苏俄代表、国民党方面也有不少人参与到了马克思主义传播中来。他们通过演讲、出版著作、撰写理论文章等方式促进了马克思主义在广东的传播，也提高了马克思主义在广东传播的理论水平。三是传播内容的全面性。这一时期马克思主义在广东的传播内容涉及马克思主义的经济理论、唯物史观、阶级斗争、无产阶级专政等多个

---

① 中共广东省委组织部、中共广东省委党史研究室、广东省档案馆编：《中国共产党广东省组织史资料》上册，中共党史出版社，1994年，第60—73页。

② 《中央局报告（十、十一月份）》，中央档案馆编：《中共中央政治报告选辑（1922—1926年）》，中共中央党校出版社，1981年，第121页。

方面的理论。同时，列宁主义的很多理论，如帝国主义理论、东方革命理论等都得到了广泛传播。四是传播范围的广泛性。大革命时期马克思主义在广东的传播，其范围不仅限于广东一省，福建、广西等省份也受到其影响。不少报刊和图书，甚至在全国范围内都产生了重要影响。

作者通信地址：广东省广州市越秀区中共广东省委党校中共党史教研部，邮编：510053。

责任编辑：于百川

人物研究

《牡丹亭》男主角柳梦梅原型祁衍曾事迹考述

周松芳*

中山大学中国古文献研究所，广东广州，510275

摘　要：笔者曾撰文及著书论述《牡丹亭》男主角柳梦梅的原型主要是明代东莞人祁衍曾，颇得学界认可。惜对其生平事迹讨论有限，今借新发现的材料，再作较为深入的补充论述，可成为笔者论述的汤显祖引祁衍曾为柳梦梅原型之佐证。

关键词：牡丹亭；柳梦梅；原型；祁衍曾

2016年，是世界三大文豪莎士比亚、塞万提斯和汤显祖逝世四百周年，联合国教科文组织举办了相关的纪念活动，中英两国更是联合高调纪念。因为汤显祖与广东的深厚渊源，广东方面也举办了汤显祖高端论坛。为配合论坛的举行，笔者撰写了《汤显祖的岭南行：及其如何影响了〈牡丹亭〉》①一书。该书出版后，颇受好评，其中关于男主角柳梦梅的原型主要来源于广州府东莞县祁衍曾的观点，颇为学界认可②。惜当日因为匆匆结稿，拙著对祁衍曾的论述未能够充分展开，今就新得材料，再作撰述。

---

*　周松芳（1969—　）男，汉族，湖南宁远人，中山大学中国古文献所研究员，文学博士。

①　周松芳：《汤显祖的岭南行：及其如何影响了〈牡丹亭〉》，南方日报出版社，2016年。另可参见周松芳：《汤显祖岭南行实考辨——兼论柳梦梅形象的塑造》，《戏曲研究》2015年第3期。

②　2018年中央电视台拍摄关于汤显祖的纪录片《邂逅》的时候，经中国戏曲学院院长周育德教授的推荐，来广州对笔者作了专访。胡文辉先生幽默地说，一个江西老表来了一趟岭南，就让一个广州才子做了大明第一男主角。

一 东莞知县杨寅秋对祁衍曾的激赏

我们且从晚清探花东莞陈伯陶所纂《[民国]东莞县志·祁衍曾传》出发，因为该传可谓集前人大全，由此出发最得要领：

> 祁衍曾，字羡仲，顺曾孙，早岁丧父张《志》。性通脱不羁，年二十三始折节读书彭《志》。初取左马李杜读之，旋去，而治国家典制。隐居茅溪，如将求其自得者，以为经世地《图书集成》引《广东通志》。事母兄备极孝友张应申撰《传》。万历四年举于乡，邑令杨寅秋礼敬如素交周《志》。欲以德行荐，力辞《绿水园集》。既与计，偕至都，一日而名倾都下。雅志居罗浮，自号罗浮山人《图书集成》。既欲纵观四方名山水，任兴所之，不为舂粮计。常游武夷、白鹿，间困于南昌，作《乞食文》，临川汤显祖见而大异之周《志》、张《志》载《乞食文》云："罗浮山人祁衍曾再拜首：衍曾，广东东莞人也，雅居罗浮，遂呼为罗浮山人云。生禄禄，材能不逮凡庸，亦无他好。好游，去冬由朱明谒考亭，迄于武夷。兹自鹅湖之白鹿，盖先贤遗迹在焉，且胜地宜伟人，或有所观感而兴起尔。古人行千里不赍粮，诚私心慕之，无能焉。途中食尽矣，衣且典，既再矣，而莫之继也。岭海之人吏兹土者日有，彼有周之之责，不以闻麋鹿性成，望公门而奔突也。城中豪家巨贾，非短于财，又不能俯首作哀怜之状。虽然朝夕须之矣，奈之何守株待毙哉。江以西素称多贤，岂无我一二同志君子。君子念之哉！夫恤灾者，彰身之仁也；通财者，敦交之义也。舍仁义何志矣？呜呼，孔子绝粮，陶生乞食，圣贤且尔，况其下乎？故曰：缓急，人所时有也，敢布腹心，君子其念之哉，其毋呼蹴我也"[①]。屡蹶春官，而好游益甚。最善叶春及彭《志》。闻其罢归，于罗浮构迟叶庵待之张应申撰《传》。久之，以母丧痛哭发病卒彭《志》。衍曾工诗古文，与黎民表、欧大任并称，时有"岭南三子"之目《周志》。所著《绿水园稿》，戒其子占勿

---

① 此文又题作《乞食书》。见（清）屈大均辑：《广东文选》卷十三，清康熙二十六年（1687）三阁书院刻本。

以所汰者滥入。邓云霄序称以为空同具体云邓云霄《绿水园集序》。①

如此，我们可从头到尾，就传中事迹层层疏解。首先是他与东莞知县杨寅秋的关系。陈伯陶纂《东莞县志》卷五十有杨氏小传："杨寅秋，字羲叔，江西泰和人张《志》。万历二年进士《江西通志》，三年知邑事，为政明敏精核。九年诏天下核所部田，以清赋税。寅秋括民风土宜趋舍，为十四议，规画周悉，日率诸役，被褐单骑驰田间，计亩均科，凡溢额万石有奇。寅秋曰：'赋为求旧。'遂以所赢余均则之，轻重浮税一清，数月奏绩，报册独早。有《核田记》，至今传诵之张《志》载《核田记》云。邑民举《宋书·刘怀肃传》'简惠成能'四字，额其衙厅《分省人物考》。寻擢御史，奏免南海兵饷。出为浙江佥事，迁贵州参议，升按察使，再奉诏平播州杨应龙。以疾告休，卒赠太仆寺卿《江西通志》。《江西通志》又云：'寅秋为御史，再疏罢冢宰王国光，举朝惮其风采。迁参议时，苗阿奇等劫掠屯堡，寅秋诱阿奇，斩之，而抚其余党，诸苗悉平。'著有《平播录》五卷。"②

从小传看，显然杨寅秋是一个能吏，更是一个贤吏。东莞县令是其首任官职，任期在六年以上，遗惠莞人颇多。而论及与祁衍曾的交游，从其自述看，杨寅秋对祁衍曾也确实"礼敬如素交"。如其《寿卢处士七十有一序》："余始来宝安，得祁羡仲于诸生，最后习卢唐宪。余与此两人心相许，集必款，款必移日。虽诧者、忌者、疑者日聒余耳，余不少沮憾，自惟余所共向往，无愧心也。"③ 显然，他们之间的相交超越年龄与等级，关系之亲密远非寻常，以至有"诧者、忌者、疑者日聒余耳"，但他觉得这样是"无愧心"的。

从上引祁衍曾的小传看，我们知道祁衍曾的一大特点是好壮游，并得到了父母官杨寅秋的鼓励与支持。凡此，在杨寅秋《祁母钟孺人寿序》中均有生动翔实的体现：

---

① 陈伯陶纂修：《[民国]东莞县志》卷五十九，陈建华、曹淳亮主编：《广州大典》第287册，广州出版社，2008年，第271页。

② 陈伯陶纂修：《[民国]东莞县志》卷五十，陈建华、曹淳亮主编：《广州大典》第287册，广州出版社，2008年，第176—177页。

③ （明）杨寅秋：《临皋文集》卷一，清文渊阁四库全书本。

盖余从都门承乏东官①，则知祁生称倜傥士云。生负奇气，娴于文词。尝谓："男儿志四方，安能长岁月局蹐里市中也乎？即吾母在堂，强食不异壮时，而吾伯兄供甘旨又足当母心，不及此时为四方游，将安之？"则之楚之闽。之楚登匡庐五老，之闽登武夷。将遵彭蠡，泛洞庭，东摩泰岱之顶，西瞩岷峨之绝。忽自念："幸吾兄朝夕（侍）母耳②，顷兄当次铨曹，不可以壮志遗母忧。弟归。"

归，与谭永明、叶化父、崔子玉十数辈为兄弟欢。此十数辈，皆粤颀俊伟男子也。今岁阳月五日，孺人初度，诸与生兄弟欢者期为母寿。若曰："黄旗之巅，卓彼岧峣。有鹤来止，万里扶摇。餐风饮露，千岁一朝。黄旗之冈，彩凤翱翔。翩翩鹙发，独宿天霜。既览德辉，遂鸣朝阳。"

孺人神畅情悦，而有子将膺鹤算耶？聆凤鸣耶？宾王母而承霄露耶？余远人，守在兹土，与生莫逆。闻诸君之祝愿如此，乃举觞引满而申之曰："诸君子为孺人寿者具矣，抑知孺人之自为寿乎？始生蹑屩游四方，其志不大观岂已哉，将慷慨今古，蝉蜕尘埃矣。藉令生怀壮志，母日倚庐望生，即欲跬步得乎？叔子蚤世，叔子妇坚守无二心，彼其仗节，岂不皎皎？而祁氏以清白世其家，家故贫，孑然孤与嫠，焉往非死所？乃孺人惟生所之，曾不以膝下煦煦，系男儿之志而共佐养。晦君分田破宅，抚遗孤而维植之，益坚嫠妇之节。嗟乎！嫠妇赖孺人不朽，令子他日所树立，风流必不减于山川，孺人实成之，是孺人之身与其不朽，树立俱长也，夫非孺人自为寿乎？吾无以寿孺人矣。

诸君子跃然起曰："兹令君所以寿孺人也。彼修短命耳，荣华如朝露，宜无当于孺人寿。请以令君之寿孺人者为孺人觞。"孺人且觞且顾生曰："第勉之，毋负汝壮游，而毋愧令公之祝，则吾寿矣。"生敬诺。③

---

① 按："东官"即东莞。

② 此句抄写有漏字，即"朝夕"与"母耳"之间当漏一个"侍"字。

③ （明）杨寅秋：《临皋文集》卷一，清文渊阁四库全书本。

祁衍曾好壮游，也与晚明的大风气有关。晚明时期大批文人热衷于游览名山大川，观察社会风情，并蔚为时尚，前所未有后所罕见。关于晚明社会风气的巨大变化使旅游成为一件很正面的事，周振鹤《从明人文集看晚明旅游风气及其与地理学的关系》一文有所论述。该文通过对明人文集中旅游文章的全面梳理，既从数量上也从见识方面论证晚明旅游风气的形成过程，指出晚明旅游风气兼具普遍性与深刻性的特点，这一时期旅游已变成一种“名高”之事①。我们从屈大均辑《广东文选》中可见题祁衍曾撰写的《山海关题名记》《庐山纪行记》《游武夷记》，但其中《山海关题名记》显然非祁衍曾所作②。

多年以后，杨寅秋还与祁衍曾的儿子有来往，从其《与祁生》中，可见他们的深情厚谊，未因人亡止息：“三江一晤，见吾子颀然聪颖，知必为

① 周振鹤：《从明人文集看晚明旅游风气及其与地理学的关系》，《复旦学报（社会科学版）》2005年第1期。

② （清）屈大均辑：《广东文选》卷十三，清康熙二十六年（1687）三阁书院刻本《山海关题名记》曰：“自古官府有题名，唐以来或记诸壁，或刻于石，皆非徒作也。即岁月而稽迁代，因姓名以知贤否，劝惩之义，于斯在焉。山海关密迩京师，为东北重镇，所以限华夷、察来往、防奸暴而固疆域也。关设于洪武十有四年，厥初择武臣子弟，同山海卫官军守之。宣德甲寅，有上言是关要冲，宜选文职老成廉干者守镇以杜边弊。上可其奏，乃命兵部官来莅事，每三岁一代焉。其后十年，复设都指挥守备于此，盖益重其事矣。夫承天子命以镇是关，惟廉且勤，可称任使。廉则公，公则生明；勤则敏，敏则有功。政令之孚，惠泽之流，胥此焉出。彼昏墨蠹政者，乃吾儒之罪人，而窃禄苟全莫之建明者，亦非所取也。自宣德迄今，更代凡十余人，而题名之举未立。予恐其久将湮晦，遂命工砻石，取前任人名氏岁月历书之，且虚其左以俟来者。於戏！司马公记谏院题名，谓凡曲直忠诈，后人将历指而议之，为可惧也。然则后之观是刻者，得无亦指其廉污勤惰而议其贤否欤？”其文章大意与作者口吻，显然与祁衍曾身份不合，且祁衍曾生平未曾踏足山海关，远道请题更不合身份。明嘉靖十四年（1535）葛守礼修、詹荣撰《山海关志》卷四有《主事祁顺题名记》，所载内容与此完全相同，祁顺乃祁衍曾曾祖父，当为真正的作者无疑。关于祁顺生平，正文中另有考述。《庐山纪行记》《游武夷记》二文于了解祁衍曾生平及性情颇为重要，《游武夷记》文尾写道：“夫幽林巨壑，怪诞不经之事在在有之，缙绅先生不道也。是山也，溪九曲，峰三十有六，斯足奇矣，又诸贤藏修之地，何必仙哉？何必仙哉？隆庆壬申正月既望记。”不仅表达了祁氏对武夷山川奇观的欣赏，更表达了他对诸多前贤在此中“藏修”的礼敬，至于神仙传说故事反倒无关紧要。《庐山纪行记》在记叙游观行程中，穿插相关故事介绍。文尾“时隆庆六年二月十七日，距始至乃正月二十九，山中凡十八日，第述其往来踪迹如此”。交代本次游庐山的时间和本文的创作缘由。

国器。羡仲氏以雄才抱孤愤，奄忽有子，浸浸成立，其必骑箕含笑无疑也。辱记存迢递远将，吾子不遗亲以不遐，敦及不佞，谊至高，而不佞疏节，将毋内愧。”①

祁衍曾与杨寅秋的交谊，颇类同属广州府的李孔修与吴廷举的交谊。李氏也是畸人高人，师事陈献章。“吴廷举由县令历藩、臬，在粤最久，与孔修为布衣交。两人高风在尘埃之表，粤人常道之。”② 是故李孔修逝后，祁衍曾颇伤其类，过其墓而有诗曰：“不见高人李抱真，清风巢许必为邻。岁时伏腊村翁事，芳草萋萋又一春。”③ 这也是我们难得发现的一首祁衍曾的佚诗。诗的出处及李孔修的事迹均见《李孔修传》④。

二 祁衍曾与汤显祖的至谊

武夷白鹿之游后，祁衍曾困于南昌，作文乞食，因此结识汤显祖，从后世影响来看，这是他生命中最重要的交游。汤显祖对他时在念中，并写下了不少诗文。

首先是汤显祖支持祁衍曾的壮游。如为他的琅琊之行赋诗壮行：“汝家罗浮烟月深，青衫笑拂梅花琴。明珠珊瑚亦何有，海上萧条游侠久。游子萧条白云飞，琅琊之人先绣衣。几度寸心横夜语，能餐秀色临春晖。昨许佩刀曾寄与，直似精灵夜飞楚。半烛燕姬胡帕头，对此嗝啁作燕语。男儿生不遇风尘，酒妇人中顿此身。一掷蛾眉能百万，看君似是有心人。”⑤ 诗句充满豪情逸致，更见汤显祖对祁衍曾风流才情的无比欣赏。汤显祖还受祁衍曾的影响，作武夷之游：“建江烟月武夷君，幔亭彩屋清溪门。沓草霏花紫霞褥，酒行命奏宾云曲。乡人男女皆会孙，罢起翩翩朝至尊。弟子

① （明）杨寅秋：《临皋文集》卷二，清文渊阁四库全书本。

② （清）罗惇衍撰，赵望秦等校证：《集义轩咏史诗钞校证》第4册，三秦出版社，2014年，第1593页。

③ （明）郭棐编撰，（清）陈兰芝增辑，王元林点校：《岭海名胜记增辑点校》上，三秦出版社，2016年，第538页。

④ （明）焦竑辑：《国朝献征录》卷一百十四《儒林》，明万历四十四年（1616）徐象枟曼山馆刻本。

⑤ （明）汤显祖：《送祁羡仲访琅琊丁太仆》，《玉茗堂全集》诗集卷四，明天启刻本。

坛场闷春色，宾从笙歌清梦魂。仙骸半枕若沉月，千花叠栈摇飞云。罗浮祁生好留此，九曲鸣榔清啸闻。”① 诗尾直接点明祁衍曾对武夷山水的留恋，设想祁衍曾在泛舟九曲溪时不禁发出清啸声的那种逍遥自得的情态。

即使汤显祖卧病在家，也不忘回顾他们过往在彭城、泰山等地的交游，诗中充满着对未来的美好期待：“卧病红泉石，梦寐朱明山。相思谁谓远，不出海阳关。忆在彭城西，同为冰雪颜。东行游岱宗，飙轮邈难攀。达士自舒卷，小人故不闲。风云不可期，追君齐鲁间。雨散一杯酒，不为离别难。归来几许时，徂春及秋阑。木叶下前除，纷纷感愁端。蟋蟀吟秋灯，心惊形影寒。颇似谢阿连，秋晏婴忧患。知子住罗浮，四百几峰峦。蹑岭绝飞云，极目层波澜。扶胥浴阳德，石门锁奔湍。鱼龙互声取，蜃霞相郁盘。玉草与珍禽，俱希世所观。上有金芝阙，仙圣多盘桓。吾欲从安期，往结天人欢。游嬉小百六，咀嚼大回还。其如隔胎骨，兼愁适海艰。祁生有灵气，葛洪遗紫坛。海枣足朝食，沆瀣饱宵餐。蒲涧岂空勺，桂岭不虚团。相期在友道，控鹤且停鸾。倘便梅花使，行寄玉箱丸。”② 汤显祖在诗中畅想着前往罗浮，和祁衍曾同游神仙世界。他更感慨两人虽有兄弟情谊，却成久别难逢：“菰芦半醉雪花飞，夜起清寒话入微。共道梅关春色蚤，那堪人去直春归。罗浮见日吐精荧，更直韩区好弟兄。手揽敝貂成一笑，长年风雪此中行。”③

而在一首为他人送行的诗中，汤显祖不仅念及已逝的祁衍曾，更念及其孤儿：“我友祁生久溟漠，半岁孤儿今几许。即死何人怀报珠，此生在日能张楚。”④ 于是便有汤显祖南贬徐闻时，绕道东莞抚孤之举：“今上辛卯夏，余以言事尉海北，冬道南海，过哭再从父墓东莞焉。抚友人祁衍曾之孤，遂如罗浮。”⑤ 同时汤显祖借为孝子黄舒立碑祭祀学宫事，再度表彰好友祁衍曾：“诸生中若李元表、祁衍曾、陈启心，此三人读书而豪，以言于县令

---

① （明）汤显祖:《忆祁羡仲武夷》,《玉茗堂全集》诗集卷五,明天启刻本。

② （明）汤显祖:《红泉卧病怀罗浮祁衍曾》,（明）汤显祖撰,（明）徐渭评:《汤海若问棘邮草》卷上,明刻本。

③ （明）汤显祖:《梦谭见日、祁羡仲、韩博罗、区海目如昔时下第出长安潞河雪舟言别,成韵后绝余和者,羡仲抛盏落地,怆然罢起,觉而纪之》,《玉茗堂全集》诗集卷十四,明天启刻本。

④ （明）汤显祖:《送曾人蒨由武夷还南海》,《玉茗堂全集》诗集卷四,明天启刻本。

⑤ （明）汤显祖:《东莞县晋黄孝子特祠碑》,《玉茗堂全集》文集卷八,明天启刻本。

乐安董君。董慨然曰：‘此岭表人士之初也，曲江诸贤犹在其后。’而郡以上学使者，莫不欢动焉。然有以新安疑者，董君曰：‘入新安界者今，为莞人者昔也。’乃择日附主学宫，亦十有余年矣。”[①]往游罗浮，也很大程度上因为祁衍曾：“每与友人祁衍曾、曾人倩叹恨其奇，大有终焉之意。”[②]

在《送祁羡仲访琅琊丁太仆》中，汤显祖提到曾寄给祁衍曾一把佩刀——“昨许佩刀曾寄与”[③]。汤显祖在从徐闻量移遂昌知县途经肇庆时，偶睹此旧物，便大放悲声：“桂瘴来时青气深，七星岩畔宝刀沉。交游半百逢生死，燕市悲歌一片心。”[④]以宝刀沉水来比喻祁衍曾的亡故，并将自己和祁衍曾的交谊比作战国末期燕国高渐离和荆轲的生死之交。又说：“谁能意气浅，偶尔烟花深。今日罗浮子，来伤江海心。”[⑤]如此念兹在兹，因此在塑造柳梦梅时将之引为原型。

三　祁衍曾与广东内外名家的交游

壮游也是一种交游，除汤显祖外，祁衍曾与其他江南名流也颇有交游，并且给大家留下了豪侠任情的印象，这应该也是汤显祖选择他作为柳梦梅原型的原因之一。如安徽宣城梅守箕的组诗《怀旧诗》前有序说：“壬癸之间，余两游京邑，于时同游凡若干人，登山临水，饮酒能赋，爰将求友，实用涣丘，抚心即景，快睹良晤。昔者牛山之会，忧及千载；南皮之游，或以异日。忽焉星聚，倏而雾散，河山邈矣，风物依然。感岁年之易化，悲胜事之难偶。短蓬随漂风，断梗逐下流。寒夜不乐，得诗二十余首，以纪所怀，虽不能尽其人，思过半矣。”[⑥]其中《祁羡仲》前有小序曰：“羡仲，侠士，能诎伸，好奇策。少游豫章，乏食，即行乞市中。”诗曰：“客游小四海，不裹千里粮。饥从列士食，渴饮阿谷浆。遗俗若委蜕，翩翩乘风翔。纵横狭路间，褐夫视侯王。诎信惟蛰龙，蓬累我

---

① （明）汤显祖：《东莞县晋黄孝子特祠碑》，《玉茗堂全集》文集卷八，明天启刻本。

② （明）汤显祖：《游罗浮山赋有序》，《玉茗堂全集》赋集卷二，明天启刻本。

③ （明）汤显祖：《送祁羡仲访琅琊丁太仆》，《玉茗堂全集》诗集卷四，明天启刻本。

④ （明）汤显祖：《粤装偶见祁羡仲刀子》，《玉茗堂全集》诗集卷十三，明天启刻本。

⑤ （明）汤显祖：《惜东莞祁生》，《玉茗堂全集》诗集卷十三，明天启刻本。

⑥ （明）梅守箕：《梅季豹居诸集》甲乙卷二，明万历刻本。

所当。城中乞食已，长醉胡姬傍。”[1] 此诗刻画出祁衍曾洒脱不羁的精神状态，颇为后世传诵，钱谦益《列朝诗集》丁集卷十五、朱彝尊《明诗综》卷六十七等均将之选入。梅守箕还有一首《初秋欧水部招饮署中，同吴幼安、佘宗汉、郝谦亨、黄白仲、祁羡仲得星字》：“每叨良宴会，不复厌沉冥。七月初流火，千秋此聚星。尊邀南海月，赋倚北山灵。日暮悲歌发，犹宜醉后听。”[2] 当是他“壬癸之间余两游京邑”所作，“尊邀南海月”当指祁衍曾，可见其广受欢迎。

明代著名诗人、学者和诗评家胡应麟对祁衍曾的印象也与其他人相同：“南海祁生何卓荦，题书远寄吴天鹤。开缄恍对四百峰，片片罗浮白云落。年来岭表多词人，黎欧以后谁其伦？丈夫寸心在万古，那能龌龊随风尘。闻汝好吟兼好酒，一釂千钟世希有。黎生夙昔称酒狂，对汝还能剧饮否？高阳酒徒气若虹，有兴倘过兰陵东。不信今时酒殊绝，试问琅琊王长公长公近一书云：酒味殊绝，足洗数十年月旦。”[3] 祁衍曾与汤显祖的至交之一梅鼎祚往来更密切，曾寄呈《匡夷录》。梅氏回赠以诗，情感同于汤显祖：“武夷九曲水，匡庐九叠云。人间可哀唱，净土往生文。乞食奇能作，传书赏欲分。卧游终自愧，图壁响空闻。”[4] 梅鼎祚愧未能有游，而从上引诗歌，汤显祖倒有两次武夷之游，惜历来研究汤显祖者未曾注意于此。

祁衍曾既壮游交游于外，也与本府人士交流活跃，而且所交皆不俗。如官至河南布政司参议的黎民表、官至南京工部虞衡司郎中的欧大任，都是当时岭南的著名诗人。当时的文坛盟主王世贞等倡“五子”诗人群列，将欧大任列入“广五子”，黎民表列入“续五子”。黎民表为祁衍曾留下了一首《秋日赵太史招集浮丘听笙亭，同祁羡仲、邓德咸、林开先三孝廉赋得山字》：“持节初营海上山，金银楼阁出人间。仙衣七日乘风下，玉管双飞载月还。浊酒休论身外事，丹砂能驻镜中颜。采真恰遇瑶台客，后夜云

① （明）梅守箕：《梅季豹居诸集》甲乙卷二，明万历刻本。

② （明）梅守箕：《梅季豹居诸二集》卷五，明崇祯十五年（1642）杨昌祚等刻本。

③ （明）胡应麟：《岭南祁羡仲以诗见贻赋答并问惟敬秘书》，《少室山房集》卷二十四，清文渊阁四库全书补配清文津阁四库全书本。

④ （明）梅鼎祚：《得祁羡仲书寄匡夷录》，《鹿裘石室集》卷十一，明天启三年（1623）玄白堂刻本。

车未可扳。”[①] 欧大任有五首诗言及祁衍曾，分别是《同韦纯显、祁羡仲、崔子玉游满井》《春日同刘仲修、李袭美、李惟寅邀詹东图、康子秀、余君房、刘伯玄、袁景从、梅客生、胡文甫、祁羡仲、胡茂承、汤义少、魏懋权、李季宣、董元仲集日涉园，分得飞字》《初秋吴幼安、佘宗汉、闵寿卿、陈守礼、郝谦亨、程孺文、黄白仲、梅季豹集青溪馆，汪象初、祁羡仲不至，得干字》《送祁羡仲、邓德咸、何学绳、邝若钦、陈凤甫、李季宣、林开先诸子赴试南宫》《祁羡仲天台游卷跋》[②]。其中《初秋吴幼安、佘宗汉、闵寿卿、陈守礼、郝谦亨、程孺文、黄白仲、梅季豹集青溪馆，汪象初、祁羡仲不至，得干字》提到“两生期未至，犹作孟公看”，可见其颇受时流青睐；《祁羡仲天台游卷跋》则可见其壮游在本土的回响。南海人曾仕鉴《寄祁羡仲兼讯卢唐宪庞与虔（其二）》“云泥转盼成今昔，肠断西昌乞食书”、《其三》“忆卧飞云醉亦寒，海深宵日赤同看。幔亭北望燕台远，回首垂天笑羽翰”等诗句，亦可见祁氏作乞食文和游罗浮山、武夷山在本土引起的反响。此外，同为东莞人的陈履[③] 有一首七言律诗《哭祁羡仲》和一首五言古诗《秋日江行怀祁羡仲》，其中前诗“寻常侠气还谁在，生死交期只自伤”和后诗“采采江上蘋，愿言贻所爱。美人渺何许，怅望青云外”等句，具见两人的深厚友情。另一东莞人卢尧典（字唐宪）有一首七言律诗《之京留别祁羡仲诸子》。

《[民国]东莞县志》说祁衍曾工诗文，壮游抒写及交游唱和也多，《[道光]广东通志》卷一百九十六《艺文略》说他留下了《绿水园集》，惜已佚。除上引各诗文外，屈大均的《广东文选》中尚辑存有几篇祁衍曾的作品，卷九有《刻谭山人（清海）疏序》《寿庞先生七十一序》，卷二十一有《谒叶退斋先生墓文》《哭兄之女贞文》；宋广业《罗浮山志会编》卷十五录其诗《黄龙洞奉怀庞振卿》；陈伯陶《[民国]东莞县志》卷八录有其诗《月溪上玩月诗二首》，卷三十九录有其所撰《素庵陈公墓志铭》。

---

① （明）黎民表：《瑶石山人稿》卷十四，清文渊阁四库全书补配清文津阁四库全书本。

② （明）欧大任：《欧虞部集十五种》之《痫馆集》卷二、《西署集》卷六、《秣陵集》卷三、《秣陵集》卷六、《文集》卷十九，清刻本。

③ 按：致仕乡居，结浮邱诗社，以吟咏为事。

四 祁衍曾家世略说

陈伯陶《[民国]东莞县志·祁衍曾传》一开头就说："祁衍曾，字羡仲，顺曾孙，早岁丧父。"特别提到他的曾祖父祁顺。那祁顺者谁，是需要特别注意的了。《[道光]广东通志》卷二百七十五有《祁顺传》：

> 祁顺，字致和，东莞人。景泰元年庚午乡荐，天顺四年庚辰进士廷对，当举首，以其姓名近御讳英宗名祁镇，于传胪匆便，抑置二甲第二。授兵部主事，巡山海关，代归，转户部，督饷临清。升员外郎中。尝充会试同考官。宪宗成化十一年建储，赐一品服使朝鲜，惟匹骑从。自就馆至旋旆，凡舆马金缯声伎之奉，一切麾却。三韩君臣相顾骇异，为筑却金亭。刻《使东稿》。未几，升江西左参政。三载，以诖误左迁贵州石阡府知府。其地僻陋，至则谨斥堠，开屯田，广储蓄，流散日复。土人素不知学，自开郡来无贡举。乃集儒生亲为讲授，数载而擢科者数人。宏治六年[1]升山西右参政，八年升福建右布政使，寻转江西左布政使。抚按交章特荐，王恕在吏部亦疏引之，内阁邱濬、刘健皆欲荐顺，顺辞甚力。
>
> 其生平邃学问，持大体，宅心无私，人亦不敢干以私。用公帑，一毫不妄费。在江西，积金数千，将易箦，闻人言可私为归计者，即戒妻子曰："若私此金，吾目必不瞑矣。宁归而饿死可也。"乃悉归于公焉。卒年六十四。尝著《石阡志》十卷，诗文二十卷，《巽川集》四十五卷，冷庵、翠渠《倡和集》各一卷，《宝安杂咏》一卷，《使东稿》十卷行于世。
>
> 弟颐，字思正，成化十五年甲午举于乡。从弟珍，敦雅明经。子敏、孜、政、敕皆以春秋家学得举。敏、敕、曾孙衍曾最知名。敏，字惟学，宏治五年壬子乡荐，壬戌进士，授户部广西司主事。尝差宣慰怀来镇，给赐边军，人受实惠。历升员外郎、郎中，卒黄《志》。孜，字惟勤，宏治十七年甲子与弟敕同乡荐。孜

---

① 即明弘治六年(1493)。清代避高宗皇帝弘历之讳，改"弘治"为"宏治"。下文同。

独高尚，读书棠梨溪。或劝其一上公车，谢曰："有贤父兄为国家宣力足矣，安用腐儒为。且一门俱纡青紫，非所愿也。"《东莞志》。政，字维举，正德十一年丙子乡荐《选举表》。敕，字惟允，弱冠抡魁，正德十二年丁丑进士，历刑部主事，晋郎中，尝辩出曹恕、王良弼之冤，议减屈钊、高栾之狱，人以为平黄《志》。尝伏阙谏大礼，廷杖《大清一统志》。戊子广西主考竣事，道拜饶州知府。治狱如刑曹时，奸吏弄文者悉屏迹。尝议凿井济囚渴，忽泉自涌出，人称之曰应德泉。会有诏造郊坛瓷砖，敕疏陈民困，乞罢役。忤旨，逮诏狱，谪贵州婺川县典史，道病卒，人咸惜之。平居教子弟曰："士君子求不愧此心而已，进退荣辱，命也。"人以为至言黄《志》。名其斋曰新，作箴以自警。晚见王阳明，与论穷神之化，阳明语人曰："祁子之所养深矣。"《东莞志》。有《棠野稿》传于世《粤大记》。衍曾，字羡仲，性通脱不羁，年二十三始折节读书，尝欲纵观四方名山水，任意所之。游罗浮朱明，自称罗浮山人。入闽访武夷，谒考亭。自鹅湖之白鹿，困于南昌。从二童行乞于市，作《乞食文》，临川汤显祖见而奇之。万历四年丙子举于乡，屡蹶春官，而好游益甚。最善叶春及，尝于罗浮构迟叶庵以待之。来西樵，又与霍尚守相善。母丧，痛哭发病，卒。有《绿水园稿》《西樵游览志》。[1]

此传附载了祁顺之弟、从弟、诸子及祁衍曾之传，有如一份家族简谱，可见祁衍曾之家世渊源，以及祁家之累世显赫。这也应当是汤显祖以其为柳梦梅原型之另一因由吧。

作者通信地址：广东省广州市越秀区淘金东横路7号，邮编：510095。

责任编辑：赵晓涛

---

① （清）阮元修，（清）陈昌齐等纂：《[道光]广东通志》卷二百七十五，陈建华、曹淳亮主编：《广州大典》第256册，广州出版社，2008年，第500—501页。

林光哲学思想刍议

——以《南川冰蘖全集》中的八篇记文为中心

王柏乔*

武汉大学哲学学院　湖北武汉，430072

摘　要：由陈献章开创的江门学派，一扫明初学者恪守程朱理学的风气，为当时的思想环境注入了新活力。作为陈献章的重要弟子之一，林光继承了其师寓于山水景色之中的教学与思考方式。因此，林光《南川冰蘖全集》中具有代表性的八篇记文，不仅是对明代中期广东地区自然文化的考察，更是对其哲学思想的阐发与实践。

关键词：林光；心学；明代哲学

根据《陈献章全集》以及《明史·儒林传》记载，陈献章在岭南讲学期间前来求学者众多，“至于浮屠羽士、商农仆贱来谒者，先生悉倾意接之，有叩无不告，故天下被其化者甚众”①，其中又以广东人为主，在陈献章的184位门人中，广东籍的就有159人②，这无疑极大地推动了岭南地区的文化发展。

林光作为陈献章早期的重要弟子，继承了其师“主静”“自然”与“自得”的学说，在此基础上提出了“闲适”“自疑”等观点。概括来说，

---

*　王柏乔（1997—　），男，汉族，黑龙江哈尔滨人。武汉大学哲学学院博士研究生，主要研究方向为儒家哲学、明代哲学。

①（明）张诩：《白沙先生行状》，（明）陈献章撰，黎业明点校：《陈献章全集》，上海古籍出版社，2019年，第1305页。

②　王光松：《白沙门人与白沙心学传播》，《现代哲学》2015年第6期，第94页。

林光哲学体系的构成以心学为主，同时在对社会情况的分析与批判上有其独到的见解。与其师一样，林光对于其生活的岭南地区的风土人情有着深深的依恋，具体表现在其对岭南地区的人民生活以及风俗文化的关注上。因此如果想要概括林光哲学思想的要旨，这些要素不容忽视。

除了心学理论本身，陈献章诗书结合的教学写作方式也影响了林光。这具体表现为《南川冰蘗全集》中，其诗文的篇幅已占去大半。另外，在每篇记文记录的地理位置上，除了《喜雨斋记》《静观亭记》《新昌何氏庆源祠堂记》与《唐府由训斋记》分别位于浙江平湖与河南南阳外，其余四篇场景皆位于广东境内。通过对以上内容的考察，可以了解林光哲学思想的主要内容以及明代广东部分地区的教育文化建设。

林光的哲学体系承袭了陈献章的思想要旨。以“道”为体，以“自然”为宗，以“静心养心”为大，以“民本”为政治理念，最终达到体认“自得”之学的状态。本文以林光的八篇记文为线索，正是要说明，林光的哲学思想是在这些作品中自然而然地阐发出来的，不同于当时严肃教条的繁琐论证和大段的理论陈述。这八篇记文也很好地反映出其哲学思想各个部分的主要内容。

一 林光哲学思想产生的时代背景与环境

林光，字缉熙，号南川，晚年更号南翁，广东东莞茶园人。明成化五年（1469），林光会试后遇陈献章，并于次年拜陈献章为师[①]。他同李成箕、张诩、贺钦一样，是陈献章早期的重要弟子之一。其后他积极出仕，曾任北京国子监博士、襄王府左长史等职。其作品以《南川冰蘗全集》行世，哲学思想多以游记、信札、诗文的形式展开。在学脉继承上，林光认为道统自“孔孟以后，千载寥寥，二程夫子讲明斯道。如揭日中天”[②]。在思想

---

① 关于林光拜陈献章为师的时间，上海古籍出版社2021年出版的《南川冰蘗全集》的“点校说明”中介绍为明成化五年（1469）左右；王光松《林光先生年谱简编》记录为成化六年（1470）。本文选择从后者。

② （明）林光：《南川冰蘗全集·复涂宪副书》，陈建华、曹淳亮主编：《广州大典》第420册，广州出版社，2015年，第493页。

上，林光继承了陈献章的哲学理念，重视体悟与践履，强调“自然”“主静”与“自得”，林光的心学思想以“道”为本，“致虚”为大，“静坐”为法，“闲适其心”为其状态，而为学的终极目标就是“闻道”。这与陈献章的“作圣”意同而名异。因此后人便有“然白沙之门，见道清澈，尤以林光先生为最”①的评价。

林光生活的明代社会，在思想文化上，随着《五经大全》《四书大全》《性理大全》的修订，朱学正式成为官方钦定的主流学说。朱学虽然统一了思想环境，但却限制了其他学说的发展。在社会环境上，林光生活时期的广东社会“最突出的变化莫过于社会经济的日趋商品化，不断地偏离传统社会‘以农为本’的基本国策，至明末更是有率先突破自然经济的趋势”②。商品经济的繁荣虽然带动了社会发展，但亦加重了贫富差距，地方豪强危害乡里。拜金主义的盛行不断冲击着儒家传统观念，不仅民众深受其害，甚至也造成士大夫“非利无学”的现象。因此林光的哲学思想除了其本身的研究价值外，在社会层面，特别是其对重拾传统观念的呼吁，以及以民为本的社会理想，也值得我们学习。

二 “静观”与“闲适”——林光哲学的心性观

心性观是中国传统哲学的重要议题。在心性关系上，林光承袭师说，以寻找心与理的“凑泊吻合”处为目标。“光资质愚鲁，凡百非自己心得，辄不敢轻信。”③可见，林光经过切身实践，继承陈献章的“自得”之学，重视自己的体会，强调学习知识的主观体悟。在《南川冰蘖全集》的八篇记文中，以《静观亭记》与《游心楼记》的论述最为突出。《静观亭记》的“静观”，正是在“主一而静”的前提下所达到“自得”的精神状态，这种本然之心便是消除了物欲干扰后的澄明之心，因此林光的工夫论更在于向内的涵养，他以“静”为核心的内在精神的安顿，必然能够达到对外

---

① （清）屈大均：《广东新语》，中华书局，1997年，第312—313页。

② 黄明同：《陈献章评传》，南京大学出版社，2006年，第17页。

③ （明）林光：《南川冰蘖全集·奉陈石斋先生书》，陈建华、曹淳亮主编：《广州大典》第420册，广州出版社，2015年，第490页。

部世界的认知与体悟。

按王光松《林光先生年谱简编》载，林光于明弘治四年（1491）在其平湖官寓空隙处建静观亭，是年三月竣工。林光即时作《静观亭记》记录抒志。林光强调静坐的作用，这种静坐不同于道家的“坐忘”与佛家的“坐禅”，虽然林光认为“种种自得，在在相忘，不知我之观物，物之观我也”①，但他静坐后达到的这种看似“坐忘”的境界，是为了“乐其道之行”②，正是这种“鸢飞鱼跃”、生化流行的状态才是道体流行于自然的理想境界。“惟静而明者，心出乎万物之上，不乱于欲，不役于物，不挠于剧，其机活，其神完，目之所观，生意融彻而混合”③，只有心超胜于万物，不为世俗名利所遮蔽，才能达到“静观”的状态，而这种状态下的人也必然能够体认到天理的运动。因此，于主体自身而言，这种体认上升到思辨层面，也就是所谓的“自得”之学了。

对于当时的思想环境，林光总结道：“今之学者，穷岁吃吃呻吟复习疲惫于训诂之余，使非息焉游焉，空其心以发露其天机、舒畅其郁蔽，俾尘累脱落，则困迫昏塞、不几于苦难而殆废乎？”④明初三部《大全》被钦定为学术主流后，士子竞相学习流为“训诂之学”的朱学，一方面丧失了个人的价值追求，另一方面也使得理学失去了创新与活力。在这种思想背景下，陈献章以自然为宗、静坐为法的自得之学无疑凸显了主体，将学问重新回到人之本身。而陈献章始终强调的“鸢飞鱼跃，其机在我”的境界，正是通过“主静”来实现的。林光在其后期的诗文中继承了这一思想，并告诫弟子：“坠绪茫茫五百年，古人糟粕古来传。静观坐我池亭上，鱼跃鸢飞镜里天。”⑤与陈献章其他门人不同的是，林光心学

---

① （明）林光：《南川冰蘖全集·静观亭记》，陈建华、曹淳亮主编：《广州大典》第420册，广州出版社，2015年，第451页。

② （明）林光：《南川冰蘖全集·静观亭记》，陈建华、曹淳亮主编：《广州大典》第420册，广州出版社，2015年，第451页。

③ （明）林光：《南川冰蘖全集·静观亭记》，陈建华、曹淳亮主编：《广州大典》第420册，广州出版社，2015年，第451页。

④ （明）林光：《南川冰蘖全集·静观亭记》，陈建华、曹淳亮主编：《广州大典》第420册，广州出版社，2015年，第451页。

⑤ （明）林光：《南川冰蘖全集·送诸生往杭州，时吴提学檄选诸生听讲（三首）》，陈建华、曹淳亮主编：《广州大典》第420册，广州出版社，2015年，第606页。

内求“静观”的特点在其心学体系中最为重要，“不能观诸内者，必不能得乎外”[①]。内在生命无法得到静观体察，则必然不会向外彰显，二者在这里紧密联系。

如果说“静观”是林光对陈献章思想的直接继承，那么“闲适”则是林光对心学的进一步阐发，这也是内心活动的外在状态。

按阮榕龄《次编陈白沙先生年谱》记载，明成化十七年（1481），新会知县丁积在新会建楼，陈献章为之命名为“游心楼”，并书“敬义”碑[②]。其后，林光游历白沙期间，受丁积委托作记，遂有《游心楼记》。作为八篇记文中的首篇，林光在此文中主要阐述了继承自其师的主静观，并提出了重要的“闲适其心”说。篇名《游心楼记》，“游心”本质上就是使得心“无所恃”，这也是江门心学所要达到的精神状态，为学的要点就在于“一心”。因此，在本篇中，林光首先区分了两种“心”——“不闲心”与“闲心”的关系。前者会造成“汩泥扬波而求炤于水”[③]的困境，这不仅是林光总结自己少时学不得其要的根本所在，也是陈献章在辞别吴与弼返乡静坐前内心“无所得”的原因，即主体没有反思意识，一味地追求书本知识，就会造成不知出处的困境。“闲心”的根本就是“主一而静”。“虽然，所以闲其心者有要也。要者，一而已矣”[④]，这种静时涵养、动时省察的工夫正是“主一”的具体表现，也是“闲心”的方法。这比陈献章“身居万物中，心在万物上”的方式更为彻底，要求学者从一开始就要防止本心被遮蔽，因此要杜绝一切世俗诱惑。从这点上看，林光似乎又更接近传统理学“存天理，去人欲”的工夫了。在其《与伍光宇书》中，林光对革除欲望描写得更为详细：“况人之难割者，有我之私爱，爱之不割则为物缨矣。一物缨之，则有于我者尤多也。能割平生之至爱，则凡入于我者可随手而

① （明）林光：《南川冰蘖全集·静观亭记》，陈建华、曹淳亮主编：《广州大典》第420册，广州出版社，2015年，第451页。

② 黄明同：《陈献章评传》，南京大学出版社，2006年，第339页。

③ （明）林光：《南川冰蘖全集·游心楼记》，陈建华、曹淳亮主编：《广州大典》第420册，广州出版社，2015年，第449页。

④ （明）林光：《南川冰蘖全集·游心楼记》，陈建华、曹淳亮主编：《广州大典》第420册，广州出版社，2015年，第449页。

剥落矣。”[①]可见，林光要求直接断除个人爱好。“闲适其心”的本质仍是一番彻底剥落的工夫，在现实中实现起来虽然颇具困难，但只有这样，才能真正实现“静养”与“动应”的结合。考虑到林光个人积极入仕的经历及其性格皆不同于其师陈献章，因此，其对世俗诱惑断绝得如此彻底，也是出于对现实的考量。

三 “神之所为，无乎不在”——林光哲学中的自然观

自然，既可以指现象中的客观自然世界，亦可以形容理念中的主观精神状态。如陶渊明的“久在樊笼里，复得返自然”，“自然”在这里具有田园生活与悠闲心境的双重含义。在林光的行记中，“自然”所指的是阴阳二气生化流行的客观世界和“逸休”的主观状态。

《逸休堂记》是林光在东莞期间受金祯委托所作，目的在于道德彰显以及垂示子孙。逸休堂取《尚书》所谓“作德，心逸日休”之意，由是林光以“逸休”之乐代指无欲自然的心境。开篇林光即强调“逸休之乐不可以为易而忽也”[②]。即，乐趣有很多种，但不能因为“逸休”的状态看似容易获得而轻易疏忽。“夫人之一心，侈欲之念无穷，忿怒之发难制。以有限之物，供无涯之欲；以无穷之变，触忿怒之心，二者相寻于无穷，宜其可乐者常少、可悲者常多也。”[③]正是物欲横流的人欲导致心有所偏执，无法达到“逸休”的状态，才造成社会混乱、法度败坏等一系列问题。“逸休”之乐的困难也正在于此。林光作出如下列举，虽然石崇富甲一方、曹操权倾朝野、韩信白起能征善战，但在世俗的金钱与权力的影响下，他们是无法获得内心真正的安顿的。正如秦相李斯遇害前曾叹道：“吾欲与若复牵黄犬俱出上蔡东门逐狡兔，岂可得乎！”其所要表达的就是这种悲剧。舍弃世俗的诱惑才是逸休之乐的真正含义，这是“可贱可贫，可富可贵，

---

① （明）林光：《南川冰蘗全集·与伍光宇书》，陈建华、曹淳亮主编：《广州大典》第420册，广州出版社，2015年，第494页。

② （明）林光：《南川冰蘗全集·逸休堂记》，陈建华、曹淳亮主编：《广州大典》第420册，广州出版社，2015年，第450页。

③ （明）林光：《南川冰蘗全集·逸休堂记》，陈建华、曹淳亮主编：《广州大典》第420册，广州出版社，2015年，第450页。

投之万变而不扰，临之威武而不挫”[①]的精神，也是“孔颜乐处”与“富贵不能淫，贫贱不能移，威武不能屈”的状态。逸休之乐的前提便是做到心的“闲适”。在教学方式上，林光赞同其师的“行不言之教”。“默会者，机缄若神启”[②]，正如逸休之乐这一状态不可言说一样，体悟始终都是江门心学的重要方法。体认天道的最佳途径就是投入到社会实践中。

茶山距东莞三十里，是林光的家乡。在《茶山东岳行宫记》中能够看到林光对于故地风土人情的称赞。“境幽土融，水清山丽，士庶交集，商贾懋兴”[③]，可见明代中期的东莞自然环境优美、商业繁荣。在前篇《游心楼记》中，林光提出的“闲适其心”的观点，正是在商品经济的冲击下保持内心澄明的工夫。对于故土茶山的回忆反映出了林光年少求学时的内心情感，“当梅花盛开、满望晴雪、幽香袭人时，与二三子游歌其下，而慨庙宇之庑隘、严祀有未称也”[④]。这种以自然为乐的“闲适心”是体察天地万物的基础，也是近乎孔子所言“吾与点也”的精神状态。而后林光又总结道：“夫阴阳二气，流通布濩，而妙灵于岳渎，兴云致雨，功德生民，神之所为，无乎不在。”[⑤]这种朴素的泛神论思想认为阴阳二气的交感是万物的起源，同时又创造影响了自然界。林光将其直接冠以“神”的概念来说明这种关系是普遍存在的。“故乡邦邑聚随所在而神明之，亦所以昭其岁时旱涝祈报之诚耳。”[⑥]传统的民间信仰以乡里地缘为纽带，目的是祈福，寄希望于农作物的收成上。“而神仪俨若，又足以起人心之祗肃而致惕于

---

① （明）林光：《南川冰蘖全集·逸休堂记》，陈建华、曹淳亮主编：《广州大典》第420册，广州出版社，2015年，第450页。

② （明）林光：《南川冰蘖全集·奉陈石斋先生书》，陈建华、曹淳亮主编：《广州大典》第420册，广州出版社，2015年，第495页。

③ （明）林光：《南川冰蘖全集·茶山东岳行宫记》，陈建华、曹淳亮主编：《广州大典》第420册，广州出版社，2015年，第454页。

④ （明）林光：《南川冰蘖全集·茶山东岳行宫记》，陈建华、曹淳亮主编：《广州大典》第420册，广州出版社，2015年，第454页。

⑤ （明）林光：《南川冰蘖全集·茶山东岳行宫记》，陈建华、曹淳亮主编：《广州大典》第420册，广州出版社，2015年，第455页。

⑥ （明）林光：《南川冰蘖全集·茶山东岳行宫记》，陈建华、曹淳亮主编：《广州大典》第420册，广州出版社，2015年，第455页。

淑慝劝戒之深思也”[①]，“神仪”具有感染力，被赋予意义的客体能够激发起人心中的道德感与崇高感。

四 “主不可以无所”——林光哲学中的伦理孝道思想

伦理孝道思想是传统社会规范的基础，同时也是“道”在日常生活层面上流行的标志。《金钗脑墓松记》与《新昌何氏庆源祠堂记》是林光对这一思想论述的代表篇目。

金钗脑山位于东莞茶园以东约五里。“山有名金钗脑者，初祖别驾府君墓在焉”[②]，其间松树生长茂盛；而新昌位于浙江境内，“左列天姥，右环东山”[③]。在这两篇文章中，林光从“性”“天”关系的角度，以记文的方式批判时人数典忘祖的现象。墓松与祠堂本是宗族凝聚力的表现，也是后人孝道体现之所在。时人见利忘义、重财轻孝的行为为林光所不齿。因此，在这两篇记文中林光针对这一社会现象进行了批判。

林光回忆起少时数次随族人在墓松下祭拜的经历，不仅得到了“荫浓阴、目苍翠、耳清韵”的感官熏陶，更有“恍若舞雩讽咏其间”的心境[④]。这段回忆让林光自幼认识到孝道精神的动人。墓松作为先人精神的物质载体，庄严肃穆，需要尊崇与保护。因此，林光在听闻其族人擅自砍伐宗族墓地内的参天松树后“心痛而不能寐”。他通过墓松这一物质载体的丧失对时人不遵守孝道的行为进行批判。在《金钗脑墓松记》的最后，林光的失望与愤怒跃然纸上：“后之子孙登墓而祭者……读余之记，其不兴千古之恨乎？”[⑤]“道”本身具有丰富的内涵，流行于日用伦理之间，在家庭中的

---

① （明）林光：《南川冰蘖全集·茶山东岳行宫记》，陈建华、曹淳亮主编：《广州大典》第420册，广州出版社，2015年，第454页。

② （明）林光：《南川冰蘖全集·金钗脑墓松记》，陈建华、曹淳亮主编：《广州大典》第420册，广州出版社，2015年，第452页。

③ （明）林光：《南川冰蘖全集·新昌何氏庆源祠堂记》，陈建华、曹淳亮主编：《广州大典》第420册，广州出版社，2015年，第452页。

④ （明）林光：《南川冰蘖全集·金钗脑墓松记》，陈建华、曹淳亮主编：《广州大典》第420册，广州出版社，2015年，第452页。

⑤ （明）林光：《南川冰蘖全集·金钗脑墓松记》，陈建华、曹淳亮主编：《广州大典》第420册，广州出版社，2015年，第452页。

表现就是孝道，能够体现出父母与子女各自的责任。但如今“夫事有似轻而所关为至重，利有至小而害义为至大，所得者毫毛而所丧者山岳，其不思甚矣”[①]，今人不以孝道为重，反而舍本逐末，为求小利而丧大义，正是缺乏反思的结果。相比于其他记文，在《金钗》与《新昌》两篇记文中，林光对当时社会现象的批评尤显突出。具体来说，《金钗》是对生者践行孝道的赞美，而《新昌》则是对生者履行孝道的要求。两篇记文在结构上相辅相成，通过分析可以归纳出林光传统的伦理观念。

在《新昌何氏庆源祠堂记》中，林光着重强调了“事亲”的作用。虽然林光承认教化对于为学的重要性，“学之制，自开辟以来，有民斯有教，有教斯有学”[②]，但“性之于天，岂待教而然哉”[③]？既然天性自足，那么社会中种种有悖于伦常的现象，就是主体自身的善念被遮蔽所导致的。在《南川冰蘖全集》第一卷的《乞便养疏》中，孝道的动人表现得尤为突出。

林光的《乞便养疏》与其师陈献章的《乞终养疏》一样，都是因为侍奉母亲而上疏辞官之作。与陈献章屡荐不起的情况不同，林光早年积极参加科举，担任大小官职，其目的便是“得禄以为养”。但由于其母年事已渐高、家中兄弟过世以及新职路途遥远的原因，林光还是选择了以事亲为重。“臣伏思圣朝以孝教人，明有便亲恩例，伏望圣慈广推仁孝”[④]，他认为只有统治者以身作则，将仁孝观念普遍推行下去，才能教化百姓，整顿士风。

《新昌》篇的后半部分是林光对祠堂、祭祀重要性的重申。“盖人之终也，体魄降于下，魂气升于上，下降者有定，上升者无所不知，于是为主而依之。主不可以无所，于是为庙以祭之。”[⑤]林光承认灵魂与身体的二

---

① （明）林光：《南川冰蘖全集·金钗脑墓松记》，陈建华、曹淳亮主编：《广州大典》第420册，广州出版社，2015年，第452页。

② （明）林光：《南川冰蘖全集·太学四代沿革论》，陈建华、曹淳亮主编：《广州大典》第420册，广州出版社，2015年，第483页。

③ （明）林光：《南川冰蘖全集·新昌何氏庆源祠堂记》，陈建华、曹淳亮主编：《广州大典》第420册，广州出版社，2015年，第453页。

④ （明）林光：《南川冰蘖全集·乞便养疏》，陈建华、曹淳亮主编：《广州大典》第420册，广州出版社，2015年，第432页。

⑤ （明）林光：《南川冰蘖全集·新昌何氏庆源祠堂记》，陈建华、曹淳亮主编：《广州大典》第420册，广州出版社，2015年，第453页。

分。灵魂具有“无所不知”的品质，因此具有统摄肉体的作用，是“人之所主”，甚至在身后也能够独立存在。庙堂作为灵魂存在的载体，其本身便是连接天与地、逝者与生者的重要场所。而祭祀这一行为则是人通过祠堂与逝者进行的沟通。林光认为无论是向上追溯到曾祖、高祖，还是下推到曾孙、玄孙，文明传承都是因为遵守孝道，其本质都是“孝思之天亦同也”①。由此可见，在林光这里，孝道被赋予了重要的地位。符合孝道便是顺应天理的表现，是道德原则与社会秩序的统一。“志士不忘在沟壑，宗族称孝，乡党称弟，圣人尤以为士之次。”②孝悌观是志士必须具备的修养，林光的家庭伦理思想亦是其心学的重要组成部分，而将孝道思想向外扩充，就是社会法则的道德要求。

五 从“承天不违”到“切于救民”——林光哲学中的政治思想

政治思想包含着知识分子对于社会情况的反思与总结，也是他们对于哲学思想的现实应用。清正廉洁的贤人君子始终都是社会的中坚力量。他们“生在一方，则山川为之增辉；迹寄一地，则图志为之加重，其存也，四方仰之；其没也，后世思之。仰之思之不替，于是立庙以祠之”③。林光借修建诸葛武侯祠来抒发对贤臣的怀念与哀思，“其德、其功愈大，则思仰者愈久，而祠庙至后世千百年而威灵犹有存者，盖以人心之所在，即神之所在，不敢忽也”④，而这其中亦是林光对解决明代社会问题的渴望。

在林光的八篇记文中，以《唐府由训斋记》与《喜雨斋记》的论述尤为突出。前者体现了林光对道德准则的呼吁，后者则是林光对民生疾苦的

① （明）林光：《南川冰蘖全集·新昌何氏庆源祠堂记》，陈建华、曹淳亮主编：《广州大典》第420册，广州出版社，2015年，第453页。

② （明）林光：《南川冰蘖全集·复周愉》，陈建华、曹淳亮主编：《广州大典》第420册，广州出版社，2015年，第506页。

③ （明）林光：《南川冰蘖全集·请建诸葛武侯祠庙疏》，陈建华、曹淳亮主编：《广州大典》第420册，广州出版社，2015年，第435页。

④ （明）林光：《南川冰蘖全集·请建诸葛武侯祠庙疏》，陈建华、曹淳亮主编：《广州大典》第420册，广州出版社，2015年，第435页。

关切。

《唐府由训斋记》为林光游历南阳期间所作。“由训者，由我祖宗旧章成法也”，本意是重新强调规矩法度所在。在本篇中，林光对当时社会法度缺失提出了尖锐的批评。今人“不师古训，不由旧章，率意而任情为之，虽疲惫其心，劳损其形，要其成，非过则不及”[①]。虽然林光与陈献章一样主张“率性自然”，但这并不是说要舍弃一切法度与道德准则，而是要以圣贤言论的“古训”“旧章”为标准，否则便会陷入到“成事非过则不及”的困境中。对圣学的强调与积累，是林光得以成为儒者的原因，同时也是心学与佛老之学最大的不同之处。其中《金钗》与《新昌》两篇中所宣扬的孝道，便是本心自然而然地顺应古训与旧章而成。在本篇中林光还列举了公输、师旷、扁鹊等人之所以在建筑、音乐以及医学上能取得过人成就的原因。“人见其精于艺、精于术，而不知其默运于规矩法度之中也。”[②]世人只看到公输等人成功的表象，而不知道他们正是因为遵循了旧章法度“中”的准则才得以留名于世。这一方面说明了林光作为儒者对道体的认可以及坚守，同时也侧面论证了儒学精神的内核具有能够正确指导实践的能力。在《南川冰蘖全集》中，林光记载了大量的读书心得，其对时人观念的评价同样有记载，“今之读《春秋》诛乱讨贼，人见其严而不知其时当然也”，[③]这正是对道德法度的要求，于个体而言，是遵循天理，于统治者而言，则可确保国泰民安。这继而体现在林光对于民本思想的论述上。

林光生活在明代由盛转衰的时期，明武宗宠信以刘瑾为首的宦官，祸乱朝纲。因此在《喜雨斋记》一篇中，林光以朴素的气论来阐释其以民为本的政治愿望。本篇开篇即言：“天地之气莫难于至和，至和者，万物之所以生。”[④]这一方面继承了陈白沙道气结合的本体论，以致和之气来解释

① （明）林光：《南川冰蘖全集·唐府由训斋记》，陈建华、曹淳亮主编：《广州大典》第420册，广州出版社，2015年，第454页。

② （明）林光：《南川冰蘖全集·唐府由训斋记》，陈建华、曹淳亮主编：《广州大典》第420册，广州出版社，2015年，第454页。

③ （明）林光：《南川冰蘖全集·唐府由训斋记》，陈建华、曹淳亮主编：《广州大典》第420册，广州出版社，2015年，第454页。

④ （明）林光：《南川冰蘖全集·喜雨斋记》，陈建华、曹淳亮主编：《广州大典》第420册，广州出版社，2015年，第450页。

万物得以生成的原因；另一方面，也说明了达到“致和”状态的难度。他以“气”的化生运动形成的“雨”为切入点，做了“天旱”与“人旱”两种区分。“盖天之旱，能夺人之食，民之所忧者饥而已矣”，而“人之旱，其幽隐微细、愁苦郁抑而不申者，盖千态万状”，这是林光对明代广东频繁出现的社会问题的反思。早年陈献章熟读《孟子》，见“有天民者，达可行于天下，而后行之”就曾有过“嗟夫，大丈夫行己当如是也”的感慨。始终关注底层人民生活情况的陈献章，也自然将这种民本思想融入了江门心学的理论中。因此，针对明代“境内少宁，但多盗耳”[①]的情况，他呼吁“切于救民，急先务也”[②]。这种自吴与弼处学来的耕读一体的生活学习理论不仅影响了陈献章，也同样为林光、湛若水等弟子所接受。这种方式让知识分子理解到底层人民生活的艰辛与不易。在本篇中，林光对“天旱”与“人旱”的区分，同样是重拾孟子的民本思想。针对“人旱”的情况，林光指出统治阶级应“求其郁悒而通畅之，时其蒙茸而疏理之，植其僵仆，厘其困瘁”，即需要体察民情，了解人民所需，解决社会存在的普遍问题。只有这样，“民之望公，盖当不止于如时雨之可喜也”[③]。他表示，“丈夫生世，进身患无阶以展其策，行道患无位以任其责”[④]，无论是进身还是行道，都需要一定的社会地位，位置的高低决定着“兼济天下”能力的高低。因此，与其师陈献章不同，林光积极出仕，“须求古人终身钻仰者何事？立身行道，扬名于后世，以显父母”[⑤]。由此看来，他对官员提出种种建议，也就不足为奇了。

---

① （明）陈献章撰，黎业明点校：《陈献章全集・附林府尊》，上海古籍出版社，2019年，第259页。

② （明）陈献章撰，黎业明点校：《陈献章全集・丁知县庙记》，上海古籍出版社，2019年，第43页。

③ （明）林光：《南川冰蘖全集・喜雨斋记》，陈建华、曹淳亮主编：《广州大典》第420册，广州出版社，2015年，第451页。

④ （明）林光：《南川冰蘖全集・代抚民张宪副祭郝亚卿文》，陈建华、曹淳亮主编：《广州大典》第420册，广州出版社，2015年，第556页。

⑤ （明）林光：《南川冰蘖全集・复周愉》，陈建华、曹淳亮主编：《广州大典》第420册，广州出版社，2015年，第506页。

结　语

作为广东历史上重要的思想家之一，林光的哲学思想整体上并未脱离陈献章的理论体系。本文通过对八篇记文进行分析，可以看到，相较于湛若水对江门心学的发扬以及“随处体认天理”的提出，林光的“主一”“闲适其心”“存疑自得”的思想，本质上仍是对陈献章的“主静”“自然”与“自得”等思想理念的展开。林光的心学是江门心学的重要组成部分，对岭南的风俗教化起到了重要的引导作用。同时，林光也针对当时存在的社会问题提出了兴办教育、官员廉洁等诉求。虽然林光并未成为陈献章衣钵的直接传人，但后来的广东学者，如屈大均等，还是对林光的心学功绩进行了肯定：“所上白沙书，得力过于甘泉。可直接白沙学脉。”[①] 而在明嘉靖十二年（1533），林光得以入祀广州府儒学乡贤祠，也是后人对其影响的肯定。

作者通信地址：湖北省武汉市武汉大学哲学学院，邮编：430072。

责任编辑：陈子

① （清）屈大均:《广东新语》,中华书局,1997年,第312—313页。

文献研究

王隼《诗经正讹》成书考

李开裕[*]

暨南大学文学院，广东广州，510632

摘　要：王隼所撰《诗经正讹》是一部考辨《诗》学讹误的著作，刊刻时间在清康熙二十三年（1684），由于王隼还俗后生活困顿，该书的写成时间有可能与刊刻时间不同，写成时间应在1673年至1684年之间。《诗经》在流传过程中的讹误日增，王隼个人又精于音律，雅好诗歌，并具有存文存史的遗民情怀，这些因素共同促成了《诗经正讹》的撰写。该书撰写主要基于朱熹《诗集传》八卷本，考辨的内容也多以《诗集传》中的"叶音"讹误为主。王隼《诗经正讹》的撰写与刊刻，体现出清代广东《诗经》研究的求实学风。

关键词：王隼；《诗经正讹》；成书

《诗经正讹》，王隼撰。王隼（1644—1700），号蒲衣，清初广东番禺（今属广东广州）人，父王邦畿曾仕南明。据《［道光］广东通志》"艺文略一"："《番禺县志》：隼本名準（笔者按：隼同準，即准），自号蒲衣，所著《大樗堂集》七卷《外集》一卷，《诗经正讹》《岭南诗纪》《梳山七书》《琵琶楔子》一卷。"①王隼另编有《唐诗五律英华》《文苑综雅》《岭南三大家诗选》等。《清史稿》《国朝诗人征略》中也有其相关记载。在经学

* 李开裕（1991—　），男，汉族，广东湛江人，暨南大学文学院中国古典文献学专业博士研究生，主要从事《诗经》学与清代学术史研究。

① （清）阮元修，（清）陈昌济纂：《［道光］广东通志》卷一百八十九《艺文略一》，清道光二年（1822）刻本，第15叶。

研究方面，王隼撰有《诗经正讹》《诗经韵考》等，这对于清初广东《诗》学而言，具有重要意义。《楚庭稗珠录》言："蒲衣善学，著有《诗经韵考》，士林重之。"[①]又伍元薇《大樗堂初集・跋》言："所著《诗经正讹》及《韵考》《五律英华》《岭南诗纪》并不存，则是书又可听其湮没耶？"[②]伍元薇以"并不存"记所提及王隼的几部著作，明显有误，但我们可从其记述中明确《诗经正讹》与《诗经韵考》是不同的两部著作。《诗经正讹》有存，《诗经韵考》[③]至今未见。

关于王隼《诗经正讹》这部著作的研究尚未引起学界重视，仅有陈浩文《明遗民诗人王隼研究》（中山大学2022年硕士学位论文）一文中对《诗经正讹》略有概述，可见相关研究并不充分，而其成书更有待考辨，故笔者不辞浅陋，撰写为文，以求教于方家。

一 《诗经正讹》成书时间考

《诗经正讹》有清康熙二十三年（1684）大樗堂刻本，《广州大典》即据浙江图书馆藏本影印。原书版框高180毫米，宽144毫米[④]，牌记题"岭南王蒲衣著，《诗经正讹》，大樗堂藏板"[⑤]，左右双边，半叶九行，行十八字，小字双行同，无鱼尾，版心镌有卷次、叶数等。书中钤"浙江图书

① （清）檀萃著，杨伟群校点：《楚庭稗珠录》卷四，广东人民出版社，1982年，第125页。

② （清）伍元薇：《大樗堂初集・跋》，（清）王隼：《大樗堂初集》，《四库禁毁书丛刊・集部》第166册，北京出版社，1997年，第515页。

③ 《诗经韵考》有可能是《梳山七书》之一。（清）屈大均《翁山文钞・慕刻文苑综雅题辞》记："王子蒲衣所编纂者凡七书，以卷帙浩繁未能行世也"，"《综雅》一书，盖其具也哉，至于举正五经，约略诸史，汇选古今诗，汇以为《梳山七书》者，亦方订刻以公天下，而以《综雅》为先声云。"见欧初、王贵忱主编：《屈大均全集》第3册，人民文学出版社，1996年，第400—401页。由屈大均的叙述可知，《梳山七书》中有"举正五经"的著作，从书名来看，《诗经韵考》正是这样一部著作。又阮元编修的《［道光］广东通志》中并没有《诗经韵考》的单独记载，因此《诗经韵考》有可能是《梳山七书》中的一部。

④ （清）王隼：《诗经正讹》，陈建华、曹淳亮主编：《广州大典》第138册，广州出版社，2015年，第2页。

⑤ （清）王隼：《诗经正讹》，陈建华、曹淳亮主编：《广州大典》第138册，广州出版社，2015年，第3页。

馆藏”“墨澥庐珍藏书画钤记”等印。据骆伟所撰《岭南文献综录》记有清乾隆九年（1744）大樗堂刊本，浙江图书馆藏[①]，实际该本即《广州大典》影印底本，应为清康熙二十三年（1684）大樗堂刻本，是著录者因同为“甲子”年而误记，结合王隼生卒年及序后的印章，该书版本当为康熙二十三年（1684）版。《诗经正讹》作为王隼经学研究的代表著作，对我们了解王隼具有重要意义。

关于该书的撰写时间，书中并没有明确记述。根据王隼生平的相关记录，笔者以为该书应当是王隼结潀庐于西山之麓期间所写。根据《［乾隆］番禺县志》载：“隼居太乙，久之以书招还，亦以诗劝其返俗，乃归，时年二十七矣，则康熙九年庚戌也。”[②]可知王隼于1670年还俗。陈恭尹《王蒲衣五十序》记：“王子为武夷匡庐之游，六七年而归，而学益进，生而善病，癯然鹤立，虽酷暑犹披重裘，既而结潀庐于西山之麓者二十年。”[③]根据王富鹏的研究，王隼30岁时“于西山之麓结潀庐”[④]，是年为康熙十二年（1673）。又《清史稿》载：“隼七岁能诗，慕道术，早岁弃家入丹霞，寻入匡庐，居太乙峰，六七年始归，性喜琵琶，终日理书卷，生事窘不顾。”[⑤]在潀庐生活的这段时间，王隼专心于书卷及相关研究，梁佩兰描述过王隼还儒后的状态：“予观其行，年三十而头发已种种。终岁键关舍，著述之外，无他嗜好，其志岂以今人自许者邪？”[⑥]又屈大均《王蒲衣诗集序》言王隼“既乃返于儒，所居西山，去吾乡沙亭咫尺，旦夕过从，相与讲求圣人之学”[⑦]。“圣人之学”应指儒家学术，《诗经》研究当与此有关。

---

① 骆伟：《岭南文献综录》，广东人民出版社，2016年，第10页。

② （清）任果修，（清）檀萃纂：《［乾隆］番禺县志》卷十五《人物八》，清乾隆三十九年（1774）刻本，第7叶。

③ （清）陈恭尹：《独漉堂文集》卷四，《清代诗文集汇编》编纂委员会编：《清代诗文集汇编》第125册，上海古籍出版社，2010年，第584页。

④ 王富鹏：《岭南诗人世家：番禺王氏（邦畿、鸣雷、隼等）事迹征略》，左鹏军主编：《岭南学》第八辑，中山大学出版社，2021年，第22页。

⑤ 赵尔巽等：《清史稿》卷二百七十一，中华书局，1976年，第13333页。

⑥ （清）梁佩兰：《大樗堂初集·叙》，（清）王隼：《大樗堂初集》，《四库禁毁书丛刊·集部》第166册，北京出版社，1997年，第463页。

⑦ （清）屈大均著，李文约校点：《翁山文外》卷二，欧初、王贵忱主编：《屈大均全集》第3册，人民文学出版社，1996年，第64页。

可见，在滦庐生活期间，王隼专注于著述，《诗经正讹》很有可能是在这段时间所写，即1673年之后所撰写。从《诗经正讹》的内容来看，其中多是对《诗经》字、音的辨正，需要长时间的积累和整理，不是一朝一夕所能完成，当是王隼定居滦庐期间不断整理研读《诗经》的结果。

《诗经正讹·自叙》落款为："阏逢困敦之岁孟陬上澣，岭南王隼识于大樗堂。"[①]"阏逢"是十干中"甲"的别称，"困敦"是十二支中"子"的别称，即甲子年，"孟陬上澣"即正月上旬。结合王隼的生卒年，《诗经正讹》当写成于1684年之前。由于王隼的生活一直处于较为困窘的状态，刊刻书籍缺少资金的支持，所以很有可能《诗经正讹》的写成与刊刻并不在同一时间。如《大樗堂初集》在1673年已经成稿，"却迟至多年之后方付之梨枣"[②]。梁佩兰于《五律英华·序》记："吾友王蒲衣特起而任之，掩关西山，自架一小阁，屏障帷榻皆诗"，"不数月而五律之集成，得诗七千五百首，以工费浩繁，剞劂有待，遂于选中拔其尤者先课问世。"[③]"工费浩繁，剞劂有待"是王隼当时著书的真实写照。还俗后，王隼与妻子筑庐偕隐，生活窘迫，其诗言："赖有同心人，于焉成小筑"，"芰荷制吾衣，薇蕨充吾腹。荒居无四邻，空山静耳目。草草百年身，聊以全吾璞。"[④]又《［乾隆］番禺县志》记："稍裕即理书卷，手胝口沫无休时，窘即弹琵琶，琵琶声益急，则其窘益甚，孟齐之弟闻之，怀十金遗之，置之几不顾而弹益切，俄而闽中使者及粤大吏先后馈至，合五百金，乃舍琵琶，召宾客，大作岁事，分济贫亲友，金缘手尽，率以为常，未几，而琵琶声复闻矣。"[⑤]可见其生活窘迫，如陈恭尹《王蒲衣五十序》言："所著撰诸书不一

① （清）王隼：《诗经正讹》，陈建华、曹淳亮主编：《广州大典》第138册，广州出版社，2015年，第4页。

② 王富鹏：《岭南诗人世家：番禺王氏（邦畿、鸣雷、隼等）事迹征略》，左鹏军主编：《岭南学》第八辑，中山大学出版社，2021年，第23页。

③ 陈建华、曹淳亮主编：《广州大典》第481册，广州出版社，2015年，第515—516页。

④ （清）王隼：《大樗堂初集》卷四，《四库禁毁书丛刊·集部》第166册，北京出版社，1997年，第483页。

⑤ （清）任果修，（清）檀萃纂：《［乾隆］番禺县志》卷十五《人物八》，清乾隆三十九年（1774）刻本，第7叶。

种，贫不能尽刻，往往为贾人请去。”① “贫不能尽刻”是当时王隼刻书的真实境况，屈大均也在《岭南诗纪序》中记：“今且与蒲衣鬻郭外之田庐，卖临邛之车骑，以为制殿之需。”②为了刊刻书籍，王隼曾变卖家里的产业。屈大均作《募刻文苑综雅题辞》为王隼刊刻书籍筹集资金，言：“王子蒲衣所编纂者，凡七书，以卷帙浩繁，未能行世也……所患者，王子甚贫，镂版未易，恐遂中废，无以嘉惠学人。”③ “王子甚贫，镂版未易”，已为亲友共知。因此，生活的困窘很可能是《诗经正讹》不能及时刊刻的重要原因。

二　王隼撰写《诗经正讹》缘由考

那么，王隼为什么要写这样一部著作呢？究其原因，大抵有四。

其一，王隼欲修正《诗经》在传播中产生的讹误。王隼在《诗经正讹·自叙》中言：“六经行世数千百年，亥豕鲁鱼讹谬不一，而《诗》尤甚。盖三百篇所载多鸟兽草木虫鱼之属，字既繁琐，考订维艰，坊间简陋相沿，总无善本。且诗为依永谐声之学，古以之叶金石而被管弦，是时四声之韵未兴，而音律宫商天籁自协，其用韵之奇，有一字而数音者，有全诗总弃本音而从叶者，有连叶数语以就一句者，而十五国之方言各别，后人遂为双声反切以通之，然操觚之家大抵糟粕视之，鲜有留神及此者。而紫阳注诗唯疏义理，不求音韵，或平音读仄，仄音读平，或应叶而不叶，不应叶而强叶，以致乡塾师承讹袭舛，其来旧矣。余因发愤博采《说文》《韵补》《海篇》《玉韵》《读书通》《通雅》《毛诗古音考》《字汇》《正字通》及《中州音韵》诸书，逐一谐其音声，正其点画，其间有非六书古文，而雅俗相通、经传常用者，则姑存之，务使读者犁然在目，朗然在

---

① （清）陈恭尹:《独漉堂文集》卷四,《清代诗文集汇编》编纂委员会编:《清代诗文集汇编》第125册,上海古籍出版社,2010年,第584页。

② （清）屈大均著,李文约校点:《翁山文外》卷二,欧初、王贵忱主编:《屈大均全集》第3册,人民文学出版社,1996年,第59页。

③ （清）屈大均著,李文约校点:《翁山文钞》卷八,欧初、王贵忱主编:《屈大均全集》第3册,人民文学出版社,1996年,第400页。

口，期于愉快而已。”[①]由此可知，《诗经正讹》的撰写目的是为了纠正《诗经》在流传过程中产生的字音乖谬，使其音声和谐，便于读者学习。

其二，王隼对诗歌的热爱。王隼自小聪慧，陈恭尹《王蒲衣五十序》记：“先君殉节之明年，予过先生于广州高街故宅，王子方四岁，结双角髻，绾朱丝绳，彩服戏堂下，明慧可喜。其后与先生同寓于端州者一年。又七年，予自吴越还，见先生于龙江寓舍，王子方十一二，出而揖我，问其文，灿然可观矣。又数年，予自梁楚还，则王子诗已成帙矣。”[②]王隼之父王邦畿为明代诗人，著有《耳鸣集》，王隼自幼继承家学。王鸣雷亦在《大樗堂初集·叙》指出：“今《耳鸣》之集在人间若《广陵散》，余望大雅若匡庐高阜之云，不知隼弟诗在旁，竟已嗣续之也。”[③]屈大均《王蒲衣诗集序》言“仍其家学”[④]，郭象升称“蒲衣工诗”[⑤]，王煐《文苑综雅·序》言其“尤工于诗”[⑥]。王隼著有《大樗堂初集》《外集》《丹霞雪诗》等个人作品集，又编辑《岭南诗纪》《岭南三大家诗选》《唐诗五律英华》等著作，这些均可表明其对诗歌的热忱。《诗经》作为中国诗歌的源头之一，也是诗歌史上最为经典的著作，王隼当然多有研读。由名字的变更也可以看出王隼对《诗经》的热爱。王隼原名准（凖），后称隼，这种改变也有可能来源于《诗经》。《诗·小雅·采芑》：“鴥彼飞隼，其飞戾天。”郑笺曰：“隼，急疾之鸟也，飞乃至天，喻士卒劲勇，能深攻入敌也。”[⑦]《埤雅》曰：

① （清）王隼：《诗经正讹·自叙》，（清）王隼：《诗经正讹》，陈建华、曹淳亮主编：《广州大典》第138册，广州出版社，2015年，第3页。

② （清）陈恭尹：《独漉堂文集》卷四，《清代诗文集汇编》编纂委员会编：《清代诗文集汇编》第125册，上海古籍出版社，2010年，第584页。

③ （清）王鸣雷：《大樗堂初集·叙》，（清）王隼：《大樗堂初集》，《四库禁毁书丛刊·集部》第166册，北京出版社，1997年，第465页。

④ （清）屈大均著，李文约校点：《王蒲衣诗集序》，欧初、王贵忱主编：《屈大均全集》第3册，人民文学出版社，1996年，第64页。

⑤ 袁长江主编，王开学辑校：《郭象升藏书题跋》，山西古籍出版社，2007年，第363页。

⑥ （清）王煐：《文苑综雅·序》，（清）王隼辑：《文苑综雅》，陈建华主编：《广州大典》第481册，广州出版社，2015年，第596页。

⑦ （汉）毛亨传，（汉）郑玄笺，（唐）孔颖达等正义，（清）阮元校刻：《十三经注疏·毛诗正义》卷十二，中华书局，2009年，第912页。

“鹰之搏噬，不能无失，独隼为有准，故每发必中。”[①]可能出于对隼美好品性的向往，因此王隼改名为隼。好友梁佩兰把对王隼诗歌的评价与《诗经》联系起来，从侧面反映了王隼对《诗经》的重视，《大樗堂初集·叙》言：“子蒲衣所著诗，神明造姿，孤隽表骨，学问酝酿，能极其思，左右变化以出之……然则蒲衣遇非其时，不得以忠厚和平之音列《清庙》《明堂》《正风》《正雅》《三颂》之什，犹庶几于《匪风》《下泉》《繁霜》《楚茨》《板》《荡》《变风》《变雅》之遗也。古天子以《诗》教化天下之意，仲尼删《诗》无邪之旨，不赖蒲衣而存哉？”[②]可见，王隼撰写《诗经正讹》与其对诗的热爱是分不开的。

其三，王隼雅好声律，精韵学。王煐在《岭南三大家诗选·序》中言：“蒲衣名隼，能诗，好声律，取古今人词曲之佳者谱入琵琶，著有《琵琶楔子》，自谓得未曾有，亦岭南诗人之杰出者。”[③]又在《文苑综雅·序》中称：“（王隼）天性嗜音律，能自吹洞箫，度新曲，拨琵琶，唱唐诗宋词，皆谐于律，考究精确。比者刻其所集《文苑综雅》一书，赋诗词曲，凡有韵之言皆在其赋者。”[④]可见王隼对韵律的重视与精通。王隼在《潈庐杂咏》中言：“平生爱鼓琴，终夜不能舍。别鹤与离鸾，哀响孤灯下。病来久不御，壁上尘埃裹。今宵明月佳，抱向松间坐。欲弹复徘徊，谁是知音者。”[⑤]其对音律的痴迷可见一斑。廖燕曾受王隼之邀为《琵琶楔子》作序，言曰：“此予友王子某病后戏墨也，某为吾粤通才，尤精韵学，作填词数十种，兹复以其词谱入琵琶，题曰《琵琶楔子》。”[⑥]从众多亲友的叙述中可见其对音律是熟识的。王隼熟识音律，《诗经》作为古代乐歌，自然能引起王隼

---

① （宋）陆佃撰，王敏红校点：《埤雅》卷八，浙江大学出版社，2008年，第78页。

② （清）梁佩兰：《大樗堂初集·叙》，（清）王隼：《大樗堂初集》，《四库禁毁书丛刊·集部》第166册，北京出版社，1997年，第463—464页。

③ （清）王煐：《岭南三大家诗选·序》，（清）王隼辑：《岭南三大家诗选》，陈建华主编：《广州大典》第501册，广州出版社，2015年，第240页。

④ （清）王煐：《文苑综雅·序》，（清）王隼辑：《文苑综雅》，陈建华主编：《广州大典》第481册，广州出版社，2015年，第596页。

⑤ （清）王隼：《大樗堂初集》卷四，《四库禁毁书丛刊·集部》第166册，北京出版社，1997年，第483页。

⑥ （清）廖燕：《二十七松堂集》卷十三，《清代诗文集汇编》编纂委员会编：《清代诗文集汇编》第164册，上海古籍出版社，2010年，第184页。

的重视，考证其中的音韵符合其雅好声韵之兴趣。

其四，王隼作为明遗民，整理研究《诗经》，有“存文存史”之意图。其诗言：“长安流荡子，中夜起长叹。借问叹何为？故国梦中见。”[①]诗歌表达了对明朝的眷念，如钱穆所言：“弃身草野，不登宦列，惟先朝遗老之及身而止。其历世不屈者则殊少。既已国亡政夺，光复无机，潜移默运，虽以诸老之抵死支撑，而其亲党子姓，终不免折而屈膝奴颜于异族之前。此亦情势之至可悲而可畏者。”[②]王隼在《送石门归隐匡庐》诗中还表达了对变节者的批评：“道逢献玉人，暗投谁不贱。”[③]他不愿臣服清朝，结庐隐世著述。《[乾隆]番禺县志》载：“今彭孟阳、王邦畿两家子弟俱能以文藻世其家，且抗高节，而王氏尤胜……不独勋业名节自奇，难其人皆有集，不失琅琊家风耳。”[④]文人傲骨，最终把热情付于诗乐之中，王隼《村居》言：“平生无限恨，一一寄檀槽。”[⑤]后世张其淦云：“燕西聚溁庐，谁问西山踪。琵琶缓当富，琵琶急当穷。国亡家破恨，收入断弦中。”[⑥]王隼为屈大均诗作谱曲，屈大均《琵琶行赠蒲衣子》记：“得君琵琶诸楔子，蘗婆旧谱宁足夸。梳山音律此一种，教坊买断倾金车。王郎王郎尔莫苦，埋忧国腹如丹砂。”[⑦]把一腔热情付诸国故整理，《诗经正讹》的撰写与遗民情怀有关。

① （清）王隼：《大樗堂初集》卷三，《四库禁毁书丛刊·集部》第166册，北京出版社，1997年，第474页。

② 钱穆：《中国近三百年学术史》，中华书局，1986年，第71—72页。

③ （清）王隼：《大樗堂初集》卷五，《四库禁毁书丛刊·集部》第166册，北京出版社，1997年，第488页。

④ （清）任果修，（清）檀萃纂：《[乾隆]番禺县志》卷十五《人物八》，清乾隆三十九年（1774）刻本，第1叶。

⑤ （清）王隼：《大樗堂初集》卷八，《四库禁毁书丛刊·集部》第166册，北京出版社，1997年，第497页。

⑥ （清）张其淦：《明代千遗民诗咏初编》卷二，广东省立中山图书馆、莞城图书馆编：《东莞历史文献丛书》第40册，广东人民出版社，2017年，第160页。

⑦ （清）屈大均著，李文约校点：《翁山诗外》卷四，欧初、王贵忱主编：《屈大均全集》第1册，人民文学出版社，1996年，第199页。

三 王隼所据《诗集传》版本考

《诗经正讹》的具体内容，多是王隼对朱熹《诗集传》的传释内容进行辨证。如《国风》中："'谁谓女无家'（《召南·行露》第二章），按：家不必用叶，《集传》分叶谷、公，非。又'何以诉我讼'，按：讼有公、松二音，此讼当音公，非叶音，《集传》'祥、容叶音丛，误'。"[①]又如《小雅》中："按：《鹿鸣》首章前四句，鸣、苹、笙为韵，后四句簧、将、行为韵。《集传》'鸣'音'芒（芒）'，'苹'音'旁（旁）'，'笙'师庄反，合本章八句，太（并）叶一韵，泥。又二章'德音孔昭'，按：昭、恌、敖本叶，《集传》昭、恌加叶音，赘。"[②]再如《大雅》中关于《文王》的辨证："按：新音先，七章，无遏尔躬，躬音涓，与天叶，《集传》俱改天音以谐别韵，非。"[③]又如《三颂》中《潜》章辨证："按：鲔，于轨切，音委，与鲤本叶，《集传》'鲔'增叶音，赘。"[④]如上所引，王隼《诗经正讹》中以"非""误""赘"对《诗集传》的传释内容进行辨证。

此外，从《诗经正讹》中解题式的文字，我们也可以看出其来源于朱熹《诗集传》。王隼对诗歌旨意的解读与《诗集传》完全一致，是对《诗集传》的直接摘录。如《关雎》篇："周之文王生有圣德，又得圣女姒氏以为之配，宫中之人于其始至见其有幽闲贞静之德，故作此诗。"[⑤]又如《小雅·鹿鸣》篇，王隼《诗经正讹》记"此燕飨宾客之诗也"[⑥]，这也是对《诗集传》的直接摘录；又《周颂·清庙》篇，朱熹《诗集传》言"此周

---

① （清）王隼：《诗经正讹》卷一，陈建华、曹淳亮主编：《广州大典》第138册，广州出版社，2015年，第12页。

② （清）王隼：《诗经正讹》卷四，陈建华、曹淳亮主编：《广州大典》第138册，广州出版社，2015年，第57页。

③ （清）王隼：《诗经正讹》卷六，陈建华、曹淳亮主编：《广州大典》第138册，广州出版社，2015年，第91页。

④ （清）王隼：《诗经正讹》卷八，陈建华、曹淳亮主编：《广州大典》第138册，广州出版社，2015年，第113页。

⑤ （清）王隼：《诗经正讹》卷一，陈建华、曹淳亮主编：《广州大典》第138册，广州出版社，2015年，第13页。

⑥ （清）王隼：《诗经正讹》卷四，陈建华、曹淳亮主编：《广州大典》第138册，广州出版社，2015年，第58页。

公既成洛邑而朝诸侯，因率之以祀文王之乐歌”①，《诗经正讹》完整抄录于篇末。可见，《诗经正讹》的诗旨解读是以朱熹《诗集传》为准则的。

因此王隼所使用的《诗集传》的具体版本就值得考究。现存朱熹撰《诗集传》主要有二十卷本、十卷本和八卷本三种版本。宋代最早所刻为二十卷本，十卷本为元代所刻，而八卷本最早的刊刻时间学界仍存争议。明代焦竑《国史经籍志》记“《诗集注》八卷，朱熹”②，祁承㸁《澹生堂藏书目》记“《诗经集传》四册八卷”③，朱睦㮮《万卷堂书目》记“《诗经集注》八卷，朱熹”④，高儒《百川书志》记“《诗经集注》八卷，宋晦庵先生新安朱熹集注”⑤。考传世的宋、元刊本，均称“诗集传”，“诗集注”“诗经集传”“诗经集注”等当是后代别称。朱杰人先生在《论八卷本〈诗集传〉非朱子原帙，兼论〈诗集传〉之版本——与左松超先生商榷》中言：“现在可知的最早的《诗集传》八卷本刻本为明‘巡按福建监察御史开州吉澄校刊’本。据黄永年先生考证乃嘉靖年间苏州刻本。”⑥可知明代《诗集传》始有八卷本流传。《四库全书总目》著录为“《诗集传》八卷，通行本，宋朱子撰，《宋志》作二十卷，今本八卷，盖坊刻所并”⑦，可知八卷本是通行本。

王隼生活于清初，根据《诗经正讹》书中卷目安排及注释内容，可判定其所依据的是八卷本。根据王隼《诗经正讹》中的篇目，可知是书分八卷，且与世传八卷本《诗集传》的编排一致。另外从《诗经正讹》的正文部分可知其直音表述方式是沿用《诗集传》八卷本。《诗集传》八卷本较多用直音，二十卷本多用叶音。如《诗经正讹》于《关雎》篇正文中记为：“关关雎音疽鸠，在河之洲。窈音殀窕音迢，上声淑女，君子好逑音求。兴

---

① （宋）朱熹：《诗经集传》卷八，《文津阁四库全书》第24册，商务印书馆，2005年，第356页。

② 冯惠民、李万健等选编：《明代书目题跋丛刊》，书目文献出版社，1994年，第228页。

③ 冯惠民、李万健等选编：《明代书目题跋丛刊》，书目文献出版社，1994年，第937页。

④ 冯惠民、李万健等选编：《明代书目题跋丛刊》，书目文献出版社，1994年，第1068页。

⑤ 冯惠民、李万健等选编：《明代书目题跋丛刊》，书目文献出版社，1994年，第1237页。

⑥ 朱杰人：《论八卷本〈诗集传〉非朱子原帙，兼论〈诗集传〉之版本——与左松超先生商榷》，见徐德明等：《朱熹著作版本源流考》，中国文联出版社，2000年，第31页。

⑦ （清）永瑢等：《四库全书总目》，中华书局，1965年，第122页。

也。”[①]朱熹《诗集传》通行本记为：“关关雎音疽鸠，在河之洲，窈音杳窕徒了反淑女，君子好逑音求。兴也。”[②]朱熹《诗集传》二十卷本记为：“关关雎七余反鸠，在河之洲，窈乌了反窕徒了反淑女，君子好逑音求。兴也。”[③]《诗经正讹》与《诗集传》通行本释“雎”为“音疽”，二十卷本《诗集传》释为“七余反”，可见，王隼运用了通行本《诗集传》中的直音方式，相比之下与通行本《诗集传》更为一致。又《小雅·鹿鸣》,《诗经正讹》记：“《鹿鸣之什》二之一，呦呦音幽鹿鸣，食野之苹，我有嘉宾，鼓瑟吹笙，吹笙鼓簧，承筐是将，人之好音耗我，示我周行叶音杭。兴也。”[④]通行本《诗集传》记为：“呦呦音幽鹿鸣叶音芒，食野之苹叶音旁，我有嘉宾，鼓瑟吹笙叶师庄反，吹笙鼓簧音黄，承筐是将，人之好去声我，示我周行叶音杭。兴也。”[⑤]二十卷本《诗集传》则记为：“呦呦音幽鹿鸣叶音芒，食野之苹叶音旁，我有嘉宾，鼓瑟吹笙叶师庄反，吹笙鼓簧音黄，承筐是将，人之好呼报反我，示我周行叶户郎反。兴也。”[⑥]其中《诗经正讹》与通行本《诗集传》对于“呦”与“行”的音释是一致的，且可看出其二者多用直音方式，有别于二十卷本《诗集传》。又《大雅·文王》,《诗经正讹》记：“文王在上，於音乌昭于天。周虽旧邦，其命维新叶音先。有周不显，帝命不时叶音始。文王陟降，在帝左右叶音以。赋也。”[⑦]通行本《诗集传》记：“文王在上，於音乌，下同昭于天叶铁因反，周虽旧邦，其命维新。有周不显，帝命不时叶上纸反。文王陟降，在帝左右叶羽已反。赋也。”[⑧]二十卷本《诗集传》中的记述

---

① （清）王隼：《诗经正讹》卷一，陈建华、曹淳亮主编：《广州大典》第138册，广州出版社，2015，第13页。

② （宋）朱熹：《诗经集传》卷一，《文津阁四库全书》第24册，商务印书馆，2005年，第294页。

③ （宋）朱熹集撰，赵长征点校：《诗集传》卷一，中华书局，2017年，第2页。

④ （清）王隼：《诗经正讹》卷四，陈建华、曹淳亮主编：《广州大典》第138册，广州出版社，2015年，第58页。

⑤ （宋）朱熹：《诗经集传》卷四，《文津阁四库全书》第24册，商务印书馆，2005年，第321页。

⑥ （宋）朱熹集撰，赵长征点校：《诗集传》卷九，中华书局，2017年，第156页。

⑦ （清）王隼：《诗经正讹》卷六，陈建华、曹淳亮主编：《广州大典》第138册，广州出版社，2015年，第93页。

⑧ （宋）朱熹：《诗经集传》卷六，《文津阁四库全书》第24册，商务印书馆，2005年，第342页。

与此相同。虽然《诗经正讹》中关于《文王》一诗的记述与八卷本《诗集传》的记述存在一定的差异，但是坚持了直音方式。又《颂·清庙》,《诗经正讹》记："於音乌穆清庙，肃雝显相去声。济济上声多士，秉文之德。对越在天，骏奔走在庙。不显不承，无射音亦于人斯赋也。"[①]通行本《诗经集传》中记："於音乌穆清庙，肃雝显相去声。济济上声多士，秉文之德。对越在天，骏奔走在庙。不显不承，无射音亦于人斯赋也。"[②]二十卷本《诗集传》则记为："於音乌穆清庙，肃雝显相息亮反。济济子礼反多士，秉文之德。对越在天，骏奔走在庙。不显不承，无射音亦，与斁同于人斯。"[③]经对比可知,《诗经正讹》中关于《清庙》一诗的记述与通行本《诗集传》完全相同。可见，王隼《诗经正讹》的编撰是以朱熹《诗集传》八卷本为主要辨证对象。

当然，王隼《诗经正讹》的编撰还参稽了其他古籍，如《诗经正讹·自叙》中所记："余因发愤博采《说文》《韵补》《海篇》《玉韵》《读书通》《通雅》《毛诗古音考》《字汇》《正字通》及《中州音韵》诸书，逐一谐其音声，正其点画，其间有非六书古文，而雅俗相通、经传常用者，则姑存之。"[④]可见，其研究还参考了诸本与文字音韵相关的书。王隼《诗经正讹》将文字、训诂、音韵、题旨与教化等有机融为一体，呈现多元化的特色。这与朱熹《诗集传》的通行本有相似之处。

四 结语

清初学术由顾炎武、黄宗羲、王夫之等大师首开风气，在倡导"经世致用"的实学氛围中，形成了磅礴疏阔的学术风气。而岭南地处偏远，学术并没有受到影响，仍然是寂寂无闻，除了"岭南四家""粤东三子"稍

---

① （清）王隼:《诗经正讹》卷八,陈建华、曹淳亮主编:《广州大典》第138册,广州出版社,2015年,第114页。

② （宋）朱熹:《诗经集传》卷八,《文津阁四库全书》第24册,商务印书馆,2005年,第356页。

③ （宋）朱熹集传,赵长征点校:《诗集传》卷十九,中华书局,2017年,第337页。

④ （清）王隼:《诗经正讹·自叙》,（清）王隼:《诗经正讹》,陈建华、曹淳亮主编:《广州大典》第138册,广州出版社,2015年,第3页。

有名气之外，仍继承着明代白沙、甘泉之理学，正如廖廷相所言："岭南承白沙、甘泉之遗，国初如金竹、潜斋诸儒类，多讲求身心性命之学。"[①]又因明清易代之变故，兵燹之灾频繁，使得清初广东学术难以发展，如今人朱维铮在《东塾读书记（外一种）》的导言中所言："以粤海地区为重心的岭南学术，在明代曾走向繁荣，出过王学的先驱陈献章，出过同王守仁抗衡的湛若水……但17世纪后期清帝国经过反复征服终于控制整个岭南以后，这里的学术文化，非但没有随着战争的过去而恢复元气，相反似乎每下愈况。"[②]崔弼在《新建粤秀山学海堂记》中言："本朝广南人士，不如江浙。盖以边省少所师承，制举之外，求其淹通诸经注疏及诸史传者，屈指可数。其藏书至万卷者，更屈指可数。"[③]岭南学术文化累积薄弱，因此没能形成一时之磅礴气象。在此背景下，王隼的《诗经正讹》成书于清代初期，是该时期广东《诗经》研究的代表作品，于当时的岭南而言，显得弥足珍贵，有助于求实学风的形成与传播。

作者通信地址：广东省广州市天河区黄埔大道西601号暨南大学文学院，邮编：510632。

责任编辑：张玉华

① （清）廖廷相：《劬书室遗集·序》，（清）金锡龄：《劬书室遗集》，陈建华、曹淳亮主编：《广州大典》第464册，广州出版社，2015年，第351页。

② （清）陈澧：《东塾读书记（外一种）》，生活·读书·新知三联书店，1998年，导言第1页。

③ （清）阮元编：《学海堂集》卷十六，赵所生、薛正兴主编：《中国历代书院志》第13册，江苏教育出版社，1995年，第279页。

侯康《春秋古经说》的学术风格与价值

孙正铭[*] 张淑一[**]
东莞市第一中学，广东东莞，523000*
华南师范大学，广东广州，510000***

摘 要：侯康是清代岭南地区著名的经学家、史学家，其重要著作《春秋古经说》通过音义比较、义理阐发等训诂学方法，试图复原《春秋》古经面貌。《春秋古经说》体现出鲜明的学术风格：以《左传》为尊，以汉学为宗，对杜注能客观评价，既体现了清代考据学的时代特点，也彰显了岭南学术兼容并包的地域特点。《春秋古经说》广泛引用和借鉴前辈学者的观点，亦与同时期学者的同类著作形成互补，对清人研究成果作出补充、质疑和发展，共同完善《春秋》学的学术体系，受到后人较高的评价。

关键词：侯康；《春秋古经说》；考据学；《春秋》学

侯康一生著述颇丰，其著作大多收录于《岭南遗书》《学海堂集》中。《春秋古经说》是侯康《春秋》学的代表作，最早由谭莹收集并刊刻入《岭南遗书》，后又收录于王先谦的《皇清经解续编》、民国时期的《丛书集成初编》等丛书中。1985年中华书局整理出版《丛书集成初编》和1996年上海古籍出版社整理出版《续修四库全书》时，亦收录此书。2015年出版的《广州大典》中，影印收录了《岭南遗书》本、《皇清经解续编》本

* 孙正铭（1998— ），男，汉族，江苏扬州人，历史学硕士，东莞市第一中学历史教师。
** 张淑一（1971— ），女，汉族，黑龙江双城人，华南师范大学历史文化学院教授、博士生导师，研究方向为中国先秦史、先秦秦汉传世与出土文献。

两个版本的《春秋古经说》。

《春秋古经说》的体例是摘录《左传》经文，指出此条中某字于《公羊传》或《谷梁传》作某，进而考证得出古经当作某的结论；通过比对《春秋》三传的经文差异，试图达到复原《春秋》古经的目的。《春秋古经说》既有对前人成果的总结与运用，也在一些观点上进行了补充和创新，集中体现了侯康治《春秋》学的风格和特点。

一 《春秋古经说》的学术风格

通过对侯康《春秋古经说》条分缕析，我们将本书的学术风格归结为如下三点。

其一，尊崇《左传》。《春秋古经说》共论释58条古经，三《传》异文53条，其中遵从《左传》或以《左传》为优的有39条，占比高，体现其尊《左》的立场。侯康在序中云“取《公》《谷》乱古经”[①]，将《公羊》《谷梁》经置于与古经相对的位置，并默认《左传》经文为古经。纵观全书，其持论理由有四：一是《左传》为古文，相较于今文经的《公》《谷》，保留着更多的古文字；二是《左传》早出，左丘明生活的时代离孔子切近，故其所传的《春秋》比晚出的《公》《谷》更为可靠；三是《左传》很早便著于竹帛，不易更改，而《公》《谷》二传早年多靠口耳相传，易乖离古经，其误滋甚；四是《春秋》经以鲁国旧史为底本，而左氏本为鲁国史官，能亲见国史，其所传经可信度更高。以上四点是侯康尊《左》的理由，有时甚至成为其论证的逻辑前提，如“隐三年君氏卒”条，《公》《谷》“君氏”作“尹氏”，侯康云“左氏亲见国史，不应以男子为妇人，乖缪至是”[②]，即将左丘明亲见国史作为论证依据。

值得注意的是，侯康认为的古经，是《左传》经文的古本，而非后代流传的《左传》经文。《左传》经文在流传过程中存在改易的情况，侯康

---

① （清）侯康：《春秋古经说·序》，（清）侯康：《春秋古经说》，陈建华、曹淳亮主编：《广州大典》第63册，广州出版社，2008年，第365页。

② （清）侯康：《春秋古经说》，陈建华、曹淳亮主编：《广州大典》第63册，广州出版社，2008年，第366页。

寻找旧注旧疏中提到的更古版本的《左传》经文，细细辨别和复原被改易的经文。如“桓六年”条，三《传》并作“寔来”，而侯康发现《左传》有作“实来”的版本，又引钱大昕《十驾斋养新录》云“实即寔之古文”，得出古经本当作“实”，今本《左传》经文为后人窜改①。《春秋古经说》也有从《公》《谷》的条目，不过侯康认为这部分内容在最初的《左传》中是正确的，只是在流传中被窜改讹误，古经原貌反而在《公》《谷》二传中得以保留。如“襄十一年同盟于亳城北”条，今本《左传》作“亳城”，《公》《谷》作“京城”，侯康经过考据后认为当作“京城”②。他认为这并不意味着《左传》存在疏漏，因为徐彦疏中引服虔本《左传》经亦作“京城”。侯康的观点表面上似是以《公》《谷》为确，实质上则是还原《左传》经文之旧。简言之，侯康有尊《左》的学术立场，论证上基本以《左传》为宗，但也并非盲从，在一些不能确定的条目上保持阙疑的态度，持论也较为公允。

其二，以汉学为宗。清代学术存在汉学与宋学两个大的流派，汉学注重师承与考订，宋学注重义理及发明。汉学与宋学一度门户对立。阮元督粤建学海堂，提出要兼习汉、宋：“多士或习经传，寻疏义于宋齐；或解文字，考故训于仓雅；或析道理，守晦庵之正传；或讨史志，求深宁之家法……虽性之所近，业有殊工，而力有可兼，事亦并擅。”③受阮元影响，岭南地区如黄培芳、张维屏、陈澧、桂文灿等学者多持汉宋调和的论点，侯康之师林伯桐亦云：“研修以汉儒为宗，践履以宋儒为法。”④侯康于学海堂中学习，虽然与诸儒关系甚密，但其《春秋古经说》却是站在汉学的立场上完成的。

侯康宗汉主要体现在运用汉学家的治学方法，做了大量文字训诂的工作，并把训诂作为通晓经义的路径。在做文字训诂时，侯康大量引用汉学

---

① （清）侯康：《春秋古经说》，陈建华、曹淳亮主编：《广州大典》第63册，广州出版社，2008年，第368页。

② （清）侯康：《春秋古经说》，陈建华、曹淳亮主编：《广州大典》第63册，广州出版社，2008年，第376—377页。

③ （清）阮元：《揅经室续集》卷四《学海堂集序》，清道光二十二年（1842）刻本，第5叶。

④ （清）金锡龄：《劬书室遗集》卷十六《林月亭先生传》，清光绪二十一年（1895）刻本，第18叶。

家的文献，包括何休的《公羊解诂》、郑玄的《毛诗笺》《三礼注》等解经类著作。如“成二年”《左传》作“曹公子首”，本是尊《左》立场的侯康，在此却倚重汉儒郑玄的《士丧礼》注“公子首，《公》《谷》作公子手”，指出“古文‘首’为‘手’”[①]，谓《左传》古文有疏漏。

汉儒所作《战国策》《史记》《汉书》等史传类著作，侯康亦多有引用。“文九年冬，楚子使椒来聘”条，《左传》作“椒”，《谷》作“萩”或“菽”，侯康引《汉书》《史记》证“萩”“椒”可通用[②]。又如“成元年秋”条有“茅戎”，“茅”《公》《谷》作“贸”，侯康引《汉书·五行志》证“茅戎”可作“贸戎”[③]。

汉儒所作子书，如《淮南子》《白虎通》《论衡》等，也是侯康引用的重要材料。如襄十二年“围台”，《谷》作“部”，侯康曰：“《诗·生民》‘即有部家室’，《白虎通·京师》引作‘即有台家室’，是也。”[④]引《白虎通》作为“台”“部”互通的证据。

除汉儒文献外，侯康还大量引用清代汉学家的著作，如惠栋的《左传补注》《九经古义》，段玉裁的《说文解字注》《经韵楼集》，钱大昕的《十驾斋养新录》等，均体现了其亲汉学的立场。

与亲汉学相比，侯康对宋学则多有批驳。侯康在《春秋古经说》序言中，就表达了对宋元学者治《春秋》的不满：“宋元诸儒避实蹈虚，尤好舍古经而用二《传》。”[⑤]而正文中批驳的例子就更多，如“桓二年”条，《左传》云“秋七月，杞侯来朝”，《公》《谷》中“杞”作“纪”。侯康于此驳斥了四条作“杞”的观点，除何休《公羊》注外，其余三种观点为胡安国、吴澄、刘敞、程颐等宋儒提出。又“庄三十二年，城小谷”条，三

① （清）侯康：《春秋古经说》，陈建华、曹淳亮主编：《广州大典》第63册，广州出版社，2008年，第375页。

② （清）侯康：《春秋古经说》，陈建华、曹淳亮主编：《广州大典》第63册，广州出版社，2008年，第372页。

③ （清）侯康：《春秋古经说》，陈建华、曹淳亮主编：《广州大典》第63册，广州出版社，2008年，第374页。

④ （清）侯康：《春秋古经说》，陈建华、曹淳亮主编：《广州大典》第63册，广州出版社，2008年，第377页。

⑤ （清）侯康：《春秋古经说·序》，（清）侯康：《春秋古经说》，陈建华、曹淳亮主编：《广州大典》第63册，广州出版社，2008年，第365页。

《传》同，然据徐彦《公羊》疏“二《传》作‘小’字，与《左氏》异”，则《左氏》古经本无“小”字。侯康批驳宋元时人“高氏闶、张氏洽、赵氏鹏飞、李氏廉诸人，未详古经本文”，更犯了“移《公》《谷》之经配《左氏》之传”之错。其中宋儒李廉谓“此时桓未见有功于鲁”，认为齐桓公对鲁未有恩，鲁国不会为管仲“城小谷”。侯康批驳道：“鲁自盟防之后，与齐情好日密，以小事大，必多得其庇护。”①

侯康把汉学作为自己治《春秋》的原则方法，大量使用文字训诂，吸收和运用乾嘉以来的学术成果。他并不以亲汉学批宋学为门户之见，能对汉学、宋学都进行客观的分析，体现了治学的理性。

其三，持杜注之平。陈澧曾指出，侯康著《春秋古经说》“谓‘近儒多尊贾、服，而排比杜氏《集解》，然杜固有胜贾、服者，儒者说经当求心之所安，毋徒博好古之名’”②。在《春秋古经说》中，侯康对待杜注的态度与“近儒”是有所不同的。唐代以降，《左传》学一直以杜注孔疏为尊，至清代考据学兴起，杜注却受到了清儒的攻击③。在批杜的浪潮中，侯康《春秋古经说》仍对杜预的观点持公允之论。

侯康毫不掩饰对杜预注的认同。《春秋古经说》有许多直接使用杜注的条目，又在很多方面以杜预《春秋释例》或《春秋长历》为判断正误的标准，尤其是对历法类的辨误，几乎全是以《春秋长历》作为推算的依据。有争议时，侯康也常从杜，如“庄三十二年”条，本来是“杜、范之注，同一无据”，但侯康以《后汉书》《水经注》二书注均取杜氏，故曰：“吾亦宁从杜。”④

侯康亦时而替杜预申辩。如“桓六年春，寔来”条，钱大昕把据《公》《谷》二传改《左传》经文的错误归咎于杜预：“杜元凯改从二《传》，失

---

① （清）侯康：《春秋古经说》，陈建华、曹淳亮主编：《广州大典》第63册，广州出版社，2008年，第370—371页。

② （清）陈澧：《东塾集》卷五《二侯传》，文海出版社，1966年，第316页。

③ 有学者认为“清代考据学治《春秋左传》的最大成绩体现在对杜注孔疏的批判和创为新注新疏上”，参见沈玉成、刘宁：《春秋左传学史稿》，江苏古籍出版社，1992年，第307页。

④ （清）侯康：《春秋古经说》，陈建华、曹淳亮主编：《广州大典》第63册，广州出版社，2008年，第367—368页。

古文之旧矣。”[①]侯康则为杜预辩护：虽然杜预多信《左氏》传文而不信经文，但一般只是指出经文之误，不会轻易改动经文；更重要的是杜预注“寔来”云“寔，实也”，若是改动经文，何必多此一举这样出注？侯康认为杜预所见本已经改作“寔”，另有作“实”的本子流传至唐初，汉代传本至杜预时期已有错漏，并非杜预改易，不能一味苛责杜预。《春秋》经传在流传过程中改易颇多，查检《春秋》古本是艰难的。侯康把杜预所见本看作重要的版本，认为杜预是承接汉、唐的主要学者，许多版本问题的解决都必须追溯至杜预。

另一方面，侯康也驳杜、批杜。如“庄三十二年”条，侯康批评“杜不能据善本审正而牵合其说”[②]。又“襄三十一年”条[③]，三《传》经文俱作“弑其君密州”，而《左传》传文写作“书曰‘莒人弑其君买朱鉏’”，杜预注称“买朱鉏，密州之字”。侯康引段玉裁《经韵楼集》谓“‘买’‘密’双声；‘朱’‘州’叠韵。‘州’为‘朱鉏’，犹‘邾’为‘邾娄’”，认为“买朱鉏”和“密州”实际是同一个名字，只是发音讹变，之所以经、传书写有区别，是因为“经从中国，传从主人”。这一原则亦见于襄公十年的吴王寿梦（吴王乘），孔颖达曾引汉代学者服虔说解释道：“寿梦，发声，吴蛮夷，言多发声，数语共成一言。寿梦，一言也。经言‘乘’，传言‘寿梦’，欲使学者知之也。”[④]由此可证侯康不采纳杜注是有道理的。

总体而言，侯康对杜预的态度较为客观平和：一方面肯定杜注内容的正确性，将其作为重要的文献版本参考。另一方面，接受杜预不兼采三家的做法，认为这只是个人治学旨趣，不应当置于清代学风中去批判。对于后人对杜注的误解，能予以申辩；对杜注的错谬，也能直接指出并给予批驳。

---

① （清）钱大昕：《十驾斋养新录》卷二，上海书店出版社，1983年，第33页。

② （清）侯康：《春秋古经说》，陈建华、曹淳亮主编：《广州大典》第63册，广州出版社，2008年，第370—371页。

③ （清）侯康：《春秋古经说》，陈建华、曹淳亮主编：《广州大典》第63册，广州出版社，2008年，第378—379页。

④ （晋）杜预注，（唐）孔颖达等正义，（清）阮元校刻：《十三经注疏·春秋左传正义》卷三十一，中华书局，1982年，第1946页。

二 《春秋古经说》的学术价值

《春秋古经说》的学术价值可从两个方面来看。

其一，对清人研究成果的发展与扬弃。《春秋古经说》吸收了大量的前人研究，这种吸收不仅表现为对具体注释的接受和继承，更表现在治学方法、治学途径等方面的发展。第一，加强论证：当前人观点虽然正确但却较为简略时，侯康或以其观点作为自己论证的基点，为简略的结论增加论证逻辑，或于论证未尽之处进行完善补充。第二，商榷反驳：对有争论的观点进行商榷，对错误的观点进行反驳。

侯康积极与前辈学人的学术成果对话，主要对象是毛奇龄的《春秋简书刊误》和段玉裁的《春秋左氏古经》。毛书和段书的部分条目十分简单，甚至未经论证直接给出结论。针对这种情况，侯康增加论证逻辑、补充完善证明材料，使其结论更有说服力。如“桓十一年”条“夫鍾”“夫童”之辨，毛、段二氏只有介绍性说明，而侯康则加上“夺文”的论证逻辑，以告诉读者致误之由[①]。又如“庄元年”条，《左传》作“单伯送王姬”，《公》《谷》二传“送”作“逆”。侯康认为欲知“送”或“逆”孰更准确，判定单伯为周人还是鲁人即可[②]。毛奇龄《春秋传》曰：“单伯者，天子卿也，天子上卿例书爵，与公侯同。”[③]其《春秋简书刊误》亦云：“夫大国三卿虽当命于天子，然并不曾有公伯诸爵称于简册，且单本畿内采地，而世以采为氏者。《春秋》称单伯、单子、单穆公、单成愆无非王官，并无一鲁卿得参预其间，其谬误固不待言。”[④]侯康谓毛氏“致详明矣”，但“犹有未及辨者”。所谓“未及辨者”，即对唐宋元人观点的批驳。唐人陆淳同样认为单非鲁地，其以祭仲比单伯，云：“诸国大夫，王赐之畿内邑为号，令归

---

① （清）侯康：《春秋古经说》，陈建华、曹淳亮主编：《广州大典》第63册，广州出版社，2008年，第368页。

② （清）侯康：《春秋古经说》，陈建华、曹淳亮主编：《广州大典》第63册，广州出版社，2008年，第368—369页。

③ （清）毛奇龄：《春秋毛氏传》卷九，（清）永瑢、纪昀等修：《景印文渊阁四库全书》经部第170册，台湾商务印书馆，2008年，第92页。

④ （清）毛奇龄：《春秋简书刊误》卷一，（清）永瑢、纪昀等修：《景印文渊阁四库全书》经部第170册，台湾商务印书馆，2008年，第417页。

国。”[1]然考证地理，祭伯封地在郑，并非畿内之祭，故侯康评价道：“祭仲既非畿内邑，则谓以畿内之单赐鲁大夫者，其说孤而无据矣。”[2]元人俞皋《春秋集传释义大成》则认为单伯、单子并非一人，单伯为鲁卿、单子为周人[3]，郑玉亦认为单伯为鲁国内臣，其依据之一为《春秋》庄公十四年记载单伯会诸侯，“俱序诸侯之上”[4]。侯康引《世族谱》和滕侯滕子、薛侯薛伯等例，以及《左传》庄公十四年“齐请师于周。夏，单伯会之”，证明单伯是周人，亦证俞氏、郑氏之误。通过反驳唐宋元诸儒的观点，令毛奇龄的论断更加坚实可信。

侯康商榷反驳的对象也以毛奇龄为多，如“隐五年秋，卫师入郕”条，《公羊》作“盛”，毛奇龄《春秋简书刊误》谓《公羊》讹误[5]，侯康则云“郕”“盛”古可两通，无关义例[6]。又“桓十四年”条，《左传》经“宋人以齐人、蔡人、卫人、陈人伐郑”，《公羊》则卫先于蔡，书写次第不同。《简书刊误》曰：“此非蔡、卫争长之时，不必有次第可据。”[7]即认为不必要考证。侯康列举、归纳他年征伐盟会之书例，得出应遵从《左传》的结论[8]。“庄二十年”条，“齐人伐戎”，《谷梁》作“伐我”，《简书刊误》曰“无《传》，不可考”[9]，意即没有明确的传文、注疏等作为依据，故不可考。而侯康一方面审视此年前后齐、鲁之关系，谓此时两国关系和睦，又

---

① （唐）陆淳：《春秋集传纂例》卷八，清同治七年（1868）刻本，第11叶。

② （清）侯康：《春秋古经说》，陈建华、曹淳亮主编：《广州大典》第63册，广州出版社，2008年，第369页。

③ （元）俞皋：《春秋集传释义大成》卷三，清康熙十九年（1680）刻本，第15叶。

④ （元）郑玉：《春秋阙疑》卷六，（清）永瑢、纪昀等修：《景印文渊阁四库全书》经部第163册，台湾商务印书馆，2008年，第81页。

⑤ （清）毛奇龄著：《春秋简书刊误》卷一，（清）永瑢、纪昀等修：《景印文渊阁四库全书》经部第170册，台湾商务印书馆，2008年，第414页。

⑥ （清）侯康：《春秋古经说》，陈建华、曹淳亮主编：《广州大典》第63册，广州出版社，2008年，第366页。

⑦ （清）毛奇龄：《春秋简书刊误》卷一，（清）永瑢、纪昀等修：《景印文渊阁四库全书》经部第170册，台湾商务印书馆，2008年，第416页。

⑧ （清）侯康：《春秋古经说》，陈建华、曹淳亮主编：《广州大典》第63册，广州出版社，2008年，第368页。

⑨ （清）毛奇龄：《春秋简书刊误》卷一，（清）永瑢、纪昀等修：《景印文渊阁四库全书》经部第170册，台湾商务印书馆，2008年，第420页。

恰逢“戎患方亟”，故应是“伐戎”；另一方面，引用汪克宽观点，从书例的角度入手，经书“伐我”，大多皆书四鄙，不书四鄙者大多是深入国土，如哀八年吴兵至城下，而此处主语为齐人，说明将卑师少，很难深入鲁国，故此处不书四鄙，证明并非“伐我”。毛氏的“不可考”，被侯康从两个不同的角度解决了。

相对于对毛奇龄的直言不讳，侯康对段玉裁的批评则温和许多。如“襄元年”条《左传》作“次于鄫”，《公》《谷》二传作“合”，段玉裁谓古经当作“郃”[①]。经过论证，侯康认为当从《左传》，评价段氏所云为“未免以末为本矣”[②]。又如“僖十一年”条，三《传》皆作“晋杀其大夫丕郑父”，段玉裁《春秋左氏古经》的观点却是“其经之无‘父’字明矣”。侯康论证后，结论亦是三《传》同[③]，即此条本无需辨误，但侯康却以回应段氏说为主，不厌其烦地对话段氏，辨识的对象从三《传》经文变成了段玉裁的观点，最终得出段氏之说有误的结论。而除《春秋左氏古经》外，侯康还多引段氏的《经韵楼集》《说文解字注》等，可见段氏在侯康心目中的地位比较高。

伍崇曜跋《春秋古经说》曾赞扬侯康对毛、段的扬弃：“毛氏《简书刊误》、段氏《春秋古经》之类，而间补其疏舛阙略，简要笃实，殆欲过之。”[④]

除以上二者外，侯康还多次引用惠士奇《春秋说》、顾栋高《春秋大事表》等著作中的结论，亦是有赞同、有批驳的态度。《春秋古经说》继承了前人研究的合理之处，又对前人所论未完或不正确处进行了补充修正，起到了承上的作用。从清初的毛奇龄等人，到乾嘉之世的段玉裁等人，再到侯康及与他同时代的学人，学术观点不断进步和更新，训诂考据的手法亦更为成熟，造就了学术风尚的发展变化和治学方法的丰富多样。

---

① （清）段玉裁:《春秋左氏古经》卷二,清道光元年(1821)刻本,第13叶。

② （清）侯康:《春秋古经说》,陈建华、曹淳亮主编:《广州大典》第63册,广州出版社,2008年,第375—376页。

③ （清）侯康:《春秋古经说》,陈建华、曹淳亮主编:《广州大典》第63册,广州出版社,2008年,第372页。

④ （清）伍崇曜:《春秋古经说·跋》,（清）侯康:《春秋古经说》,陈建华、曹淳亮主编:《广州大典》第63册,广州出版社,2008年,第382页。

其二，与《春秋异文笺》互为补充。自清代考据学兴起以后，通过比对三《传》经文的文字差异，最终复原《春秋》经文原貌的著作日渐增多。除上文时代相对较早的《春秋简书刊误》和《春秋左氏古经》外，与《春秋古经说》时期接近、类型相似的著作尚有赵坦的《春秋异文笺》、朱骏声的《春秋三传异文核》、臧寿恭的《春秋左氏古义》等，尤以赵坦的《春秋异文笺》最为知名。该书引征广博，体例以年月为序，依次罗列《左传》《公羊传》《谷梁传》所载的经文，并附唐陆德明的《释文》，《左传》经文后面还附上杜注孔疏，针对三《传》所引文字的异同，以案语的形式进行辨析。清道光九年（1829），学海堂刊刻《皇清经解》，收录了该书。赵坦曾在阮元所办的诂经精舍担任山长，与侯康有相似的学术背景。《春秋古经说》成书略早于《春秋异文笺》，二书虽未互相提及，但事实上形成了互补。

从条目数量来看，《春秋异文笺》体量倍于《春秋古经说》；在具体条目的论证上，赵书列举的材料往往更加充足、详备、具体。赵氏不畏繁难罗列条目，不计重复。侯康则有一套选择标准，如前人论之已详的文字相近、通假者因为“不必辨”，不录；因“师谈互异”，无法得出定论的，不录[①]。对同类的条目，会进行条贯整理，如“隐五年”条中，侯康曰“《公》作‘盛’，后同”，后面便不复出现相同的内容[②]。相比于赵书，侯书更有归纳之功。当然，亦有一些条目，赵坦简单带过，而侯康却进行了详细分析。

论证方法上，二者也各有特色。如“僖二十一年秋”条“会于盂”，《谷梁》作“雩”，《公羊》作“霍”，互有出入。论证“盂”“霍”之讹，赵坦认为是音近讹误[③]，侯康则谓“辗转相讹”——“盂”“雩”音近，“盂”先讹误为“雩”，又“雩”“霍”形近，再进一步讹为“霍”[④]。侯康之论是

---

① （清）侯康:《春秋古经说·序》,（清）侯康:《春秋古经说》,陈建华、曹淳亮主编:《广州大典》第63册,广州出版社,2008年,第365页。

② （清）侯康:《春秋古经说》,陈建华、曹淳亮主编:《广州大典》第63册,广州出版社,2008年,第366页。

③ （清）赵坦:《春秋异文笺》卷五,清咸丰十一年(1861）刻本,第18—19叶。

④ （清）侯康:《春秋古经说》,陈建华、曹淳亮主编:《广州大典》第63册,广州出版社,2008年,第372页。

建立在“《谷梁》先于《公羊》”的逻辑基点上。又“襄二十五年”条“公孙夏”,《公羊》作“公孙囆”,“囆”即“虿”之异文。侯康曰:“公孙虿者,郑子蟜也;公孙夏者,郑子西也”[①],意即《公羊》弄混了人名。赵坦则从名字相协的角度入手,曰:“公孙夏字子西,则夏取中夏义,而以西为中夏之一隅,故字子西。《公羊》作‘囆’,义不相协,或方音之讹。”[②]二人论证逻辑不同,结论也因之有异,但形成了互补。

在一些条目上,侯康的见解更独到。如“隐五年”条“公矢鱼于棠”,《公羊》《谷梁》“矢”作“观”,字面不同,但皆指某种动作。对于这个动作,依《公羊》《谷梁》二传,是隐公观人捕鱼。杜预释作铺陈捕鱼器具,宋儒叶梦得则释作国君亲自射鱼。赵坦和侯康都认为古经当作“矢”,但赵坦释“矢”为“陈”,谓“以陈释矢,与观鱼义通”[③]。侯康同意叶氏之说,并引《国语》《淮南子》等书为证,称古有“天子诸侯必亲射牲”之礼,因此该字作“矢”,意当为“射”。其云:“《左传》言‘陈鱼而观’者,盖将射,必先陈之,非即以矢为陈。”[④]即“陈”为“射”之准备,言“射”必包含“陈”,其论断比赵坦更进一步。又“僖十一年”条“晋杀其大夫丕郑父”,赵坦云:“今本《左氏》经有父字,或后人从《公》《谷》经增。《公》《谷》有父字,亦衍文。”[⑤]即认为《左氏》古经无“父”字。侯康则结合“古人命名多配以‘父’”的习惯,以及“经文据实直书,则不宜省”的书写习惯,认为“古经当实有‘父’字”[⑥]。其论证比赵氏更有说服力。《春秋古经说》与《春秋异文笺》等书互相发明补充,共同构建出复原《春秋》古经较为完整的网络。

---

① (清)侯康:《春秋古经说》,陈建华、曹淳亮主编:《广州大典》第63册,广州出版社,2008年,第378页。

② (清)赵坦:《春秋异文笺》卷八,清咸丰十一年(1861)刻本,第16叶。

③ (清)赵坦:《春秋异文笺》卷一,清咸丰十一年(1861)刻本,第8叶。

④ (清)侯康:《春秋古经说》,陈建华、曹淳亮主编:《广州大典》第63册,广州出版社,2008年,第366页。

⑤ (清)赵坦:《春秋异文笺》卷五,清咸丰十一年(1861)刻本,第14叶。

⑥ (清)侯康:《春秋古经说》,陈建华、曹淳亮主编:《广州大典》第63册,广州出版社,2008年,第372页。

三　后世对《春秋古经说》的评价

清代及后世学者给予了《春秋古经说》不少评议。清人李慈铭曾将其与类型相同的《春秋异文笺》《春秋左氏古义》相比，称《春秋古经说》"经文以《左氏》古文为主，而辨《公》《谷》之异文。谓《公》《谷》得于口授，远不若《左氏》明箸竹帛之可信，而《公羊》又出于《谷梁》之后，尤多臆说，人名、地名之误，皆乖事实。条系而辨之，说经铿铿，皆有坚据，较赵氏坦之《异文笺》、臧氏寿恭之《左氏古义》更为守之笃而论之精，世之左袒《公羊》者无容置喙矣。"[①]此文是李慈铭的读书笔记，肯定了侯康《春秋古经说》在辨析三《传》异文上的功绩，评价很高。

清代著名经学家皮锡瑞也对《春秋古经说》的价值予以肯定。在《论〈汉志〉春秋古经即〈左氏〉经，〈左氏〉经长于二〈传〉亦有当分别观之者》一文中，有"《左氏》义长"的观点，云："案《左氏》经长于二《传》，详见侯康《春秋古经说》。"[②]据其意，侯康的《春秋古经说》是支撑"《左氏》经长于二《传》"这一观点最有代表性的文献。皮锡瑞是今文经学大家，其认可尊崇古文经的《春秋古经说》，亦从侧面表现出侯康治学并不以古今文为界，持论较为客观。

王先谦《皇清经解续编》收录广东学者的著述仅4种（20卷），《春秋古经说》即位列其中，说明王先谦不仅对《春秋古经说》有了解，对其价值也很肯定，认为《春秋古经说》是岭南学术的优秀代表作之一。

日本学者竹添光鸿曾于清光绪元年（1875）抵达中国，与中国文人颇有交往。他的代表作《左氏会笺》1902年脱稿，次年付梓。该书虽未提及《春秋古经说》，但书中"庄三十二年，城小谷"条有两大段，事实上是引用自《春秋古经说》。现撮录对比如下：

> 《左氏会笺》：李廉则谓此时桓未见有功于鲁，此说亦非也。鲁自盟防之后，与齐情好日密，以小事大，必多得其庇护，特经、传文不具耳。且即就经、传论，臧孙告籴、齐侯献戎捷，则

---

① （清）李慈铭：《越缦堂读书记》，辽宁教育出版社，2001年，第7页。

② （清）皮锡瑞：《经学通论》卷四，中华书局，1954年，第33—34页。

有恩礼于鲁可知，岂必待高子来盟而后为功哉？①

《春秋古经说》：李氏廉又谓此时桓未见有功于鲁。按：鲁自盟防之后，与齐情好日密，以小事大，必多得其庇护，特经、传文不具耳。且即就经、传论，臧孙告籴、齐侯献戎捷，则有恩礼于鲁可知，岂必待高子来盟而后为功哉？②

《左氏会笺》：范宁之说无据。原范意，不过以“城”上不系人，“小谷”上不系国，必是鲁事，故泛云“鲁地”耳。而参稽他书，实未见鲁地有名“小谷”者。后儒徒取孙氏《尊王发微》谓“曲阜西北有小谷城”一语，果足信乎？③

《春秋古经说》：范氏之说亦无据。原范氏意，不过以“城”上不系人，“小谷”上不系国，必是鲁事，故泛云“鲁地”耳。而参稽他书，实未见鲁地有名“小谷”者。后儒推衍范说，亦终鲜佐证，徒取孙氏《尊王发微》谓“曲阜西北有小谷城”一语，果足信乎？④

对比可见，除了个别字词略有出入，基本内容是相同的。竹添光鸿并未到过岭南，但显然见过《春秋古经说》，并大段移录引用，这也从侧面说明《春秋古经说》在岭外的流传很广泛，其观点对于竹添氏很有启发性。

作者通信地址：广东省东莞市东城街道东莞市第一中学，邮编：523000。

责任编辑：黄小高

---

① ［日］竹添光鸿：《左氏会笺》，巴蜀书社，2008年，第341页。

② （清）侯康：《春秋古经说》，陈建华、曹淳亮主编：《广州大典》第63册，广州出版社，2008年，第370—371页。

③ ［日］竹添光鸿：《左氏会笺》，巴蜀书社，2008年，第341页。

④ （清）侯康：《春秋古经说》，陈建华、曹淳亮主编：《广州大典》第63册，广州出版社，2008年，第371页。

《四库全书总目》对明清岭南文学的评价*

曾志平**
东莞理工学院，广东东莞，523000

摘　要：对于明前期的岭南文学，《四库全书总目》(以下简称《总目》)认为，“南园五先生”开粤东诗派之先。对于明中期的岭南文学，《总目》肯定了丘濬、陈献章、黄佐、黎民表等人的成就，尤其指出，在黄佐提倡下，“南园后五子”兴起，岭南文学复盛。《总目》大体勾勒了明代前中期岭南文学的发展脉络，但不免过分抬高黄佐的地位，且对南园后五子的评价不够详尽、恰当。至于明后期及明末清初的岭南文学，《总目》的评价极其简略。《总目》的优点与问题均与继承朱彝尊等人的观点密不可分，此外，政治因素也是导致《总目》存在问题的重要原因。

关键词：《四库全书总目》；明清；岭南文学；朱彝尊；政治

《四库全书总目》是清代重要的目录学著述。《总目》通过对经、史、子、集著述的评价，梳理了历代学术及文学等的发展脉络。《总目》在考辨历代学术及文学源流之时，亦对部分区域学术及文学发展脉络进行了梳理，如《总目》对明清岭南文学即有评价。探究《总目》对明清岭南文学的评价，既有助于认识《总目》之得失，也可通过《总目》进一步认识明清岭南文学的发展概况。当下学界对《总目》的明代文学史体系及岭南文

* 本文系广东省哲学社会科学规划岭南文化项目“《四库全书总目》粤人著述提要补正与研究”(GD21LN01)的阶段性成果。

** 曾志平(1990—　)，男，广东梅州人，东莞理工学院讲师，历史学博士，主要研究方向为清代文献学、科举史。

学已有所研究[①]，如有学者指出《总目》对岭南集部文献的评价不妥，但仅是略举几例，并未全面系统梳理《总目》对明代岭南文学之评价[②]，因此，本文拟在前人基础上进行详细梳理，以期有裨于相关研究。

一 《总目》对明前期岭南文学的评价

《总目》收录的明前期岭南别集不多，正目仅有孙蕡《西庵集》，存目则仅有黎贞《秫坡诗稿》、邓林《退庵遗稿》，尽管如此，《总目》通过别集与总集结合的方式，勾勒了明代前期岭南文学的面貌。

对于明前期岭南文学，《总目》对南园五先生有重点叙述。《广州四先生诗》提要载：

> 不著编辑者名氏，乃明初广州黄哲、李德、王佐、赵介四人诗也……四人初与同郡孙蕡号南园五先生，后惟蕡集流传，四人著作已多散佚，此乃后人重辑之本。以蕡集别行，故惟称"四先生"焉。虽网罗放失，篇帙无多，然如哲之五言古体，祖述齐、梁，德之七言长篇，胎息温、李，俱可自名一家。惟佐气骨稍卑，未能骖驾，而介诗所存太少，不足以见所长耳。然粤东诗派，数人实开其先，其提唱风雅之功，有未可没者，故存之以著其概，俾与《西庵集》并传焉。[③]

《总目》指出，孙蕡、黄哲、李德、王佐、赵介同号南园五先生。南园五先生开粤东诗派之先，其提倡风雅之功，有未可没者。至于南园五先

---

① 参见陈永正：《岭南文学史》，高等教育出版社，1993年；高建旺：《明代广东作家和明代广东文学研究》，上海师范大学博士学位论文，2006年；何宗美：《明代文学还原研究——以四库总目明人别集提要为中心》，人民出版社，2014年；陈恩维：《文学地理学视野下的明初岭南诗派研究》，上海古籍出版社，2019年；张琼：《〈四库全书总目提要〉载录岭南文献综论》，《广州大典研究》2022年第1辑（总第9辑）。

② 张琼：《〈四库全书总目提要〉载录岭南文献综论》，《广州大典研究》2022年第1辑（总第9辑）。

③ （清）永瑢等：《四库全书总目》卷一百八十九，中华书局，1965年，第1713—1714页。

生的具体特征，《总目》亦分别进行评述，尤其是指出黄哲、李德各有特色。因孙蕡名气较大，有别集流传，故《总目》在别集正目类对孙蕡进行了专门评价，《西庵集》提要载：

> 明孙蕡撰。蕡字仲衍，广东顺德人。洪武三年举于乡，旋登进士。授工部织染局使，迁虹县主簿。召入为翰林院典籍。出为平原主簿，坐累逮系。旋释之，起为苏州经历。复坐累戍辽东。既而以尝为蓝玉题画，坐玉党，论死。事迹具《明史·文苑传》……蕡当元季绮靡之余，其诗独卓然有古格。虽神骨隽异不及高启，而要非林鸿诸人所及。[①]

《总目》将孙蕡纳入其对元末明初文学的整体评价体系中。一方面，《总目》指出孙蕡在元末明初诗歌风气下独具特色，“蕡当元季绮靡之余，其诗独卓然有古格”。另一方面，《总目》指出了孙蕡在同时代人中的地位，即不及高启，但胜于林鸿诸人。《总目》对高启、林鸿有一番评价，“启天才高逸，实据明一代诗人之上”[②]，“明初，闽中善诗者有长乐陈亮、高廷礼，闽县王恭、唐泰、郑定、王褒、周元，永福王偁，侯官黄元，而鸿为之冠，号十才子”[③]。显然，《总目》对孙蕡给予了较高的评价。

《总目》对南园五先生的评价较之《明史·文苑传》及朱彝尊《静志居诗话》各有千秋。《明史·文苑传》对王佐、孙蕡的诗有所评价，称：“构辞敏捷，佐不如蕡，句意沉着，蕡亦不如佐。”[④]这段评价所依据的，或许是《广州人物传》卷十二《王佐传》的记载：

> 王佐字彦举，家世本河东……佐才思雄浑，体裁甚工，蕡深重之。构辞敏捷，王不如孙，句意沉着，孙不如王……有《听雨轩集》《瀛洲集》，多散逸，郡人彭森刻于建安者，仅诗一卷，评

---

① （清）永瑢等:《四库全书总目》卷一百六十九，中华书局，1965年，第1473—1474页。
② （清）永瑢等:《四库全书总目》卷一百六十九，中华书局，1965年，第1471页。
③ （清）永瑢等:《四库全书总目》卷一百六十九，中华书局，1965年，第1472页。
④ （清）张廷玉等:《明史》卷二百八十五，中华书局，1974年，第7332页。

者比之高适、岑参。用杨寿夫、赵绚所撰集序。[①]

显然，《明史·文苑传》对王佐、孙蕡的评价来源于杨寿夫、赵绚所撰集序，而序不免有溢美之词，并不能如实反映王佐、孙蕡的诗歌特点。相对而言，《总目》对王佐、孙蕡的评价更为公允。至于李德、黄哲等，《明史·文苑传》并未直接评价他们的诗，不过却指出："德初好为诗，晚究洛、闽之学，谓诚意为古圣哲心要，故岭南人称理学，必曰李仲修云。"[②]可见，李德并非纯诗人，而以理学见长。《总目》对李德的转变并无记载。

朱彝尊对孙蕡、王佐、黄哲、李德有所评价，《静志居诗话》载：

> 自蕡以下，世所称南园五先生也。仲衍才调杰出四人。五古远师汉魏，近体亦不失唐音，歌行尤琳琅可诵，微嫌繁缛耳。
>
> 王佐……其诗远不及仲衍，而当时之论云："构辞敏捷，王不如孙，句意沉着，孙不如王。"不可谓定评也。
>
> 黄哲……其五言诗源本六代，七言亦具体，品当在仲衍之下，彦举之上。
>
> 李德……长史好效长吉，孙仲衍戏之曰："子诚混元皇帝孙也。"然其诗实与长吉相远。[③]

对南园五先生的评价，《总目》承袭朱彝尊。关于孙蕡，朱彝尊具体指出了其五古、近体、歌行等的特点，《总目》则笼统指出其诗有古格，但更为宏观，将孙蕡纳入其对元末明初文学的整体评价体系中。关于黄哲，《总目》对其的评价与朱彝尊的评价有类似之处，都指出其五言诗与南北朝的关系。关于李德，朱彝尊认为其诗与李贺相去甚远，但《总目》的评价则更为具体，指出其七言长篇胎息温庭筠、李商隐。至于王佐，朱彝尊

---

① （明）黄佐：《广州人物传》卷十二，《四库全书存目丛书》史部第90册，齐鲁书社，1996年，第513—514页。

② （清）张廷玉等：《明史》卷二百八十五，中华书局，1974年，第7333页。

③ （清）朱彝尊：《静志居诗话》卷三，人民文学出版社，1990年，第70、76、77页。

认为其诗不及孙蕡，但并未指出王佐的特点，而《总目》则明确指出王佐气骨稍卑。比对可知，《总目》对孙蕡以外四先生的评价更为恰当、具体，与朱彝尊对孙蕡的评价则各有千秋。

孙蕡是南园五先生的代表人物，《总目》对其弟子亦有所评价，《秫坡诗稿》提要载：

> 明黎贞撰。贞字彦晦，秫坡其自号也，新会人。洪武初举邑训导，不就。坐事戍辽东，寻放归。《明史·文苑传》附见《孙蕡传》中……贞少从孙蕡学诗，蕡集即其所编次。虽所造未深，而风格尚为道上。惜此本掇拾于残阙之余，其菁华已不概见矣。[①]

朱彝尊对黎贞评价较低，《静志居诗话》载："黎贞……诗多庸实，予游岭南，借得钞本，录其《行路难》一篇。"[②]相对于朱彝尊，《总目》对黎贞的评价较为折中。

二 《总目》对明中期岭南文学的评价

《总目》所收录的明中期岭南别集较多，正目有丘濬《重编琼台会稿》、陈献章《白沙集》、梁储《郁洲遗稿》、黄佐《泰泉集》、黎民表《瑶石山人稿》等，存目则有湛若水《甘泉集》等。《总目》对黄佐评价颇高，《泰泉集》提要载：

> 佐少以奇隽知名……文章衔华佩实，亦足以雄视一时。岭南自南园五子以后，风雅中坠，至佐始力为提倡。如梁有誉、黎民表等，皆其弟子。广中文学复盛，论者谓佐有功焉。其诗吐属冲和，颇见研练。于时茶陵之焰将熸，北地之锋方锐，独能力存古格，可谓不失雅音。[③]

---

① （清）永瑢等:《四库全书总目》卷一百七十五,中华书局,1965年,第1550页。
② （清）朱彝尊:《静志居诗话》卷五,人民文学出版社,1990年,第116—117页。
③ （清）永瑢等:《四库全书总目》卷一百七十二,中华书局,1965年,第1503页。

《总目》指出，南园五先生后，岭南文学中坠，经黄佐大力提倡，其弟子中又涌现了梁有誉、黎民表等人，广中文学复盛。已有论者指出，对“广中文学复盛”之语应当客观看待，“因为尽管早于黄佐之丘濬、陈献章、张诩、梁储、霍韬，虽不以文学知名，但以其充沛的学识，偶一为之的诗文仍有值得重视的地方”，就明代广东文学而言，“在南园五子与黄佐为分界的这一时段内并不存在着一个‘风雅中坠’之事实”[①]。该观点值得重视，不过，《总目》对早于黄佐的陈献章、丘濬等人并非视而不见。《总目》在正目著录了陈献章、丘濬、梁储等人的文集，且对陈献章、丘濬的文章给予了些许正面评价。《白沙集》提要载：

> 明陈献章撰……其诗文偶然有合，或高妙不可思议；偶然率意，或粗野不可响迩，至今毁誉亦参半。《王世贞集》中有《书白沙集后》曰：“公甫诗不入法，文不入体，又皆不入题，而其妙处有超出法与体与题之外者。”可谓兼尽其短长。盖以高明绝异之姿，而又加以静悟之力，如宗门老衲，空诸障翳，心境虚明，随处圆通。辨才无碍，有时俚词鄙语，冲口而谈；有时妙义微言，应机而发。其见于文章者亦仍如其学问而已，虽未可谓之正宗，要未可谓非豪杰之士也。[②]

《重编琼台会稿》提要载：

> 明丘濬撰……讲学家以其力崇朱子，曲相回护，迄不能与公论争也……则其好论天下事，亦不过恃其博辨，非有实济。然记诵淹洽，冠绝一时。故其文章尔雅，终胜于游谈无根者流。在有明一代，亦不得不置诸作者之列焉。[③]

---

① 高建旺：《明代广东作家和明代广东文学研究》，上海师范大学博士学位论文，2006年，第113页。

② （清）永瑢等：《四库全书总目》卷一百七十，中华书局，1965年，第1487页。

③ （清）永瑢等：《四库全书总目》卷一百七十，中华书局，1965年，第1489页。

《总目》对陈献章、丘濬给予了一定程度的重视，但相对于黄佐而言，正面评价较为有限。《总目》在评价丘濬文学之前，耗费大量篇幅否定丘濬之为人，最后将丘濬列入正目亦属不得已而为之。至于陈献章，《总目》对其评价受到政治因素的影响。程朱理学为清代官方学术，陈献章有近禅之嫌疑，非理学正宗，故《总目》指出其文章如其学问不可谓之正宗。但是，清廷对理学的认可是有限的，忌讳喜好讲学的理学，故《总目》中对参杂讲学的《白沙集》多有批评，如《诗谭》提要载："盖以讲学为诗家正脉，始于《文章正宗》，白沙、定山诸集又加甚焉。至廷秀等，而风雅扫地矣。"①

《总目》对黄佐评价极高，然而，这种观点并非始于《总目》。《总目》一定程度上参考了钱谦益、朱彝尊等人的观点。钱谦益《列朝诗集》载：

> 文裕才伯髫龀以奇隽名……而修词掞藻，杰然争雄艺苑。岭南人在词垣者，琼台、香山后先相望，而梁公实、黎惟敬皆出才伯门下，于是南越之文学彬彬然比于中土矣。②

朱彝尊《静志居诗话》载：

> 文裕撰体颇正，而取材太陈，故格虽耸高，而气少奔逸。然岭表自南园五先生后，风雅中坠，文裕力为起衰，如黎维敬③、梁公实辈皆其弟子，嘉靖中南园后五先生，二子与焉，盖岭南诗派，文裕实为领袖，不可泯也。④

对比可知，《总目》对黄佐提倡风雅之功的肯定参考了钱谦益、朱彝尊的评价。

---

① （清）永瑢等:《四库全书总目》卷一百九十七，中华书局，1965年，第1803页。

② （清）钱谦益:《列朝诗集》丁集卷二，中华书局，2007年，第4014页。

③ 关于黎民表的字，有些典籍中作"惟敬"，有些作"维敬"，甚至同一部典籍中"维敬""惟敬"并用。本文在引用相关文献时，均照录原文。

④ （清）朱彝尊:《静志居诗话》卷十一，人民文学出版社，1990年，第297页。

至于对黄佐诗文的评价,《总目》与朱彝尊有差异。朱彝尊认为黄佐“气少奔逸”，而《总目》则主要从正面评价。《总目》之所以如此评价，主要是将黄佐纳入其批评明代复古派的整体脉络中。结果,《总目》陷入自相矛盾的境地。《总目》一方面在各处强烈批评李梦阳等复古派，又在此处肯定黄佐“北地之锋方锐，独能力存古格，可谓不失雅音”。事实上，黄佐之诗亦是一种复古，且据朱彝尊的评价可知，黄佐稍显食古不化。就诗歌成就及影响力而论，黄佐的诗在岭南地位较高，但在全国而言，显然难以与李梦阳相提并论。

至于黄佐后学,《总目》亦有评价,《南园后五子诗集》提要载:

> 国朝陈文藻等编。明顺德欧大任、梁有誉，从化黎民表，南海吴旦，番禺李时行五人诗也……其曰南园后五子者，南园即抗风轩，在广州城东南大忠祠侧。明初孙蕡、赵介、李德、黄哲、王佐唱酬于此，称南园五子。故大任等有后五子之目也。大任等四人各有专集，皆已著录。惟吴旦之诗久无刊本，籍此集以流传。①

顺德欧大任、梁有誉，从化黎民表，南海吴旦，番禺李时行五人号称南园后五子。《总目》称“大任等四人各有专集，皆已著录”，实则不然，《总目》仅著录了黎民表《瑶石山人稿》，不仅如此,《总目》存目类亦未见欧大任、梁有誉等人诗集。《总目》未收录欧大任、梁有誉等人诗集，有两点原因。一是政治因素，欧大任《欧虞部集》被禁毁,《总目》自然无法收录。二是其他因素，梁有誉、李时行著述并未被禁毁,《总目》不知何故未予收录，或是四库馆从未采得梁有誉、李时行著述,《总目》此处偶然笔误。《总目》著录了黎民表《瑶石山人稿》，且对黎民表评价相对较高,《瑶石山人稿》提要载:

> 明黎民表撰。民表字维敬，从化人……史称佐弟子多以行业自饬，而梁有誉、欧大任及民表诗名最著。朱彝尊《静志居诗话》

① （清）永瑢等:《四库全书总目》卷一百九十四，中华书局，1965年，第1777页。

谓民表诗“读之似质闷，而实沉着坚韧”。王世贞所取续五子，无愧大小雅材者，仅此一人……虽错采镂金，而风骨典重，无绮靡涂饰之习。盖与太仓、历下同源而派稍异。故虽与王道行、石星、朱多煃、赵用贤同列为续五子，而终非四人所可及也。[①]

《总目》借用朱彝尊《静志居诗话》的评价，指出黎民表不仅名列南园后五子，而且还列入王世贞所取的续五子中，且是其中最为杰出者。不过《总目》又认为黎民表与王世贞（太仓）、李攀龙（历下）等复古派有些许区别。《总目》如此评价黎民表，缘由在于，《总目》受政治因素影响，将黎民表纳入其批评明代复古派的整体脉络中，故亦欲在复古派内部制造对立关系[②]。

虽然《总目》对黎民表给予了较高的评价，但因《总目》未著录欧大任等人诗集，以致对南园后五子的评价不如南园五先生详细。《总目》在他人诗文集提要中对梁有誉有所提及。《宗子相集》提要载：“明宗臣撰”，“盖攀龙、徐中行、吴国伦、梁有誉及臣有前五子之称也。”[③]《丰阳集》提要载：“明冯皋谟撰”，“许闻造《行状》，称皋谟官刑部时，与梁有誉、宗臣、吴国伦、徐中行相善，切劘为诗，故其趋向亦相近云。”[④]通过两则提要可知，梁有誉与当世诸多知名诗人均有交往。然而，这些信息尚不足以了解梁有誉诗歌之全貌。据《明史·文苑传》载：

攀龙之始官刑曹也，与濮州李先芳、临清谢榛、孝丰吴维岳辈倡诗社。王世贞初释褐，先芳引入社，遂与攀龙定交。明年，先芳出为外吏。又二年，宗臣、梁有誉入，是为五子。未几，徐中行、吴国伦亦至，乃改称七子。诸人多少年，才高气锐，互相标榜，视当世无人，七才子之名播天下。[⑤]

---

① （清）永瑢等：《四库全书总目》卷一百七十二，中华书局，1965年，第1506页。

② 何宗美：《明代文学还原研究——以四库总目明人别集提要为中心》，人民出版社，2014年，第293、304—309页。

③ （清）永瑢等：《四库全书总目》卷一百七十二，中华书局，1965年，第1510页。

④ （清）永瑢等：《四库全书总目》卷一百七十八，中华书局，1965年，第1598页。

⑤ （清）张廷玉等：《明史》卷二百八十七，中华书局，1974年，第7377—7378页。

梁有誉初与李攀龙等号称五子，徐中行、吴国伦加入后，又号称七子。《总目》并未反映出五子至七子的转变。《总目》在其他文集提要中多次提及后七子一词，如《沧溟集》提要载："后七子以攀龙为冠，王世贞应和之。"①不过，《总目》始终没有一份完整的后七子名单。又据朱彝尊《静志居诗话》载：

> 梁有誉字公实，广州顺德人。嘉靖庚戌进士，任刑部主事，有《兰汀存稿》。兰汀学诗于泰泉，又与乡人结社，号南园后五子。所得于师友者深。虽入王李之林，习染未甚。诵其古诗，犹循选体，五七律亦无叫嚣之状。四溟而下，庶几此人，度越徐吴，奚啻十倍。②

朱彝尊指出，虽然梁有誉与王世贞、李攀龙结诗社，但梁有誉并未沾染王李之习气，仍有自身特点。至于其他诗人，朱彝尊《静志居诗话》载：

> 李时行字少偕……少偕罢官归里，与梁公实、黎维敬、欧桢伯、吴兰皋结社，称南园后五先生。其诗体格虽卑，然亦清稳，无叫嚣之习。③

朱彝尊对李时行之诗作了恰当评价。又据陈田《明诗纪事》载：

> 旦字而待，南海人。嘉靖丁酉举人。官归州知州。有《兰皋集》。而待诗才藻俊丽，惜集不传。④
>
> 大任字桢伯……有《虞部集》二十二卷。田按：桢伯诗才笔纵横，并长诸体。七言古，弇州独擅胜场，自于鳞以下已不能工。

---

① （清）永瑢等：《四库全书总目》卷一百七十二，中华书局，1965年，第1507页。

② （清）朱彝尊：《静志居诗话》卷十三，人民文学出版社，1990年，第388页。

③ （清）朱彝尊：《静志居诗话》卷十二，人民文学出版社，1990年，第353页。

④ （清）陈田：《明诗纪事》己签卷六，《续修四库全书》第1711册，上海古籍出版社，2002年，第359页。

桢伯早岁结社南园，有乡先生孙西庵、黄雪莲之遗风，此体尤为到格，余子不及也。五七言近体用字太密，征典太多，虽饶镂金错采之观，却少弹丸脱手之妙。[①]

陈田对吴旦、欧大任的诗亦作了评价，尤其对欧大任之诗分析细致，既肯定了欧大任擅长七言古体，又指出其五七言近体存在的问题。

明中期岭南除南园后五子外，尚有叶春及、何维柏等诗人。《总目》对叶春及有正面评价。叶春及《石洞集》提要载："朱彝尊称其'诗宗杜陵，不落程、邵门户'，故音节亦殊清亮。文章差近平直，而亦明畅。"[②]《总目》此次再度借用了朱彝尊的评价。至于何维柏，《总目》则将其《天山草堂存稿》打入存目，评价潦草，"其诗亦多讲学语，盖维柏尝从陈献章游也"[③]。《总目》不喜欢理学家之诗，但丘濬、陈献章影响非常之大，《总目》不得不将其作品列入正目，勉强给予些许正面评价，至于何维柏等后学，则毫不留情地将其作品打入存目。

三 《总目》对明后期及明末清初岭南文学的评价

《总目》收录的明后期岭南别集寥寥无几，仅在存目收录邓云霄《解弢集》等，且评价一般。《解弢集》提要载："兹集所载，多仿王、孟之音，而酝酿深厚则未及古人。"[④]实际上，除邓云霄外，明后期岭南尚有不少文人，如区大相、邝露、黎遂球等。朱彝尊对区大相有评价："海目持律既严，铸词必锻炼"，并转载了屈大均对区大相的评价："岭南自张曲江倡正始之音，明三百年，诗之美者，海目为最，在泰泉、兰汀、昆山之上。"[⑤]朱彝尊评价黎遂球道："美周诗不为格律所缚，大都以才胜，徐巨源

---

① （清）陈田：《明诗纪事》己签卷四，《续修四库全书》第1711册，上海古籍出版社，2002年，第344页。

② （清）永瑢等：《四库全书总目》卷一百七十二，中华书局，1965年，第1510页。

③ （清）永瑢等：《四库全书总目》卷一百七十七，中华书局，1965年，第1590页。

④ （清）永瑢等：《四库全书总目》卷一百八十三，中华书局，1965年，第1620页。

⑤ （清）朱彝尊：《静志居诗话》卷十六，人民文学出版社，1990年，第472—473页。

谓‘太白以后一人’，未免过实矣。”[①]尽管朱彝尊否定了徐巨源对黎遂球的评价，但还是部分认可了黎遂球的诗有可取之处。朱彝尊对邝露亦有评价：“予尝见其骈体文亦佳。”[②]区大相、邝露、黎遂球有一定的名气，然而，《总目》并未收录区大相、邝露、黎遂球文集。《总目》或许未曾得见区大相文集。至于邝露，《总目》史部收录了其《赤雅》，然而，其文集则因违碍而无法收录。黎遂球的情况类似，《总目》经部收录了其《周易爻物当名》，其文集同样因违碍而无法收录。

《总目》收录的明末清初岭南文集较少，仅有方殿元《九谷集》、梁佩兰《药亭诗集》、陈阿平《钵山堂诗集》、陈瑸《清端集》等。《总目》将以上各集均置于存目，且评价均不高，仅有寥寥数语。

《九谷集》提要载：“国朝方殿元撰。殿元字蒙章，九谷其别号也，番禺人。康熙甲辰进士，历官郯城、江宁二县知县。是集，凡乐府二卷，诸体诗二卷，杂文一卷，末卷为《环书》上下篇，附以四书讲语数则；其《环书》下篇多发明易义，盖亦杂家流也。”[③]

《药亭诗集》提要载：“国朝梁佩兰撰。佩兰字药亭，番禺人。康熙戊辰进士，改庶吉士。是编乃休宁汪观所选，皆近体诗，卷首有朱文小印，曰‘古体嗣出’，则不但非其全集，即选本亦尚未刻竣矣。”[④]

《钵山堂诗集》提要载：“国朝陈阿平撰。阿平字献吉，东莞人，康熙中诸生。与梁佩兰同时。是集即佩兰为之序。其古体劲直而少酝酿，五言律诗如‘东风归故国，孤烛对高楼。明月又将满，秋风吹别离’诸联，颇有风味，惜不多得耳。”[⑤]

《清端集》提要载：“国朝陈瑸撰。瑸字文焕，一字眉川，海康人。康熙甲戌进士，官至福建巡抚，谥清端。是集，凡文七卷，诗一卷，皆非当行，然瑸居官以廉介称，其节概足以自传，亦不必以文章传也。”[⑥]

在《总目》的叙述下，明末清初岭南文学面貌便毫无头绪、一无是

① （清）朱彝尊：《静志居诗话》卷二十一，人民文学出版社，1990年，第640页。
② （清）朱彝尊：《静志居诗话》卷二十一，人民文学出版社，1990年，第646页。
③ （清）永瑢等：《四库全书总目》卷一百八十三，中华书局，1965年，第1655页。
④ （清）永瑢等：《四库全书总目》卷一百八十三，中华书局，1965年，第1663页。
⑤ （清）永瑢等：《四库全书总目》卷一百八十三，中华书局，1965年，第1663页。
⑥ （清）永瑢等：《四库全书总目》卷一百八十四，中华书局，1965年，第1667页。

处，然而，事实显然并非如此。据《清史稿·文苑传》载：

> 恭尹修髯伟貌，气干沉深。其为诗激昂顿挫，足以发其哀怨之思……王隼取恭尹诗合屈大均、梁佩兰共刻之，为《岭南三家集》。
>
> 大均，字介子，番禺人。初名绍隆，遇变为僧，中年返初服。工诗，高浑兀奡，有《翁山诗文集》。
>
> 佩兰，字芝五，南海人。童时日记数千言。顺治十四年乡试第一，又三十一年始成进士，年六十矣。佩兰夙负诗名，既选庶吉士，馆中推为祭酒。不一年假归，里居十五载。会诏饬词臣就职，复入都。逾月散馆，以不习国书罢归。结兰湖社，与同邑程可则，番禺王邦畿、方殿元及恭尹等称“岭南七子”。有《六莹堂集》。
>
> 可则，字周量。顺治九年会试第一……其官都下，与宋琬、施闰章、王士禄、士祯、陈廷敬、沈荃、曹尔堪辈为文酒之会，吴之振合刻《八家诗选》。可则诗曰《海日堂集》。
>
> 殿元，字蒙章。康熙三年进士。历知剡城、江宁等县。置祭田以赡兄弟，而自携长子还，次子朝侨寓苏州。父子皆有诗名。所称“岭南七子”，并其二子数之也。殿元著《九谷集》；还，《灵州集》；朝，《勺园集》。[①]

据《清史稿·文苑传》，明末清初，岭南既有岭南三家陈恭尹、屈大均、梁佩兰，也有岭南七子。其中，梁佩兰在庶吉士中颇有诗名，程可则在都下与宋琬、施闰章、王士祯等名士有交往。四库馆臣自然无法参考《清史稿》，然而，在《总目》编纂以前，岭南三家等诗人已名声久著，有些著述对此已有评价。如沈德潜《清诗别裁集》便收录陈恭尹、梁佩兰二人之诗，且两次提及岭南三家，“广南三家，翁山擅长五律，药亭擅长七古，几无与抗行者，元孝自逊力量不及，而诸体兼擅，七律尤矫矫不群，

---

① 赵尔巽等：《清史稿》卷四百八十四，中华书局，1977年，第13331—13332页。

诗名鼎立不虚也”①，“岭南三家，翁山以五言律擅场，元孝以五言律擅场，而七言古体独推药亭”②。至于其他人，如方殿元，《清诗别裁集》亦有评价：“然高华伉爽，依傍一空，品不在岭南三家下。”③

明末清初岭南文学可圈可点，《总目》的评价却如此简单，有两点原因。

其一，政治因素。岭南三家中，《总目》未收录屈大均、陈恭尹著述，甚至对他们二人只字不提，缘由在于《总目》是钦定著述，代表官方立场，而屈大均、陈恭尹曾反抗清朝统治，其他岭南诗人虽未触犯忌讳，但《总目》仍旧受到政治因素的影响。对于明代前中期岭南文学，《总目》既可参考《广州四先生诗》《南园后五子诗集》等明代总集，也可参考朱彝尊《静志居诗话》等诗文评类著述，而对于明末清初岭南文学，《总目》可参考的仅有沈德潜《清诗别裁集》。沈德潜虽曾颇受清高宗青睐，但死后受徐述夔案牵连，被追夺官衔、罢祠等。故《总目》非但未收录《清诗别裁集》，亦不敢征引其中的一些内容。在《清诗别裁集》被清廷列为禁书后，《总目》已无其他可供参考的明末清初岭南诗文评类著述。

其二，文献因素。从《总目》对《药亭诗集》的评价可知，《总目》并未见到梁佩兰全集，故难以对梁佩兰作出恰当的评价。

结　论

《总目》大体勾勒了明代前中期岭南文学的发展脉络，肯定了南园五先生、丘濬、陈献章、黄佐、黎民表、叶春及等人的成就，尤其是重点突出了从南园五先生到南园后五子的发展线索。其所勾勒的明代前中期岭南文学发展脉络一定程度上继承了朱彝尊等人的观点，并在某些方面有所推进。

《总目》对明清岭南文学的评价亦存在不足。宏观评价方面，《总目》过分抬高黄佐在复兴岭南文学方面的地位，同时贬低丘濬、陈献章的地

---

① （清）沈德潜：《清诗别裁集》卷八，上海古籍出版社，2013年，第303页。
② （清）沈德潜：《清诗别裁集》卷十六，上海古籍出版社，2013年，第638页。
③ （清）沈德潜：《清诗别裁集》卷九，上海古籍出版社，2013年，第352页。

位，而其最大的问题是对明后期及明末清初岭南文学的评价过于简略。具体评价方面，《总目》对南园后五子的评价主要局限于黎民表，另外，《总目》刻意强调黄佐、黎民表与复古派之对立。《总目》存在不足的原因较多：其一，袭用朱彝尊等人抬高黄佐及南园后五子地位的评价；其二，《总目》受政治影响批评讲学和复古派，影响了对陈献章、黄佐、黎民表等人的评价，且因禁毁缺载诸多著述，严重影响对明后期及明末清初岭南文学的评价；其三，由于各种因素，《总目》著录者未曾得见某些人的文集或全集，以致难以作出恰当评价。

《总目》是探究明代前中期岭南文学的重要参考，当下对明代前中期岭南文学的宏观认识与《总目》无本质区别，大体按照南园五先生—理学家之诗文—南园后五子的模式进行论述，有些论著将黄佐置于理学家一类①，有些则将其置于南园后五子之前②。这种模式与《总目》之宏观架构大同小异。有些论著认为南园五先生与黄佐之间不存在风雅中坠的事实，应重视陈献章、丘濬等人的文学成就③。《总目》的确过分抬高黄佐地位，但并未完全忽视陈献章、丘濬等人。《总目》在黄佐之前明确著录陈献章、丘濬文集，且给予了一些正面评价，只是重视程度有所不同。

作者通信地址：广东省东莞市松山湖园区东莞理工学院马克思主义学院，邮编：523000。

责任编辑：蒋方

---

① 陈永正:《岭南文学史》,高等教育出版社,1993年,第175页。

② 高建旺:《明代广东作家和明代广东文学研究》,上海师范大学博士学位论文,2006年,第113页。

③ 高建旺:《明代广东作家和明代广东文学研究》,上海师范大学博士学位论文,2006年,第113页。

《广州都统任内汉奏折册　广州将军任内汉奏折底册》文献内容与价值研究*

彭　康**

广州图书馆，广东广州，510623

摘　要： 鸦片战争前后，广州将军衙门等府署曾产生大量奏折，广州将军外郎许济、王世源对其中的部分汉文奏折进行抄写，留存者即《广州都统任内汉奏折册　广州将军任内汉奏折底册》。从现存奏折的上奏时间和上奏者分析，下令抄写者很可能是曾任广州副都统和广州将军的奕湘。现存奏折数量虽然不多，但具有较高的研究价值。

关键词： 广州将军；鸦片战争；广州八旗；奕湘

《广州都统任内汉奏折册　广州将军任内汉奏折底册》（以下称《汉奏折》）原件为清道光二十三年（1843）抄本，现藏日本东京大学东洋文化研究所。2015年《广州大典》出版时曾影印此本，收录于第183册史部诏令奏议类。

道光二十三年，广州将军外郎许济、王世源手抄广州将军衙门的汉文奏折，即《汉奏折》，内容为道光十八年（1838）闰四月二十一日至道光二十三年十月初十日期间广州将军、广州满汉副都统、两广总督、广东巡抚等地方大员所上奏折，共13折，15000字左右，涉及刑事案件、旗营财

*　本文系2022年广州市哲学社会科学发展“十四五”规划《广州大典》与广州历史文化研究专项课题“《广州大典》所收鸦片战争史料两种整理”（批准号:2022GZDD02）研究成果。

**　彭康（1990—　），男，汉族，湖南安乡人，广州图书馆助理馆员，硕士研究生。

政、军事演练、军器修造、禁毁鸦片、海防事件等多方面内容，对研究广州八旗内部制度、经济、军事具有一定价值。

一　《汉奏折》底本与流传分析

表 1　《汉奏折》各折情况表

	日期（道光）	上奏者	奏折标题	备注
第一折	十八年闰四月二十一日拜发，五月二十四日到京，二十五日进折，二十七日折下，七月初七日回广	德克金布等	奏报领催逞凶伤毙人命畏罪脱逃折	
第二折	十八年六月十五日拜发，七月十五日到京，十六日进折，十八日折下，九月初九日回广	德克金布等	奏赏给引见人员资助银两请改入文武举人会试资助项内动支折，附片一件	附奏旗营官兵操演技艺事
第三折	十八年十二月十七日拜发，十九年正月二十五日到京，二十六日进折，二十七日折下，三月初二日回广	德克金布等	奏额设炮位年久锈蚀照例请旨动项制造完固折，附片一件	附奏请旨修缮水师旗营随船军用器械事
第四折	十九年三月二十一日拜发，四月二十日到京，二十二日进折，二十四日折下，六月初七日回广	德克金布等	奏查办广州驻防旗营戒断鸦片烟实在情形折	《近代史资料文库》收录
第五折	十九年五月二十二日拜发，六月二十五日到京，二十六日进折，二十八日折下，八月初九日回广	德克金布等	奏报前往虎门查视销毁鸦片折	《鸦片战争档案史料》等收录

续表

	日期（道光）	上奏者	奏折标题	备注
第六折	十九年八月二十一日拜发，十月初一日到京，初二日进折，初四日折下，十一月初十日回广	德克金布等	奏遵旨查办广州八旗聚处地方包庇鸦片兴贩事折	
第七折	十九年十二月十三日拜发，二十年正月十七日到京，二十日进折，二十二日折下，二十三日出京，二月二十六日回广	德克金布等	奏旗营新造炮位演放合式并本年操演各项炮位情形折	
第八折	（《鸦片战争档案史料》第1册标为道光十八年六月二十六日军录）七月二十七日奉上谕，八月二十六日奉到	德克金布（将军）、邓廷桢（督）、怡良（抚）、英隆（汉都统）、关天培（水师提督）、豫堃（粤海关监督）联衔	奏为英国巡船驶泊外洋企图更变旧章业已密为防范谕逐回国现在候风开行折	《鸦片战争档案史料》《筹办夷务始末》《民国丛书》《近代中国外交史资料辑要》等收录
第九折	十九年五月初四日具奏（据《鸦片战争档案史料》第1册，五月二十八日奉朱批）	林则徐（钦差）、邓廷桢（督）、怡良（抚）	奏报销化烟土已将及半折	《鸦片战争档案史料》《中国近代史通鉴》《林则徐全集》《林氏家藏林则徐使粤两广奏稿》等收录
第十折	二十年七月十九日具奏，八月二十三日奉上谕	林则徐（督）、怡良（抚）、奕湘（满都统）、英隆（汉都统）、关天培（水师提督）、郭继昌（陆路提督）联衔	奏英国兵船在粤寻衅现续筹剿堵以期早靖夷氛折	《鸦片战争档案史料》《林则徐全集》《林氏家藏林则徐使粤两广奏稿》等收录

续表

	日期（道光）	上奏者	奏折标题	备注
第十一折	《鸦片战争档案史料》第2册标为道光二十年八月二十九日军录，《林则徐全集》第3册有“九月二十九日奉朱批”	阿精阿（将军）、林则徐（督）、怡良（抚）、奕湘（满都统）、英隆（汉都统）联衔	奏遵旨查议团练水勇情形折	《鸦片战争档案史料》《林则徐全集》《林氏家藏林则徐使粤两广奏稿》等收录
第十二折	二十三年闰七月二十二日会奏，八月二十四日奉朱批	奕湘（将军）、祁𡎴（督）、程矞采（抚）、裕瑞（满都统）、官文（汉都统）	奏拨归水师旗营操演之战船与旗营不甚相宜请拨归外海水师折	
第十三折	二十三年十月初十日奏，十二月十九日奉到，朱批另有旨	奕湘（将军）、裕瑞（满都统）、官文（汉都统）	奏为复核军功顶戴分别去留以重名器折	附《请留军功顶戴花名录》
注：“德克金布等”指当时的广州将军德克金布、广州满洲副都统奕湘与广州汉军副都统英隆；“满都统”指满洲副都统，“汉都统”指汉军副都统。广州将军是广州驻防旗营的最高长官，两名副都统则同为副职。				

《汉奏折》中有两页文字反映了誊抄情况，一页在第一折前，即首页：

道光二十三年七月初二日复任广州将军外郎许济、王世源复抄
道光拾捌年正月贰拾日吉立
广州都统任内汉奏折册[①]

另一页在第十一折与十二折之间：

外郎许济抄

① （清）佚名撰：《广州都统任内汉奏折册一卷广州将军任内汉奏折底册一卷》，陈建华、曹淳亮主编：《广州大典》第183册，广州出版社，2015年，第571页。

道光贰拾叁年七月吉日立

广州将军任内汉奏折底册[①]

两页文字的格式一致，首页文字显示《广州都统任内汉奏折册》的抄写工作于道光十八年正月二十日已经开始，二十三年“复任”的广州将军外郎许济、王世源抄写《广州将军任内汉奏折底册》时，一并“复抄”。

《汉奏折》现存各折可分为三批。（一）第一至第七折，广州驻防八旗内部事务奏折，按时间顺序排列，上奏者是德克金布等人，奏折前记录了奏折入京和朱批发回广州的详细日期，奏折下有道光帝上谕。（二）第八至第十一折，广州驻防八旗与广州督抚等人合办鸦片事务的奏折，没有入京和发回的日期。第八折根据上谕中的“据邓廷桢等奏”[②]，或是邓廷桢领衔的奏折。第九、十折则是林则徐领衔的奏折。第十一折根据次月道光给琦善的上谕，提到“又阿精阿等奏团练水勇一折”[③]，似为广州将军阿精阿领衔的奏折。这几份奏折文字较长，抄写错漏较多，风格与其他奏折不同。（三）第十二、十三折，折前有上奏日期、事由和上奏人信息，有上谕。

道光七年（1827），广州将军庆保考核军政官员的奏折用汉文缮写，受到道光申饬，事后道光要求“嗣后该将军等似此满营应办事件”[④]，一律用满文缮写奏折。同年热河都统英和考核满营军政官员时用汉折上奏，也遭申饬，由是道光要求全国的满营都统在满营事件上也使用满文折。《汉奏折》作为这一背景下缮写的汉文奏折，确实没有单独涉及满营的内容，诸事都同时涉及满汉军务，如第一折杀人潜逃案，虽然凶手、禀报事件者及受命缉凶者都属满营，但受害者是汉军，汉军协领董朝臣也进行了禀报。

《汉奏折》中，第四、五、八、九、十、十一折等六折被其他文献收

---

① （清）佚名撰：《广州都统任内汉奏折册一卷广州将军任内汉奏折底册一卷》，陈建华、曹淳亮主编：《广州大典》第183册，广州出版社，2015年，第591页。

② （清）佚名撰：《广州都统任内汉奏折册一卷广州将军任内汉奏折底册一卷》，陈建华、曹淳亮主编：《广州大典》第183册，广州出版社，2015年，第585页。

③ 中国第一历史档案馆编：《鸦片战争档案史料》第2册，天津古籍出版社，1992年，第502页。

④ 广东省地方史志编委会办公室、广州市地方志编委会办公室编：《清实录广东史料》第3册，广东省地图出版社，1995年，第532页。

录，文字内容大体一致，细微处有差别，兹举几例，见表2：

表2 《汉奏折》文字内容与其他文献比较

<table>
<tr><th></th><th>《汉奏折》</th><th>其他文献</th><th>其他文献出处</th></tr>
<tr><td>第四折</td><td>用字不一，如：覩其气色</td><td>观其气色</td><td>《近代史资料文库》等</td></tr>
<tr><td>第五折</td><td>用字不一，如：其滩上挖成石池两口</td><td>在滩上挖成石池两口</td><td>《鸦片战争档案史料》等</td></tr>
<tr><td>第八折</td><td>用字不一，脱漏语句，如：准水师提臣关天培叠以严词谕逐</td><td>准水师提臣节次函会，并据各文武先后禀报前来。查马他伦以一外夷官目，敢于传书抗体，图变旧章，桀骜殊甚。追经臣邓廷桢及水师提督关天培叠以严词谕逐。</td><td>《筹办夷务始末》《鸦片战争档案史料》《近代中国外交史资料辑要》《清宣宗圣训》等</td></tr>
<tr><td>第九折</td><td>用字不一，脱漏文字，无批谕</td><td>有道光十九年五月二十八日奉朱批</td><td>《筹办夷务始末》《鸦片战争档案史料》《林则徐全集》《林氏家藏林则徐使粤两广奏稿》等</td></tr>
<tr><td>第十折</td><td>用字不一，脱漏语句，如脱落“臣等不得不严行批驳”“各有戒心”“则外侮自不敢欺凌”等语句</td><td></td><td>《鸦片战争档案史料》《林则徐全集》《林氏家藏林则徐使粤两广奏稿》等</td></tr>
<tr><td rowspan="4">第十一折</td><td>用字不一，如：或由民间自行团练以保社庄……所练水勇以协防炮台隘口，并配入拖风、红单等船者，已有一千五百余名之多</td><td>或由民间自行团练以保村庄……所雇练勇用以协防炮台隘口，并配人拖风、红单等船者，已有一千五百余名</td><td>《鸦片战争档案史料》《林则徐全集》《林氏家藏林则徐使粤两广奏稿》等</td></tr>
<tr><td rowspan="3">无拟奏时间信息，无批谕</td><td>无拟奏时间信息，无批谕</td><td>《鸦片战争档案史料》等</td></tr>
<tr><td>朱批：钦此。</td><td>《林则徐全集》等</td></tr>
<tr><td>朱批：另有旨，钦此。（未奉到）</td><td>《林氏家藏林则徐使粤两广奏稿》等</td></tr>
</table>

从表2可知，文字差异主要是《汉奏折》在传抄过程中出现脱漏，反

映出许济等人抄得并不十分仔细。一些差异是因为《汉奏折》采用了一些异体字，如“炮”作“砲”、“船”作“舡”等，另外还有外国人名带口字旁，中国人名只抄第一个字等，此不赘述。

咸丰七年（1857）底，英法联军占领广州城（已至公历1858年），英国领事巴夏礼等三人“驻将军署”[①]。八年（1858），将军府署后楼“毁于火”[②]。九年（1859），英法联军在将军府设立英法“占领委员会”。战后英国强租将军府后园地为领事馆。这期间，仅英国侵略军就从两广总督府、广东巡抚府、广州将军府等衙门掠走了2万多件档案[③]。现在这批档案部分已经整理出版，其中大部分档案字迹清晰，应系定稿，如道光二十一年（1841）《军务折档》，性质和年代与《汉奏折》相同，字迹工整，每页120个文字框（横6，竖20）[④]，但仍有极少量与《汉奏折》相似，字迹潦草，文字逼仄，且存在脱漏。这些可能是草拟时的底稿或抄件，部分可能未很好整理，所以英法联军掠走档案时，可能《汉奏折》未被掠夺，而是由奕湘带回北京后流入日本，也可能是通过其他途径流出广州将军府再流传至日本。

二 人物考证

《汉奏折》涉及许多重要历史人物，如林则徐、邓廷桢等[⑤]，学界研究已多，本文不再重复讨论，而是专门罗列、讨论部分中下层人物资料，以资参考。

---

① （清）七弦河上钓叟：《英吉利广东入城始末》，陈建华、曹淳亮主编：《广州大典》第179册，广州出版社，2015年，第45页。

② （清）长善等纂：《驻粤八旗志》卷二十三，辽宁大学出版社，1992年，第552页。

③ 李玉安：《中国图书散佚史》，武汉大学出版社，2014年，第333页。

④ 刘志伟、陈玉环主编：《叶名琛档案：清代两广总督衙门残牍》第1册，广东人民出版社，2012年，第138页。

⑤ 《汉奏折》提及名字者约有百人，除了上奏者，还有前任广州将军孟住、锡特库、明福，重臣骆秉章、卢坤，行商伍敦元、卢文蔚、潘仕成，英人义律、马他伦、律劳卑等重要历史人物。

（一）作者分析

《汉奏折》无作者署名，《广州大典》收录时也未题著人[①]，《〈广州大典〉海外珍稀文献书志》认为《汉奏折》是“德克金布等撰”[②]。

从文献名称和文中的署名判断，《汉奏折》前十一折为《广州都统任内汉奏折》，由许济、王世源抄写，第十二、十三折为《广州将军任内汉奏折底册》，由许济单独抄录。日本东洋文化研究所的网站上，标注为“（广州都统任内汉奏折册）道光十八年至二十年；（广州将军任内汉奏折册）道光二十三年”[③]。在广州驻防八旗历任长官之中，确有一人，在前十一折的时间段内（道光十八年闰四月至二十年八月）任广州都统，在第十二、十三折的时间段内（道光二十三年闰七月至十二月）任广州将军，即宗室奕湘。

奕湘字楚江，满洲正蓝旗人，著有《八旗画录》《定边纪略》等。雍正第六子弘瞻过继于和硕果毅亲王允礼为嗣，奕湘为弘瞻曾孙，道光十三年（1833）三月袭爵镇国公，历任广州副都统、荆州将军、乌里雅苏台将军、广州将军、盛京将军、杭州将军、礼部尚书等职。其中，道光十七年六月十三日至二十年十月三十日任广州满洲副都统，道光二十三年二月二十六日至二十五年九月二十八日任广州将军[④]。

《汉奏折》第八、九折奕湘不在上奏者之中，其实事出有因。第八折“马他伦事件”，邓廷桢、德克金布等“谨会同副都统臣宗室英（隆）、水师提督臣关天培、粤海关监督臣豫堃合词恭折奏”[⑤]，奕湘未署名，但据《鸦片战争档案史料》，“臣宗室英隆”前还有“臣宗室奕湘”[⑥]等字，可知是《汉奏折》漏抄了奕湘的名字。第九折是林则徐和广州督抚奏报虎门销

---

① （清）佚名撰：《广州都统任内汉奏折册一卷广州将军任内汉奏折底册一卷》，陈建华、曹淳亮主编：《广州大典》第183册，广州出版社，2015年，第569页。

② 王蕾主编：《〈广州大典〉海外珍稀文献书志》，广西师范大学出版社，2016年，第19页。

③ 《广州都统任内汉奏折册一卷广州将军任内汉奏折底册一卷》，东京大学东洋文化研究所汉籍目录检索网，http://www3.ioc.u-tokyo.ac.jp/user/query_detail.php?dno=10911 & no=1 & tp=qadv，2023-10-17。

④ 广州市地方志编纂委员会编：《广州市志》卷十三《军事志》，广州出版社，1995年，第42页。

⑤ （清）佚名撰：《广州都统任内汉奏折册一卷广州将军任内汉奏折底册一卷》，陈建华、曹淳亮主编：《广州大典》第183册，广州出版社，2015年，第585页。

⑥ 中国第一历史档案馆编：《鸦片战争档案史料》第1册，上海人民出版社，1987年，第331页。

烟情况的奏折，而德克金布、奕湘、英隆三人对于虎门销烟事件另缮写了一份奏折，即第五折，三位八旗驻防长官虽然不是第九折的主要上奏者，但作为被“咨会”者，其实也有在第九折内署名。

鸦片战争前后，只有奕湘先后出任过广州副都统和广州将军，任期能完全覆盖《汉奏折》各份奏折日期，并且在每一份奏折中都有署名，故下令抄写备份这些奏折的当是宗室奕湘。

（二）抄录者身份

《汉奏折》抄录者署名许济、王世源二人，为广州将军外郎。考清代“外郎”一职，八旗有“印房外郎”，于汉军中拣选人员，通过考试后补用，属于汉军职缺，定额不多。道光年间，广州八旗驻防额定4名随印外郎，即“印房外郎”。另外，广州将军府衙设有印务处和左、右司衙门，由满汉协领、佐领、防御、骁骑校管理，印务处又称“印房”，下设稿、承发、吏、户、礼、兵、刑、工、折、营卷、督催、书札12房，左、右司衙门各设3房，每房都有数名外郎，随同笔帖式、随印外郎办理事务。

印房在广州将军设立之初就已存在，康熙二十一年（1682）协领王之蛟管理印房①。乾隆时期广州满洲正蓝旗的荣年曾充任印房外郎②，说明这个职位也对满洲旗人开放。许济、王世源只署名外郎，则更可能是在印务处工作的普通外郎，而非八旗编制的随印外郎，他们能接触和抄写奏折档案，可能属于印务处的折房。外郎不是正式职位，但工作接近广州八旗权力中心，和笔帖式、随印外郎一样容易得到重视。

许、王二人未留下更多身份信息，据《驻粤八旗志·职官表》，咸丰年间有名为许济者出任汉军正红旗骁骑校，后擢升镶蓝旗防御，或许就是道光时的外郎许济。另外道光时期有王之源任正红旗骁骑校，不知和王世源有无关系。

（三）鸦片战争前后广州八旗协领

阿勒精阿：第一折人物，由京旗佐领升补广州驻防协领。广州八旗每

---

① （清）长善等纂：《驻粤八旗志》卷十七，辽宁大学出版社，1992年，第464页。

② （清）长善等纂：《驻粤八旗志》卷二十三，辽宁大学出版社，1992年，第532页。

两旗设一协领，他时任镶白、正蓝旗满洲协领，禀报正蓝旗人员杀人潜逃一案。鸦片战争期间阿勒精阿守小南门，广州贡院楚勇屯扎，与本地兵争斗，阿勒精阿率军出面维持秩序，受参赞大臣杨芳称赞和举荐。《驻粤八旗志》有传，言其在鸦片战争后不久去世，不过阿勒精阿在道光二十五年（1845）仍在任，参与捐助重修五仙观[①]。

董朝臣：第一、第六折人物，时任镶黄、正白旗汉军协领。道光十七年（1837），受广州将军苏勒芳阿与副都统孟魁的矛盾牵连，董朝臣与文达、达兴阿、喀勒春等各旗协领，降一级留任[②]，从《汉奏折》的表述看，他第二年就已复职，道光二十五年仍在任，参与捐助重修五仙观。

文达：出身满洲正白旗瓜勒佳氏，曾任印房笔帖式，在印务处工作20余年，官至镶黄、正白旗协领，管理右司。右司衙门办理“钱粮、户口、银库、房间及祭祀旌表、翻译文试各事务”[③]，因此第二折新任八旗官佐进京引见，赏银动支项的银两库存不足，由他向广州将军禀报。文达的父亲为广德，其家族号称“驻防旗人，称最盛焉”[④]。

达兴阿：出身满洲镶白旗富察氏[⑤]，道光元年（1821）就任正黄、正红旗协领。广州八旗协领需兼管一佐领，其中正黄、正红旗协领兼管正蓝旗佐领，因此第一折里达兴阿兼管满洲正蓝旗佐领，和正蓝旗协领阿勒精阿一起因未抓获人犯而受处分。第六折达兴阿与董朝臣等协领一起查搜旗营鸦片。达兴阿的父亲松福为来粤始祖，其家族“唯协领广德家堪媲美云”[⑥]。道光二十一年，奕山等奏请奖励鸦片战争有功人员中有协领全太，全太在咸丰三年（1853）以正黄、正红旗协领身份参与查抄两广总督徐广缙资产[⑦]，应即《驻粤八旗志·职官表》中满洲正黄、正红旗协领全泰，则达兴

---

① 罗燚英：《融摄与交映：驻粤八旗与五仙古观——以广州五仙观清代碑刻资料为中心》，《学术研究》2016年第6期，第118页。

② 中国第一历史档案馆编：《嘉庆道光两朝上谕档》第42册，广西师范大学出版社，2000年，第252—253页。

③ （清）长善等纂：《驻粤八旗志》卷三，辽宁大学出版社，1992年，第90页。

④ （清）长善等纂：《驻粤八旗志》卷十六，辽宁大学出版社，1992年，第456页。

⑤ 广州市满族历史文化研究会编：《驻粤八旗史料汇编》，广东人民出版社，2019年，第546页。

⑥ （清）长善等纂：《驻粤八旗志》卷十六，辽宁大学出版社，1992年，第455页。

⑦ 中国第一历史档案馆编：《清政府镇压太平天国档案史料》第5册，社会科学文献出版社，1992年，第394页。

阿在鸦片战争期间已经卸职，职位由全太接任。

喀勒春：出身满洲正红旗，嘉庆年间从征台湾，立有军功，保升骁骑校，官至镶红、镶蓝旗协领，执掌将军印务和左司关防，鸦片战争时扼守东南城。左司衙门办理“操防、军装、马匹、枪炮、一切军火、刑名及武场考试各事务”[①]，因此第三折八旗大炮装备失修，由他和协领国荫带人逐一检查。国荫，正黄、正红旗汉军协领，参加鸦片战争，战后和全太、董明文三名协领凭军功赏戴花翎[②]。

（四）《请留军功顶戴花名录》人物（第十三折附录，以下称《花名录》）

鸦片战争期间，广州八旗兵丁于道光二十一年二月至四月参与守城。事后靖逆将军奕山、参赞大臣杨芳、隆文等选出“在事出力者”[③]140名，申请赏赐六、七品军功顶戴。广州将军奕湘到任后认为赏赐人数较多，有冒滥之嫌，于是保留其中50人，缮写清单上奏，26人赏六品军功顶戴，24人赏七品军功顶戴，其余人等撤销顶戴执照。50人身份构成如下：

表3 《请留军功顶戴花名录》情况表

	委骁骑校	前锋	领催	甲兵	总计
六品军功顶戴（满洲）	0	7	4	5	16
六品军功顶戴（汉军）	1	0	3	6	10
七品军功顶戴（满洲）	0	2	0	7	9
七品军功顶戴（汉军）	1	0	0	14	15
总计	2	9	7	32	50

注：前锋包括委前锋校，甲兵包括步甲兵、水师兵。

对于这份附录，有几点值得注意：

1.军功相对较弱。鸦片战争后，奕山等人有两份奏折为守城出力者请

---

① （清）长善等纂：《驻粤八旗志》卷三，辽宁大学出版社，1992年，第89页。

② 刘志伟、陈玉环主编：《叶名琛档案：清代两广总督衙门残牍》第1册，广东人民出版社，2012年，第340—341页。

③ （清）佚名撰：《广州都统任内汉奏折册一卷广州将军任内汉奏折底册一卷》，陈建华、曹淳亮主编：《广州大典》第183册，广州出版社，2015年，第593页。

功，其中一份奏请奖励守城出力的文武官员、绅士义勇等，包括广州旗营官兵20余人，“叶名琛档案”中有完整的奏折和上谕[①]，《鸦片战争档案史料》只收录了上谕[②]，这批人分别赏戴花翎、蓝翎和遇缺升用，《驻粤八旗志》上的传记往往会提及这次奖历。而第十三折未被诸书收录，受赏者奖励为六品、七品军功顶戴，其中有几人《驻粤八旗志》有传，却都没提及这次军功奖励。相对于赏戴花翎、蓝翎和遇缺升用的20余名旗营官兵，奕山评价这140名旗兵是“其余出力较次者”[③]。

2. 体现重满主义。鸦片战争广州驻防旗营战亡20人，其中9人是在凤凰岗、花地口战役中阵亡，11人在守城中阵亡[④]，从姓名看，这些人全部属于汉军[⑤]。鸦片战争前满洲八旗定额兵丁1753名，汉军八旗3412名，水师旗营（由汉军八旗选派）604名，共5769名[⑥]，参加守城战的八旗官兵共“五千九百余员名”[⑦]，从兵额来看，无疑大部分参战者是汉军，但受赏赐者满洲旗人却占一半。从表3可知，满洲八旗获得六品军功顶戴奖励的人员也更多。

3. 裙带关系影响。据广州八旗后人回忆，普通出身的兵丁上升到马甲、前锋都可能经历一二十年，骁骑校以上的官佐，要经过“明争暗斗、巧取豪夺”，而且“绝大部分是官家子弟夺取”[⑧]。花名录里有正白旗满洲领催承祥，而协领文达出身正白旗，也有一子名承祥，可能是同一人；汉军镶黄

---

① 刘志伟、陈玉环主编:《叶名琛档案:清代两广总督衙门残牍》第1册,广东人民出版社,2012年,第328—342页。

② 中国第一历史档案馆编:《鸦片战争档案史料》第4册,天津古籍出版社,1992年,第9—12页。

③ 刘志伟、陈玉环主编:《叶名琛档案:清代两广总督衙门残牍》第1册,广东人民出版社,2012年,第329页。

④ （清）庆保辑:《广州驻防事宜》,陈建华、曹淳亮主编:《广州大典》第329册,广东出版社,2015年,第845页。

⑤ （清）长善等纂:《驻粤八旗志》卷十三,辽宁大学出版社,1992年,第425页。

⑥ （清）庆保辑:《广州驻防事宜》,陈建华、曹淳亮主编:《广州大典》第329册,广州出版社,2015年,第824—825页。

⑦ （清）庆保辑:《广州驻防事宜》,陈建华、曹淳亮主编:《广州大典》第329册,广州出版社,2015年,第845页。

⑧ 汪宗猷主编:《广东满族史》,中国戏剧出版社,2006年,第26页。

旗甲兵樊增，祖父樊茂龄为协领，父亲樊振雄为骁骑校，另外同旗有樊长龄为协领，樊恒龄为将军亲近人物，樊振韬为水师旗营协领，或许出自同一家族。这批兵丁中有不少后来获得更大的发展，《驻粤八旗志》的收录并不全面，但50人中，仍记录了祥智、承祥、图他布[①]、庚春、郭振滔、谈广楠、董朝升、樊增、陈廷纯等9人后来晋职为骁骑校、防御乃至协领，另外顺成则考中道光二十三年武举。

4.军功形式多样。有的兵丁以武事为军功，如汉军步甲兵王金玉，咸丰元年（1851）为满洲副都统乌兰泰的“戈什哈”，即清代高级官员的侍从护卫[②]，随乌兰泰赴广西镇压起义时战死；有的是文职吏员，如陈廷纯“通满、汉文，充将军印务外郎”[③]，咸丰元年乌兰泰选“晓畅营务、干练可用者”[④]四人随征广西，陈是其中之一。满洲领催庚春，作为满洲副都统裕瑞的书记外郎，鸦片战争时随裕瑞驻扎西城，“军书旁午，羽檄交驰，时与诸当事函商军务，其草稿皆庚春手创”[⑤]。另有正红旗汉军甲兵杨裕，诸生出身，父亲业儒，父祖都精通医理，“裕亦工医”[⑥]。

花名录50人中，官职与成就最高的是谈广楠，其成就主要有二：一是同治三年（1864）成立广州同文馆，谈广楠以汉军正白旗防御的身份出任第一任馆长[⑦]；二是光绪时期参与《驻粤八旗志》的修撰与续修，其职衔为“蓝翎，卓异记名，镶白、正蓝旗汉军协领，兼管正黄旗佐领”[⑧]。谈广楠的家族属汉军镶白旗，花名录里还有谈广祥，《驻粤八旗志》里有武举人谈广泽、谈广惠，都是镶白旗人，而谈广楠在花名录里却是镶黄旗甲兵，如果不是抄错，那可能是因驻防旗营户口“均齐”的政策，被调入他营。清代地方旗营每隔一段时间会调剂各旗户口，康熙时期广州八旗有朱良弼因

---

① 虽然满人同名者多，但祥智、承祥、图他布3个都是本旗骁骑校，同一人的可能性较大。

② 颜品忠等主编：《中华文化制度辞典》，中国国际广播出版社，1998年，第330页。

③ （清）长善等纂：《驻粤八旗志》卷十九，辽宁大学出版社，1992年，第496页。

④ 中国第一历史档案馆编：《清政府镇压太平天国档案史料》第1册，社会科学文献出版社，1992年，第285页。

⑤ （清）长善等纂：《驻粤八旗志》卷十八，辽宁大学出版社，1992年，第485页。

⑥ （清）长善等纂：《驻粤八旗志》卷二十三，辽宁大学出版社，1992年，第544页。

⑦ （清）宝鋆等修：《筹办夷务始末》第25册“同治朝”，文海出版社，1990年，第2663—2664页。

⑧ （清）长善等纂：《驻粤八旗志》卷首衔名页，辽宁大学出版社，1992年，第16页。

"均匀户口"[①]被转换旗籍，这一制度直到咸丰、同治时期仍然存在[②]。

三　《汉奏折》具有很高的文献价值

《汉奏折》的奏事内容主要涉及鸦片战争前后广州驻防八旗的军政事务，包括刑事案件、息银账目、武器装备维护、军营操演训练、查禁鸦片活动、海防措施和军功奖励等事项。该书所收奏折一半未见于《筹办夷务始末》等官方史料，颇具价值。

（一）《汉奏折》提供了大量人物信息

《汉奏折》内提及人物100人左右，许多人都在《驻粤八旗志》上有传记或留有名字。通过这些人从事的工作，可以窥探八旗官员的一些工作内容，补充广州驻防旗营和部分八旗官兵在鸦片战争中的经历。例如，《汉奏折》提到的理事同知有肇麟、安登、□福[③]，第一折中有肇麟验尸、提讯、遣人追凶；第六折中有安登在旗营挨户清查鸦片；第十三折中有□福查办旗兵"妄行递禀"事件，录供并拟订处罚。广州八旗设理事同知一员，"专管硝磺、铅弹、八旗官兵米石及旗民交涉事件"[④]，旗民的讼狱也由理事同知承审。从三人的职务工作可探知理事同知一职的具体职事。

还有一点值得留意，这些人物的名字，证明了广州八旗内可能广泛存在按字辈取名的行为，如《请留军功顶戴花名录》中有汉军镶黄旗郭振滔，《驻粤八旗志》中同旗有郭振雄；汉军正黄旗宋文庆，同旗有宋文瑞；汉军正蓝旗李廷茂，同旗有李廷英；汉军正蓝旗钟镇淮，同旗有钟镇杰；汉军正红旗于文琮，同旗有于文培、于文钊，据于氏家谱，"文"是于氏入驻广州后的第七世[⑤]；还有第一折中的受害人汉军正白旗白常吉，同旗有白常亨、白常椿等。

---

① （清）长善等纂:《驻粤八旗志》卷十九,辽宁大学出版社,1992年,第487页。

② 潘洪钢:《从家谱看清代驻防八旗族群社会及其变迁》,《满族研究》2015年第1期,第37—38页。

③ 疑为"闰福","闰"为简化的"閏",门字框与同篇的"阅"字一致。

④ （清）长善等纂:《驻粤八旗志》卷一,辽宁大学出版社,1992年,第51页。

⑤ 于国禹:《于家史话》,自印本,2021年,第48页。

八旗有着严密的户籍制度和世袭制度，家谱成为八旗内部确认身份等级和承袭世职的重要凭证。乾隆九年（1744）《八旗满洲氏族通谱》问世，促使大量满族族谱产生。官方的提倡加上汉族文化的影响，使得康熙以来满族“修谱之风日益浓厚”[①]，广州驻防八旗编撰族谱情况也不算罕见，满洲傅氏（富察氏）、舒氏（舒穆禄氏）、文氏（文察氏）、关氏（瓜尔佳氏），汉军杨氏、马氏、保氏、朱氏、樊氏[②]等族均有族谱传世。

（二）补充了一些以往被忽视的历史细节

鸦片战争前数年，清政府已经在各地禁烟，广州地区的禁烟活动多由地方各级官吏主持，而广州驻防旗营的鸦片吸食和禁烟活动却少有记载和关注。据第四、六折，广州将军德克金布等人查核禁断驻防旗营鸦片，至少进行过三次。第一次在道光十八年，查获了贩卖鸦片的旗人刘文爵和一些吸食鸦片的民人，十二月俱移交两广总督邓廷桢。第二次在道光十九年年初，钦差大臣林则徐到任，限期呈缴烟膏、烟具，各旗协领陆续从满汉八旗和水师旗营查收烟枪203枝、烟具255件，三月奏报，此即第四折所述内容。第三次是因御史骆秉章上奏广州西门一带旗人租赁房屋给烟贩，于是道光十九年夏，德克金布等又令理事同知安登及协领达兴阿、董朝臣等一起查核，无所获，八月奏报，即第六折所述内容。广州驻防旗营内部查禁鸦片事件未被《筹办夷务始末（道光朝）》《鸦片战争档案史料》等史料收录。

第十二折补充了行商潘仕成捐献战船的史料。潘仕成建造西式战船捐献给八旗水师旗营一事，很多文献、著作都有提及，但很少提到战船的后续情况。该船据称长十三丈三尺六寸，炮位40个，可容纳300余人，造价一万九千两[③]，由水师提督吴建勋派人驾驶训练。道光二十三年三月，代理广州将军裕瑞奏报潘仕成战船的训练情形，提到水师旗营协领樊振韬派员调查虎门至黄埔的水势，河南尾、二沙尾水位过浅，原本应驶往虎门训练

---

① 李林：《满族宗谱研究》，辽宁民族出版社，2006年，第7页。

② 广州市满族历史文化研究会编：《驻粤八旗史料汇编》，广东人民出版社，2019年，第544—568页。

③ （清）魏源：《海国图志》第4册，岳麓书社，2011年，第2007—2008页。

的战船，只得暂时在内河操演，等待“夏秋之际，河水旺盛之时”[①]再赴虎门。五月，吴建勋前往琼廉地区督缉盗匪，战船事务可能完全交由樊振韬主持，樊“以内河水浅船重，驾驶不灵，请将船交出”[②]。闰七月，广州将军奕湘到任，上奏表示战船“实与旗营不能相宜，出入内港尤为不便”[③]，建议划归外海水师，获得批准。近代珠江水域淤积严重、水面萎缩，鸦片战争期间，英军就有四艘战船在海珠炮台、河南岛岸边搁浅[④]。

（三）反映了广州驻防旗营制度及武备情况

第一折的刑事案件，可以帮助我们了解八旗内部刑事侦缉的程序。第二、三折涉及的筹备修补军装项，是乾隆元年（1736）设置的一项生息银，关乎广州八旗内部经济事务。第三、七折反映了广州八旗燕塘操演大炮制度，该制度是康熙三十年（1691）照京城卢沟桥演炮例设置，每年十一月演放大炮一个月，乾隆二十七年（1762）以后改为初一至十五半个月。清末燕塘炮场成为新军操场，仍属旗地，广州将军孚琦便是在燕塘观阅军用飞机试演后返城时遇刺。第三、七折都在十二月发出，符合燕塘演炮的时间。

道光十八年，德克金布轮值燕塘演炮时，一门子母炮突然炸裂，于是德克金布下令逐一检查八旗及水师旗营各炮，查出满洲八旗额设子母炮40，有问题者22，随配子炮120筒，有问题者66；水师旗营中各炮47，子炮123筒，其中砂炮3，斑鸠炮5，子炮44，“实系不堪应用，俱经久逾修造年限”[⑤]。水师旗营“随船军器、大炮、铭子等，多有糟朽锈烂”[⑥]，武备已

① 中国第一历史档案馆编：《鸦片战争档案史料》第7册，天津古籍出版社，1992年，第101页。

② （清）长善等纂：《驻粤八旗志》卷二十，辽宁大学出版社，1992年，第500页。

③ （清）佚名撰：《广州都统任内汉奏折册一卷广州将军任内汉奏折底册一卷》，陈建华、曹淳亮主编：《广州大典》第183册，广州出版社，2015年，第593页。

④ 黄若泽、庄驰原、吴慧敏译：《英国国家档案馆藏鸦片战争史稿》，上海书店出版社，2022年，第115页。

⑤ （清）佚名撰：《广州都统任内汉奏折册一卷广州将军任内汉奏折底册一卷》，陈建华、曹淳亮主编：《广州大典》第183册，广州出版社，2015年，第574—575页。

⑥ （清）佚名撰：《广州都统任内汉奏折册一卷广州将军任内汉奏折底册一卷》，陈建华、曹淳亮主编：《广州大典》第183册，广州出版社，2015年，第576页。

经十分松弛。一年后燕塘演练新炮，德克金布等奏报“较之往年，渐觉起色”[①]，不过，鸦片战争中它们的表现显然并不出色。

结 语

《汉奏折》并不是以鸦片战争为主题的奏折集，但所涉事件，大半与鸦片有关，具有鲜明的时代特征。《汉奏折》十三道奏折中有六道被其他史料集收录，所涉事件，如虎门销烟、马他伦事件、英人寻衅、林则徐整顿海防等，前人多有引用议论。另外七道奏折暂未见其他史料集收录，所涉驻防八旗内部事件，也少见讨论。由于《汉奏折》是孤帙抄本，因此有较高的史料价值，颇能补官方史料之不足。限于史料原因，学界对鸦片战争期间广州、厦门、福州等处驻防八旗参战情况关注较少，《汉奏折》为研究广州驻防八旗与禁烟运动、鸦片战争的关系，以及鸦片战争期间广州驻防八旗的面貌和表现，提供了不可多得的独家史料。

作者通信地址：广东省广州市珠江东路4号广州图书馆，邮编：510623。

责任编辑：赵新良

---

① （清）佚名撰：《广州都统任内汉奏折册一卷广州将军任内汉奏折底册一卷》，陈建华、曹淳亮主编：《广州大典》第183册，广州出版社，2015年，第582页。

孔氏岳雪楼藏书所见题跋辑释

林才伟*
山东大学文学院，山东济南，250199

摘　要：孔广陶是清代广东著名藏书家，与伍崇曜、潘仕成、康有为并称“粤省藏书四大家”。中国国家图书馆、广东省立中山图书馆、上海图书馆、北京大学图书馆、中国台湾“国家图书馆”度藏有丰富的孔氏岳雪楼旧藏古籍，部分善本上有名家题跋。其一是孔广陶藏书题跋，可补岳雪楼藏书目未载藏书题跋之遗憾，可见孔广陶生平行实和藏书旨趣。其二是康有为、傅增湘等名家题跋，涉及岳雪楼藏书散出情况。此二类题跋对于研究孔氏岳雪楼藏书情况皆有一定价值。特此辑出孔氏岳雪楼藏书所见题跋八则，并略加考释。

关键词：孔广陶；岳雪楼；藏书；题跋

清末广州藏书家有“南孔北方”之说，“北方”指碧琳琅馆主人方功惠，“南孔”则正是岳雪楼主人孔氏父子。岳雪楼旧址位于广州城南关太平沙，今已不存。孔氏岳雪楼的第一任主人是孔继勋，其原名继昌，又名继光，字开文，号炽庭，曾受教于“粤东七子”之一的黄培芳，于清道光十三年（1833）中进士，入翰林院，授编修，后历任国史馆协修官等职，其“鉴别古人法书名画，独具精识，克溯渊源，笃嗜之极，虽倾囊倒箧，不惜典质以富其藏庋”①。道光五年（1825），孔继勋“赴都，冒雪游南岳，

---

* 林才伟（2002—　），男，海南文昌人，山东大学文学院中国古典文献学硕士研究生，主要研究方向为目录版本校勘学、清代藏书文化。

① 上海书画出版社、浙江省博物馆编：《黄宾虹文集·杂著编》，上海书画出版社，1999年，第96页。

登视融峰绝顶，与隐者明鉴上人订交，归筑‘岳雪楼’以藏书画图籍”[①]。孔继勋去世后，其子孔广镛、孔广陶继承岳雪楼，兄弟二人“敬守君所遗，笃先人嗜好，益远索重购”[②]。孔广镛（1816—？），字厚昌，一字少庭，号怀民，又号韶初，道光二十四年（1844）举人，历任内阁中书、内阁侍读、盐运使等职[③]。孔广陶（1832—1890），字鸿昌，一字季子，号少唐，国学生[④]，著有《云山得意楼文》《鸿爪前游日记》等[⑤]，嗜书富藏，“藏书籍甲粤中”[⑥]，“宋元精椠，皆极充牣”[⑦]，亦多有明清善本、名家校本，与伍崇曜、潘仕成、康有为并称“粤省藏书四大家”。

光绪朝盐法改制，导致孔氏家道中落，岳雪楼藏书亦受影响。徐信符云：“宣统元年，广东优级师范学校开办，上虞罗振玉偕日人藤田丰八到粤，岳雪楼精本首被其选择售往东瀛，其后次第散出。广东按察使蒋式芬、提学使沈曾桐、按察使王秉恩均有搜采。继之上海、北平书贾辇载而去，菁华渐尽。民国后，岁壬子，所剩巨帙尽归康有为。”[⑧]今学界对孔广陶及岳雪楼的相关研究尚较简略，多关注其藏书散失情况，如谢晖的《中山图书馆藏南海岳雪楼孔氏丛抄来源考》[⑨]《南海孔氏岳雪楼丛抄散出本知见

---

① （清）孔广镛等纂修：《南海罗格孔氏家谱》卷十二，上海图书馆藏清同治四年（1865）诗礼堂刻本，第8叶。

② （清）陈其锟：《岳雪楼书画录叙》，（清）顾文彬、（清）孔广陶撰，柳向春校点：《过云楼书画记·岳雪楼书画录》，上海古籍出版社，2011年，第223页。

③ （清）孔广镛等纂修：《南海罗格孔氏家谱》卷十一，上海图书馆藏清同治四年（1865）诗礼堂刻本，第22叶。

④ （清）孔广镛等纂修：《南海罗格孔氏家谱》卷十一，上海图书馆藏清同治四年（1865）诗礼堂刻本，第23叶。

⑤ 关于孔广陶早年著述，参见（清）孔广镛等纂修：《南海罗格孔氏家谱》卷十一，上海图书馆藏清同治四年（1865）诗礼堂刻本，第23叶。

⑥ （清）黎兆棠：《岳雪楼书画录序》，（清）顾文彬、（清）孔广陶撰，柳向春校点：《过云楼书画记·岳雪楼书画录》，上海古籍出版社，2011年，第225页。

⑦ 徐信符：《广东藏书纪事诗》，广东炎黄文化研究会、番禺炎黄文化研究会编：《岭峤春秋：徐信符研究文献集》，广东人民出版社，2004年，第410页。

⑧ 徐信符：《广东藏书纪事诗》，广东炎黄文化研究会、番禺炎黄文化研究会编：《岭峤春秋：徐信符研究文献集》，广东人民出版社，2004年，第410—411页。原书讹“藤田丰八”作“藤田封八”，今正之。

⑨ 谢晖：《中山图书馆藏南海岳雪楼孔氏丛抄来源考》，《广东史志》2004年第4期，第51—52页。

录》[①]《中科院藏南海孔氏〈三十有三万卷书目略〉性质考》[②]等文。总体来看，关于孔氏岳雪楼藏书的研究尚有值得补充之处，如作为研究岳雪楼藏书情况的重要文献藏书题跋，即未见辑录与释读。笔者今从北京大学图书馆、上海图书馆等图书馆馆藏古籍中辑得孔广陶藏书题跋六则，涉及孔广陶生平行实、藏书旨趣、交游往事，可补岳雪楼藏书目未载藏书题跋之遗憾，具有一定价值，特以布示，并略作考释。另外，笔者在中国国家图书馆、中国台湾“国家图书馆”藏岳雪楼旧藏善本中辑得傅增湘、康有为两位藏书大家题跋各一则，基于此对岳雪楼藏书散出情况作初步辑补，以飨学界。

一　孔广陶藏书题跋

（一）《傅与砺诗集》八卷，（元）傅若金撰，抄本，二册。（清）王士祯题识，（清）孔广陶校并跋。北京大学图书馆藏（日本大仓文库旧藏）

《四库提要》收元《傅与砺文集》十三卷、《诗集》八卷。此《诗集》盛二百校藏，寔从渔洋所借竹垞先生元抄录出者，卷数正合。予又收与砺《清江集》二卷，未知何人所选□，旧钞残缺，不可收拾，暇日出此再校。此本《浑沌石行》，后半误录别诗，盛子无从查补，今幸得改正。至《清江集》内溢出十五题，另录以为补遗，为续补遗，则又从《辍耕录》内采钞，俱附集后，欲仍其编次旧例耳。同治十三年乞巧日校毕。适新雨初霁，□□朴人出之，诗境亦如之。少唐今识于岳雪楼下之三十有三万卷书堂。

北京大学图书馆藏《傅与砺诗集》八卷为日本大仓文化财团旧藏，抄本，蓝格，每半叶十行，行二十字，白口，四周双边，单鱼尾，凡二册。卷中有清康熙二十八年（1689）王士祯借读识文，并有清同治十三年（1874）孔广陶再校识文。据“寔从渔洋所借竹垞先生元抄录出者”，知此

① 谢晖：《南海孔氏岳雪楼丛抄散出本知见录》，《广东史志》2000年第1期，第39—41页。

② 谢晖：《中科院藏南海孔氏〈三十有三万卷书目略〉性质考》，《广东史志》2006年第3期，第55—56页。

抄本王士祯系从朱彝尊抄本录出。朱彝尊抄本则源于明洪武十五年（1382）傅若川建溪精舍刻本。孔广陶于同治十三年（1874）校毕。卷末有孔广陶据《清江集》《辍耕录》墨笔补遗及续补遗。书中钤有“盛百二”白文方印、“秦川”朱文方印、“檇李盛氏春草堂”白文方印等。“盛百二”“秦川”“檇李盛氏春草堂”为清藏书家盛百二（1720—？）钤印。盛百二与孔广陶生年相去百余年，知此《傅与砺诗集》曾历经盛百二、孔广陶递藏。清宣统元年（1909），“罗振玉偕日人藤田丰八到粤”①，择购岳雪楼藏书中的部分精本②。藤田丰八（1869—1929），日本德岛县人，东洋史学家、文学博士，曾执教于早稻田大学、东洋大学等，著有《东西交涉史研究》等。“岳雪楼孔氏藏书出售，其中一半归于罗氏，其他则多归博士之邺架”③。藤田丰八病逝，藏书部分赠予日本东洋文库，部分散入日本大仓文化财团及私人藏书家手中。2013年，北京大学回购日本“大仓藏书”，《傅与砺诗集》复归中国。

（二）《六艺之一录》四百六卷《目录》十卷《续编》十二卷，（清）倪涛撰，清抄本，一百五十册。（清）孔广陶题识。上海图书馆藏

> 余性迂不宝异物，而宝异书。每有闻，未尝不中夜耿耿，有买便欲倾家资也。夙仰钱塘倪昆渠先生所著《六艺之一录》，亲稿早归天府，只憾不才，未能读中秘书耳。讵庚午秋，春明文宴中，谈艺偶及，为客哂曰：“此曲只应天上有，岂知人间尚有副本耶？”不觉惊跃，乞观不可得。噫！天何啬其一见之机乎？然予岂须臾忘哉。甲戌再游，急如索逋，客漫应。又一月，始披帷捧至。拜而后读，虽引用诸书，半经寓目，但零金碎玉，今而后始见所谓集大成者。诘所自，则庚申之变由藩邸散归某太守家。已佚第三百四十三至四十七卷，复辗转托所亲值内廷者，照录补

① 徐信符：《广东藏书纪事诗》，广东炎黄文化研究会、番禺炎黄文化研究会编：《岭峤春秋：徐信符研究文献集》，广东人民出版社，2004年，第410页。

② 罗志欢：《岭南历史文献》，广东人民出版社，2006年，第385页。

③ 转引自谢晖：《南海孔氏岳雪楼藏书首次散出考》，《广东史志》2003年第3期，第54页。原注：“郑师许《藤田丰八君传略及其著述表》，稿本，民国二十二年一月。此本现保存于孙中山文献馆。”

足。而抚《金都统郎君经略行记碑文》至抚《日本国字字母》七篇，均阙如云。欣赏半旬，观其大略，乞让不许，借录亦不许，谓乌可使海内有第三本？南还后，四易寒暑，客忽寓书，言太守耄矣，志在得金，又欲是书得所，邮商半载，竟以四十万钱购归。志之，俾知异书难得，而吾子孙其可轻以示人欤？光绪戊寅暮春之初重装。南海孔广陶识于岳雪楼下三十有三万卷堂。

此本《六艺之一录》每半叶十一行，行二十四字，无格。此跋原见于上海图书馆藏《六艺之一录》书中，又见载于《北平北海图书馆月刊》1929年第2卷第5期第348页，整理者题为《六艺之一录跋》，跋语后注“自原书录出”，今比较之，文字盖无出入。孔广陶在此跋中表达了他对藏书的热爱：“余性迂不宝异物，而宝异书。每有闻，未尝不中夜耿耿，有买便欲倾家资也。”清同治九年（1870），孔广陶从好友处听说此本，于同治十三年（1874）向好友索观此书，十分喜爱，但“乞让不许，借录亦不许”，后因太守年老欲出书得金，孔广陶“邮商半载”后方“以四十万钱购归”。此本缺第三百四十三至三百四十七卷，孔广陶托亲值内廷者照录补足全书。由此跋可知孔广陶得书之难、爱书之深。此书后为安徽刘体智（1879—1962）所得，伦明云：“庐江刘晦之体智，好收四库书原本，为藏书家别开一格”，“君藏宋元明本甚夥，余所知者，有持静斋旧藏《禹贡图》、南海孔氏旧藏《六艺之一录》，皆吾粤人故物也。”①

（三）《翠渠摘稿》八卷，（明）周瑛撰，明嘉靖七年（1528）林近龙刻清雍正十三年（1735）周成续刻本，四册。（清）孔广陶跋。中国国家图书馆藏

《翠渠摘稿》四册，乃乾隆间福建巡抚采进原本。四库向例，凡各省进到之书，有秉体例者，由纂修诸臣改订誊校，无讹，始编入四库收藏，并将原进之书发还。藏书者只领此本，序前旧有翰林院印，惜为坊贾截去耳。光绪丙子秋装毕。少唐记。

---

① 伦明：《辛亥以来藏书纪事诗》，王余光、李东来主编：《伦明全集》第1册，广东人民出版社，2012年，第95页。

中国国家图书馆藏此本《翠渠摘稿》为明嘉靖七年（1528）林近龙刻清雍正十三年（1735）周成续刻本，每半叶十行，行二十四字，黑口，四周双边，双鱼尾，凡四册。光绪丙子年即光绪二年（1876），孔广陶于是年秋重装此本。孔广陶在此跋中介绍了四库收发图籍的过程和方式，并指出此本《翠渠摘稿》为四库底本，序前原有翰林院之印，但是被书贾截去。

（四）《竹斋诗集》不分卷，（宋）裘万顷撰，清抄本，一册。（清）王端履题识，（清）孔广陶题识。上海图书馆藏

《宋人八十家小集》抄本已收此种，诗数相符，彼此互有小误。惟此乃竹垞先生原本所出，另存之，以备付梓时校对耳。同治壬申初夏，少唐记。

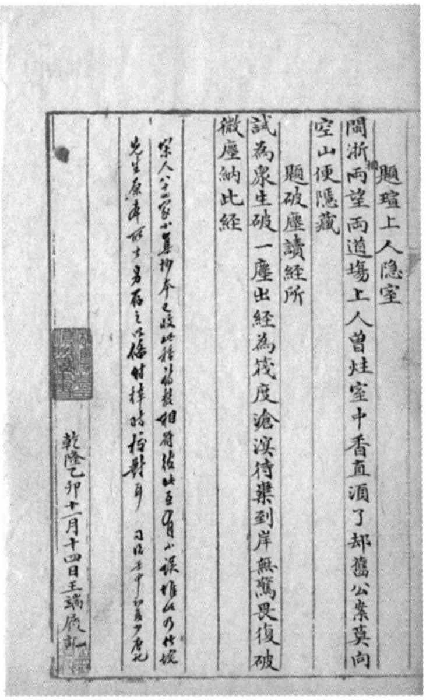
題瑄上人隱室
閩浙兩望兩道場上人曾炷室中香直須了却舊公案莫向
空山便隱藏
題破塵讀經所
試為衆生破一塵出經為筏度滄溟待渠到岸無驚畏復破
微塵納此經
宋人八十家小集抄本已收此種詩數相符彼此互有小誤惟此乃竹垞
先生原本所出另存之以備付梓時校對耳　同治壬申初夏少唐記
乾隆乙卯十一月十四日王端履記

图1　上海图书馆藏清抄本《竹斋诗集》孔广陶题跋书影

此本每半叶十一行，行字不定，蓝格，白口，单鱼尾，板心上端题“竹斋诗集”。有王端履“王氏书印”朱文方印等钤印，及“乾隆乙卯十一月十四日王端履记”短跋。此本另钤“湘潭袁氏沧州藏书”朱文长印。可知此本大致曾经王端履、袁芳瑛、孔广陶递藏。书后有清同治十一年（1872）

孔广陶跋语，指出此本为“竹垞先生”朱彝尊原本所出，收诗数量与《宋人八十家小集》抄本所收略同，但“彼此互有小误”，故孔广陶存之以备校勘。

（五）《唐陆宣公集》二十四卷，（唐）陆贽撰，明嘉靖二十七年（1548）沈伯咸西清书舍刻本，四册。（清）孔广陶校补并跋。武汉大学图书馆藏

此刻讹缪甚多，又遭俗贾刓改，殊不足观。偶从友人处借得宋椠本校勘，改误补脱四百余字，庶几可充插架之珍矣。同治戊辰孟秋，南海孔广陶识。

此本半叶九行，行十八字，白口，左右双边。书前有清同治七年（1868）孔广陶朱笔跋语。孔广陶因此版本“讹缪甚多，又遭俗贾刓改”，认为其“殊不足观”。后借友人所藏宋本校补，“改误补脱四百余字”，使其跻身善本行列，是为间接保存宋本一善举也。

（六）《乐典》三十六卷，（明）黄佐撰，明嘉靖三十六年（1557）卢宁刻本，八册。（清）孔广陶跋。广东省立中山图书馆藏

文裕公，吾粤香山人。官少詹，赠侍郎。南园后五子皆游其门，称之曰“泰泉先生”。著书三十九种，《明史·志》著录者十九。《四库全书》著录附存者十，而《乐典》则收入《存目》。据《县志》分载《乐记解》十一卷，谓即《戴记》所传通行本，为之解，而编次则依刘向。又《河间乐记》九卷，其实已并入《乐典》，为一书。此尚明刻，曾经校定，卷首盖用“翰林院印”，下有“北平黄氏万卷楼图书”，为副都御史黄登贤家藏原进之本也。考公尚著《礼典》四十卷，世乏其书，惜之。然公偕祖瑜、父畿三世入祀乡贤，推有明一代大儒，故能以礼乐世其家，至今一十八代，书香[1]未断，成岭海望族。得其著述，能不宝而藏之？同治辛未春王正月，南海后学孔广陶呵冻书于京寓。

---

① 原讹“香”作“乡”，今改之。

此本半叶十行，行二十字，白口，四周单边，无鱼尾。书前有孔广陶墨笔跋语。钤有“北平黄氏万卷楼图书”朱文方印、“禺山黄氏”朱文方印，“高万霖润生印”白文方印、“提调协律之章”白文方印、“荫普”白文方印、“忆江南馆”白文方印。“北平黄氏万卷楼图书”朱文方印为黄登贤（1692—1767）藏书印。黄登贤字筠盟，号云门，清顺天大兴（今北京大兴）人，继承其父黄叔琳（1672—1756，字昆圃，又字宏献，号金墩、北砚斋）万卷楼。“高万霖润生印”所有者生平不显，《清史稿》云“圣祖时虽编定乐书，大抵稽于音律，而乐章句逗无谱，不与音相应。有协律高万霖者，耆年审音，改定宫谱”[①]，知其为康熙时人，“提调协律之章”亦为其钤印。《乐典》经高万霖、黄登贤等人递藏，后归孔广陶。孔广陶藏书散去后，此本归黄荫普所有。黄荫普（1900—1986），字雨亭，广东番禺人，历任中山大学教授、广州商务印书馆经理、广东省政协委员等职，藏书楼为“忆江南馆”，编有《忆江南馆藏书目录》等。黄荫普曾三度捐书给广东省立中山图书馆，该馆编有《黄荫普先生捐赠广东文献目录》及《续编》。黄佐（1490—1566），字才伯，号希斋，晚号泰泉，广东香山（今广东中山）人，卒后赠礼部右侍郎，谥“文裕”。孔广陶指出“南园后五子”皆为其学生，并认为黄佐可“推有明一代大儒”，其“以礼乐世其家，至今一十八代，书香未断，成岭海望族”。黄佐著书三十九种，其中《明史》著录十九种，《四库全书》著录附存十种，此本《乐典》已经收入《四库全书存目》。孔广陶此跋作于清同治十年（1871）正月，其所撰《鸿爪前游日记》恰好记录了这段时间的生平，虽无明确读书撰跋之记录，但从正月十一日开始，孔广陶便计划离京游玩后返乡，十二日“拟明日出京，自燕赵齐鲁过大梁，遵黄河而西入秦中，又西北至于太原”，十三日“至邑馆与诸君作别”。此跋既言“书于京寓”，则当于正月十三日前。惟初九日有“午，友人约至琉璃厂火神庙一游，凡珠玉、玩器、书籍、字画，五光十色”，“饭后检所收书籍，分装三十捆，约九万余卷，暂贮邑馆，托友人俟开冻后交夹板船寄粤”之记录[②]，跋语或作于此时。

---

① 赵尔巽等:《清史稿》,中华书局,1977年,第2751页。

② 孔广陶:《鸿爪前游日记》卷三,清光绪十八年(1892)三十有三万卷堂刻本,第1—2叶。

二　岳雪楼旧藏所见名家题跋

（一）《圣宋名贤五百家播芳大全文粹》一百十卷，（宋）魏齐贤、（宋）叶棻辑，清孔氏岳雪楼抄本，六十四册。傅增湘校并跋。中国国家图书馆藏

> 此书自戊辰九月校起，至辛未十一月十五日校毕。宋刊本存一百卷，余以明抄本及萧山王氏宗炎影宋抄本补校，各卷缺文一律补完，惟第四十九卷上，两抄本咸缺佚，闻燕京大学藏有刘燕庭影宋本，拟更假覆勘，以竟全功。呜呼，百卷巨编，三年之中，遍搜众本，仅乃断手，可谓艰矣，后之览者，其鉴予苦心乎！

此本每半叶十行，行二十字，无格。钤“沅叔手校”朱文方印、“沅叔手校宋本”朱文方印等，知为傅增湘旧藏。此跋傅氏《藏园群书题记》未收，可补之。《藏园订补郘亭知见传本书目》著录：“清孔广陶岳雪楼写本，十行二十字，无格。余藏。余据宋建本及明抄本校。”[①]知此本为孔氏岳雪楼旧藏。书中另有傅增湘数十则校书题记，如“此卷用明抄补校。十一月十四日早起，大雪怒飞，日晷移午，厚积八寸许，回邀邢、涂二君游香山，驰车经万寿寺，浓雾四塞，迷途不得前，始信清游亦有前定也。宵灯辍翰，聊记于此。书潜氏。”（卷一）“早起偕涂厚庵游香山，历见心斋、芙蓉屏、玉华山庄、双清别墅诸胜，松枝缀雪，柏叶镂冰。升腾绝顶，朗朗如玉山上行，群峰皓耀，极银海浩渺之观。题名于阆风亭，以志鸿爪。时十一月望日，正冬至也。归来日尚未夕，偶尔弄笔，遂毕此卷，仍以明钞本对勘。藏园手记。”（卷二）“戊辰五月十二日，校宋刊本。沅叔手记。卷中错简咸为纠正，其乙出各篇，宋本此卷所不载，或从国卷阑入也。”（卷二十八）“辛未七月十八日校毕。沅叔氏志。”（卷一百十）傅增湘校勘《圣宋名贤五百家播芳大全文粹》花费三年时间，勤校不辍，耗费巨力，故跋云：“仅乃断手，可谓艰矣，后之览者，其鉴予苦心乎！”前文提及孔氏岳雪楼有一批藏书散于日本，傅增湘虽曾于1929年10月后访书

---

① （清）莫友芝撰，傅增湘订补，傅熹年整理：《藏园订补郘亭知见传本书目》第4册，中华书局，2009年，第1528页。

日本[①]，但此本得于1928年以前，当非日本访书时所获。《藏园群书经眼录》著录有宋建本《南华真经注》十卷，有按语："乙丑岁暮，翰文斋郭姓持来，似粤中黎氏书，收自孔氏岳雪楼。"[②]乙丑年是1925年。翰文斋是北京琉璃厂一家书肆，常售书与傅增湘，《圣宋名贤五百家播芳大全文粹》可能即是此时傅增湘从翰文斋处购得。

（二）《春秋事义全考》十六卷，（明）姜宝撰，清孔氏岳雪楼影抄本，八册。康有为题记。中国台湾"国家图书馆"藏

是书为明姜宝撰。姜宝，虽荆川门人，然说《春秋》仍主胡传，拘于科举，不独于《公》《谷》之口说无所知也，故本无可取，惟明人旧撰，旧抄甚工楷，用心甚勤，亦可存矣。孔子二千四百六十五年甲寅四月，南海康有为记。

此本每半叶十行，行二十二字。钤"孔氏岳雪楼影钞本"朱文印、"康有为"朱文方印、"南海康有为更生珍藏"朱文方印，知此书自孔氏散出后，曾为康有为旧藏。此跋康氏《大云书库藏书题识目录》未收，可补之。

此外，今可见多种康有为藏孔广陶旧藏古籍。如北京保利拍卖公司十五周年庆典拍卖会"百年风云——世界名人字札"专场曾出现一册孔氏岳雪楼影抄本《省斋集》两卷，钤有"孔氏岳雪楼影钞本"朱文印、"康有为"朱文方印、"南海康有为更生珍藏"朱文方印，卷首有康有为题记："按《四库全书总目》称《省斋集》宋廖行之撰，为《永乐大典》本。然则此本必从《永乐大典》抄出之，《永乐大典》已散佚于庚子之乱，余在法国巴黎图书馆见之。然则是集也，更无它本，此抄本遂为海内孤本矣。吾得自吾邑孔氏岳雪楼，八百年光正之精神所托，吾敢不珍重宝惜之？孔子二千四百六十五年甲寅五月，南海康有为记。""孔子二千四百六十五年甲寅"即民国三年（1914）。拍卖提要云："开卷有康有为题识，据其跋文断定此抄本为海内孤本，查《中国古籍善本书目》，此本无著录。"中国国家图书馆藏有清法氏存素堂抄本《省斋集》四卷、清同治十三年（1874）

① 王玮：《傅增湘日本访书考略》，《图书情报工作》2004年第3期，第13—14页。

② 傅增湘：《藏园群书经眼录》第3册，中华书局，2009年，第754页。

射洪徐氏成都刻本《省斋集》十二卷，卷数均与此本不同。

今所见数种岳雪楼藏书目录皆仅简单胪列书目及版本等信息，无一著录藏家题跋，笔者所辑孔广陶藏书题跋六则多为前人所未备，于岳雪楼三十三万卷藏书而言诚为沧海一粟，但在一定程度上丰富了孔广陶生平、藏书及交游之研究。孔广陶为喜爱的珍贵古籍可以豪掷数万金，可见其对善本古籍的爱惜。题跋中载有孔广陶以校补为手段化劣本为善本的明智做法，亦有孔广陶对其他学人之评价，可供学界参考。傅增湘、康有为两位藏书大家之题跋，是他们收购和利用孔氏岳雪楼藏书的直接记录，可于此初步管窥孔氏岳雪楼藏书散出情况，对于广东名家藏书流转链条的补充有一定参考价值。今以孔氏岳雪楼藏书所见题跋之辑录抛砖引玉，期待学界对孔氏岳雪楼这一近代广东极为重要的藏书、刻书机构进行更为深入之研究。

作者通信地址：山东省济南市历城区山大南路27号山东大学中心校区，250199。

责任编辑：蒋方

文献发现

海外未刊清代广佛通书概述*

肖文远**

安徽大学历史学院，安徽合肥，230039

摘　要：广佛地区是清代通书出版重镇，广佛通书与其他地区的通书相比，存在明显的差异，是探讨清代广佛出版业运作机制及其变迁的重要史料。但由于国内馆藏广佛通书数量较少，且出版时段集中在光绪以后，限制了相关研究的开展。相较之下，海外各大图书馆收藏了大量清代广佛通书，这些通书不仅提供了诸多广佛书坊的信息，也为从历时性和共时性角度进行比较研究提供了史料基础。

关键词：广佛通书；书坊；传教士；海外文献

一　导言

通书是清代流行于南方各省的民间私历，其篇幅在十余叶到一百多叶不等，不仅刊载了历日宜忌，还有占验、堪舆等术数知识和药方、道德劝诫等日用知识。通书是清代最流行的出版物之一，其发行量动辄数以万计，一般书籍难以望其项背。福建泉州、广东兴宁是清代通书出版的两个中心，黄一农、陈进国、刘昭瑞、钟林春等学者对两地的通书出版活动进行了梳

* 本文系2022年广州市哲学社会科学发展“十四五”规划《广州大典》与广州历史文化研究专项课题“清代广佛通书的收集、整理与研究”（课题编号:2022GZDD05）的研究成果。

** 肖文远(1993—　),男,汉族,安徽蚌埠人,安徽大学历史学院讲师,历史学博士,研究方向为清季民国书籍史。

理[①]。广州、佛山地区（以下简称“广佛地区”）是通书出版的另一个中心，但目前仅有一篇探讨该地区清末民初通书的硕士论文[②]。

史料不足是限制通书研究深入开展的关键因素。由于通书过于廉价和日常，随用随弃，国内图书馆的收藏十分有限，除广东省立中山图书馆和南京图书馆较为集中地保存了一批通书外，大多数图书馆仅有零星馆藏。国内馆藏通书的出版时间集中在光绪以后，光绪以前出版的通书寥寥可数，17、18世纪出版的通书更是凤毛麟角。

近年来，不少散落海外的广东文献通过影印的方式得以重见天日，其中也偶见通书的身影。《广州大典》就收录了5本哈佛大学哈佛燕京图书馆藏清代广州通书，出版时间涵盖了嘉庆、道光、咸丰、光绪四朝，为研究者提供了很大的便利[③]。但是这些通书依旧难以满足深入研究的需要。经统计，欧美和日本的众多图书馆保存了数量更多、时间跨度更长的广佛通书。这些通书不仅是了解清代通书出版状况的关键文献，也是了解清代广佛地区商业出版的重要史料。本文将对海外图书馆藏清代广佛通书的状况进行整理，并对其史料价值进行简要阐述，为后续的史料出版和相关研究提供参考。

二　海外馆藏广佛通书概况

需要说明的是，通书的题名方式多样，各图书馆编目时的命名方式又与通书的真正题名有所差异，本文所采用的题名皆为图书馆所录入的题名，以便研究者按图索骥。通书封面都会标注它所适用的时间，真正的出版时间则

---

① 黄一农：《通书——中国传统天文与社会的交融》，《社会天文学史十讲》，复旦大学出版社，2004年，第269—311页。陈进国：《一通而化俗：通书中的风水知识与时空禁忌》，《信仰、仪式与乡土社会：风水的历史人类学探索》，中国社会科学出版社，2005年，第276—311页。刘昭瑞、钟林春：《“通书罗”与罗家通书》，《文化遗产》2012年第4期，第116—124页。

② 郭守荣：《通书：清末民初广州地区民间生活知识的建构（1900—1916）》，台湾师范大学硕士学位论文，2018年。

③ 分别为《监选时宪书》《道光乙巳年通书》《咸丰癸丑年通书》《咸丰甲寅年通书》《光绪丙戌年通书》。参见陈建华、曹淳亮主编：《广州大典》第378册，广州出版社，2015年。

往往为通书所注年份的上一年。本文采用通书标注的时间，而非出版时间。

（一）英国伦敦大学亚非学院图书馆藏广佛通书

在英国，广佛通书收藏最丰富者莫过于伦敦大学亚非学院图书馆。该馆所藏清代广佛通书共计23册，这些通书都被标记为“马礼逊藏书”（Morrison Collection）。这批通书的时间，除了1册为乾隆四十四年（1779），1册为道光二十四年（1844），其余21册都集中分布在嘉庆十九年（1814）到道光四年（1824）的十余年间，这正是马礼逊活跃于广州的时间。它们不仅在时间上集中，而且有多种通书来自同一书坊，如丹桂堂有5册[①]，其中嘉庆二十五年（1820）有3册；广文堂有7册，皆为道光四年（1824）；吉庆堂有3册，构成自嘉庆二十五年（1820）到道光二年（1822）的连续序列；福文堂有2册，皆为道光四年（1824）本。这些同一书坊、同一年份的通书在叶数、题名、内容上均存在差异。

此外，《乾隆四十四年居家必用一百篇》也具有十分独特的价值。与康熙时期一样，乾隆时期的广佛通书亦只有两本存世，此为其一。该书未署出版者，亦不知其属地，但是从内容来看，它与后来的广佛通书有着明显的渊源，故而可以推断它出自广州或佛山。该书出版时，马礼逊尚未来到中国，不大可能是马礼逊所购。同样，另一份出版者不详的《大清道光二十四年岁次甲辰选吉通书》出版于马礼逊死后，也不可能是原马礼逊藏书的一种。这两份通书很可能是由其他收藏者捐赠给伦敦大学亚非学院，被混入马礼逊藏书之中。这批通书尚未被电子化，利用难度较大。具体信息见表1。

表1　伦敦大学亚非学院图书馆藏广佛通书

题名	年份	出版者	属地
乾隆四十四年居家必用一百篇	乾隆四十四年	不详	不详
大全通书	嘉庆十九年	文元堂	佛山

① 在一些丹桂堂通书内页有“攀丹桂堂”字样，且书坊主人皆姓苏，据此推断丹桂堂和攀丹桂堂为同一家书坊。参见伦敦大学亚非学院图书馆藏嘉庆二十五年（1820）《丹桂堂大字七政》。

续表

题名	年份	出版者	属地
广贤堂大全通书	嘉庆二十年	广贤堂	广州
丹桂堂大字七政	嘉庆二十一年	丹桂堂	广州
攀丹桂大全通书	嘉庆二十四年	攀丹桂堂	广州
大清嘉庆二十五年通书	嘉庆二十五年	丹桂堂	广州
丹桂堂大字七政	嘉庆二十五年	丹桂堂	广州
增订通书	嘉庆二十五年	丹桂堂	广州
吉庆堂星宗七政	嘉庆二十五年	吉庆堂	不详
百篇大全	道光元年	吉庆堂	不详
福贤堂大字七政	道光元年	福贤堂	广州
正百篇大全通书	道光二年	吉庆堂	不详
合参斗首日脚通书	道光二年	攀桂堂	广州
广文堂大字七政	道光四年	广文堂	广州
一路福星	道光四年	广文堂	广州
合参斗首日脚通书	道光四年	广文堂	广州
广文堂星宗七政	道光四年	广文堂	广州
大字通书	道光四年	广文堂	广州
增订通书	道光四年	广文堂	广州
正百篇大全	道光四年	广文堂	广州
大全通书	道光四年	福文堂	佛山
无题名	道光四年	福文堂	佛山
大清道光二十四年岁次甲辰选吉通书	道光二十四年	不详	不详

（二）英国牛津大学博德利图书馆藏广佛通书

英国牛津大学博德利图书馆藏清代通书共9册，其中《大清同治十年辛未通书》为泉州继成堂所刊，不在本文讨论范围。剩余8册通书皆在广州出版。其中《大清嘉庆二十九年甲申通书》出版年份标注为道光四年。嘉庆皇帝在位二十五年，嘉庆二十九年实为道光四年，但为何如此标注，个中缘由尚待探究。从时间上看，这批通书涵盖了康熙、嘉庆、道光、同治、光绪五朝，时间跨度长达两百多年。每份通书的出版者皆不相同，除《陈良骏选辛亥年通书便览》外，其余的通书均由书坊出版。

这批通书中最珍贵者为康熙十年（1671）的《陈良骏选辛亥年通书便览》，陈良骏是通书的编者，也是一名日者（以代人选择吉日为主营业务的术士）。这是广佛通书现存最早的刻本，也是目前仅见的两份康熙时期广佛通书之一。它的存在让我们能够确定，早在清初，广佛地区就已经出版通书。这批通书同样尚未电子化，利用难度较大。具体信息见表2。

表2　牛津大学博德利图书馆藏广佛通书

题名	年份	出版者	属地
陈良骏选辛亥年通书便览	康熙十年	陈良骏	广州
大清嘉庆二十二年丁丑通书	嘉庆二十二年	双桂堂	广州
大清嘉庆二十九年甲申通书	道光四年	不详	不详
大清道光三年癸未通书	道光三年	翰墨堂	广州
大清道光二十七年丁未通书	道光二十七年	富桂堂	广州
大清同治十一年壬申通书	同治十一年	富经堂	广州
壬寅年大字通书	光绪二十八年	古经阁	广州
乙巳年大字通书	光绪三十一年	崇德堂	广州

（三）法国语言与文明大学联合图书馆藏广佛通书

法国语言与文明大学联合图书馆也收藏了一批通书，共计21册，在数量上可与马礼逊藏书媲美。这批通书的时间集中分布在光绪十四年（1888）到光绪三十四年（1908）的二十一年间，为我们了解清末广佛出版业的变迁提供了不可多得的史料。这批通书中的很多版本可能为孤本，如青（五）云楼、同文堂、字林书局、石经堂、文苑楼、五经楼、明德堂、翰宝楼等书坊的通书，尚未见有其他藏本。《青云楼：富贵荣华》一书的出版者注为五云楼，暂无法确定其真正的出版者。

这批通书与马礼逊所藏通书的相似之处是时段上十分集中。马礼逊藏书集中在嘉道时期，这批通书则集中在光绪后半期。这一时期是中国社会发生急剧变化的阶段，将其与马礼逊藏书结合比对，能够为我们追踪广佛通书在近代的演变提供很好的素材。例如，从目录中可以发现，至迟在光绪十七年（1891），佛山已经出现了机器印刷局。此后天宝楼、崇德堂等书坊纷纷改用机器印刷通书，并以此为噱头吸引读者。通过研究这批通书，我们可以分析机器印刷的采用给通书以及广佛出版业带来的变化。与前两处馆藏相同，这批通书尚未电子化。具体信息见表3。

表3 法国语言与文明大学联合图书馆藏广佛通书

题名	年份	出版者	属地
青云楼：富贵荣华	光绪十四年	五云楼	不详
光绪十四年岁戊子大字三篇通书	光绪十四年	同文堂	佛山
字林书局机器通书	光绪十八至二十二年	字林书局	佛山
丁酉岁通书大成	光绪二十三年	石经堂	广州
天宝楼机器通书	光绪二十四 / 二十五年	天宝楼	佛山
天宝楼红字头通书	光绪二十九 / 三十年	天宝楼	佛山
文苑楼红字头新通书	光绪二十五年	文苑楼	广州
五经楼□板大字通书	光绪二十六年	五经楼	广州
崇德堂活板大字通书	光绪二十七年	崇德堂	广州
明德堂红字头通书	光绪二十八年	明德堂	不详
五桂堂红字头诹吉大全	光绪三十一年	五桂堂	广州
红字头通胜大全	光绪三十二年	翰宝楼	佛山
醉经堂红字头新通书	光绪三十二年	醉经堂	广州
守经堂红字头通书	光绪三十四年	守经堂	广州
天宝楼四百篇通书	不详	天宝楼	佛山

（四）欧洲其他图书馆藏广佛通书

除上述集中馆藏之外，欧洲其他图书馆也有零星收藏，此处一并介绍。法国国家图书馆收藏了3册道光和光绪时期的广佛通书，其中《三元堂诹吉通书》已经电子化。柏林国立图书馆藏有7册广佛通书，均已完成电子化，可在图书馆网站浏览。这批通书中1册出版于乾隆年间，5册出版于道光年间，1册出版于光绪年间，其中瓒贤堂通书仅见于该馆。这批通书中最具价值者是应世堂出版的《乾隆十九年日用便览总解大全》，该通书与伦敦大学亚非学院图书馆所藏《乾隆四十四年居家必用一百篇》为仅见的两份乾隆时期的广佛通书。不过应世堂究竟在广州还是佛山，目前尚难确定。奥地利国家图书馆亦藏有2册道光时期通书，分别为广州的巨经堂和文经堂所出版。这2册通书均已电子化，可以通过谷歌图书直接下载。

荷兰莱顿大学作为历史悠久的汉学中心，也收藏了数量可观的通书。这些通书总数达15册，时间涵盖清代至民国时期，出版地则包括漳州、泉州、兴宁、佛山等多个地方，其中广佛通书共有4册，凌云阁通书仅见于该馆。丹麦皇家图书馆亦藏有5册广佛通书，其中广文书局通书未见于其他图书馆。英国国家图书馆也藏有2册咸丰和同治年间的通书[1]。这些通书均未电子化，利用较为困难。具体信息见表4。

表4　欧洲其他图书馆藏广佛通书

题名	年份	出版者	属地	馆藏地
万福攸同（通书）	咸丰八年	丹柱堂	广州	英国国家图书馆
天官赐福	同治十年	载经堂	广州	英国国家图书馆
富桂堂吉祥如意通书	道光二十四年	富桂堂	广州	法国国家图书馆
三元堂诹吉通书	光绪六年	三元堂	佛山	法国国家图书馆
满堂吉庆	光绪八年	载经堂	广州	法国国家图书馆
乾隆十九年日用便览总解大全	乾隆十九年	应世堂	不详	柏林国立图书馆
大全通书：道光四年	道光四年	广文堂	广州	柏林国立图书馆
巨经堂大全通书道光九年	道光九年	巨经堂	广州	柏林国立图书馆
新增合参时辰通书	道光九年	巨经堂	广州	柏林国立图书馆
道光十一年遵依宪书	道光十一年	濽贤堂	不详	柏林国立图书馆
正足百大全	道光十一年	濽贤堂	不详	柏林国立图书馆
天宝楼顶大通书	光绪十四年	天宝楼	佛山	柏林国立图书馆
道光九年通书	道光九年	巨经堂	广州	奥地利国家图书馆
道光十五年百篇大全	道光十五年	文经堂	广州	奥地利国家图书馆
参订大三篇通书	咸丰二年	福文堂	佛山	莱顿大学图书馆
凌云阁顶大诹吉通书	光绪八年	凌云阁	佛山	莱顿大学图书馆

① 廖可斌等编著：《英国国家图书馆藏中文古籍目录》，国家图书馆出版社，2020年，第408页。

续表

题名	年份	出版者	属地	馆藏地
天宝楼顶大诹吉通书	光绪九年	天宝楼	佛山	莱顿大学图书馆
通书	光绪二十八年	多文堂	广州	莱顿大学图书馆
一本万利：道光十七年通书	道光十七年	不详	不详	丹麦皇家图书馆
大字通书	道光二十六年	福文堂	佛山	丹麦皇家图书馆
载经堂三篇一月大字通书	同治五年	载经堂	广州	丹麦皇家图书馆
新增大全通书	光绪二十二年	多文堂	广州	丹麦皇家图书馆
新通书	光绪三十二年	广文书局	广州	丹麦皇家图书馆

（五）美国各图书馆藏广佛通书

美国收藏的广佛通书十分分散，散见于各大图书馆。这些通书在时间上主要分布在19世纪后半期至20世纪初，其中丹柱堂、德文堂、利文堂、藏经阁通书皆未见于其他国家的图书馆。馆藏中最为珍贵者应当是丹柱堂通书[①]。丹柱堂与丹桂堂是两家书坊，丹桂堂位于广州九曜坊，丹柱堂则位于广州第七甫。“丹柱堂”在字形上与“丹桂堂”酷似，显然最初是伪充或攀附丹桂堂的。现存几册丹柱堂通书篇幅较大，且有时间上连续的通书，让我们能够通过比较相邻年份的通书，了解光绪初年通书内容的演变和出版业的变迁。虽然美国收藏的广佛通书比较分散，但是这些通书中已有一部分被电子化，可在各图书馆网站和海西信托数字图书馆（HathiTrust Digital Library）查阅。具体信息见表5。

表5 美国各图书馆藏广佛通书

题名	年份	出版者	属地	馆藏地
近文堂通书	咸丰八年	近文堂	佛山	纽约公共图书馆
诹吉	光绪十八年	德文堂	广州	纽约公共图书馆
光绪二年增福添庆	光绪二年	丹柱堂	广州	哈佛大学图书馆

① 其中《咸丰甲寅年通书》已被收入《广州大典》，此处不再列入。参见陈建华、曹淳亮主编：《广州大典》第378册，广州出版社，2015年。

续表

题名	年份	出版者	属地	馆藏地
諏吉通书	光绪九年	麟玉楼	广州	哈佛大学图书馆
諏吉通书	光绪十六年	英文堂	佛山	哈佛大学图书馆
天宝楼通书	光绪三十一年	天宝楼	佛山	哈佛大学图书馆
諏吉通书	光绪二十二年	维经堂	广州	哈佛大学图书馆
土俗日脚通书	咸丰九年	丹柱堂	广州	普林斯顿大学图书馆
光绪十六年新通书	光绪十六年	藏经阁	广州	普林斯顿大学图书馆
諏吉通书	光绪二年	利文堂	佛山	芝加哥大学图书馆
近文堂顶大諏吉通书	光绪五年	近文堂	佛山	芝加哥大学图书馆
光绪十一年諏吉通书	光绪十一年	丹柱堂	广州	加州大学图书馆
中外禔福	光绪二十二年	多文堂	广州	加州大学图书馆
新通书	光绪二十九年	文光楼	佛山	加州大学图书馆
通书	光绪十六年	维经堂	广州	康奈尔大学图书馆
五桂堂	光绪二十六年	五桂堂	广州	康奈尔大学图书馆
光绪三年新通书	光绪三年	丹柱堂	广州	密歇根大学图书馆
新通书	光绪三十二年	广文堂	广州	密歇根大学图书馆
諏吉通书	光绪元年	多文堂	广州	美国国会图书馆
庚戌年大字通书	宣统二年	多文堂	广州	克拉蒙特学院图书馆

（六）澳大利亚和日本馆藏广佛通书

澳大利亚国立图书馆藏有清代广佛通书4册，其中福文堂和崇德堂通书已经电子化。日本国立公文书馆亦藏有2册通书，其中最有价值的是康熙二十三年（1684）《区景南男伯甫选甲子年全备通书》，该通书与《陈良骏选辛亥年通书便览》是目前仅存的两本康熙年间的广佛通书。从书名可知，区伯甫的父亲区景南已经开始出版通书，这意味着区氏通书可追溯至明清之际。日本国立公文书馆的2册通书均已电子化，可从该馆网站直接下载。具体信息见表6。

表6 澳大利亚与日本馆藏广佛通书

题名	年份	堂号	属地	馆藏地
大全通书	嘉庆二十一年	福文堂	佛山	澳大利亚国立图书馆
诹吉通书	光绪十五年	麟玉楼	广州	澳大利亚国立图书馆
诹吉通书	光绪五年	英文堂	佛山	澳大利亚国立图书馆
崇德堂机器诹吉通书	宣统二年	崇德堂	广州	澳大利亚国立图书馆
区景南男伯甫选甲子年全备通书	康熙二十三年	区伯甫	广州	日本国立公文书馆
辛巳年大字三篇通书	光绪七年	近文堂	佛山	日本国立公文书馆

上文整理了海外图书馆所藏清代广佛通书。当然这些并非全部，依旧有一些零星馆藏未被收录。其中德国、美国、澳大利亚和日本的部分通书已经电子化，为研究者提供了很大的便利。

三 海外馆藏广佛通书的来源及分布特征

国内现存最早的通书是《大清康熙五十五年岁次丙申便览全备通书》，其次是《大清雍正二年岁次甲辰便览溪口通书》，均出版于江南地区，现均收藏于国家图书馆。海外所藏时间最早的通书是藏于法国国家图书馆的《顺治壬辰历书》(1652)，为漳州出版。此外，黄一农在大英图书馆还发现了2册康熙年间漳州出版的通书[①]。清初漳州和广州的通书能够流传到海外，一是因为漳州和广州在清初皆是与西人通商的重要口岸，二是因为两地皆为天主教传教士十分活跃的地区。对于传教士而言，通书是理解中国人信仰的重要媒介。因而，从天主教传教士到新教传教士，都对通书有浓厚的兴趣。

笔者在上文中提到的通书馆藏共计102册，其中嘉道时期和光绪时期最多，分别为37册和51册（见表7）。与之相比，国内通书馆藏集中于光绪以后，尤以民国时期为最多。有学者指出，在马礼逊之前，西人对中国书籍的收藏缺乏系统性[②]，这在通书收藏的时间分布中也可以看出。在传

① 黄一农:《社会天文学史十讲》,复旦大学出版社,2004年,第283—284页。

② 徐巧越:《伦敦大学亚非学院图书馆中文藏书》,《山东图书馆学刊》2017年第5期,第28页。

教士对通书的收藏中，马礼逊是一个里程碑式的人物。马礼逊作为第一个来华的新教传教士，将中文书籍视为了解中国文化、信仰、习俗的关键媒介。马礼逊在十数年内收购了大量中文书籍，1823年带回英国，几经辗转，最后捐赠给伦敦大学亚非学院。通书作为华南地区最流行的出版物之一，备受马礼逊重视。从嘉庆十八年（1813）到道光三年（1823）的十余年间，马礼逊一直在从事收购通书的活动。1823年11月马礼逊回国前夕，他购买了数量最多的一批通书，共9册。

马礼逊成为后来传教士的效仿对象。他们起初只是将通书视为了解中国人信仰的渠道，到了19世纪30年代，在华实用知识传播会成立，他们希望向中国输入西方文明和基督教"福音"，改变中国人的"傲慢"态度。其中一个重要的尝试就是研究和改造通书，让其成为展现西方文明和基督教教义的窗口[①]。不过新教通书的真正出版要等到鸦片战争之后。19世纪40—60年代，传教士纷纷在广州、香港、宁波、上海、福州等地出版了一系列新教通书[②]。因而嘉道时期也是新教传教士对通书充满兴趣的一个阶段。到了咸同时期，随着新教通书的实验潮退去，西方人对通书的收藏热情也进入低谷。

在海外馆藏广佛通书中，光绪时期尤其是光绪后期的通书最为丰富。只是，这些通书的来源尚难确定，它们可能来自传教士的捐赠，也可能来自于华侨。

表7 海外收藏广佛通书的朝代分布

康熙	乾隆	嘉庆	道光	咸丰	同治	光绪	宣统	不详	总计
2	2	10	27	4	3	51	2	1	102

四 广佛通书的史料价值

（一）提供书坊信息

由于刊刻时省略或流传时缺页等原因，部分由书坊出版的民间出版物

① 肖文远：《西历东传与19世纪历书时间的自然化》，《史林》2020年第2期，第99—101页。

② 谭红艳：《基督通书与启牖民智》，清华大学博士学位论文，2013年，第39—62页。

难免会缺失刊刻的时间。对于一些民间出版物而言，刊刻时间的缺失并不影响文献的使用，但会影响后人对书坊这类民间出版机构具体活动时间的研究判定。通书是一种时效性很强的文本，会注明内容对应的确切年份。即使一些通书因封面散佚无法得知确切年份，也能通过具体内容来确定时间，这就为我们判断书坊的具体活动时段提供了重要线索。通书在封面或首页留下的书坊地址，也成为我们确定其位置的重要参考。

林子雄根据广东省立中山图书馆收藏的古籍，整理出明清至民国时期的广东书坊名录。表8比较了《广东书坊录》与各图书馆藏通书所提供的书坊信息，可以看到，其中有应世堂、广贤堂、双桂堂、吉庆堂、福贤堂、巨经堂、瓒贤堂、富桂堂、丹柱堂、富经堂、多文堂、英文堂、利文堂、凌云阁、字林书局、石经堂、文苑楼、崇德堂、明德堂共19家广州和佛山的书坊未被《广东书坊录》收录。而且在其提供的信息中，仅有少数几家书坊的业务包括通书。但根据前文可以看出，通书出版在当时已经是广州和佛山书坊十分常见的业务。

本文研究统计的通书所标注的书坊地址信息可为《广东书坊录》作补充。丹桂堂、近文堂、三元堂、天宝楼、醉经堂、翰文堂在《广东书坊录》中均未著录确切地址，但根据通书可知，丹桂堂在广州九曜坊，近文堂位于佛山舍人后街，三元堂位于佛山大地街，天宝楼位于佛山福禄街，醉经堂位于广州第八甫，翰文堂位于佛山大地街等。

表8 通书出版信息与《广东书坊录》的比勘[①]

堂名	通书年份	地址	林子雄《广东书坊录》
应世堂	乾隆十九年	不详	未录
文元堂	嘉庆十九年	佛山	广州九曜坊，民国十一年
广贤堂	嘉庆二十年	广州	未录
福文堂	嘉庆二十一年—咸丰二年	佛山	佛山，咸丰八年
丹桂堂	嘉庆二十一年—民国二十三年	广州九曜坊	广州，道光二十八年—光绪十二年

① 通书信息来自海内外各大图书馆馆藏目录。书坊名录见林子雄：《广东书坊录》，《古版新语：广东古籍文献研究文集》，广州出版社，2018年，第347—392页。

续表

堂名	通书年份	地址	林子雄《广东书坊录》
双桂堂	嘉庆二十二年	广州	未录
吉庆堂	嘉庆二十五年—道光二年	不详	未录
福贤堂	道光元年	不详	未录
巨经堂	道光九年	广州九曜坊	未录
广文堂	道光四年	广州九曜坊	广州学院前，道光二十七年
濽贤堂	道光十一年	不详	未录
文经堂	道光十五年	广州学院前	广州学院前，光绪元年—二十年
翰墨堂	道光二十七年	不详	粤东，道光十三年—光绪二年
富桂堂	道光二十七年	广州学院前	未录
丹柱堂	咸丰四年—光绪十一年	广州第七甫	未录
近文堂	咸丰八年—光绪七年	佛山舍人后街	佛山，咸丰八年—同治十二年
载经堂	同治八年	广州第八甫	广州第八甫，同治十年—光绪二十五年
富经堂	同治十一年	广州	未录
多文堂	同治十三年—光绪二十八年	广州龙藏街	未录
英文堂	光绪元年	佛山	未录
利文堂	光绪二年	佛山舍人后街	未录
三元堂	光绪六年	佛山大地街	佛山，咸丰五年
凌云阁	光绪八年	佛山	未录
天宝楼	光绪九年—三十一年	佛山福禄街	佛山，光绪二十五年—宣统二年
青云楼	光绪十四年	不详	广州，同治八年
同文堂	光绪十四年	佛山	佛山，道光六年—同治元年； 广州，咸丰元年—光绪二十三年

续表

堂名	通书年份	地址	林子雄《广东书坊录》
麟玉楼	光绪十五年	广州	广州第八甫，清末
藏经阁	光绪十六年	广州	广州第八甫，光绪四年—十八年
维经堂	光绪十六年	广州天平街	广州太平街，光绪九年
德文堂	光绪十八年	广州	广州靖远街，光绪
字林书局	光绪十八年—二十二年	佛山松桂里	未录
石经堂	光绪二十三年	广州	未录
文苑楼	光绪二十五年	广州太平门内状元坊	未录
拾芥园	光绪二十六年—三十年	广州双门底下街	广州，道光九年—光绪二十三年
五经楼	光绪二十六年	广州十七甫	广州十七甫，道光二十九年—光绪十年
五桂堂	光绪二十六年—三十一年	广州第七甫	广州，宣统元年
崇德堂	光绪二十七年—宣统二年	广州第八甫	未录
鸿都阁	光绪二十八年—三十一年	广州学院前	广州，光绪二十八年
明德堂	光绪二十八年	广州	未录
文光楼	光绪二十八年—二十九年	佛山福禄大街	佛山福禄里，光绪十三年
古经阁	光绪二十八年	广州双门底	广州双门底，同治二年—光绪二十六年
醉经堂	光绪三十年	广州第八甫	广州，宣统元年
翰宝楼	光绪三十二年	佛山	广州，乾隆四年—同治九年； 佛山，乾隆五十六年—道光元年
翰文堂	光绪三十二年	佛山大地大街	佛山，咸丰八年—光绪二十四年
守经堂	光绪三十四年	广州学院前	广州学院前，嘉庆十四年—光绪二十年
澄天阁	宣统三年	广州十七甫	广州十七甫，光绪六年—宣统三年

通书提供的时间信息也拓展了《广东书坊录》中书坊的活动时段。《广东书坊录》认为文元堂是活跃于民国时期的广州书坊，但是根据通书可知，文元堂早在嘉庆时期已经出现在佛山。《广东书坊录》中丹桂堂的活动时间在道光至光绪年间，而存世通书表明丹桂堂自嘉庆至民国时期一直活跃。通书的时间信息有助于更清晰地界定广文堂、文经堂、近文堂、载经堂、三元堂、青云楼、天宝楼、麟玉楼、维经堂、德文堂、拾芥园、五经楼、五桂堂、鸿都阁、文光楼、古经阁、醉经堂、翰宝楼、翰文堂、守经堂等20家书坊的活动时间。

仅就广州书坊而言，还可以观察到另一个迹象，咸丰以前出版通书的书坊集中在广州城内的九曜坊（又称学院前）一带，该处也被称为书坊街。但是自咸丰以降，新出现的书坊则向南城、西关一带扩散，尤其是西关的第七甫、第八甫、十七甫。这是否暗示着广州书坊的空间分布格局自19世纪中叶发生了明显的变化？又是什么因素导致了这种变化？回答这些问题，还需要获取更多更精确的书坊信息。

（二）通书与广佛出版业

通书是日常生活中最常见的出版物之一，它没有固定的体例，有清一代，广佛通书的内容经历了很大的变化。这种变化不仅是民众日常需求变化的结果，也折射出广佛地区商业出版的变迁。如前所述，国内现存通书的时间集中于清末民国时期，以往对通书的研究受限于史料的不足，多为对通书内容的梳理，缺乏对于通书文本的比较分析，限制了我们对清代广佛出版业的深入探究。

从历时性的角度看，清初广佛地区的通书出版以日者为主体，乾隆以降，书坊取日馆而代之，成为通书出版的主力。出版者的变化导致通书的内容、出版策略都随之变化。清末社会剧变，广佛地区开始出现机器印刷，人口流动范围日渐扩大，通书的内容再次发生了明显的改变。要把握出版业和社会变迁对民众日常生活的影响，需要深入比较不同时期通书文本的异同。

从共时性的角度看，学界对清代广佛出版业的运作机制尚缺乏深入探讨。海外馆藏的同时期甚至同年份的通书（如伦敦大学亚非学院图书馆藏通书等），为学者进行通书出版的共时性比较研究提供了可能。文本的比较不仅能够揭示书坊的经营策略，还能够把握书坊之间的竞争态势。

要言之，海外馆藏数量丰富的广佛通书，使得从历时性和共时性角度对通书的比较分析成为可能，有助于我们进一步理解清代广佛出版业的运作机制及其变迁。

作者通信地址：安徽省合肥市蜀山区龙河路3号安徽大学历史学院，邮编230039。

责任编辑：吴志鹏

《广州大典》未收录的何崇礼编译数学教科书研究*

廖运章**　苏　婷***

广州大学数学与信息科学学院，广东广州，510006

广东省东莞市虎门第五中学，广东东莞，523000

摘　要：何崇礼是晚清时期广东教科书编译者的突出代表，1904—1911年间编译了12种大中小学数学、物理、化学、英语教科书，其中11种由科学会编译部出版，经历并见证了科学会编译部及其出版标记的发展过程。这些教科书中，有8种涉及算术、代数学和几何学的数学教科书，采用从左至右的横排方式，使用通用的数学符号语言，突破了中国传统数学表达的藩篱，其翻译的行列式、极限等数学术语沿用至今，是晚清民国时期多次印行的代表性数学教科书，推动了中国数学教育的近代化。

关键词：何崇礼；数学教科书；大代数学

张泽贤谈及科学会编译部及其出版标记时称南海何崇礼编著有《中等教育几何教科书》[①]，沿着这一线索，我们发现穗籍作者何崇礼的多种图书并未被

---

*　本文系2024年度广东省哲学社会科学规划项目“广东数学典籍的整理与研究”（项目编号：GD24LN01）、2024年度广州大学荔湾研究专项“荔湾寓贤那夏礼《心算启蒙》整理与研究”（项目编号：LWYJ202407）阶段性成果。

**　廖运章（1964—　），男，广西罗城人，广州大学数学与信息科学学院教授，博士生导师，研究方向为数学教育与数学史。

***　苏婷（1999—　），女，湖南邵阳人，学科教学（数学）专业硕士，广东省东莞市虎门第五中学教师。

①　张泽贤：《民国出版标记大观续集》，上海远东出版社，2012年，第261页。

收录于《广州大典》等大型文献丛书，也未见于《岭南文献综录》《广东文献综录》等书中，或许是被误认为是民国文献而未被收录[①]。据统计，何崇礼有11种著述出自科学会编译部，另有1种由广智书局出版，这12种图书的出版时间至迟在1911年。何崇礼是科学会编译部最早的知名作者，其著作见证了科学会编译部及其出版标记的发展过程。学界虽有对何崇礼数学教科书的研究[②]，但较为零散，不够深入，从地方史视角对其进行系统性研究更是鲜见。

一 何崇礼的生平事迹

有关何崇礼的教育背景、工作经历、所获荣誉等个人信息，现存文献有限且分散。笔者曾到他的家乡探访，寻找到一些线索，再结合已有文献，可梳理出其生平事迹。

据“何氏家祠争回尝产讼事始末记”碑文记载[③]，何崇礼号君石，南海江浦司云津堡大沙深巷（今广东省佛山市南海区西樵镇崇北上坊村）人，生于1882或1883年[④]，卒年不详。据《大沙何氏族谱》记载，何崇礼的祖

---

① 《广州大典》《岭南文献综录》《广东文献综录》所收文献时间下限为1911年。

② 学界提及何崇礼，大多关注其《中等教育几何学教科书（立体之部）》《中等教育几何学教科书（平面之部）》《查理斯密大代数学》等，如魏庚人等编《中国中学数学教育史》，李兆华主编《中国近代数学教育史稿》，代钦《中国数学教育史》，吕世虎《中国中学数学课程史论》，石鸥、吴小鸥《中国近现代教科书史》等，这些论著列出何崇礼著述的书名、著译者、出版机构与出版时间等基本信息；饶大平的硕士论文《查理斯密代数学版本及内容的比较研究》从术语翻译、符号表示、定义三个维度展开分析了《查理斯密大代数学》中的一元二次方程、行列式、二项式定理的编译特点；杨珊的硕士论文《清末新学制时期的中学数学教科书分析与研究》认为《中等教育几何学教科书（平面之部）》是同期版次最多的几何教科书。何崇礼编译的其他数学教科书，学界较少关注。

③ 石碑载“何氏家祠争回尝产讼事始末记”事，录“南海深巷房崇礼号君石”等25位任事人员姓名，落款时间为中华民国十一年十二月二十六日，由“法政科举人七品小京官崇礼撰”，该石碑现藏于广州市庐江书院。

④ 何崇礼参加宣统元年（1909）九月举行的第三届廷试游学毕业生考试，相关史料记载称，“何崇礼六十四分”，“何崇礼，年二十七岁（按：此处应为虚岁，实岁应为26岁），广东人，法政科举人”，“以上一百四名，廷试二等，前经学部考验列中等，均拟请旨以小京官按照所学科目分部补用”，由此可推证何氏生于1882或1883年。见刘真主编，王焕琛编著：《留学教育——中国留学教育史料》（第二册），台北编译馆，1980年，第892、904—906页。

父为都司何殿材，父亲为邑庠生何绍熙，他是家中第三子。

1904年何崇礼考取“两广学务处选送出洋学生”[①]，公派赴日本中央大学专门部学习法政[②]，留日期间在完成学业的同时开始编译数学等科教科书。宣统元年（1909）七月毕业于日本中央大学[③]，九月参加第三届廷试游学毕业生考试，考取法政科举人并“着以小京官按照所学科目分部补用”[④]。为此，何崇礼于宣统二年（1910）在深巷村何氏大宗祠门外立两块功名石，刻有“宣统二年庚戌保和殿试二等钦点七品小京官何崇礼立”字样（见图1左2面）。后人于2005年又重立两块功名石以为纪念（见图1右2面）。

1911年，何崇礼先后任琼山商埠地方审判厅推事、试署高等审判厅厅丞[⑤]，从事司法工作，成为一名法官[⑥]。1914年，何崇礼从事律师工作[⑦]。1924

① 《两广学务处选送出洋学生详文》（光绪三十年三月）记载：“统计本处所考取采访及高等学堂所移送各学生，实共四十六人……派赴日本者为……何崇礼、陈文……等二十二人。”见陈春源编：《广西留学史》，广西省政府教育厅，1934年，第2—4页。

② 邝良锋据《宣统三年冬季职官录》所列各省司法人员名单，考察其教育背景并列表统计司法长官出身情况，他在表格中提到“先后担任高等审判厅厅丞的有史绪任、余同信和何崇礼，他们的教育背景分别是不详、日本中央大学法学士和日本中央大学专门部、法政举人”。见邝良锋：《留日法政学生与中国近代法制改革》，四川大学出版社，2017年，第124页。

③ 光绪三十四年（1908）九月至宣统元年（1909）七月各省官费自费毕业生姓名表记载：“何崇礼，广东官费，入学年月：光绪三十二年六月；毕业学校：中央大学。”见刘真主编，王焕琛编著：《留学教育——中国留学教育史料》（第一册），台北编译馆，1980年，第429—453页。

④ 刘真主编，王焕琛编著：《留学教育——中国留学教育史料》（第二册），台北编译馆，1980年，第840—844、915页。

⑤ 邝良锋：《留日法政学生与中国近代法制改革》，四川大学出版社，2017年，第201页。

⑥ 光绪三十二年（1906）清政府颁布《大理院审判编制法》，审判衙门分初级审判厅、地方审判厅、高等审判厅及大理院，高等审判厅置厅丞、民刑科推事等员，广东除在省会设立高等审判厅外，仅在广州、琼山、汕头、北海四个商埠设立地方审判厅，宣统三年（1911）三月在琼州府设置琼山商埠地方审判厅。

⑦ 《司法部编广东律师登录第二表（自三年七月起至十二月止）》记载，何崇礼籍贯为南海，登录日期是十一月十三日，登录号数是一一二，事务所地址为高第街素波巷第十三号。见《政府公报》1915年第1100期，第39页。

年，他任教于广东大学法科学院①，致力于民法学的教学与研究。此后何崇礼的履历无从查考，据其家乡乡亲回忆，中华人民共和国成立前夕，何崇礼携全家移居香港，仅长子何伟杰留在广州，曾居住在荔湾华贵路，任职于广西中南建筑分局。

图1 何崇礼小京官原功名石及重立功名石

尽管现存资料有限，但何崇礼乐善好施、造福桑梓的事迹，至今仍为乡邻传颂。何崇礼除参与何氏家祠争回尝产讼事外，日本侵华期间，因通晓日语，还两次出面阻止日军入侵乡里，使大沙村和丹灶墟免受炮火之灾，深得乡亲敬仰。

二 何崇礼编译的各类教科书概述

何崇礼是晚清时期中小学教科书的重要编写者之一，编译的教材涉及数学、物理、化学、英语等学科，参与了晚清我国教科书由传统走向近代

① 《剑光鞭影楼杂俎》载："编者自在广州市侨商街广东大学法科毕业后，几位老师，如：卢柱生（刑法学名家）先生，何崇礼先生（民法学名家），骆鸿翔（国法学名家）先生等均怂（音笋）恿（音涌）本人去日本留学（时人叫做去东洋髹漆），那时大部分的法官与律师及政界的大吏，多是东洋留学生。"见劳崇勋：《穗音破音（圈声）识字轨范》，香港金强印务公司，1971年，第98页。括号内为原文内容。

化的过渡与转型进程。表1整理了何崇礼编译的12种中小学教科书，除8种数学教材外，还有1种物理教材、1种化学教材、2种英语教材。本节对非数学类教科书进行简要介绍，数学教科书后文有详细讨论。

表1 何崇礼著作一览表

学科	书名	作者	出版机构	初版时间
数学	查理斯密大代数学	陈文、何崇礼合译	科学会编译部	1905年，1907年①
	中等教育几何学教科书（平面之部）	何崇礼编	科学会编译部	1906年
	中等教育几何学教科书（立体之部）	何崇礼编	科学会编译部	1908年
	高等小学算术教科书（全四册）	何崇礼著	科学会编译部	1907—1909年
	高等小学算术教授法（全四册）	陈文、何崇礼合著	科学会编译部	1907—1909年
	中等算术教科书	何崇礼编纂	科学会编译部	1911年前
	数学辞书	何崇礼译	科学会编译部	1911年前
	中等数学教科书	何崇礼编	广智书局	1904年
物理	物理学讲义（上卷）	何崇礼译	科学会编译部	1911年前
化学	中教教育化学教科书	何崇礼编	科学会编译部	1911年前
英语	中学英文典教科书	何崇礼编	科学会编译部	1907年
	汉译烈斯斐德第三英文典	何崇礼译	科学会编译部	1911年

何崇礼的《物理学讲义（上卷）》是清末译自日本的61种物理学书籍之一②，陈文所编《问答体物理学初等教科书》在广告页“科学会编译部刊行各种教科书”中介绍此书称：“日本田中三四郎著，南海何崇礼译，洋装布面，定价大洋一元二角。是书原本乃日本田中三四郎先生所著，在彼国已风行一时，其说理详明，解释精细，原原本本，阐发无遗，诚非他书所及，加

① 该书上卷初版时间为1905年，中、下卷初版时间为1907年。

② 咏梅、冯立昇：《清末译自日文的物理学书籍考》，《自然辩证法通讯》2012年第3期，第47页。

以评者译笔明而显，雅而达，素为学界所推许。今翻译是书，诚我国前此所无，参考自修唯一良本。至于其中佳点，已详书中例言，并不赘。”[①]

何崇礼编译的化学教科书有《中教教育化学教科书》。陈文所编《问答体物理学初等教科书》的广告页介绍该书为“南海何崇礼编，洋装布面，一册定价一元三角。是书依中学校及师范学校程度而编纂者也。其中理论皆删繁就简，由易进难，次序之严，说理之要，非他书所及。且先实验后理论，故不烦琐渎，而学者已了然。至于时间之短长，亦已配合得当，诚前此我国化学书之绝作也。本部首刊之，以公诸世”[②]。

何崇礼编的《中学英文典教科书》，是科学会编译部出版的首部英语语法教材，版权页钤“科学会编译部版权所有”隶书方形印章，这是科学会编译部初创时期使用的一种版权印。这一时期留日学生编译的书籍，大多是在日本东京印刷、国内销售，采用双面印刷、布面精装的技术（见图2）。这本教科书，是何崇礼根据英国人纳斯菲尔德（Nesfield）、日本人齐藤（Saito）、德国人加斯佩（Gaspey）的相关著作编纂而成，“量度我国学生程度之深浅，中学时间之短长，按部就班，编纂成帙，此诚我国中学教科最良本也。又以其条理之细、解说之详，自修用之亦甚善也”[③]。

图2　《中学英文典教科书》封面、内封与版权页

① 陈文编:《问答体物理学初等教科书》,科学会编译部,1906年,广告页第3页。
② 陈文编:《问答体物理学初等教科书》,科学会编译部,1906年,广告页第4页。
③ 陈文编:《问答体物理学初等教科书》,科学会编译部,1906年,广告页第6页。

何崇礼编译的另一部英语教科书是《汉译烈斯斐德第三英文典》，1908年再版的《中等教科平面三角法》书后所附“上海（四马路巡捕房东首）科学会编译部发行书籍”称其为“近刊”，1911年《生理卫生学》（陈用光编）书后广告称该书为“南海何崇礼译，定价一元五角”，由此推知《汉译烈斯斐德第三英文典》的出版时间最迟为1911年。

三 何崇礼编译的数学教科书

何崇礼编译的8种数学教科书中，笔者目前仅见《高等小学算术教科书》（第三册、第四册）、《中等教育几何学教科书（平面之部）》、《中等教育几何学教科书（立体之部）》、《查理斯密大代数学》，其余的只知道一些基本信息。

《中等数学教科书》是何崇礼出版的第一部数学教科书，1904年由广智书局出版，译自英国罗滨松（Robinson）的《中等数学教科书》[①]，邹振环称“其他还有一些教科书，如陈文、何崇礼合译的英国查斯密的《大代数学》（上），何崇礼译出的英国罗滨崧的《中等数学教科书》”[②]。《中等算术教科书》由“南海何崇礼编纂，南海龚志超校阅，近刊。是书以英人罗宾菘（Robinson）所著之《实用算术》（*Practical Arithmetic*）及查理斯密（Charles Smith），即余所译之《大代数学》之原著者所著之《算术》（*Arithmetic*）为主，并参以我国以前诸名家算书编辑即成。条理精密，解说详明，诚我国中学教科良本也。”[③]这里的罗滨松、罗滨崧、罗宾菘等应是同一人。至于《数学辞书》，魏庚人等列举的“《数学辞典》何崇礼译宣统三年（1911）上海科学会”[④]，其中《数学辞典》即《数学辞书》，经查该书在科学会编译部出版的各种图书附录广告中一直都署“《数学辞书》南

① 张朋园：《广智书局（1901—1915）——维新派文化事业机构之一》，《“中央研究院”近代史研究所所集刊》第2辑，1972年。转引自吴宇浩：《广智书局研究》，复旦大学硕士学位论文，2010年，第96页。

② 邹振环：《译林旧踪》，江西教育出版社，2000年，第96页。

③ 陈文编：《问答体物理学初等教科书》，科学会编译部，1906年，广告页第7页。

④ 魏庚人、李俊秀、高希尧编著：《中国中学数学教育史》，人民教育出版社，1987年，第50页。

海何崇礼译”[①]，但既无定价也无出版时间，疑似未出版[②]。对于《高等小学算术教授法》，目前只见到科学会编译部的售书广告提及“连江陈文、南海何崇礼合著，全四册，每册四角”[③]，再无其他信息。

（一）相得益彰的《高等小学算术教科书》与《高等小学算术教授法》

《高等小学算术教科书》4册，横排，采用阿拉伯数字，数学符号与今无异。第1册光绪三十三年（1907）七月初版，81页；第2册光绪三十三年九月初版，81页；第3册民国元年（1912）九月再版，84页；第4册宣统元年（1909）十月初版，85页（均不含封面、版权页）[④]。第3册、第4册署名为“南海何崇礼著”（见图3）。

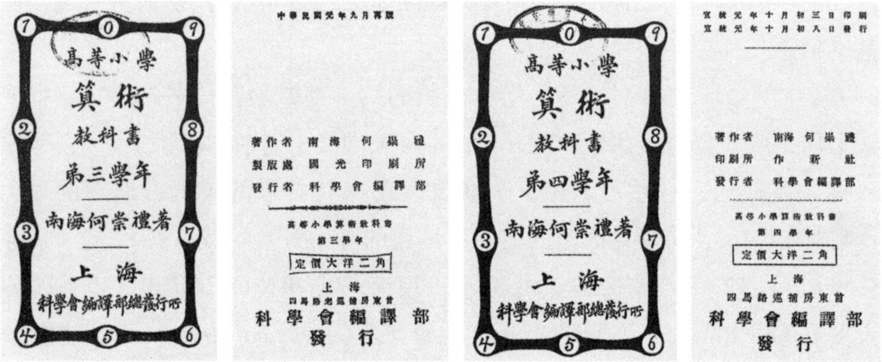

图3 《高等小学算术教科书》（第三册、第四册）封面与版权页

《高等小学算术教科书》第1—4册对应第一至四学年，每学年分上学期和下学期。第三学年上学期内容包括分数、百分算，下学期内容含百分利息算、比例、附录；第四学年上学期内容为比例，下学期内容是总复习、附录。

除小数与珠算加减乘除外，《高等小学算术教科书》（第三册、第四册）与1904年清政府颁布的《奏定学堂章程》（癸卯学制）对高等小学算

① 陈用光编：《中等博物教科书矿物学》，科学会编译部，1911年，广告页。

② 陈文编：《问答体物理学初等教科书》，科学会编译部，1906年，广告页第7页。

③ 《时报》1909年9月19日，科学会编译部售书广告。

④ 王有朋主编：《中国近代中小学教科书总目》，上海辞书出版社，2010年，第285页。

术的相应要求（第三年小数、分数、简易之比例、珠算之加减乘除，第四年比例、百分数、求积、日用簿记、珠算之加减乘除）相吻合。特别是嵌入商业买卖、租税、保险、债券、股票、利息（单利复利）等财政金融知识，至今仍有现实意义。

《高等小学算术教授法》是《高等小学算术教科书》的教师配套用书，为高等小学第一至四学年（上、下学期）使用，全4册，1907—1909年间出版。《奏定学堂章程》颁行初期，教科书匮乏，质量良莠不齐，教师亦缺乏新式教法，《高等小学算术教授法》规定"教授之时，宜稍加以复杂之算术，兼习熟运算之法"，与《高等小学算术教科书》相得益彰，广受欢迎。

《高等小学算术教科书》与《高等小学算术教授法》是继1905年王兆枏、杜亚泉编纂的《最新高等小学笔算教科书》《最新高等小学笔算教科书教授法》和1906年寿孝天所编的《高等小学算术教本·笔算部学生用》《高等小学算术教本·笔算教师用》之后，中国第三套现代高等小学算术教科书[①]。这套书摒弃中国传统的竖排编写形式，完全按照西方数学教科书的模式编写，影响深远。

（二）备受推崇的《中等教育几何学教科书》

《中等教育几何学教科书》分"平面之部"与"立体之部"（见图4），独立成册出版，内封均署"南海何崇礼编　中等教育几何学教科书　科学会编译部刊行"，用新式洋装布面，封底压印"科学会编译部"圆形隶书出版标记。书脊信息分别署"中等教育几何学教科书　平面之部　南海何崇礼编"和"中等教育几何学教科书　立体之部　南海何崇礼编"。关于本书的使用对象，何崇礼说道："本书平面之部前卷，合于中学第二年程度，平面之部后卷，合于中学第三年程度，立体之部合于第四年程度。"[②]时癸卯学制规定中学堂（不分初中高中）算学教授程度及学时，第一年为算术，第二年为算术、代数、几何、簿记，第三与第四年为代数、几何，第五年为几何、三角，每周4学时。其中几何的学习时间最长、内容最多，

---

① 石鸥、吴小鸥：《中国近现代教科书史》（上册），湖南教育出版社，2012年，第149—150页。

② 何崇礼编：《中等教育几何学教科书（平面之部）》，科学会编译部，1906年，例言第1—2页。

“先讲算术……次讲平面几何及立体几何初步”①，要求“其讲几何，须详于论理，使得应用于测量求积等法”②。民国壬子癸丑学制（1912—1921）中学改为四年，前三学年数学每周5学时，第四学年为4学时，第一年为算术、代数，第二与第三年为代数、平面几何，第四年为平面几何、立体几何、平面三角大要。不难发现，何崇礼这套几何教科书满足了晚清至民初这一时期数学教科书的需求，成为当时比较流行的几何教科书。

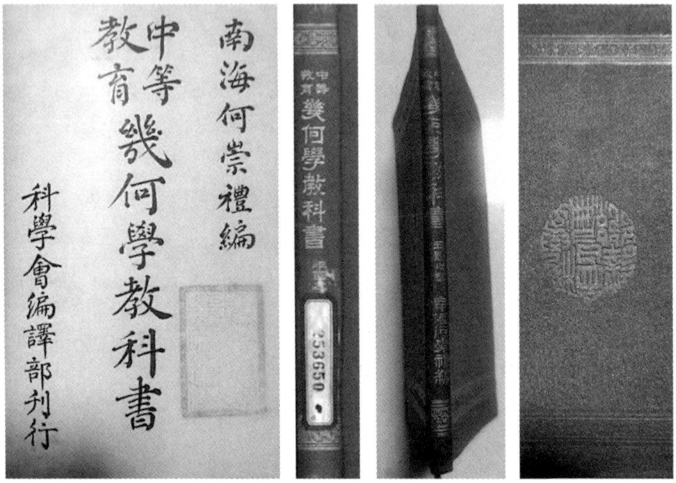

图4　《中等教育几何学教科书》的内封、书脊与封底

1916年由商务印书馆发行后，《中等教育几何学教科书》的内封、版权页、封底、书脊等均有所变更。例如，《中等教育几何学教科书（平面之部）》（见图5）内封变为“南海何崇礼编　中等教育几何学教科书　平面之部　科学会编译部出版　商务印书馆发行”，版权页的“发行者”为科学会编译部，“印刷所”“总发行所”均是商务印书馆，“分售处”则是商务印书馆分布在全国主要城市的分馆。书脊署“中等教育几何学教科书　平面之部　商务印书馆印行”，封底压印将原科学会编译部的圆形隶书出版标记改为商务印书馆标记（一朵以英文字母CP为核心的五瓣梅花，五瓣梅花上从顶部起顺时针排列着商务印书馆五个大字，字母C包着P），有

① 舒新城编:《中国近代教育史资料》,人民教育出版社,1981年,第505页。

② 舒新城编:《中国近代教育史资料》,人民教育出版社,1981年,第505页。

的在版权页的空白处贴上科学会编译部的版权票（见图6），明显淡化了科学会编译部的版权主体地位。

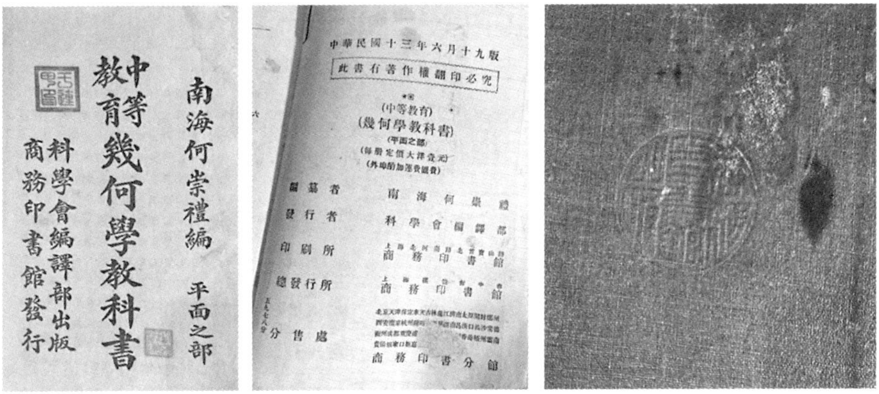

图5 第十九版《中等教育几何学教科书（平面之部）》书脊、内封、版权页与封底

图6 科学会编译部与商务印书馆的出版标记

《中等教育几何学教科书（平面之部）》（见图7）编译自日本数学教育家长泽龟之助的《几何学教科书》，1906年出版，东京印刷，上海发行，横排版，采用通用阿拉伯数字、西文字母和几何符号表达数学知识，到1924年已出第十九版。全书由封面、序、例言、目录、正文、附录、版权页构成，共287页。何崇礼的同乡龚志超为之作序称：“明徐光启论《几何原本》云：窃意百年之后人人习之，且以为习之晚也。有心哉，徐氏之言乎，胡至今而始验也。我国近代学校萌芽，窃意继自今必人人习之者，此学固诸学之基础也。余友何君雅爱此学……其中条理精密，证法简明，几何佳点毕聚乎，是诚于我国几何学辟一新世界也，教科用书，此其泰斗

欤。”①何崇礼自撰例言称：“本书以日本长泽龟之助先生所著之《几何学教科书》为主，益参以己意，简者详之，繁者约之，晦者明之，缺者补之。斟酌损益，凡历两载，及克成帙。教科用之，庶无遗憾。”②

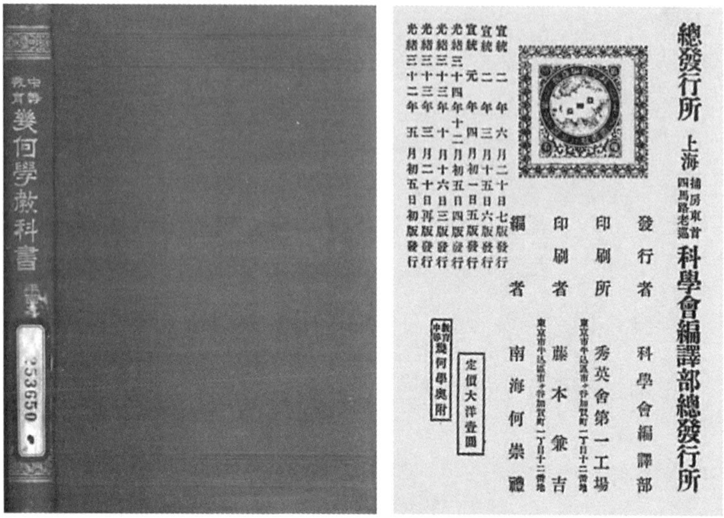

图7 《中等教育几何学教科书（平面之部）》书脊与版权页

《中等教育几何学教科书（平面之部）》分绪论、六编二十二章正文、附录，内容依次为：绪论，第一编直线（定义、几何学公理、第一章角、第二章平行直线、第三章三角形、第四章平行四边形、第五章轨迹），第二编圆（第一章性质、第二章弦、第三章弓形角、第四章切线、第五章二圆之关系、第六章作图题），第三编面积（第一章定理、第二章作图题），第四编比及比例（第一章绪论及定义、第二章比及比例之定理），第五编比例之用（第一章本理、第二章比例线、第三章相似形、第四章面积、第五章作图题），第六编正多角形及圆之测度（第一章定理、第二章作图题），附录（一定理之关系、二练习问题、三应用问题）。简言之，主体内容包括线、角、三角形、四边形、多边形、圆、等积转化、比与比例、相似形等，源自《几何原本》前六卷，采用欧几里得公理体系，从几何公理出发，推导书中所有的定理与推论，尺规作图所占篇幅较大。

---

① 何崇礼编：《中等教育几何学教科书（平面之部）》，科学会编译部，1906年，序文第1页。

② 何崇礼编：《中等教育几何学教科书（平面之部）》，科学会编译部，1906年，例言第1页。

书中“平面之部”第四编第一章论及“极限论”，先定义“定量及变量”，继以线段AB长和多边形内角为例说明“极限”的定义，最后论证定理“若二变量恒相等，则其极限亦相等”，其中对极限的定义仍是描述性的，即“一变量从定律次第变改其值，至近合一定量时，则其定量与变量之差，纵小至无穷，仍为变量。而不能与定量恰合，则此定量为彼变量之极限，而彼变量近合其极限，可至无限”①。这与《代微积拾级》的极限定义与实例如出一辙。

《中等教育几何学教科书（立体之部）》何时出版，目前暂未查到准确的信息，据科学会编译部在《时报》上刊登的售书广告，1907年9月16日只有“平面之部”的再版消息，1909年6月12日刊登“中等教育几何学教科书 平面五版立体再版 已到（平面定价一元、立体定价伍角）”的消息，之后的版次中也没有标注初版时间（见图8）。因而，“立体之部”有可能初版于1908年。

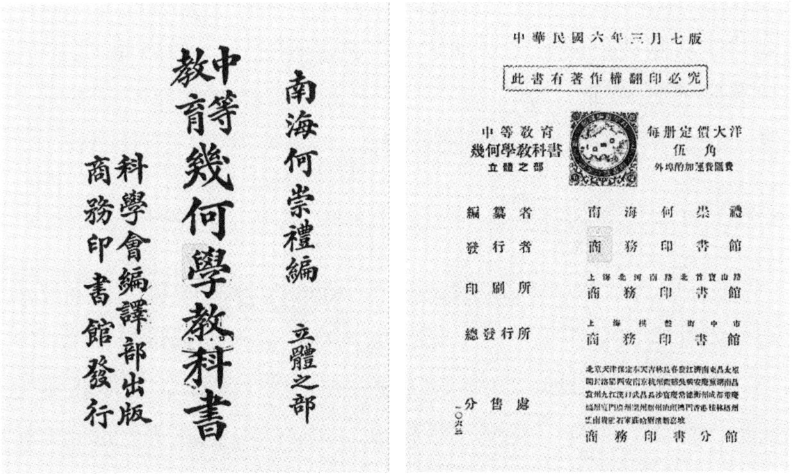

图8 《中等教育几何学教科书（立体之部）》内封与版权页

《中等教育几何学教科书（立体之部）》仍译自长泽龟之助的作品，何崇礼在例言中写道：“本书为立体几何学之部，续余向所编《中等教育几何学教科书（平面部）》而编纂者也。本书之编纂，仍以日本长泽氏之《立体

① 何崇礼编:《中等教育几何学教科书(平面之部)》,科学会编译部,1906年,第168页。

几何学》为底本，至斟酌损益，每有变易，以求合于我国中学第四年程度为务。”①全书含封面、例言、目录、正文、版权页，共100页，其中正文95页，包括四编和两个附录，第一编平面（平面内之直线及点、平面之垂线、平面之平行直线、平行平面、倚于平面之直线、倚于平面之平面、于空间之直线、立体角、第一编问题），第二编多面体（定义、棱锥体、贺勒尔之定理、正多面体、第二编问题），第三编论体积（棱柱体之体积、棱锥体之体积、圆柱体、圆锥体、第三编问题），第四编球（球体、球面三角形、第四编问题），附录一论圆锥之截面，附录二练习问题（平面之部、多面体之部、体积之部、球之部）。内容编排上按空间直线与平面、空间几何体（多面体、旋转体与球）展开，与现代立体几何教科书的编排方式一致。魏庚人认为“本书论证，言简意赅，易懂易学，是为优点。但内容太少，有不足之嫌”②，吕世虎则称“是当时较为流行的立体几何教科书之一”③。

由于《中等教育几何学教科书（平面之部）》中没有习题解答，1909年王醉六编写的《何崇礼平面几何问题解法》在科学会编译部出版后，备受欢迎，这从侧面反映了“平面之部”的影响之大。1915年，《中等教育几何学教科书》“平面之部”与“立体之部”又经教育部审定作为中学教科用书，推动了中国数学教育的近代化。

（三）内容繁复的高等数学教科书——《查理斯密大代数学》

《查理斯密大代数学》（*A Treatise on Algebra by Charles Smith M.A.*）是陈文与何崇礼首次合作编译的书籍，也是科学会编译部最早出版的3本图书之一，分上卷（12编）、中卷（12编）和下卷（8编），首尾相续。全书包括封面、内封、目录、正文、版权页，无序言、例言等。起初3卷单独成册、先后出版，后来合为1册刊行。

上卷于1905年9月由科学会编译部出版，售书广告称：“《中学适用算术教科书》……作者前译《大代数学》，业已风行海内。”“《查理斯密大代数学》，查理斯密为近世算学泰斗，是书乃彼毕生经营而成，能将代数学应有

① 何崇礼编:《中等教育几何学教科书(立体之部)》,科学会编译部,1917年,例言第1页。

② 魏庚人:《魏庚人数学教育文集——九十寿辰纪念》,河南教育出版社,1991年,第66页。

③ 吕世虎:《中国中学数学课程史论》,人民教育出版社,2013年,第24页。

之理概括无遗，且所用条理更能独创一新机杼，使学者易有把握，久已风行欧洲各国。日本高等学校皆用此为教科书，中学生亦用为参考书。客岁十月译成上卷出版，现售去过半，书存无多，有志算学者，不可不速购，洋装一厚册，定价大洋壹元五角。”[①]此后该书多次再版（见图9），内容基本无变化。

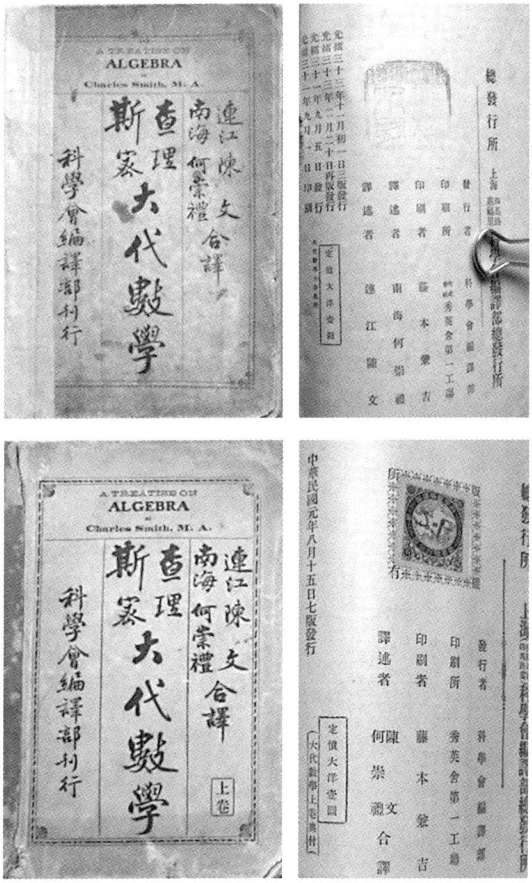

图9 《查理斯密大代数学》上卷（三版、七版）封面与版权页

中卷、下卷依次出版于1907年6月与8月，中卷第五版只是在封面增加方框标注“中卷”两字，下卷第三版封面依然如故。独立印行的3卷本呈现了科学会编译部使用版权凭证的历史进程，上卷第三版（1907）、中卷第二版（1907）仍在使用“科学会编译部版权所有”的版权印，而次年

① 《时报》1906年2月15日，科学会编译部总发行所售书广告。

（1908）下卷则开始使用湖蓝色的“亚细亚图”版权票，从此该版权印成为历史（见图10）。

图10 《查理斯密大代数学》中卷再版版权页，五版封面、版权页，下卷三版版权页

自1916年9月21日起，科学会编译部将发行业务付托商务印书馆独家承担后，开始发行三卷合一的新版本，译述者署名由原来上卷与中卷的“连江陈文、南海何崇礼合译”、下卷的“连江陈文译”，变更为“连江陈文、南海何崇礼编译”，除“发行者科学会编译部”外，其他均使用商务印书馆的名称与出版标记，如“商务印书馆发行”等（见图11）。“科学会编译部版权所有”版权印、“亚细亚图”版权票及印有“科学会编译部”“科学会藏版”的出版标记不复存在，这或许是人们误认为科学会编译部为商务印书馆内设机构的重要原因之一。

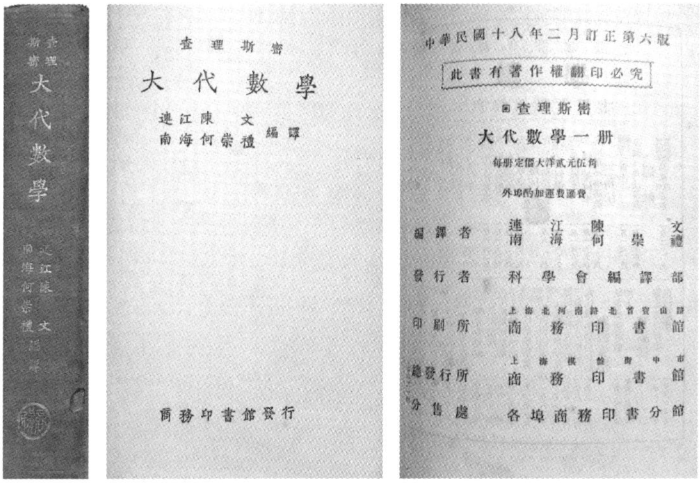

图11 《查理斯密大代数学》合册本的书脊、内封与版权页

陈文与何崇礼编译教科书的合作十分密切。陈文（1880—？），字邃生，福建连江人，晚清民国时期著名教科书编译者与出版家。1897年入广西广仁学堂，1899年入广西体用学堂学习，1904年被保送至日本第三高等学校法政速成科留学，其间加入同盟会，开始编译数学等学科教科书。陈文曾参与创办并长期署理科学会编译部，1924年前后任职于商务印书馆数学部。据统计，陈文编译与校订的数学教科书近30种，编译物理等科教科书10余种，其中“职业教育丛书”是上海最早的职业学校教材，《实用主义数学教科书》和《中等教科新式物理学》等书曾风靡一时，不断再版①。

《查理斯密大代数学》先后约刊行过20多个版次，到1938年仍在出版，历时30余年，影响着我国近现代数学教育的发展。尽管该书版次较多，但内容几乎没有变化，是晚清少有的涉及高等数学的高等学堂数学教科书之一。“本会前译《查理斯密大代数学》久得海内欢迎，然《大代数学》原为高等学堂用书，于初学实不相宜，查理斯密更著有《小代数学》（*Elementary Algebra*，或译为《初等代数学》）。是书说理、立法、举例、设题与《大代数学》相表里，而精密浅显最合中学程度。欧洲各国久已用

① 廖运章、聂艳转、杨莞芊：《从出版印迹寻踪科学会编译部》，《地方文化研究》2023年第5期，第97—112页。

为教科书，日本中学师范学亦多用此书为课本。”[①]《查理斯密大代数学》和《查理斯密小代数学》适用对象不同，各有侧重，相得益彰。

从正文篇幅看，《查理斯密大代数学》分册本共882页（上卷1912年第七版303页，中卷1910年第五版247页，下卷1911年第五版332页）、合册本863页（1935年版上卷279页，中卷250页，下卷334页），内容没有变化，都是476个知识点，附加115道“编外杂题”。因该书目录没有标注每编的编名，且有些目录名称与正文有差异，现据正文的编名整理如表2。其中，第二编、第六编补、第九编补、第十二编补、第二十九编补的目录依次是“根原之法则”“等势式［荷卢（Hall.M.A）奈脱（Knight.B.A）三十四编拔萃］”“二次三项式之诸例（荷卢奈脱第九编拔萃），杂方程式（荷卢及奈脱第十编拔粹）”“消去法之例（荷卢氏奈脱氏三十四编拔萃）”“二次不定方程式（荷卢及奈脱氏第二十八编）”，用词稍有不同。

表2 《查理斯密大代数学》内容一览表

卷次	编节内容
上卷	第一编，定义；第二编，本则，加法，乘法，除法，多项式；第三编，加法、减法，括弧；第四编，乘法；第五编，除法；第六编，因子；第六编补，荷卢（Hall.M.A）及奈脱（Knight.B.A）氏第三十四编摘要，等势式；第七编，最高公因子及最低公倍数；第八编，分数；第九编，方程式，一未知数量；第九编补，二次三项式；第十编，联立方程式（即多元方程式）；第十一编，问题；第十二编，杂定理及杂例题；第十二编补，Hall.M.A 及 Knight，B.A 消法；答
中卷	第十三编，方乘，方根，分指数，负指数；第十四编，不尽根；第十五编，平方根，立方根；第十六编，比及比例；第十七编，等差、等比、调和级数；第十八编，记数法；第十九编，排列及班次；第二十编，二项式之定理；第二十一编，敛级数及发级数；第二十二编，二项式之任意指数；第二十三编，分项之分数及不定系数；第二十四编，指数之定理，对数，对数级数；答
下卷	第二十五编，级数之和；第二十六编，不等式；第二十七编，连分数；第二十八编，数之理论；第二十九编，不定方程式；第二十九编补，荷卢及奈脱氏第二十八编择要，二次不定方程式；第三十编，适遇法（即决疑数）（此法为保险家及统计学所最要）；第三十一编，行列式；第三十二编，方程式之理论；编外，杂题（115题）；答

① 《时报》1906年9月14日，“《查理斯密小代数学》出版”售书广告。

《查理斯密大代数学》译自上野清编译的日文版《大代数学讲义》，日文本主要译自查理斯密1893年版的《代数论》（*A Treatise on Algebra*），增补内容来自荷卢氏与奈脱氏的《高中代数》（*Higher Algebra*）等，是日本最著名的三大代数学教科书之一[①]。查理斯密（Charles Smith M.A.，1844—1916）曾任剑桥大学副校长，著有多种数学著作，影响了英美日中等多个国家的现代数学教育。上野清（1854—1924），日本著名数学教育家，编译数学著作丰富，其《中等教育几何学教科书》（平面之部、立体之部）（上野清著，仇毅译，群益书社，1909年）等先后传入我国。荷卢与奈脱（又译为霍尔、奈特）为英国数学家，他们合编的*Elementary Algebra*由赵叔荣译为《初等代数学》（行健编译社，1939年），是学习《高中代数》的基础，增补的内容大多是对特定内容的说明或例证。除荷卢与奈脱的四编增补外，《查理斯密大代数学》尚有其他来源的内容。例如"（361）连分数之敛级数"就有"［增补］又由杜汉德（Todhunter）代数学783章证之如下"[②]。

杜汉德现译为托德亨特（Issac Todhunter，1820—1884），英国数学家、科学史家，19世纪数学教育界最有影响力的人物之一，一生编撰多部数学教科书，是著名的数学教科书编撰者，其《大学和学校用代数学：配有大量例题》是《代数备旨》下卷底本之一[③]。

《查理斯密大代数学》是作为大学数学教科书引入我国的，主体内容属于初等代数（含概率）、高等代数、数学分析、初等数论等如今大学数学的课程范畴，笔者结合现代数学术语整理如表3。事实上，《查理斯密大代数学》是我国第一部横排且完全使用西方数字符号体系的大学代数学教科书，首次提出"极限"的名称、极限符号"$L_{x=a}$"（表示"x趋近于a时的极限"）及导数的符号表示等，突破李善兰建立的汉化数学符号体系的藩篱，具有时代前瞻性。

---

① 饶大平：《查理斯密代数学版本及内容的比较研究》，四川师范大学硕士学位论文，2021年，第33—42页。

② 陈文、何崇礼编译：《查理斯密大代数学》（下卷），科学会编译部，1911年，第81—82页。

③ 郭金海：《晚清数学教科书〈代数备旨〉的底本与编译》，《自然科学史研究》2022年第2期，第224页。

表3 《查理斯密大代数学》的学科内容领域

课程	对应编节	主要内容
初等代数	上卷：第1—12编补 中卷：第13—16编 下卷：第26、30编	（1）代数学，数、加减乘除积、方乘、指数、方根、不尽根、代数式、同类项、单项式、相等号、括弧、括线等基本概念。 （2）数及其运算（含虚数）、多项式的加减乘除运算、多项式的因式分解（轮换次序、等势式等）、分式及其运算。 （3）方程及方程的同解性、常见方程解法（一或二次方程、分式方程、无理方程式、根与系数关系）、高次方程、方程组。 （4）指数式、根式（不尽根）、比及比例、不等式。 （5）排列与组合，排列、班次法、班次之最大值、等次积（Homogeneous Products，齐次积）。 （6）概率，适遇法、期望、反适遇。
高等代数	下卷：第31、32编	（1）行列式，小行列式、行列式之展开、乘法之原则、复纵线、联立一次方程式消去法。 （2）函数，根原之定理（代数基本定理）、根及系数之关系、根之等势式、根之等势函数、方程式之变化（方程变换）、虚根、不尽根、两方程式之通根、根之关系、可通约之根、变函数、有理函数之变化、Rolle氏之定理、Desartes氏之符号规则、三次方程式、普通三次方程式、四次方程式、Sturm氏之定理、综合除法、十之倍数Horner氏之法。
数学分析	中卷：第16、17、20—24编 下卷：第25、32编	（1）不定式极限、变数不定形。 （2）等差级数、等比级数、调和级数、三级数之中项，二项式之定理、二项式展开之最大项、最大系数、二项展开式系数之性质，Vandermond氏之定理、多项式之定理、多项式一般之系数，敛级数之关系、项之符号、三种级数、因子之无限数、两级数之积，二项式之敛级数、Euler氏之证明、项之符号、最大项、系数之和、二项级数、多项式之展开。 （3）分项分数及不定系数、一次因子之分母、同因子之分母、分项分数之应用、不定系数，指数之定理、对数、对数之性质、对数级数、对数之计算、纳伯尔氏之对数、常用对数、对数表用法、复利及年金。 （4）级数之和、分项及问题、积弹、形数、任意级数、逐差法、循环级数、敛级数及发级数、二项级数、Cauchy氏之定理。 （5）用导数（变函数）处理涉及方程根的问题，如根存在定理、泰勒公式等。

续表

课程	对应编节	主要内容
初等数论	中卷：第 18 编 下卷：第 27—29 编补	（1）记数法、分底数。 （2）连分数，渐近分数、连分数作法、渐近分数之性质、一般之渐近分数、循环连分数、连分数之敛级数、化连分数为二次不尽根之法、化二次不尽根为连分数之法、用连分数显之级数。 （3）数之理论，Eratosthenes 氏之选法、Fermat 氏之定理、等剩式（同余式）、等剩式之性质、Fermat 氏之定理、Wilson 氏之定理、Fermat 氏之定理之扩张、Lagrange 氏之定理、循环小数之分数变化。 （4）不定方程式、二次不定方程式。

对于极限符号，此前中国的微积分著述都称极限为“限”，且未提出极限的任何符号。《查理斯密大代数学》中卷第16编“不定式”是这样求极限的：

> 今用此等之不定式，求其分数之极限值，其方法如次。
>
> 如有分数$\dfrac{x^2-1}{x^3-1}$，其$x=1$，则成$\dfrac{0}{0}$，令$\dfrac{x^2-1}{x^3-1}=\dfrac{(x-1)(x+1)}{(x-1)(x^2+x+1)}$，而$x-1$，实非0，则以$x-1$除其分子母，其分数之值恒不变。即$x-1$虽至如何小，亦能合理。
>
> 由是，若x甚小，则$\dfrac{x^2-1}{x^3-1}=\dfrac{x+1}{x^2+x+1}$，此第二之分数。若$x$近于1，则其极限为$\dfrac{2}{3}$，
>
> 由是，x近于1，则分数$\dfrac{x^2-1}{x^3-1}$近于$\dfrac{2}{3}$，可用$L_{x=1}\dfrac{x^2-1}{x^3-1}=\dfrac{2}{3}$。

除极限外，本书还将导数译为“变函数”，并首次用符号$f'(x)$、$f''(x)$、$f'''(x)$表示一、二、三阶导数等。在微积分发展史上，英文术语“derivative”出现较晚，之前大多使用“differential coefficient”。李善兰将“differential coefficient”中文译名直译为“微系数”。derivative对应的中文译名“导数”，

最早可能出现在民国初期。《查理斯密大代数学》下卷第32编将导数定义为“变函数（Derived Function）”：

> ［定义］函数$f'(x)$，称为$f(x)$之一次变函数。函数$f''(x)$，称为$f(x)$之二次变函数。余仿此。如$f(x)=p_0x^4+p_1x^3+p_2x^2+p_3x+p_4$，则$f'(x)=4p_0x^3+3p_1x^2+2p_2x+p_3$，$f''(x)=12p_0x^2+6p_1x+2p_2$……

《查理斯密大代数学》的影响广泛，作为晚清民国时期极具代表性的大学代数学教科书，其翻译的不少数学名词术语一直沿用至今（如联立方程式、恒等式、虚根、增根、繁分数、行列式、行列式之展开、二项式定理等）。著名数学家徐利治（1920—2019）回忆求学往事时，谈及《查理斯密大代数学》对他的影响：“后来我读了师范学校，买到一本陈文翻译的《查理斯密斯大代数》，对书中的级数与连分式、排列与组合、或然率论、初等数论和方程式论最感兴趣。还作了一些难题和怪题，很觉高兴而自豪。”①著名历史学家郑师许（1897—1952）也回忆说：“那时候英文书最爱读《纳氏文法》……代数几何则陈文、何崇礼、温德华的书籍无不买。”②陈文与何崇礼数学教科书的受欢迎程度可见一斑。

四 结语

综观现存史料，主修法政的何崇礼自日本学成回国之后，一直从事法律相关工作，不再刊行任何新著，编译数学等科教科书都是他留日期间的业余成果，体现出他对数学的兴趣，这些作品却推动了中国数学教育的近代化，并成为追寻晚清数学教科书变迁的历史印迹。晚清民国时期这种非数学专业的数学教科书编译者不在少数，如林传甲、马君武、郑家斌等。

何崇礼是晚清时期广东地区数学教科书编译者的突出代表，入读大学

---

① 徐利治：《谈谈我的一些数学治学经验》，《数学通报》2005年第5期，扉页。

② 郑师许：《读书与讲求新学》，孙莺编：《名家书单》，上海科学技术文献出版社，2021年，第138页。

前应当受过良好的数学教育并精通外语，编译的数学教科书大多来自英国数学家查理斯密（或其日语转译本）、日本数学教育家长泽龟之助等人的数学著作，都是当时各国流行的数学经典教材。何崇礼编译数学教科书的时间，正值中国近代教科书编纂的“黄金30年”[①]，各类新式教科书如雨后春笋般应时而生，顺应了晚清学习模仿日本教育的时代潮流。何崇礼利用留学日本的便利，以长泽龟之助《几何学教科书》为底本并结合中国实际编成平面几何、立体几何教科书，以上野清日文版《大代数学讲义》为中介，将英国著名大学代数学教科书《查理斯密大代数学》编译成中文。他所著《高等小学算术教科书》与《高等小学算术教授法》等，均采用横排编写，使用国际通行的数学符号，与当时大多数国内出版的数学教科书使用中国古代数学符号术语并用竖排编写的形式截然不同，“是一件划时代的大革新”[②]，推动了中国数学教育的近代化，为我国数学学科的建立奠定了基础。

除最早的《中等数学教科书》外，何崇礼编译的其他教科书均由科学会编译部出版。科学会编译部是依托于科学会的民间出版机构，是晚清民国时期中国教科书的出版先驱之一，1904年由以陈文为代表的晚清两广留日学生创办，至少存在至1944年，出版图书近百种，涵盖“文理科技各科”，尤以出版数学教科书著称。科学会编译部虽然没有当时全国最大的教科书出版巨头商务印书馆的影响大，但在出版上却不乏特色，尤其是1916年起将印刷发行业务付托商务印书馆后，何崇礼编译的数学教科书得以更广泛地传播，畅销全国，被审定作为教科书，缓解了当时国内新式数学教科书短缺的现状，有力地促进了我国教育近代化的进程[③]。

除本文所论述的文献之外，尚有近30种重要数学文献未收录于《广州大典》，特别是1859年首次传入我国的以微积分为代表的高等数学书籍以及居穗、港外国传教士用中文撰写的数学教材。例如，广州籍作者郑家斌

---

① 约1897—1926年。参见石鸥、吴小鸥：《中国近现代教科书史》（上册），湖南教育出版社，2012年，序言第2页。

② 魏庚人、李俊秀、高希尧编著：《中国中学数学教育史》，人民教育出版社，1987年，第98页。

③ 廖运章、聂艳转、杨菀芊：《从出版印迹寻踪科学会编译部》，《地方文化研究》2023年第5期，第97—112页。

的译著《奥斯宾氏微分学》《奥斯宾氏积分学》，是我国第二套使用世界通用数学符号的微积分教科书。如能将本文提及的文献收录进《广州大典》，并依编例将数学及理化生等自然科学教科书录入子部天文算法类，英语等语言文字类教科书收录进子部蒙学类[①]，则对《广州大典》的补遗、整理工作来说，颇有意义。

作者通信地址：廖运章，广东省广州市番禺区大学城广州大学数学与信息科学学院，广东广州，510006；苏婷，广东省东莞市虎门新港南路100号虎门第五中学，广东东莞，523000。

责任编辑：陈子

① 《广州大典》收录的数学典籍不乏数学教科书，如《经心书院算学课程一卷》、《两湖书院算学课程二卷》、《代数通艺录十六卷》、《几何赘说六卷》（广东高等学堂预科几何课本）等。依据文献分类法，《广州大典》按经、史、子、集、丛五部收录典籍，数学类文献主要集中于子部天文算法类，不区分数学论著与数学教科书，但《博物新编图说》却被收录到子部蒙学类，《化学初阶》被收录到子部天文算法类，出现格致、博物、化学类文献分在不同属部的情况。笔者建议可将理化生等自然科学文献统一到子部天文算法类，与数学类文献归在一处。

《广州大典研究》集刊撰稿格式

（全文采用1.5倍行距）

文章内容应依次包括：标题；作者姓名；工作单位；摘要、关键词；正文；作者详细通信地址，邮政编码、电话号码或电子邮箱。

一、标题：应简明、具体、确切，概括文章的要旨。中文标题一般不超过20个汉字（采用4号宋体加粗），必要时可加副题（采用小4号幼圆体）。

二、作者姓名及工作单位：工作单位包括单位名称、所在省市及邮政编码（采用小4号仿宋体）；多位作者名之间空一格（作者名采用小4号楷体），不同工作单位的作者在姓名右上角及相应的工作单位间夹注不同的数字序号。

具体排列为：题目名单列一行（字数较多者可分为二行，副题另行单列），姓名单列一行，单位单列一行，均居中排列。例：

摩崖石刻书法中的馆阁体风格探讨[*]

——以珠三角摩崖石刻为例

作者名[**]

广州大典研究中心，广东广州，510623

三、基金项目：文章请在首页地脚处注明基金项目的正式名称，并在圆括号内注明项目批准号（采用小5号宋体）。例：

本文系2020年度国家社科基金重大项目“项目名称”（批准号：×××）阶段性成果。

---

* 本文系2021年度广州市哲学社科发展规划课题“×××（课题名）”（批准号：×××）的阶段性成果。感谢×××提供的帮助（如有）。

** 作者名（1986— ），男，汉族，广东广州人，××大学教授。

四、作者简介：（文章首页地脚处标注，采用小5号宋体）

姓名（出生年— ），性别，民族，籍贯，单位，职称（职务），学位，研究方向等。例：

张三（1965— ），男，汉族，广东广州人，中山大学历史学系教授，历史学博士。

五、摘要与关键词：来稿均应有中文摘要，字数为100—300字，以第三人称对全文的主要内容和基本观点进行准确概括，禁用“本文”“笔者”“作者”等主语，不加诠释，不用报道语式，不用评价性文字，不分段，不用序号。摘要要求内容客观，应具有独立性和自含性，重点突出而新颖，文字简洁而精炼。

关键词：选取反映文章最主要内容的名词性术语3—5个，关键词之间用分号隔开（“摘要”“关键词”字样本身及其后的冒号采用5号黑体加粗，“摘要”“关键词”后的内容文字采用5号楷体）。例：

摘　要：晚清时期涌现出大批考察日本的文献，《东游考察学校记》是其中之一。文章通过解读该书，分析一个中国留学生笔下的日本新变化、早期赴日留学生在日本的观感，特别是成城学校入学事件导致的留学生之间政治倾向上的分化。全文共12部分：关赓麟生平概说、近代留日兴起与广东选派学子赴日的缘起、《东游考察学校记》篇章序跋和《日本学校图论》的关系、弘文学院与速成师范科学员的日常、成城学校入学事件及其影响、对速成师范教育的反思与批评、留日学生社团生活之一瞥、关赓麟对日本学校的考察、日本习俗和明治维新后新变化的反映、“身在日本　笔叙异国　意在故国”、留意日本人对中国的议论与看法、考察日记中有意留下的空白。

关键词：关赓麟；赴日留学；日本明治维新后的教育；成城学校入学事件

六、正文：要求观点明确、立论新颖、论据可靠、语言规范（采用5号宋体）。具体格式要求包括：

1.文内分层或小节的标题数字顺序依次是：一、二、三……；（一）、（二）、（三）……；1、2、3……；（1）、（2）、（3）……。第一级标题居左排列，采用小4号黑体加粗，在汉字序数后不用标点符号，空一格后出标题题文，且该级标题与上下文之间应各空一行；第二、四级标题后紧接题文；第三级标题阿拉伯数字后用“.”。例：

三　编纂实施路径与具体步骤

（四）工作安排

1.定主题项和出版批次

（1）……

2. 为突出引文的重要或引文较长而另立段落者，引文采用5号楷体，第1行起首空4格，从第二行起每行开头均空两格。引文首尾不加引号。例：

考察日记中，关赓麟对此次学潮风波记录比较翔实。摘录如下：

　　壬子：是日，稚晖孝廉以公使蔡不允保送学生事忿争，公使送之警察署，同人皆为惊色。初，江浙自费学生数人将入成城学校，公使以联保难之。章君宗祥等为之援例联保请咨，而钦使径以学生自保为文，遂致参议本部驳不许。

3. 数字用法

文中阿拉伯数字均采用Times New Roman字体。

（1）公历世纪、年代、年、月、日用阿拉伯数字，行文中古代年代要加公元。如：19世纪60年代、1922年12月初、公元前463年、1628年。

（2）民国采用公元纪年。

（3）图表的顺序号、数据及计量单位均用阿拉伯数字。

（4）古籍文献的卷数和引文使用汉字数字。

（5）非公历年、月、日使用汉字数字。中国朝代的年号及干支纪年后加括号用阿拉伯数字标出公元纪年，公元前在年份前加“前”字，公元以后只标年份。如：元封四年（前107）、乾道六年（1170）。

4.图表

文稿中的图示和表格应注明标题（图示的标题在图示之下，表格的标题在表格之上，均采用小5号黑体居中排列，表格标题需加粗），含一个以上图示和表格的应注明其序号（如表1、表2，图1、图2），并尽可能注明资料来源；表格中的文字采用小5号宋体。例：

图1　《拜庭许大夫家庙记书后》石碑照片

表1　许卓早年教育经历表述整理表

表述方式	出处	出版、发表年份	作者
高中毕业	《千秋家国梦》	1994	伊妮
	《广州第一家族》	2004	卢延光

5. 文稿附加文字，如鸣谢等置于脚注。

七、注释体例及标注位置：

文献引证方式采用注释体例。注释放置于当页下（脚注，小5号宋体）。注释序号用①、②……标识，每页单独排序。正文中的注释序号统一置于包含引文的句子（有时候也可能是词或词组）或段落标点符号之后。例：

1. 图书

作者：书名，出版社，××年，第××页。

（1）普通图书例1：广东省文物局编：《广东明清海防遗存调查与研究》，上海古籍出版社，2014年，第214页。

（2）普通图书例2：（明）王士性：《王士性地理书三种·广志绎》，上海古籍出版社，1993年，第359—360页。

（3）译著：［日］实藤惠秀著，谭汝谦、林启彦译：《中国人留学日本史》，生活·读书·新知三联书店，1983年，第46—47页。

（4）古籍：（清）戴肇辰修，（清）史澄纂：《［光绪］广州府志》卷五十八《选举表》二十七，清光绪五年（1879）刻本，第18叶。

（5）析出文献例1：（清）唐廷枢、（清）徐润：《轮船招商局第七年帐略》，胡政、李亚东点校：《招商局创办之初（1873—1880）》，中国社会科学出版社，2010年，第65页。

（6）析出文献例2：［葡］克里斯托旺·维埃拉：《广州来信（手稿）》，澳门文化司署编：《十六和十七世纪伊比利亚文学视野里的中国景观》，大象出版社，2003年，第26—27页。

（7）《广州大典》引用：

①（清）郑观应：《中外卫生要旨》，陈建华、曹淳亮主编：《广州大典》第376册，广州出版社，2015年，第691页。

②（清）梁九图辑：《纪风七绝》卷五，陈建华、曹淳亮主编：《广州大典》第507册，广州出版社，2015年，第120页。

③（清）李福泰修，（清）史澄纂：《［同治］番禺县续志》卷十二《选举》三，陈建华、曹淳亮主编：《广州大典》第××册，广州出版社，2015年，第××页。

④（清）劳宝胜：《纪风七绝序》，（清）梁九图辑：《纪风七绝》，陈建华、曹淳亮主编：《广州大典》第507册，广州出版社，2015年，第100页。

2.期刊

作者：《文章名》，《期刊名》××年第××期，第××页。

注意，以下情况不用标注页码：（1）引用了一整篇文章；（2）近代期刊未计通码（分篇计码）。

例：［日］细野浩二、童斌：《鲁迅的境界——追溯鲁迅留学日本的经历》，《国外社会科学》1978年第1期，第68页。

3.学位论文

作者：《文章名》，××大学硕士/博士学位论文，××年，第××页。

例：周春艳：《近代岭南词人陈洵研究》，贵州大学硕士学位论文，2016年，第14—15页。

4.报纸

《报道名》，《报纸》××年××月××日第×版。

例：《轮船招商开局日期》，《申报》1873年1月16日第3版。

5.网址

《文章名称》，文章发布日期，网站名：网址，最后访问日期。

例:《许卓故居》,2021年5月25日,广州市越秀区人民政府网:http://www.yuexiu.gov.cn/yxdt/rdzt/jdbn/bnzc/hssj/sjzl/bkydww/content/post_7234843.html,2022年6月6日。

6.档案

《档案名称》,×××藏,档案编号:×××。

例:《奏为盐知事麦绍标等缉盗出力给加衔顶戴以示鼓励事》,中国第一历史档案馆藏,档案编号:03-1511-039。

7.英文

(1)图书:作者,*书名(斜体)*,出版地:出版社,出版年,pp.页码.

例:Charles Hodge Corbett, *Lingnan University:A Short History Based Primarily on the Records of the University's American Trusteest*, New York: Trustees of Lingnan University, 1963, pp.3–28.

(2)期刊:作者,*篇名(斜体)*,刊名,卷期数,出版年,p.页码.

例:Van Dyke, *Floating Brothels and the Canton Flower Boat 1750-1930*, Review of Culture, Vol.37, 2011, p.114.

(3)报纸:*篇名(斜体)*,刊名,日期,出版年,p.页码.

例:*Tongs Must Stop War*, *Says Consul*, The San Francisco Call, December 14, 1908, p.3.

8.日文

(1)图书:[日]作者『书名』,出版社,出版年,第××頁。

[日]波多野善大『国共合作』,中央公論社,1973年,第5–9頁。

(2)期刊:[日]作者「文章名」,『刊名』第×号,出版年月,第××頁。

[日]山田辰雄「第一次国共合作の分裂と中国におけるM・N・ロイの任務」,『法学研究』第11号,1966年2月,第114–115頁。

八、作者通信地址(采用5号楷体,置于文末),例:

作者通信地址:广东省广州市珠江东路4号广州图书馆南8楼广州大典研究中心,邮编:510623。

征稿启事

一　集刊宗旨

《广州大典研究》是由广州大典研究中心主办的综合性哲学社会科学类学术集刊，坚持学术为本，倡导学术创新，关注地方文献，突出岭南特色，致力于建设高水平地方文化研究交流平台。

二　文章范围

本集刊主要刊载关于岭南历史文化与文献研究、地方文献编纂经验与路径探讨、古籍和民国文献的传承与保护、相关版本的考证等学术文章，亦适当收录学术著作读书笔记、评论文章、相关会议综述及学术著作出版资讯等。

本集刊对以《广州大典》（古代编和民国编）已收文献的利用和解读、未收文献的发掘和研究文章予以重点关注。《广州大典》（古代编）指所收录清代中期以前广州府地域（含南海、番禺、顺德、东莞、从化、龙门、增城、新会、香山、三水、新宁、新安、清远、花县十四县，以及香港、澳门、佛冈、赤溪）的历史文献；《广州大典》（民国编）指所收录民国时期广东省行政管辖范围（包含今属广西壮族自治区的钦州、廉州地区，以及今海南省）的历史文献。

三　文章要求

（一）本刊为中文集刊，文章篇幅在15000字以内，少数文章篇幅过长，也可适当从宽。

（二）在不改变原意的前提下，本刊有权对来稿进行必要的文字处理。

（三）文章应未在其他出版物（包括网络媒体）发表过，或是首次被翻译成中文的文章，可包括做过修改并未发表的博士论文、硕士论文。

（四）稿件应严格遵守学术规范。凡研究性论文均应有相关课题的学术史内容，在文中或注释中简要评析前人的研究成果和目前的研究状况。完全没有此类文字的稿件，本刊不予受理。严格禁止剽窃、抄袭行为，反对一稿多投。凡发现有此类行为者，十年之内不受理该作者的任何稿件。

（五）凡本刊刊登的文章，编辑部有权将其在中心官方网站、《广州大典研究》集刊电子出版物、中国知网等进行发布，并有权以中心论文集等方式进行出版，无需另外取得作者授权；其他刊物和媒体转载、摘录、翻译、出版等，均须征得本刊许可。论文一经发表，即奉薄酬。

四　主要栏目

本刊设名家专论或学人视界、文献研究、史料发掘、广府论坛、岭南风物、广府人物、地方史志、异域文明、学术前沿、理论探讨、青年论坛、书评等栏目，以上栏目也会根据所收文章主题适当调整。

本刊每年出版两辑，长期接受投稿。

投稿邮箱：gzdd-studies@foxmail.com

联系地址：广东省广州市天河区珠江东路4号广州图书馆南8楼广州大典研究中心《广州大典研究》编辑部

联系电话：（020）83764402

（020）37260186